城市轨道交通优化管理与控制

高自友　杨立兴　吴建军　著

科学出版社

北京

内 容 简 介

　　本书以作者及其团队多年来研究的城市轨道交通管理及优化控制理论为基础，深入细致地阐述了城市轨道交通运营过程中面临的一系列管理与控制优化问题，提出了相关的优化、建模与控制方法，是作者及团队近年来一系列研究成果的集成体现. 主要内容包括客流管理与控制优化、列车运行组织优化、列车运行控制以及列车运行管理与控制一体化四大部分.

　　本书可以作为城市轨道交通运营管理部门科研人员的参考用书，也可作为各高等学校交通运输规划与管理、交通运输工程等专业的研究生教材.

图书在版编目(CIP)数据

城市轨道交通优化管理与控制/高自友，杨立兴，吴建军著. —北京：科学出版社，2018.12
　　ISBN 978-7-03-060254-1

　　Ⅰ.①城… Ⅱ.①高… ②杨… ③吴… Ⅲ.①城市铁路-轨道交通-运营管理-研究 Ⅳ.①U239.5

中国版本图书馆 CIP 数据核字(2018) 第 290254 号

责任编辑：王丽平　孙翠勤／责任校对：彭珍珍
责任印制：肖　兴／封面设计：黄华斌

科 学 出 版 社 出版
北京东黄城根北街 16 号
邮政编码：100717
http://www.sciencep.com

中国科学院印刷厂 印刷
科学出版社发行　各地新华书店经销
*

2018 年 12 月第 一 版　开本：720×1000 1/16
2018 年 12 月第一次印刷　印张：23 1/4　插页：8
字数：460 000
定价：188.00 元
(如有印装质量问题，我社负责调换)

前　言

改革开放四十年来, 我国经济得到了快速发展, 综合国力有了显著提升. 然而, 随着我国经济的持续增长和城市化进程的加快, 交通问题已成为制约各大城市可持续发展的 "瓶颈". 城市轨道交通以其运量大、速度快、时间准、污染少、安全性好、节约用地等特点, 成为缓解地面交通压力的一种有效交通方式, 并逐步被越来越多大中型城市所采用. 近年来, 我国城市轨道交通发展迅猛, 线路数量、运营里程和客流量均快速增长.《中国交通运输发展》白皮书中指出 "十三五" 期间, 我国将加快人口在 300 万以上城市的轨道交通线网建设, 新增城市轨道交通运营里程约 3000 公里. 截至 2017 年底, 我国已有 30 多座城市开通了轨道交通线路, 运营总里程已突破 5000 公里. 预计到 2020 年, 城市轨道交通运营里程将达到 6000 公里左右, 居世界首位.

城市轨道交通是由基础设施、车辆及管理与控制系统组成的高度组织化的运输系统, 在其规划、建设、运营等方面蕴含着大量的管理科学与决策问题, 是一个高度复杂的巨系统. 城市轨道交通从规划到运营通常划分为三个层次, 即战略层、战术层和操作层. 作为城市轨道交通系统的长远规划, 战略层决策处于整个系统建设的最高层面, 包括网络规划、线路规划等. 一旦轨道交通系统建成并投入使用, 需要在战术和操作层面上, 确定最优列车运营方案和控制策略, 从而实现全系统的快速、安全、高效运行. 因此, ①从运营管理角度, 需要深入分析轨道交通系统运行的内在机理, 结合客流需求、列车流和能耗分布特性, 研究人员–车辆–信息多重耦合机理表征, 优化列车开行方案、行车计划、调度计划等, 深入挖掘运输潜能, 进一步提高轨道交通系统的运营效率; ②从微观控制角度, 需要结合轨道交通实际行车特点和线路特征, 合理优化列车运行工况, 制定最优行车速度曲线和列车控制策略, 以达到安全、低耗运营的目的.

随着我国城市轨道交通的飞速发展, 其运营过程中出现了很多复杂特征, 具体表现如下. ①运营网络化: 在一些大城市中, 如北京、上海、广州、深圳等, 城市轨道交通系统已逐步成网. 目前, 虽然网络中各线路均为相对独立的子系统, 但其运行计划的编制通常需要考虑线路间乘客换乘行为对各线列车运行的影响, 因而线间列车运行关系密切. ②行车密集化: 为提供充足运力, 特别是早晚高峰时段, 城市轨道交通列车的发车间隔通常限定在两三分钟. 更有甚者, 北京地铁 4 号线的最小发车间隔已压缩至 1 分 43 秒, 几乎达到了信号系统的极限, 行车异常密集. ③客流巨量化: 在我国大城市轨道交通系统中, 客流需求总量巨大, 特别是早晚高峰时段, 实际出行需求远超运输供给能力, 给轨道交通系统带来了巨大压力; 再加之客流具有显著的动态随机性, 致使列车运行充满了极强的不确定性. 城市轨道交通系统的上述特征为运营管理优化和控制带来了巨大挑战. 因此, 需要深入挖掘城市轨道交通客流和车流的复杂特征, 为相关管理优化和控制问题提出高效的解决方案, 缓解当前运行压力, 提升城市轨道交通系统的运行效率和服务质量.

城市轨道交通的优化管理与控制是管理科学中的重要组成部分. 它以既有轨道交通系统为研究对象, 从中观和微观层面, 针对列车日常运营中涉及的一系列科学问题开展研究. 通过对客流和车流运营规律的深入挖掘、整合及优化, 寻找提高运输效率、降低运营成本的高效决策方法和方案. 具体而言, 就是采用科学的定量方法理解、分析和优化城市轨道交通系统中客流、车流及其之间的耦合关系, 探求列车与运行环境之间、不同列车之间、列车和客流之间以及客流与交通设施之间的相互作用机理, 进而从车站、线路和网络层面调控客流和车流在系统中的运行状态, 以期最大限度地利用现有轨道交通资源, 提升轨道交通系统的整体效率. 显然, 城市轨道交通的管理优化与控制属于一门综合性学科, 其研究过程涉及多学科的交叉与融合, 如交通科学、运筹学与控制论、信息科学、管理科学、应用数学等.

本书的主要内容是基于系统科学的思想分析和刻画城市轨道交通中客流和车流的内在特征, 运用运筹学和控制论的方法对列车运营中涉及的一系列问题进行数学建模并设计有效的求解方法, 进一步通过大量的数值算例对所建模型和算法进行有效验证. 本书的知识体系主要分为四部分内容, 分别为客流管理与控制优化、列车运行组织优化、列车运行控制和列车运行管理与控制一体化. 第一部分主要介绍了常态下轨道交通客流管控优化, 以及突发事件对客流影响估计的建模, 具体内容呈现于本书第 2 章. 第二部分主要集成了作者近年来的部分研究成果, 针对列车运行图及调整问题进行了详细介绍, 对相关问题进行了理论建模和算法设计工作, 为城市轨道交通的高效运营提供了基于中观层面的方法和策略, 该部分内容见于本书第 3、4、5、6 章, 内容涵盖了面向客流–车流协同的城市轨道交通列车运行图优化、面向首末班及过渡阶段的城市轨道交通列车时刻表优化、城市轨道交通与地面公共交通的接驳优化以及城市轨道交通列车运行图调整策略. 第三部分主要从微观控制的角度, 介绍了列车运行控制中的一些建模方法和算法, 内容包括: 列车运行速度曲线优化、列车节能优化、单列车运行控制方法、多列车协同运行控制方法等, 对应本书第 7、8 章内容. 此外, 列车运行管理与控制的一体化目前已成为城市轨道交通领域的研究热点. 为此, 本书的第四部分详细介绍了列车运行图与速度曲线的一体化优化问题, 通过考虑不同的运营决策环境, 介绍了该类问题的数学模型及相应的求解算法, 对应本书第 9 章内容.

特别指出, 本书作者长期从事城市轨道交通客流分析、运输管理和控制优化方面的理论和实践研究, 本书内容反映了作者及其团队近年来在该领域的主要研究成果. 在编写过程中, 作者针对不同的研究问题, 详细查阅了大量的参考文献, 分析总结了近年来该领域的国内外研究现状, 力图采用言简意赅的语言, 系统地阐述城市轨道交通列车管理与控制模型、算法和算例等研究成果. 然而, 由于本书所介绍的内容均为城市轨道交通目前面临的复杂基础问题, 同时也是本领域的国际热点, 再加之作者的研究水平有限, 书中难免存在疏漏和不妥之处, 在此恳请广大读者批评指正.

　　本书的研究工作得到国家自然科学基金创新研究群体项目 (编号: 71621001)、国家自然科学基金杰出青年科学基金项目 (编号: 71525002, 71825004)、教育部 "双一流" 学科建设经费、以及国家自然科学基金重大项目 (编号: 71890972, 71890970) 的资助. 同时, 本书也得到北京交通大学轨道交通控制与安全国家重点实验室以及北京交通大学交通系统科学与工程研究院的大力支持. 此外, 在本书内容的组织过程中, 北京交通大学李树凯副教授、高原副研究员、杨欣副教授、阴佳腾副教授、康柳江博士、郭欣博士、戚建国博士、孟凡婷博士、莫鹏里博士、张春田博士、王蕊同学等均参加了本书的撰写, 在此表示感谢!

作　者

2018 年 12 月于北京交通大学

目　　录

第1章 绪 论

1.1 城市轨道交通发展现状

截至 2017 年末, 我国大陆地区 (未统计港澳台数据) 共计 34 个城市开通并投入运营城市轨道交通, 运营线路共计 165 条, 线路长度达 5033 公里. 2016 年当年线路增长首次超过 500 公里, 达到 535 公里; 2017 年线路增长突破 800 公里, 又迈上了新台阶, 全年累计完成客运量 185 亿人次, 同比增长 14.9%. 拥有 2 条及以上运营线路的城市增至 26 个, 占已开通城市轨道交通城市总数的 76.5%. 以上现状表明, 中国内地城市轨道交通已进入快速发展的新时期, 运营规模、客运量、在建线路长度、规划线路长度均创历史新高. 城市轨道交通发展日渐网络化、差异化和制式结构多元化, 逐步实现网络化运营.

从运营线网规模看, 上海 732.2 公里、北京 685.1 公里的城市轨道交通线路里程大幅领先全国其他城市; 广州、南京运营线路长度超过 300 公里, 线网规模增长迅速; 深圳、成都、重庆、武汉运营线路长度超过 200 公里, 骨干网络加速形成. 目前, 共计 14 个城市形成了 100 公里以上线网规模, 已逐步实现城市轨道交通的网络化运营. 从客运量来看, 截至 2017 年末, 北京累计完成客运量 37.8 亿人次, 日均客运量 1035 万人次, 居全国首位; 上海累计完成客运量 35.4 亿人次, 日均客运量 969.2 万人次; 广州累计完成客运量 28.1 亿人次, 日均客运量 768.7 万人次; 深圳累计完成客运量 14.5 亿人次, 日均客运量 396.2 万人次, 上述四城市的客运量均创历史新高. 伴随着南京、武汉、成都等城市大量新建线路投入网络化运营, 后发城市骨干网络组建完毕, 北京、上海、广州、深圳四城市客运量占全国总客运量比重从上年 67.3% 降至 62.6%.

在城市轨道交通迅猛发展的同时, 能源消耗总量过大的问题也日渐突出. 例如, 北京市城市轨道交通系统在 2008—2015 年期间, 年耗电量由 6.5 亿度增长到 13.9 亿度, 年均增速高达 12%. 其中, 整个城市轨道交通系统中大约 50% 的耗电量为列车牵引能耗. 按照目前我国城市轨道交通发展规划推算, 未来几十年城市轨道交通的能源消耗将达到相当大的规模. 国家 "十二五" 发展规划就明确提出: 未来交通要以节能减排为重点, 建立以低碳为特征的交通发展模式, 提高资源利用效率. 国家 "十三五" 发展规划更是将节能环保写入了国家战略层面, 且在节能环保方面的投入将是 "十二五" 期间的两倍以上. 因此, 研究降低城市轨道交通系统能耗的有效方法, 对保持我国城市轨道交通可持续发展具有非常重要的意义.

1.2 相关概念

为了更好地理解此书, 下面首先介绍一些常用的概念.

(1) **车站进站量**

定义: 统计期内, 由自动售检票系统直接记录的进入车站的乘客数量.
单位: 人次.

(2) **线路进站量**

定义: 统计期内, 清分系统计算后得到的进入该线的乘客数量.
单位: 人次.
计算方法: 线路进站量 = 本线进出人次 + 本线进其他线出人次.
注: 本线进出人次指进站与出站均属于本线路的乘客在统计期内的数量; 本线进其他线出人次指进站属于本线而出站不属于本线路的乘客在统计期内的数量.

(3) **车站出站量**

定义: 统计期内, 由自动售检票系统直接记录的离开车站的乘客数量.
单位: 人次.

(4) **线路出站量**

定义: 统计期内, 清分系统计算后得到的离开该线的乘客数量.
单位: 人次.
计算方法: 线路出站量 = 本线进出人次 + 其他线进本线出人次.
注: 本线进出人次指进站与出站均属于本线路的乘客在统计期内的数量; 其他线进本线出人次指进站不属本线路而出站属于本线路的乘客在统计期内的数量.

(5) **换乘站换乘量**

定义: 统计期内, 换乘站线路间各方向换乘乘客的总量.
单位: 人次.
计算方法: 换乘站换乘量 = $\sum$ 线路间各方向换乘乘客人次.

(6) **线路换乘量**

定义: 统计期内, 换入该线的乘客数量.
单位: 人次.
计算方法: 线路换乘量 = 其他线进本线出人次 + 途经本线人次.

注: 其他线进本线出人次指进站不属本线路而出站属于本线路的乘客在统计期内的数量; 途经本线人次指进站与出站均不属于本线路, 但按照乘客出行路径会经过本线路的乘客在统计期内的数量.

(7) **断面客流量**

定义: 单位时间内, 单向通过运营线路某一断面的乘客数量.

单位: 人次.

注: 断面客流量通过清分系统计算得到.

(8) **断面满载率**

定义: 单位时间内, 运营线路单向断面客流量与相应断面运力的比值, 反映列车单位时间内该断面的列车满载情况.

计算方法: 断面满载率 = 断面客流量/相应断面运力 ×100%.

(9) **线路客运周转量**

定义: 统计期内, 运营线路乘客乘坐里程的总和.

单位: 人次公里.

计算方法: 线路客运周转量 = $\sum$ 线路中乘客乘坐里程.

(10) **路网客运周转量**

定义: 统计期内, 路网内乘客乘坐里程的总和.

单位: 人次公里.

计算方法: 路网客运周转量 = $\sum$ 路网中乘客乘坐里程.

(11) **列车运行图**

定义: 表示列车在线路各区间运行时间及在各车站停车和通过时间的线条图, 是列车运行的基础. 运用坐标原理描述列车运行时间、空间关系, 以横轴表示时间、纵轴表示距离、水平线表示各车站的中心线、垂直线表示时间、斜直线表示列车运行线.

(12) **到发时刻**

定义: 列车在每个车站的到达和出发 (或通过) 的时刻.

单位: 分钟.

(13) **发车间隔**

定义: 一条运营线路上两个连续的车辆沿同一个方向经过某个固定位置的时间间隔.

单位: 分钟.

(14) 最小发车间隔

定义: 车站为保证列车运行安全, 办理列车到发和通过作业所需要的最小间隔时间.

单位: 分钟.

(15) 发车频率

定义: 一小时内 (或其他时间间隔) 一条线路上沿同一个方向经过某一个固定点行驶的列车数.

单位: 车次.

(16) 再生制动

定义: 是一种使用在电力驱动车辆上的制动技术. 再生制动在制动工况下将电动机切换成发电机运转, 利用车的惯性带动电动机转子旋转而产生反转力矩, 将一部分的动能或势能转化为电能并加以储存或利用, 因此是一个能量回收的过程.

(17) 再生能量

定义: 由列车再生制动产生的电能称为再生能量.

单位: 千瓦时.

(18) 牵引能耗

定义: 在列车运行的过程中, 用于驱动列车牵引加速所消耗的电能.

单位: 千瓦时.

(19) 控制力

定义: 在列车运行过程中的牵引力或制动力.

单位: 牛.

(20) 速度

定义: 列车运行中的速度.

单位: 公里/小时.

(21) 位移

定义: 列车运行中的位移.

单位: 公里.

1.3 面临的问题

城市轨道交通系统是一个复杂巨系统, 其运营过程中蕴含大量的优化管理和控制问题. 下面, 我们将从不同层面对城市轨道交通系统中面临的一系列问题进行简要分析.

在城市轨道交通网络客流管理和控制方面, 目前很多城市在客流高峰时段采取限流措施对客流需求进行科学有效的管理. 即, 通过对进站客流采取一定的人为限制措施, 减缓乘客进站速率, 减小站台客流密度, 通过调节各站点客流流入的速率来影响客流在网络上的时空分布状态. 此外, 随着城市轨道交通网络的不断扩张和线网密度增加, 网络化运营过程中的突发事件频现, 严重情况下可导致轨道交通系统运营中断. 突发事件会导致列车运行图的重新调整, 对城市轨道交通列车运行和车站客流管理带来了极大挑战, 进而影响了城市轨道交通的安全运营. 因此, 在正常运营和突发状况下, 针对城市轨道交通管理方法和客流管控方法开展深入研究, 可为保障列车运营安全和乘客高效出行提供有效的理论支撑.

此外, 鉴于城市轨道交通的客流具有较强的动态性, 当前主要采用高峰运行图和平峰运行图来满足不同时段的客流需求. 然而, 随着客流量的逐年激增, 当前运营模式也将不再满足城市轨道交通的运输需求. 为提高城市轨道交通系统的服务水平, 需要结合客流控制方法, 研究准确反映客流动态特征、面向需求的列车运行图优化方法. 以期在提高运行效率的同时, 缓解站台拥堵, 减少事故发生风险. 另外, 由于城市轨道交通的运营非常复杂, 在列车运行图的设计过程中, 线路上可用车底数量也是制约系统运营的重要指标. 因此, 从系统优化的角度, 需将列车运行图、车底运用计划和动态客流需求协同优化, 从而增加列车运行图的可操作性.

在城市轨道交通列车线间衔接方面, 随着轨道交通路网规模快速扩张, 换乘节点日益增多, 换乘客流量也将大幅增加, 乘客出行的路径选择更具多样性. 在此背景下, 分阶段优化运行图可有效提升路网输送效率, 实现运力运量匹配, 合理化资源配置, 减少列车运营成本. 为增加路网当前列车运行图的协同状态, 实现乘客无缝换乘, 城市轨道交通系统仍需解决如下问题: 呈网络化运营, 协同难度增大; 中心放射型网络结构, 换乘量剧增; 列车间断运营, 起止运营时间难以确定; 通道预留不充分, 运力和速度受限; 多家运营商共同承担运营任务等. 因此, 需针对上述问题开展一系列深入系统的研究.

在城市轨道交通列车流调整方面, 由于列车具有发车频率高、客流量大、乘客上下车频繁等特点, 一旦遇到故障导致运行中断, 大量乘客将滞留在车站, 不仅延长乘客出行时间、降低出行效率, 而且增加拥挤、踩踏风险. 列车运行图调整的目标是尽快恢复计划运行图和减少乘客滞留时间. 通常, 地铁列车在计划运行图中的运行速度已经接近最大允许速度. 因此, 为快速恢复计划运行图, 往往需要采取跨站停车、取消部分车次、改变折返点等特殊运行方式. 一方面, 这些特殊运行方式的引入, 势必导致地铁列车调整策略的复杂化; 另一方面, 故障的突发性和不确定性, 要求调度部门能够迅速找到合适的调整策略. 换言之, 地铁列车的调整策略同时具有较强的复杂性和实时性. 这也是运行图调整和运行图编制的最大差别, 需要进行深入详细的研究.

在列车运行节能方面, 目前站间速度曲线优化和运行图优化是两种降低城市轨道交通列车牵引能耗的有效方法. 前者通过优化单列车在各站间的速度曲线来直接降低列车牵引能耗; 后者则通过协调多列车的牵引制动时间来提高再生能量的直接利用量, 从而降低列车牵引能耗. 这两种方法虽研究对象不同, 但彼此并不是完全孤立的. 列车速度曲线的优化过程是在列车运行图提供各站间运行时间的约束下完成的, 而优化运行图时也受列车速度曲线提供的各站间牵引时间和制动时间的约束. 因此, 为实现城市轨道交通的系统节能, 需探讨各种列车运行节能方法及其内在关系, 以实现轨道交通系统的能效最优化.

在列车运行控制方面, 考虑到目前城轨列车均采用多控制单元进行牵引和制动, 因而有必要研究基于多质点模型的列车运行控制模型及方法, 以提高列车运行追踪精度和运行舒适度. 而已有的单质点模型难以精确地描述不同控制单元之间的相互作用力, 很难保证列车运行中的舒适性. 基于通信的列车运行控制系统的广泛应用, 使得多列车的协同运行控制成为现实. 为进一步提升城市轨道交通的运行可靠性和运营效率, 开展基于邻车信息的多列车协同运行控制的研究, 将为城市轨道交通多列车安全、高效、协同运行提供理论支撑.

此外, 当前我国轨道交通运营管理体系均是按专业进行分割式管理, 导致管理方法和控制策略之间联动性差、全局性不协同, 缺乏有效的协同优化机制. 决策者在制定运输管理计划 (如运行图、调度方案等) 时, 无需考虑对列车运行控制的影响; 同时, 列车的控制过程只要求遵循运输计划, 但不会对上层的运输计划形成有效反馈, 导致从管理到控制过程的开环, 未能达到全局优化的效果. 为进一步提升能效和时效, 实现城市轨道交通的精细化运营, 需要面向全系统, 实现管理到控制过程的闭环, 通过形成有效的信息反馈, 达到轨道交通全局层面的优化效果.

1.4 本书研究内容

本书的具体章节内容安排如下: 第 1 章为绪论. 第 2 章为城市轨道交通网络客流管理和控制优化; 第 3 章为面向客流–车流协同的城市轨道交通列车运行图优化; 第 4 章为面向首末班车及过渡阶段的城市轨道交通列车时刻表优化; 第 5 章为城

市轨道交通与地面公共交通的接驳优化; 第 6 章为城市轨道交通列车运行图调整策略; 第 7 章为城市轨道交通列车节能优化方法; 第 8 章为城市轨道交通列车运行控制建模与方法; 第 9 章为城市轨道交通列车运行图与速度曲线一体化优化方法.

第2章　城市轨道交通网络客流管理和控制优化

2.1　概　　述

随着我国经济的快速发展, 城市人口规模不断增长, 城市地面交通的拥堵程度越来越严重. 为缓解地面交通拥堵, 优化城市功能划分, 各大城市逐步加强城市轨道交通的规划、建设及运营. 近年来, 我国城市轨道交通制式种类正在逐步扩展, 由以地铁为主, 逐步转变为地铁、轻轨、单轨、有轨电车、自动导向系统和中低速磁悬浮等多种制式共同发展. 多种制式共同发展的原因在于: 首先, 北京、上海等城市经过多年的快速发展, 核心城区的城市轨道交通网络已逐步趋于完善; 其次, 我国中小城市以及特大城市卫星城正在进入城市轨道交通需求发展期, 而其城市规模、交通需求等并不适合发展高运量的地铁交通, 反而轻轨、单轨、有轨电车、磁浮交通等中、低运量制式交通方式是其构建骨干线网的主要选择; 最后, 轻轨等中低运量制式相较地铁具有投资少、工期短等特点, 更容易快速发展.

随着城市轨道交通的发展, 各城市将由单一线路过渡到网络化的运营模式. 网络化运营借助快速有效的城市轨道交通运营管理体系, 对现有的设备、人力资源进行统一协调指挥管理, 实行路网集中控制和车站控制两层级别控制, 保证城市轨道交通的安全高效运营, 从而实现效益的最大化. 此外, 由于乘客出行多样化需求日益明显, 成网运营条件下乘客一次出行有多条路径可供选择, 如何识别乘客的出行路径已经成为网络化运营客流分析中的一个重要课题. 而且, 轨道交通网络化使得突发事件发生的概率增大, 突发事件波及的范围也随之增大, 如何快速有效地识别车站客流异常以及突发事件的影响范围, 也是车站运营安全管理中的一个重要问题. 在此背景下进行城市轨道交通网络乘客路径匹配, 能够比较准确反映出城市轨道交通网络中的客流分布特点, 对于城市轨道交通网络规划与运营管理具有重要意义.

目前国内外各大城市的城市轨道交通大多采用自动售检票系统 (automatic fare collection, AFC). AFC 是以现代计算机等技术为基础, 通过对各种专业技术的融合运用, 实现城市轨道交通售检票等功能的自动化系统. 随着计算机技术的发展以及城市轨道交通技术的日渐成熟, 国内外各大城市的轨道交通都普遍采用了 AFC 系统, 系统设备和功能得到不断加强, 并融入到城市的公交一卡通系统中 (蒋祥刚, 2008). 一般来讲, 城市轨道交通 AFC 系统包含五个层级, 分别是: 车票层级、终端设备层级、车站控制系统层级、中央控制系统层级和清分系统层级. AFC 层级结构是以计程、计时票制为基础, 依据行车组织全封闭的运行原则、车票介质的构成原则, 根据各层级设备和各层级系统的功能、分界和接口划分. AFC 系统的五层级结构划分具有较高的科学性、实用性和可扩展性. AFC 系统层级结构如图 2-1 所示.

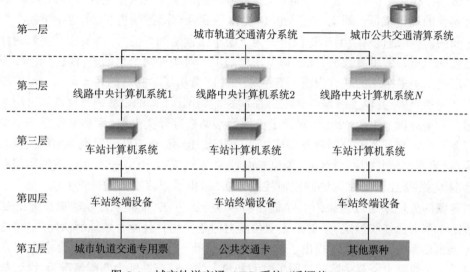

| 第一层 | 城市轨道交通清分系统 ——— 城市公共交通清算系统 |

| 第二层 | 线路中央计算机系统1　　线路中央计算机系统2　　线路中央计算机系统N |

| 第三层 | 车站计算机系统　　　车站计算机系统　　　车站计算机系统 |

| 第四层 | 车站终端设备　　　车站终端设备　　　车站终端设备 |

| 第五层 | 城市轨道交通专用票　　公共交通卡　　其他票种 |

图 2-1　城市轨道交通 AFC 系统 (潘颖芳, 2012)

我国城市轨道交通系统基本采用 AFC 智能刷卡系统来采集乘客的进出站信息, 其主要数据形式见表 2-1.

表 2-1　AFC 主要数据形式

采集信息	含义	形式
DEAL_TIME	交易完成时间	如 2014/2/17 10:00:00
GRANT_CARD_CODE	卡编号	1000 7510 4430 ****
TICKET_TYPE	票种类	0, 1, 7, 18, 177
ENTRY_TIME	进站时间	如 2014/2/17 10:00:00
CURRENT_LOCATION	当前站点	15099****
TRIP_ORIGION_LOCATION	旅程原始进站	15099****
TOTAL_AMOUNT	旅程总金额	联乘累积金额
END_OF_JOURENY	旅程结束	0 或 1(1 表示旅程结束; 0 表示旅程未结束)

面对客流拥挤对安全和高效运营带来的挑战, 亟需有效的客流疏解策略. 目前, 在运能接近饱和的情况下, 对客流进站速率进行控制是最实际可行的方法之一, 也就是我们常说的车站 "限流". 它是交通需求调节的一种手段, 通过调节各站点客流流入的速率影响网络上客流的时空分布状态. 通常情况下, 限流策略的制定需

要形成包含限流车站、限流时段和限流强度的精细化方案. 国内外学者们通过基于个体的客流仿真手段, 推算路网的客流动态分布情况, 应用于实时的客流监控和预警.

刘莲花和蒋亮 (2011) 以广州市轨道交通网络为对象, 提出了单一线路级和网络级联控模式下的限流数值计算办法, 该办法的制定主要依据定性分析和经验, 缺乏完善的理论依据. 刘晓华等 (2014) 提出了联合客流控制思想, 考虑上下游车站之间的协调, 通过对上游车站限流来为下游车站预留列车能力, 并提出了高峰时段连续两个车站的限流数值算法, 该方法仅适用于对相邻两个车站进行联合限流, 不能应用于更多车站的联合限流. 李建琳 (2011) 分析了早高峰的客流需求和运输能力之间的矛盾, 并以上海城市轨道交通为案例提出了不同的限流调整措施和对应的运营效果评价. 谢玮 (2012) 对轨道交通换乘站进行分类, 提出了针对换乘车站的客流控制规则和客流控制触发指标的计算方法. 但是, 该方法针对换乘站的换乘客流, 而换乘客流作为网内客流, 控制难度较大. 张正等 (2013) 分析了限流的作用和影响因素, 提出了车站间协同限流控制方法, 给出了限流参数的计算方法. 该方法对客流的处理未通过传统的 OD 估计和客流分配方法, 而是从流量平衡原理出发, 假定下车率已知和恒定, 能够从宏观角度对问题简化并且能有效地解决问题. 许心越 (2015) 针对高峰时段, 提出了城市轨道交通单一线路多站协同限流策略的方法, 以最小化线路上所有乘客的总服务时间和最大化关键车站能力匹配情况为目标, 属于确定性的数学规划方法. 赵鹏等 (2014) 以乘客延误损失最小化和客运周转量最大化为优化目标, 提出线路层的车站间及时段间协调控制模型, 以控流率作为限流强度指标, 缓解站台滞留, 均衡列车能力利用. 姚向明 (2014) 指出限流策略应包括限流车站、限流时段和限流强度, 并采用数学规划方法构建了线路层和网络层的客流协同流入模型. 黄令海 (2016), 建立了总服务人数最大化和乘客平均延误最小化的多站协同客流控制优化模型.

近年来城市轨道交通网络中突发事件数量持续增多, 一旦发生突发事件, 不仅可能造成安全隐患, 而且会在网络中传播, 严重时导致网络瘫痪, 因此引起了相关部门和运营企业的高度重视. Nikos & Nicolas(2004) 通过仿真方法寻找有效的突发事件救援方案, 以城市轨道交通车站发生火灾为例进行了仿真实例分析. 钟茂华等 (2007) 对突发事件时的人员疏散方法进行了研究, 以火灾事故发生时的实际情况为参照, 通过实例分析, 仿真数据得出人员疏散情况, 为突发事件人员疏散提供了研究思路. Jiang 等 (2011) 对城市轨道交通车站突发事件疏散进行了数字模拟仿真, 并以北京轨道交通网络为例进行了实例研究. Wang 等 (2012) 对城市轨道交通车站的应急疏散试验方法进行了比较分析和行人仿真评价. 王浩等 (2015) 从分析突发事件情况下乘客的心理角度出发, 对车站人员的引导作用进行了研究, 在此基础上, 对突发事件下的车站应急疏散、应急设备、人员引导进行仿真, 最后针对具体情况提出了相应的优化方法. 阎善郁和陈雪娇 (2012) 引入物元可拓法, 进行实例分析, 通过实例研究来构建突发事件应急模型, 并给出城市轨道交通车站突发事件的评价指标, 以得到的评价指标对实例中的车站应急能力做出相应的评价. Hossam & Baher(2012) 对城市轨道交通和公交系统的大规模疏散方案进行了研究, 将疏散方法应用于多伦多市. Qu & Chow(2012) 在车站进行突发事件疏散时, 对城市轨道交通车站屏蔽门系统的作用进行了研究. Li & Fang(2013) 基于遗传算法提出了城市轨道交通应急调度模型. Ning 等 (2013) 采用并行控制的方法研究了城市轨道交通系统的应急管理. 王洪德和姜天宇 (2015) 引入危机管理, 提出城市轨道交通应急评价指标的构建方法. 结合具体情况, 对评价指标进行初步的筛选; 采用层次分析法, 建立评价指标的进一步筛选层次系统, 采用标度法构造判断矩阵, 为了进一步更好地检验筛选是否合格, 采用 RI 值进行再一次的判断筛选. 最后, 以筛选出的评价指标构建评价模型. 在研究突发事件时, 如何尽早地识别突发事件的发生地点, 并计算突发事件的影响时间及影响范围, 是突发事件研究中的一个难点问题, 此方面的研究较少, 一些学者只是对突发事件后的运输组织、客流传播等问题进行了研究. Yin & Lam (2004) 通过系统仿真的方法, 在不确定性延误情况下, 对公共交通网络的旅行损失进行了有效估计. Chen & Lam (2009) 在对实例数据充分分析的基础上, 研究公共交通网络的可靠性. Li & Lam (2010) 研究了基于已知突发事件案例条件下的城市轨道交通突发事件运输组织计划. 洪玲等 (2011) 建立了城市轨道交通网络局部中断评价模型, 并结合轨道交通网络中单位时间内各站点间的 OD (origin destination, 交通出行量) 出行分布历史, 得到在网络局部中断情况下的受影响车站的客流损失等评价模型. 通过这些模型, 计算得出网络局部中断以后受影响站点的延误、损失客流等客流数据. 段力伟等 (2012) 根据城市轨道交通车站的功能以及突发大客流发生的位置, 将车站进行分类, 并分析了乘客上车效率等影响因素, 建立了车站的密度影响模型. 从列车运行情况和车站服务水平两方面对城市轨道交通突发大客流传播的影响因素及其调整措施进行了分析. Silva 等 (2015) 利用伦敦 AFC 刷卡数据预测未来的交通量, 并估计由于计划外的关闭车站或中断线路情况下, 乘客的选择行为将如何导致拥挤以及哪些车站将受到影响. Sun 等 (2016) 利用北京 AFC 刷卡数据预测突发事件导致的乘客路径选择行为变化 (出站、绕行、延误) 影响, 并提出突发事件对系统影响范围及强度的估计模型.

在城市轨道交通突发事件研究方面, 以往的研究大多集中在应急处置、人员疏散等方面的研究, 本章将基于贝叶斯方法进行城市轨道交通进站量异常识别, 建立突发事件对客流出行行为的影响模型, 从受影响范围和受影响程度两个方面分析突发事件对网络客流分布的影响.

以下内容中, 将主要针对常态情况下的轨道交通客流优化控制、突发事件影响估计和限流优化进行详细阐述.

2.2   常态情况下的轨道交通客流优化控制

随着城市化进程的加快, 城市轨道交通的需求量日益增加. 然而, 轨道交通系统的运能有限, 难以适应急剧增长的运能需求. 在客运高峰时刻, 车厢和车站过于拥挤, 不能显现出轨道交通舒适便捷的特点. 例如, 北京地铁早高峰时段多条线路的列车满载率超过 120%, 高峰时刻的拥挤已成为常态. 为避免大客流对线路或路网造成过大压力, 地铁运营部门经常采取客流控制措施减缓乘客进站速度, 确保列车运营和乘客乘降安全. 相应地, 如何科学合理地设计轨道交通线路各站客流控制措施, 发挥最大的旅客运输能力, 是提升城市轨道交通运营效率和服务水平的一个重要研究课题.

2.2.1   列车流与客流动态耦合模型

(1) 列车动态模型

首先, 根据轨道交通列车运行图中的列车发车时间、停站时间和运行时间, 基于离散事件建模方法构建常态情况下的列车动态运行模型. 将列车发车时间作为状态变量, 则列车 i 从车站 $j+1$ 的发车时间 t_{j+1}^i 满足下列动态方程:

$$t_{j+1}^i = t_j^i + R_j^i + s_{j+1}^i \tag{2-1}$$

其中 R_j^i 表示列车 i 从车站 j 到车站 $j+1$ 的运行时间, s_{j+1}^i 为列车 i 在车站 $j+1$ 的停站时间. 该方程描述了常态情况下列车发车时间、停站时间和运行时间的相互动态变化关系.

进一步, 假设列车停站时间受到上车和下车客流的影响, 则列车的停站时间 s_{j+1}^i 满足下面的公式:

$$s_{j+1}^i = \alpha(m_{j+1}^i + n_{j+1}^i) + D_{j+1} \tag{2-2}$$

其中 α 表示每名乘客上下列车平均所需时间, m_{j+1}^i 和 n_{j+1}^i 分别表示列车 i 在车站 $j+1$ 的上下车乘客数, D_{j+1} 表示在站台 $j+1$ 列车屏蔽门开关所需时间.

将公式 (2-2) 代入方程 (2-1) 中, 可以得到常态情况下的列车动态运行模型如下:

$$t_{j+1}^i = t_j^i + R_j^i + \alpha(m_{j+1}^i + n_{j+1}^i) + D_{j+1} \tag{2-3}$$

从公式 (2-3) 可以看出, 不同于一般的列车运行图模型, 在本节提出的列车动态运行模型中, 列车运行图还将受到站台上车和下车乘客数量的影响. 下面将给出具体的客流动态模型.

(2) 客流动态模型

考虑轨道交通列车到达站台后的上车和下车乘客数, 将列车 i 到达站台 $j+1$ 的载客量 l_{j+1}^i 作为状态变量, 可建立如下的客流动态模型:

$$l_{j+1}^i = l_j^i + m_{j+1}^i - n_{j+1}^i + p_{j+1}^i \tag{2-4}$$

其中, p_{j+1}^i 表示列车 i 在车站 $j+1$ 的客流控制量, 代表实际采取的客流控制措施. 在客流控制措施 p_{j+1}^i 下, 列车 i 的实际上车乘客数为 $m_{j+1}^i + p_{j+1}^i$.

对于列车上车乘客数, 假设列车 i 进入车站 $j+1$ 时的上车乘客数 m_{j+1}^i 与列车发车间隔成比例, 则上车乘客数 m_{j+1}^i 满足如下的方程:

$$m_{j+1}^i = \gamma_{j+1}^i(t_{j+1}^i - t_{j+1}^{i-1}) \tag{2-5}$$

其中, γ_{j+1}^i 表示乘客的平均到达率, 其可通过客流需求的 OD 矩阵进行估计得到.

在客流控制策略下, 根据公式 (2-2), 列车的实际停站时间 s_{j+1}^i 满足以下公式:

$$s_{j+1}^i = \alpha(m_{j+1}^i + n_{j+1}^i + p_{j+1}^i) + D_{j+1}, \tag{2-6}$$

由公式 (2-6) 可见, 客流控制策略不仅可用于调整上车乘客数量, 同时也影响到列车停站时间.

此外, 假设各列车的下车乘客数量与载客量成正比, 则下车乘客数量 n_{j+1}^i 满足下述表达式:

$$n_{j+1}^i = \beta_{j+1}^i l_j^i \tag{2-7}$$

其中, β_{j+1}^i 为比例系数, 可通过客流需求的 OD 矩阵进行估计获得.

进一步, 结合公式 (2-4) 至公式 (2-7), 可得如下的客流动态模型:

$$l_{j+1}^i = l_j^i + \gamma_{j+1}^i(t_{j+1}^i - t_{j+1}^{i-1}) - \beta_{j+1}^i l_j^i + p_{j+1}^i \tag{2-8}$$

该模型描述了载客量与列车上车客流和下车客流之间的动态变化关系. 从该模型中可以发现, 列车载客量将受客流控制量和列车运行图的双重影响.

(3) 动态耦合模型

根据列车动态模型 (2-3) 和客流动态模型 (2-8), 可构建如下的列车流与客流动态耦合模型:

$$\begin{cases} t_{j+1}^i = t_j^i + R_j^i + \alpha(\gamma_{j+1}^i(t_{j+1}^i - t_{j+1}^{i-1}) + \beta_{j+1}^i l_j^i + p_{j+1}^i) + D_{j+1} \\ l_{j+1}^i = l_j^i + \gamma_{j+1}^i(t_{j+1}^i - t_{j+1}^{i-1}) - \beta_{j+1}^i l_j^i + p_{j+1}^i \end{cases} \tag{2-9}$$

该模型刻画了列车发车时间和载客量之间的相互耦合关系, 其中 p_{j+1}^i 为客流控制决策变量. 可以看出, 不同客流控制量 p_{j+1}^i 将影响列车的发车时间以及载客量的变化. 该模型为进一步设计客流控制 p_{j+1}^i 提供了基础.

为便于建立优化模型, 令 $x_j^i = [t_j^i, l_j^i]^\mathrm{T}$, 则客流控制模型 (2-9) 可转化为如下向量及矩阵形式:

$$x_{j+1}^i = A_j^i x_j^i + B_j^i x_{j+1}^{i-1} + C_j^i p_{j+1}^i + G_j^i (D_{j+1} + R_j^i) \tag{2-10}$$

其中, $x_j^0 = [0,0]^\mathrm{T}$, $A_j^i = \begin{bmatrix} \dfrac{1}{1-\alpha\gamma_{j+1}^i} & \dfrac{\alpha\beta_{j+1}^i}{1-\alpha\gamma_{j+1}^i} \\ \dfrac{\gamma_{j+1}^i}{1-\alpha\gamma_{j+1}^i} & 1 - \beta_{j+1}^i + \dfrac{\alpha\gamma_{j+1}^i\beta_{j+1}^i}{1-\alpha\gamma_{j+1}^i} \end{bmatrix}$, $B_j^i = \begin{bmatrix} \dfrac{-\alpha\gamma_{j+1}^i}{1-\alpha\gamma_{j+1}^i} & 0 \\ \dfrac{-\gamma_{j+1}^i}{1-\alpha\gamma_{j+1}^i} & 0 \end{bmatrix}$,

$C_j^i = \begin{bmatrix} \dfrac{\alpha}{1-\alpha\gamma_{j+1}^i} \\ \dfrac{1}{1-\alpha\gamma_{j+1}^i} \end{bmatrix}$, $G_j^i = \begin{bmatrix} \dfrac{1}{1-\alpha\gamma_{j+1}^i} \\ \dfrac{\gamma_{j+1}^i}{1-\alpha\gamma_{j+1}^i} \end{bmatrix}$.

2.2.2　常态情况下的客流优化控制模型

根据客流控制模型 (2-10), 下面将进一步构建常态情况下的客流优化控制模型, 并设计相应的求解算法. 首先, 令 T_j^i 为既定列车发车时间, L_j^i 为列车既定载客量, 则可构建列车流和客流的耦合模型, 如下所示:

$$\begin{cases} T_{j+1}^i = T_j^i + R_j^i + \alpha(\gamma_{j+1}^i(T_{j+1}^i - T_{j+1}^{i-1}) + \beta_{j+1}^i L_j^i) + D_{j+1} \\ L_{j+1}^i = L_j^i + \gamma_{j+1}^i(T_{j+1}^i - T_{j+1}^{i-1}) - \beta_{j+1}^i L_j^i \end{cases} \tag{2-11}$$

其中 $H = T_{j+1}^i - T_{j+1}^{i-1}$ 表示既定的列车发车间隔. 在不同运营时段, 列车发车间隔是不同的, 例如, 高峰时段的列车发车间隔一般需小于平峰时段. 进一步, 为保持列车既定运行图和既定载客量, 我们定义偏差向量 $e_j^i = [t_j^i - T_j^i, l_j^i - L_j^i]^\mathrm{T}$. 将公式 (2-9) 左右两边减去公式 (2-11), 可得到实际列车运行图和载客量与既定运行图和载客量之间的偏差模型, 具体形式如下:

$$e_{j+1}^i = A_j^i e_j^i + B_j^i e_{j+1}^{i-1} + C_j^i p_{j+1}^i \tag{2-12}$$

其中, 系统参数 A_j^i, B_j^i, C_j^i 与公式 (2-10) 中相同. 偏差模型 (2-12) 刻画了客流控制策略下的列车实际发车时间与既定发车时间之间以及列车实际载客量与既定载客量之间的偏差动态演化过程. 在此, 如果令 $e_j^i \to 0$, 则 $t_j^i \to T_j^i$ 和 $l_j^i \to L_j^i$. 相应地, 在客流控制策略下, 列车实际发车时间和载客量将均接近于既定发车时间和既定载客量. 因此, 我们可将 $e_j^i \to 0$ 作为优化控制目标, 以提高列车运营效率并减小载客量过饱和现象. 下面, 将根据偏差模型 (2-12) 进一步构建常态情况下的客流优化控制模型.

(1) 优化目标

为确保列车的实际发车时间和载客量尽可能接近既定发车时间和既定载客量, 并同时提高列车发车间隔的均匀性, 在此设计如下目标函数:

$$J = \sum_{i,j} \{ e_j^{i\mathrm{T}} P_j^i e_j^i + (e_j^i - e_j^{i-1})^{\mathrm{T}} Q_j^i (e_j^i - e_j^{i-1}) + p_j^{i\mathrm{T}} R_{1j}^i p_j^i \} \tag{2-13}$$

其中, P_j^i, Q_j^i, R_{1j}^i 为事先给定的加权矩阵. 公式 (2-13) 中第一项表示列车实际发车时间与既定发车时间之间, 以及列车实际载客量与既定载客量之间的偏差量, 其作用为最小化偏差, 进而提高列车运营效率并减小列车载客量过饱和现象. 第二项表示实际列车发车间隔与既定发车间隔的偏差量, 其作用为提高列车发车间隔的均匀性, 从而有效减少乘客的平均等待时间. 第三项表示客流控制量, 其作用为减小客流控制成本.

(2) 约束条件

列车的运行过程需满足运行安全条件和运输能力的限制. 为此, 下面将构建列车运行过程中的安全车间距约束和车载能力限制约束.

1) 安全车间距约束

为保证相邻列车之间的安全发车间隔, 任意相邻列车 i 和 $i-1$ 之间的发车间隔需满足 $t_j^i - t_j^{i-1} \geqslant t_{\min}$, 其中 $t_{\min}$ 是允许的最小发车间隔. 进一步, 该约束可以转化为如下的等价形式:

$$(t_j^i - T_j^i) - (t_j^{i-1} - T_j^{i-1}) \geqslant t_{\min} - H$$
$$\Rightarrow H_1(e_j^i - e_j^{i-1}) \geqslant t_{\min} - H \tag{2-14}$$

其中, $H_1 = [1,0]$, $t_{\min}$ 和 H 为给定的常数.

2) 载客量约束

根据列车最大载客量的要求, 列车载客量 l_j^i 需满足约束: $l_j^i \leqslant l_{\max}$, 其中 $l_{\max}$ 为列车最大容量. 同样, 该约束可以转化为如下形式:

$$(l_j^i - L_j^i) \leqslant l_{\max} - L_j^i$$
$$\Rightarrow H_2 e_j^i \leqslant l_{\max} - L_j^i \tag{2-15}$$

其中, $H_2 = [0,1]$, $l_{\max}$ 和 L_j^i 为给定的常数.

3) 客流控制约束

对于客流控制量, 在此考虑如下约束:

$$p_{\min} \leqslant p_j^i \leqslant p_{\max} \tag{2-16}$$

其中, $p_{\min}$ 为客流控制的最小允许值, $p_{\max}$ 是客流控制的最大允许值.

(3) 优化控制模型

基于上述目标函数 (2-13) 和约束条件 (2-14) 至 (2-16), 可构建如下客流优化控制模型:

$$\min \quad J = \sum_{i,j} \{e_j^{i\mathrm{T}} P_j^i e_j^i + (e_j^i - e_j^{i-1})^{\mathrm{T}} Q_j^i (e_j^i - e_j^{i-1}) + p_j^{i\mathrm{T}} R_{1j}^i p_j^i\}$$

$$\text{s.t.} \quad e_{j+1}^i = A_j^i e_j^i + B_j^i e_{j+1}^{i-1} + C_j^i p_{j+1}^i$$

$$H_1(e_j^i - e_j^{i-1}) \geqslant t_{\min} - H \tag{2-17}$$

$$H_2 e_j^i \leqslant l_{\max} - L_j^i$$

$$p_j^i \geqslant p_{\min}$$

$$p_j^i \leqslant p_{\max}$$

在上述优化控制模型 (2-17) 中, 目标函数为二次函数, 并且约束条件均为线性函数. 其中, 第一个约束为状态转移方程, 第二、三个约束为状态约束, 最后两个约束为控制约束. 该模型中, 由于参数 A_j^i, B_j^i, C_j^i 与时间相关, 传统基于确定型参数的动态规划方法难以处理上述时变参数下的优化控制模型. 因此, 为有效处理上述带时变参数的优化控制问题, 下面将设计基于模型预测控制的在线优化控制算法.

2.2.3　客流优化控制算法

模型预测控制是一种以滚动的方式实现在线优化控制的方法. 在每个采样阶段 k, 根据当前测量状态, 在线求解给定预测时域上的优化问题, 从而确定一组最优控制序列, 并将第一个输入序列作为实际控制输入. 图 2-2 给出了模型预测控制的原理图, 其中圆圈表示测量和预测的状态.

根据上述模型预测控制方法, 针对常态情况下客流优化控制模型 (2-17), 设计相应的在线优化控制算法流程如下.

(1) 系统的预测模型

系统预测模型用于预测给定预测时域内控制输入对系统的影响, 并通过优化目标函数来确定控制策略. 针对优化控制模型 (2-17), 我们将第一个约束 (状态转移方程) 作为系统的预测模型, 根据当前的测量状态来预测列车未来的发车时间偏差量和载客偏差量.

(2) 优化控制问题

在每个采样阶段 k, 对于给定的预测时域, 形成相应的优化控制问题 (2-17). 通过在线求解给定预测时域上的优化问题 (2-17), 从而确定一组最优控制序列, 并将该组控制序列的第一个控制项作为列车当前阶段的客流最优控制策略.

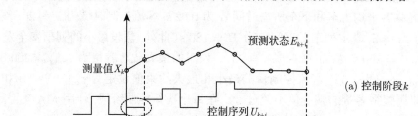

图 2-2 模型预测控制原理图

(3) 滚动优化

当从优化控制问题 (2-17) 计算得到控制序列时, 仅将控制序列的第一个控制项作用于系统. 在下一阶段 $k+1$, 预测时域向前滚动一步, 根据新的测量状态, 在预测时域内形成新的优化控制问题. 整个滚动优化过程为一个闭环控制过程, 达到了在线反馈优化控制的目的.

根据上述模型预测控制的计算流程, 客流优化控制的具体算法步骤如下:

步骤 1 在每个采样阶段 k, 基于更新的系统参数, 获得当前的测量状态 E_k, 其中 E_k 由偏差状态变量 e_j^i 组成.

步骤 2 根据当前测量状态 E_k, 对于给定的预测时域, 计算系统偏差模型 (2-12) 的系统参数.

步骤 3 根据计算得到的系统参数, 形成预测时域内的优化控制模型 (2-17).

步骤 4 通过求解预测时域内的优化控制模型 (2-17), 得到最优的列车客流控制策略, 其中 U_k 由客流控制变量 p_j^i 组成, 并将其应用于系统偏差模型 (2-12) 中.

步骤 5 基于下一阶段新的测量值 E_{k+1}, 重复步骤 1 至步骤 4, 直到控制时域的边界.

2.2.4 数值算例

本节中, 选取北京地铁 9 号线对所提出的客流控制策略进行数值仿真验证. 北京地铁 9 号线的线路结构如图 2-3 所示, 并考虑从郭公庄到国家图书馆的单程方向. 设定每名乘客平均上车和下车所需时间 α 为 0.02 s, 客流控制时域为 $T = 20$, 预测时域设为 $M = 3$, 既定列车发车间隔为 $H = 180$ s. 此外, 假设最小的列车安全发车间隔为 $t_{\min} = 160$ s, 从而 $H - t_{\min} = 20$ s. 列车的最大载客容量为 $l_{\max} = 2000$, 并且假设 $l_{\max} - L_j^i \leqslant 50$. 客流控制量的最小和最大约束值设定为 $p_{\min} = -30$ 和 $p_{\max} = 0$, 即调整乘客量的减少值不超过 30. 在每个决策控制阶段, 使用 MATLAB 优化工具箱中的 quadprog 函数对优化控制问题 (2-17) 进行求解.

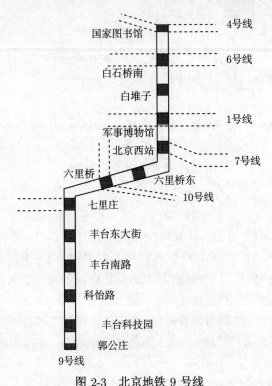

图 2-3 北京地铁 9 号线

在早高峰时段, 各地铁站点的系统参数见表 2-2, 其中各站的系统参数假定为恒定. 此外, 一些繁忙的车站 (例如换乘站) 的乘客到达率 γ_j^i 通常大于非换乘站, 同时换乘站的乘客离开比例系数 β_j^i 比非换乘站大. 基于地铁 9 号线各车站的实际运营状况, 表 2-2 中给出了各站详细的系统参数.

基于上述给定的系统参数, 对本节所提客流控制策略与 $p_j^i = 0$ 的情况进行比较. 根据本节所提出的客流控制策略, 通过模型预测控制方法求解最优控制问题 (2-17), 可得到在每个决策阶段的客流控制策略. 令 $l1$ 为不施加客流控制策略下载客量与既定载客量的偏差量, $l2$ 为客流控制策略下的偏差量, p 为施加的客流控制策略. 当 l_1 或 l_2 的取值大于零时, 则表示列车出现超员现象. 通过计算, 表 2-3 给出了客流控制策略与 $p_j^i = 0$ 时的对比结果. 从表 2-3 中可以发现, 不施加客流控制策略时, 从车站 6 到车站 8, 列车载客量出现超员的阶段数量维持在 4 到 6 个阶段, 并且在车站 8, 阶段 2 到 3 的载客量明显高于阶段 1 的情况, 其极大降低了乘客满意度. 另外, 超员现象也会影响到既定运行图, 并造成列车延误. 通过对比可以发现, 在所提客流控制策略下, 从车站 6 到车站 8, 列车载客偏差量 l_2 被有效降低, 并很快恢复到既定载客量状态. 在车站 6 和车站 7, 列车载客量通过一个阶段的调整即恢复到既定载客量状态. 此外, 所施加的客流控制量 p 明显小于超载的乘客数量. 因此, 通过在高峰时刻合理施加客流控制策略, 可有效降低客流超员情况, 提高乘客满意度. 同时, 合理的客流量可有效提升城市轨道交通系统的运营效率.

表 2-2   系统参数

站台	索引 j	β_j^i	γ_j^i
郭公庄	1	0	0.3
丰台科技园	2	0.01	0.3
科怡路	3	0.01	0.3
丰台南路	4	0.01	0.3
丰台东大街	5	0.01	0.3
七里庄	6	0.02	0.4
六里桥	7	0.1	0.5
六里桥东	8	0.02	0.3
北京西站	9	0.08	0.8
军事博物馆	10	0.1	0.6
白堆子	11	0.02	0.3
白石桥南	12	0.2	0.3
国家图书馆	13	1	0

表 2-3   载客偏差量结果对比

编号	相关参数	阶段								
		1	2	3	4	5	6	7	8	9
站 6	l_1	40	39	6	5	0	0	0	0	0
	l_2	40	2	0	0	0	0	0	0	0
	p	−23	−9	−3	−1	0	0	0	0	0
站 7	l_1	40	36	35	5	4	0	0	0	0
	l_2	40	16	0	0	0	0	0	0	0
	p	−21	−9	−3	−1	0	0	0	0	0
站 8	l_1	30	39	35	35	5	4	0	0	0
	l_2	30	16	6	2	0	0	0	0	0
	p	−23	−8	−3	0	0	0	0	0	0
站 9	l_1	30	28	36	33	32	5	4	0	0
	l_2	30	12	6	2	0	0	0	0	0
	p	−15	−6	−3	0	0	0	0	0	0

2.3 突发事件影响估计和限流优化

城市轨道交通一旦发生突发事件, 将直接影响乘客的进站、候车和出站行为. 通过对 AFC 刷卡数据的分析, 可以发现突发事件下乘客出行行为变化特征. 本节通过贝叶斯预测方法对城市轨道交通车站进站量异常进行识别, 在此基础上, 建立突发事件影响的估计模型, 从受影响范围和受影响程度两个方面分析突发事件对城市轨道交通网络的影响.

2.3.1 突发事件影响估计建模

基于数据驱动的突发事件影响估计, 可通过对客流数据的异常检测, 识别突发事件类型并通过分析乘客出行行为的变化, 提出受影响客流量的估算方法, 进而估计受影响乘客, 辅助城市轨道交通运营管理部门采取相应的管控措施.

(1) 客流异常检测

城市轨道交通 AFC 系统每隔一段时间会实时上传交易数据给相关管理和运营部门, 从实时上传的数据中可以提取出每个车站在此时间间隔内的乘客进站量. 根据历史数据分析, 在路网不发生变化且无突发事件发生的情况下, 每个车站的全天以及历史同期进站量是随机动态变化的, 而当路网发生变化或其他影响进站量的因素出现, 乘客进出站量变化将异常显著. 如果设定一个固定值作为检测异常情况的标准, 可能会导致识别上的偏差. 因此这里旨在利用历史 AFC 刷卡数据, 构建普适的进站量估计模型, 再利用近期数据, 实现车站进站量正常状况下人数阈值的动态化, 据此判断是否产生客流异常.

我们知道, 城市轨道交通系统在发生突发事件以后, 往往会采取限制进站或者封站的措施来缓解运输能力下降而给车站带来的压力. 因此, 建立符合车站乘客流特性的实时阈值模型可以实现车站进站量的异常检测, 且突发事件发生以后计算受影响客流量的前提是识别出进出站量异常的车站. 本节对车站进站量异常的识别以及突发事件影响范围估计均是利用真实 AFC 数据, 因此属于突发事件事后影响分析. 基于贝叶斯预测的异常识别方法 (马清兰, 2013), 结合区域人数异常检测方法, 根据历史同时期人数, 采用贝叶斯预测方法, 分析区域内正常人数范围实时动态化, 进而实现对轨道交通网络客流量的异常识别.

1) 检测思路

城市轨道交通进站量异常检测一般可分为三个步骤: 第一步, 基于历史进站量建立描述进站量的一般模型; 第二步, 考虑不同日期相同时段内进站量变化的特征, 结合近期进站量数据, 校正上述模型, 建立更加符合描述进站量的动态模型; 第三步, 动态设定进站人数安全范围, 进行实时的进站量异常检测. 三个步骤及相应的方法如图 2-4 所示.

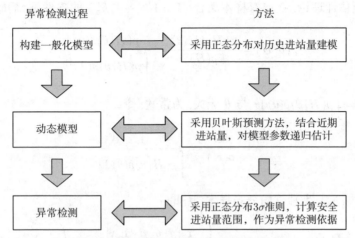

图 2-4 城市轨道交通进站量异常检测过程

2) 基于贝叶斯预测的城市轨道交通进站量异常检测方法

下面将主要介绍如何用贝叶斯预测方法实现城市轨道交通车站进站量异常识别. 假设进站量为服从正态分布的随机变量, 记作 y, 即 $y \sim N(\mu, \sigma^2)$, 其中 μ 表示进站量人数的均值, σ^2 表示进站量方差. 此外, 假设进站量均值也是一个随机变量, 记作 θ, 而且方差已知. 接下来就是如何应用贝叶斯法对模型参数进行估计, 主要过程描述如下:

① 选一个概率分布 $p(\theta)$ 来总结参数 θ 的先验知识, 即选一个先验概率;

② 利用样本数据, 通过贝叶斯公式 $p(\theta|H) \propto p(\theta)L(H|\theta)$ 计算参数 θ 的后验概率分布.

采用贝叶斯估计法获得后验概率分布后, 可以利用后验概率分布对观测值做进一步预测. 假设 t 个样本下待估计参数 θ 训练得到服从正态分布 $\theta \sim N(\mu_t, \tau_t^2)$, 有如下公式:

$$\mathrm{var}(H_{t+1}|H_t) = E(\mathrm{var}(H_{t+1}|\theta, H_t)|H_t)) + \mathrm{var}(E(H_{t+1}|\theta)|H_t) = \sigma^2 + \tau_t^2 \quad (2\text{-}18)$$

$$E(H_{t+1}|H_t) = E(E(H_{t+1}|\theta, H_t|H_t)) = E(\theta|H_t) = \mu_t \quad (2\text{-}19)$$

则第一步预测模型为 $y \sim N(\mu_t, \sigma^2 + \tau_t^2)$.

参照贝叶斯参数估计过程, 进站量人数模型的更新过程如下:

① 依据经验选定先验概率分布, 一般为正态分布, $\theta \sim N(\mu_0, \tau_0^2)$, 即

$$p(\theta) \propto \exp\left[-\frac{1}{2\tau_0^2}(\theta - \mu_0)^2\right] \quad (2\text{-}20)$$

② 根据贝叶斯估计法计算后验概率.

现有样本集合 $H = \{h_1, \cdots, h_n\}$, 用贝叶斯估计法推导待识别样本的概率密度. 根据贝叶斯估计理论, 在已有样本集合 $H = \{h_1, \cdots, h_n\}$ 的条件下, 后验概率可表示如下:

$$p(\theta \mid H) = \frac{p(H \mid \theta)p(\theta)}{p(H)} = \frac{p(H \mid \theta)p(\theta)}{\int p(H \mid \theta)p(\theta)\mathrm{d}\theta} \tag{2-21}$$

其中 $p(H) = \int p(H \mid \theta)p(\theta)\mathrm{d}\theta$ 与 θ 无关, 为常数, 令

$$\lambda = \frac{1}{p(H)} = \frac{1}{\int p(H \mid \theta)p(\theta)\mathrm{d}\theta} \tag{2-22}$$

$H = \{h_1, \cdots, h_n\}$ 为独立同分布样本, 因此:

$$p(\theta \mid H) = \lambda \prod_{i=1}^{n} p(h_i \mid \theta)p(\theta) = \lambda'' \exp\left\{ -\frac{1}{2}\left[\left(\frac{n}{\sigma^2} + \frac{1}{\tau_0^2} \right)\theta^2 - 2\left(\frac{1}{\sigma^2}\sum_{i=1}^{n} h_i + \frac{\mu_0}{\tau_0^2} \right)\theta \right] \right\} \tag{2-23}$$

其中

$$\lambda'' = \lambda' \exp\left[-\frac{1}{2}\left(\frac{1}{\sigma^2}\sum_{i=1}^{n} h_i^2 + \frac{\mu_0^2}{\tau_0^2} \right) \right]$$

$$\lambda' = \frac{\lambda}{(\sqrt{2\pi}\sigma)^n \sqrt{2\pi}\tau_0}$$

由式 (2-23) 可以看出, $p(\theta \mid H)$ 是 θ 的二次函数的指数函数, 因此 $p(\theta \mid H)$ 仍然满足正态分布, 令

$$p(\theta \mid H) \sim N(\mu_n, \tau_n^2) \tag{2-24}$$

$$p(\theta \mid H) = \frac{1}{\sqrt{2\pi}\tau_n} \exp\left[-\frac{1}{2}\left(\frac{\theta - \mu_n}{\tau_n} \right)^2 \right] = \frac{1}{\sqrt{2\pi}\tau_n} \exp\left[-\frac{1}{2}\left(\frac{1}{\tau_n^2}\theta^2 - \frac{2\mu_n}{\tau_n^2}\theta + \frac{\mu_n^2}{\tau_n^2} \right) \right] \tag{2-25}$$

比较 (2-23) 式和 (2-25) 式, 有

$$\frac{1}{\tau_n^2} = \frac{n}{\sigma^2} + \frac{1}{\tau_0^2} \tag{2-26}$$

$$\frac{\mu_n}{\tau_n^2} = \frac{1}{\sigma^2}\sum_{i=1}^{n} h_i + \frac{\mu_0}{\tau_0^2} \tag{2-27}$$

因此:

$$\tau_n^2 = \frac{\sigma^2 \tau_0^2}{n\tau_0^2 + \sigma^2} \tag{2-28}$$

$$\mu_n = \frac{\tau_0^2}{n\tau_0^2 + \sigma^2} \sum_{i=1}^{n} h_i + \frac{\sigma^2 \mu_0}{n\tau_0^2 + \sigma^2} \tag{2-29}$$

上述公式求得的 τ_n^2 和 μ_n 在考虑了历史数据的基础上, 融合了近期进站量新增数据, 因此模型具有动态性.

接下来采用 3σ 准则作为进站量人数异常检测的依据. 3σ 准则含义为: 假设随机变量 y 服从一元正态分布, 即 $y \sim N(\mu, \sigma^2)$. 如图 2-5 所示, 由于 y 分布在区间 $(\mu - 3\sigma, \mu + 3\sigma)$ 上的概率为 0.9974, 因此基本可以认为 y 集中在区间 $(\mu - 3\sigma, \mu + 3\sigma)$ 上.

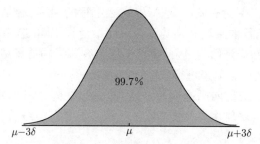

图 2-5 正态分布的 3σ 准则

因此, 如果进站量人数的实时数据与均值距离在 3 倍方差以上, 可以认为此时进站量人数是异常状态. 按 3σ 准则计算进站量人数的最大和最小允许值为

$$\max = \mu_n + 3 \times \sqrt{\sigma^2 + \tau_n^2} \tag{2-30}$$

$$\min = \mu_n - 3 \times \sqrt{\sigma^2 + \tau_n^2} \tag{2-31}$$

区间 $[\min, \max]$ 就是进站量人数的置信区间. 如果进站量人数在此区间外, 则认为进站量发生异常.

(2) 突发事件识别与影响估计

突发事件一般是由系统故障引起的, 而运营公司在采取行车调度调整以后对于乘客来说最直观的感受就是列车到达延误. 运行延误时期是指从系统发生故障开始到系统恢复至正常计划状态时结束. 主要包括两个时期: 第一个时期是故障排除期, 指从系统发生故障开始到系统排除故障结束; 第二个时期是系统恢复期, 指从系统排除故障开始到系统恢复至正常计划状态结束. 初始延误是指故障排除期内产生的延误, 连带延误是指系统恢复期内产生的延误. 从整个系统来看, 突发事件的影响分为对路网客流量的影响和对乘客旅行时间的影响两部分.

1) 受影响客流量的估算方法

当发生突发事件时, 城市轨道交通网络乘客将出现以下几种选择行为: ① 继续乘坐城市轨道交通按原路线到达目的地; ② 继续乘坐城市轨道交通改变出站点;

③ 继续乘坐城市轨道交通绕行到达目的地; ④ 选择从邻近正常站点进入继续乘坐城市轨道交通; ⑤ 放弃乘坐城市轨道交通.

对于已经在城市轨道交通网络中的乘客, 选择①②③的乘客均有可能成为延误客流; 选择②③的乘客将形成绕行客流. 对于原本不在城市轨道交通网络中的乘客, 选择①②③④的乘客均有可能成为延误客流; 选择②③④的乘客将形成绕行客流; 选择⑤的乘客将形成损失客流.

由于 AFC 数据中只有进入了城市轨道交通内的乘客刷卡信息, 且突发事件下列车无法按照正常的运行图行驶, 乘客的路径选择行为更加难以预测. 从乘客路径的起点站、中间站、终点站来看, 选择方式②出行的乘客, 必是其路径终点站受到影响, 选择方式③出行的乘客必是其路径中间站受到影响, 选择方式④出行的乘客, 必是其路径的起点站受到影响. 因此本节受影响客流量的估算结合乘客路径的起点站、中间站、终点站三方面来进行.

基于上周同期 (或前四周同期的平均) 进站量矩阵 O 和 OD 需求矩阵 (如 15 分钟粒度), 通过密度峰值聚类及模糊路径匹配并得到有向路径上的需求矩阵 D, 进而得到路径站点关联矩阵 Z.

为了估算受影响客流量, 还需判定事件发生时, 乘客是否处于城市轨道交通网络内. 我们引入矩阵 D_b. 如果某条路径上的乘客在突发事件发生时刻之前的某个时间段出发, 且这些乘客的出发时刻以及路径旅行时间满足: 事故发生时刻 < 出发时刻 + 计算旅行时间 < 事故结束时刻, 那么这些乘客在事故发生时便已经在城市轨道交通网络内, 该路径该时间段上的 $D_b(t, k) = D(t, k)$; 否则这些乘客在事故发生时已经不在城市轨道交通网络内, $D_b(t, k) = 0$.

下面对城市轨道交通突发事件下受影响客流量的估算方法进行估计.

(A) 损失客流量的计算

当城市轨道交通系统发生突发事件且乘客得知消息后, 不愿长时间等待的乘客便会选择不再乘坐城市轨道交通出行, 其损失客流量的计算公式如 (2-32) 所示:

$$Q_{\text{sum}} = \sum_{s \in s_d} \sum_{t \in t_d} \text{In}_t^{sn} - \sum_{s \in s_d} \sum_{t \in t_d} \text{In}_t^{se} \tag{2-32}$$

其中, In_t^{sn}, In_t^{se} 分别表示在正常情况下和突发情况下车站 s 在时段 t 内的进站量, s_d 表示检测出进站量异常的车站集合, t_d 表示受事故影响时段集合.

因此, 选择放弃乘坐城市轨道交通出行的乘客比例 β 为:

$$\beta = \frac{Q_{\text{sum}}}{\sum_{s \in s_d} \sum_{t \in t_d} \text{In}_t^{sn}} \tag{2-33}$$

(B) 绕行客流量的估算

以下三种情况可能会出现乘客绕行: ① 乘客所选路径的起点站为受影响站点: 如果乘客路径的起点站受事件影响, 将有一部分乘客选择从邻近正常站点进站完成出行, 假设比例为 γ. 引入矩阵 Z_e^o, 如果某条路径 k 的受影响站点为该路径的起点站, 且 $Z(k, s) = 1$, $s \in \Omega$, Ω 为行车受影响站点集合, 那么 $Z_e^o(s) = 1$, 否则 $Z_e^o(s) = 0$. 受影响客流量的估算公式如下所示:

$$Q_O(t) = \gamma \times D(t) \times Z_e^o, \quad t \in \text{受事故影响时段} \tag{2-34}$$

② 乘客路径的终点站为行车受影响站点: 引入矩阵 Z_e^d, 如果某条路径 k 的受影响站点为该路径的终点站, 且 $Z(k, s) = 1$, $s \in \Omega$, 那么 $Z_e^o(s) = 1$, 否则 $Z_e^o(s) = 0$. 受影响客流量的估算公式为

$$Q_D(t) = \begin{cases} D_b(t) \times Z_e^d, & t \in \text{事故前时段} \\ (1 - \beta - \gamma) \times D(t) \times Z_e^d, & t \in \text{受事故影响时段} \end{cases} \tag{2-35}$$

③ 乘客路径的中间站为行车受影响站点: 引入矩阵 Z_e^m, 如果某条路径 k 的受影响站点为该路径的中间站, 且 $Z(k, s) = 1$, $s \in \Omega$, 那么 $Z_e^m(s) = 1$, 否则 $Z_e^m(s) = 0$. 受影响客流量的估算公式为

$$Q_M(t) = \begin{cases} D_b(t) \times Z_e^m, & t \in \text{事故前时段} \\ (1 - \beta - \gamma) \times D(t) \times Z_e^m, & t \in \text{受事故影响时段} \end{cases} \tag{2-36}$$

(C) 延误客流量

突发事件发生以后, 受影响线路的列车无法准时到达城市轨道交通车站以及受影响车站站台乘客聚集而无法正常上下车导致乘客在城市轨道交通系统中的旅行时间增加, 从而产生了延误客流. Q_{delay} 为发生突发事件后使旅行时间增加的所有被延误的乘客总量; N 为利用城市轨道交通系统出行的乘客总量.

$$Q_{delay} = \sum_{i=1}^{N} n_i \tag{2-37}$$

其中, $\begin{cases} n_i = 1, & \text{第 } i \text{ 个乘客旅行时间增加,} \\ n_i = 0, & \text{其他.} \end{cases}$

2) 乘客旅行时间的影响计算方法

城市轨道交通系统中乘客出行的延误情况可以由平均延误时间、最大延误时间以及准时到达率三个指标来描述. 每个乘客的延误时间是指被延误乘客的旅行时间与原计划旅行时间之差, 即:

$$t_i^{delay} = t_i^{travel} - t_k \tag{2-38}$$

其中, t_i^{delay} 为乘客 i 的延误时间; t_i^{travel} 为乘客 i 在突发事件当日在城市轨道交通系统中的旅行时间; t_k 为乘客 i 在平日所走路径 k 的计算旅行时间.

① 平均延误时间

$$\overline{t_{delay}} = \frac{\sum\limits_{i=1}^{n_{total}} t_i^{delay}}{n_{total}} \tag{2-39}$$

其中, $\overline{t_{delay}}$ 为城市轨道交通系统突发事件下乘客平均延误时间; n_{total} 为延误乘客总数.

② 最大延误时间

$$t_{\max}^{delay} = \max\{t_i^{delay}\} \tag{2-40}$$

$t_{\max}^{delay}$ 为城市轨道交通系统突发事件下乘客最大延误时间.

③ 准时到达率

$$P = \frac{N - n_{total}}{N} \tag{2-41}$$

P 为城市轨道交通系统突发事件下乘客准时到达率.

(3) 案例分析

1) 客流异常数据检测案例

2013 年 12 月 5 日, 北京地铁 13 号线因设备故障, 部分列车晚点, 运行间隔增大. 以 13 号线上西二旗地铁站为研究对象, 收集该站包含事故当天的连续无事故周工作日上午 7:45—8:00 时间段 15 分钟内的进站总人数. 表 2-4 为收集数据人数, 以周为单位分组, 共计 8 组. 其中 1—6 组以及样本组共 7 组为无事故进站量数据组, 测试组为有事故进站量数据组, 其中周四为 12 月 5 日事故日数据. 前 6 组数据用来总结先验信息, 样本数据用来利用贝叶斯理论得出后验信息, 最后对测试数据进行异常数据的检测.

表 2-4　西二旗地铁站早 7:45—8:00 进站人数数据

序号	周一	周二	周三	周四	周五
1	1630	1593	1580	1691	1619
2	1678	1685	1752	1675	1737
3	1783	1786	1671	1646	1655
4	1709	1709	1667	1737	1553
5	1697	1716	1647	1716	1602
6	1573	1673	1694	1730	1738
样本	1591	1697	1724	1534	1732
测试	1716	1601	1648	1405	1707

进站量的不均衡性, 导致通过均一化进站量计算出的正常人数阈值对车站的异常情况不够敏感, 因此正确的进站量阈值计算对突发事件识别异常重要.

我们采用正态分布概率图来检测车站进站量是否服从正态分布. 具体检测过程如下: ①将历史进站量按人数由小到大进行排列, 并依次编号; ②依据式 (2-42) 计算车站进站量样本值对应的分位数. 其中 i 是进站量对应的编号; ③在正态分布表中查找与每个分位数对应的正态分布值 Z; ④将前 6 组数据 (图 2-6) 在 MATLAB 平台上绘制正态分布概率图. 其中横坐标为进站量, 纵坐标为相应的分布值. 如果图中所示点都大致分布在一条直线上, 则表明进站量样本服从正态分布, 否则不服从.

$$\text{分位数} = \frac{i - 0.5}{n} \tag{2-42}$$

从图 2-7 中可以看出采样值的正态分布值可以近似拟合成一条直线, 故进站量人数服从正态分布的假设成立. 依据前 6 组历史数据得到先验概率并利用 MATLAB 对样本数据的贝叶斯预测模型递推, 然后进行识别验证, 结果如图 2-6 所示. 图 2-8 总结前 6 周的先验信息后以样本数据 (1—5 日第一个周期), 利用贝叶斯理论校正一般模型, 得出参数估计值并利用 3σ 准则计算出正常进站量的范围, 最后对测试数据 (6—10 日第二个周期) 进行异常数据的检测. 可以看出通过样本数据的递推, 安全阈值是根据样本数据实时变化的. 因此, 该方法既总结了历史数据自身的规律性, 又结合了近期数据的跟新变化, 可以更准确地描述车站进站量的正常阈值范围. 通过该方法, 可成功检测出数据 9(12 月 5 日突发事件当天 7:45—8:00 的数据) 为异常数据.

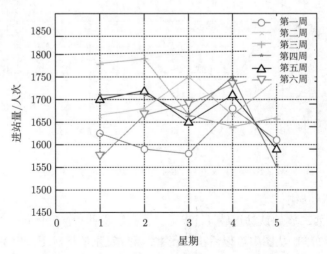

图 2-6 西二旗六周进站量分布 (后附彩图)

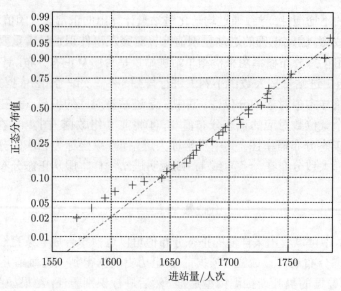

图 2-7 进站量分布

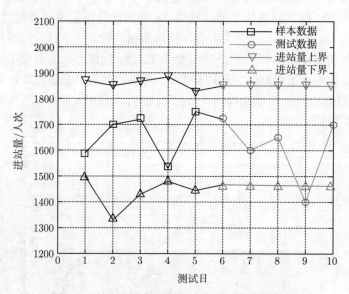

图 2-8 基于贝叶斯预测方法的进站量异常检测

2) 突发事件影响范围

图 2-9 为西二旗地铁站连续 4 个周三 (无突发事件) 全天 (4:00—23:59)15 分钟间隔进站量分布图, 从图中可以看出, 无突发事件发生的情况下, 车站以 15 分钟作为间隔的连续同一工作日的进站量有较强的稳定性. 因此本节以连续 4 个周与突发事件当天相同工作日进站量的平均值作为进站量以及 OD 需求数据.

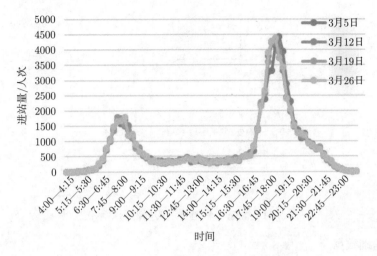

图 2-9 15 分钟进站量分布 (后附彩图)

① 事故描述:

以 13 号线上西二旗地铁站相同工作日周四 (2014 年 2 月 20 日) 及 12 月 5 日突发当天进站量情况为例, 绘制 15 分钟进站量分布图, 如图 2-10 所示. 图 2-10 可以直观的看出突发事件当日进站量在 7:45—9:00 时间段内进站量有明显的先小于, 后大于正常日的进站量.

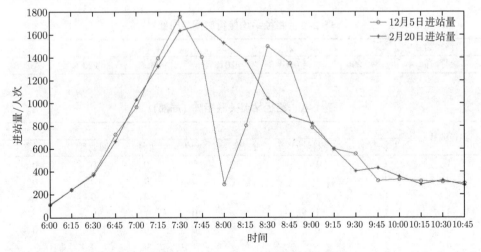

图 2-10 西二旗 15 分钟进站分布

下面, 以北京市轨道交通的局部网络为例 (图 2-11), 对突发事件导致的影响范围以及强度进行分析.

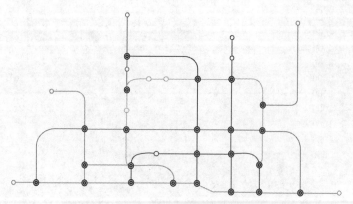

图 2-11　北京市轨道交通的局部网络示例

② 基础数据

为了判断乘客在路网中的状态, 在得知事故发生、结束时刻的情况下, 关键是得到每条路径的旅行时间. 旅行时间包含进站走行时间、乘车时间、换乘走行时间、候车时间和出站走行时间, 其中乘车时间可以由运行图得到, 候车时间近似等于等候线路发车间隔的一半, 走行时间为乘客采用平均走行速度所需的时间.

得到每条路径的平均旅行时间 (表 2-5) 后, 便可得到每条路径上的乘客事发时已经在轨道交通系统里的旅行时间. 定义城市轨道交通网络中车站 s 在路径 k 上时 $Z(k,s)=1$, 否则, $Z(k,s)=0$. 路径站点关联矩阵 Z 如表 2-6 所示.

表 2-5　路径平均旅行时间 (局部)

路径编号	1	2	3	4	5	6
旅行时间/s	290	696	1018	993	1128	5308

表 2-6　路径站点关联矩阵 (局部)

路径编号	站点						
	朱辛庄	生命科学园	西二旗	上地	龙泽	回龙观	积水潭
1	1	1	0	0	0	0	0
2	1	1	1	0	0	0	0
3	1	1	1	1	0	0	0
4	1	1	1	0	1	0	0
5	1	0	0	0	0	1	0
6	1	1	1	1	0	0	1
7	1	0	0	0	0	0	0

以某一时间段 t 内, 选择路径 k 出行的乘客数表示有向路径 k 在时间段 t 内的需求量. 需求矩阵 D 如表 2-7 所示.

表 2-7   有向路径上的需求量矩阵 (局部)

时间	路径编号						
	1	2	3	4	5	6	7
6:45—7:00	6	25	10	0	1	2	0
7:00—7:15	8	69	7	0	0	3	1
7:15—7:30	5	118	16	0	0	6	1
7:30—7:45	6	106	16	1	0	4	1
7:45—8:00	12	211	23	0	0	6	2
8:00—8:15	11	223	33	2	1	2	2
8:15—8:30	10	169	14	1	1	1	1

定义如果某路径 k 的受影响车站分别是该路径的起点站、终点站和中间站, 那么 $Z_e^o(k) = 1$, $Z_e^d(k) = 1$, $Z_e^m(k) = 1$, 否则上述值等于 0, 则路径受影响关联矩阵可如表 2-8 所示.

表 2-8   路径受影响关联矩阵 (局部)

	1	2	3	4	5	6	7	8
Z_e^o	0	0	0	0	0	0	0	0
Z_e^d	0	0	1	1	1	0	0	0
Z_e^m	0	1	1	1	1	1	1	0

通过对 2014 年 2 月 19 日八角游乐园发生的信号故障突发事件八角游乐园站以及 2014 年 2 月 24 日天坛东门发生的信号故障事件刘家窑站进行分析, 可得到突发事件下的乘客选择行为 (原站等待乘车、换从邻近站点进站乘车、换乘路面交通工具), 如图 2-12 所示.

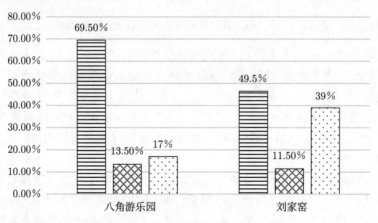

图 2-12   乘客行为变化比例

从图 2-12 可看出, 在遇到突发事件以后, 乘客选择在原站等待乘车和换乘路面交通工具的比例相差比较大, 但是选择从邻近站点进站乘车的比例却大致相同, 因此本节选取平均值 $\gamma = 12.5\%$ 作为乘客选择从邻近站点进站乘车的比例. 通过贝叶斯检测, 西二旗站进站量分布及进站量异常识别情况如图 2-13 所示. 图中红色实线表示 2013 年 12 月 5 日西二旗进站量情况, 蓝色实线表示连续一个月工作日西二旗进站量情况, 绿色虚线表示贝叶斯预测下正常进站量最大最小值情况. 红色圆圈表示超出正常进站量阈值的异常点. 事故持续期间, 由于车站的客流限制措施, 受影响车站的进站量会明显下降; 当事故解除, 车站的客流限制措施解除, 等待在车站外以及正常需要进站的乘客会陆续进入车站而出现进站量高于正常值的情况.

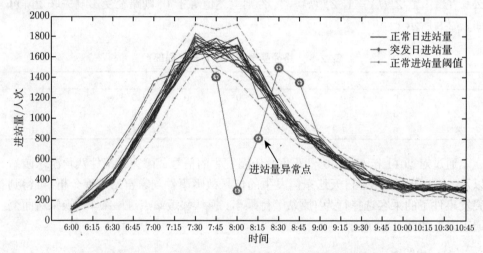

图 2-13　西二旗工作日进站量及异常识别 (后附彩图)

以贝叶斯进站量检测为依据, 得到车站受影响时段如图 2-14 所示. 从图中可以看出每个车站的受影响时段并不相同. 非事发线路车站朱辛庄和生命科学园进站量受影响情况主要发生在事故持续阶段, 而事发线路上的车站进站量受影响情况会在事故结束后的恢复期间持续一段时间, 且恢复期间, 事故期间站外乘客的滞留, 导致进站量明显增大. 从各个受影响车站的进站量情况分析可以得知, 事故发生在 7:00—8:30.

从事故线路及周边站点的事故当天进站量与 2015 年 3 月全月工作日进站量贝叶斯检测分析可以得出以下站点进站量受到影响, 受影响车站站点用红点表示, 如图 2-15 所示. 事故 13 号线上有上地、西二旗、龙泽、回龙观四个站点的进站量受到影响, 周边站点则有生命科学园、朱辛庄两个站点进站量受到影响. 从影响范围来看, 与既是事故点又是换乘站的西二旗站相邻的站点生命科学园以及朱辛庄站均受到影响, 而影响范围则延伸至下一个换乘站.

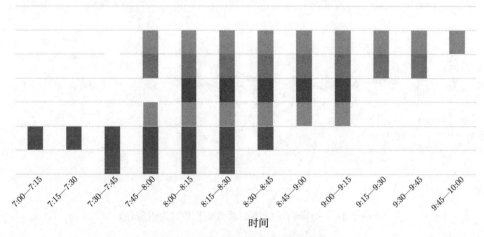

图 2-14　车站受影响时段 (后附彩图)

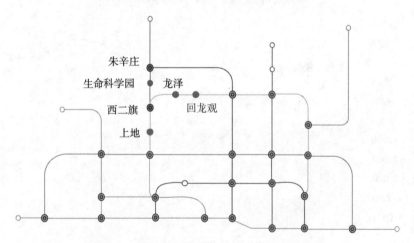

图 2-15　进站量受影响的地铁车站 (后附彩图)

3) 受影响客流量的估算

从图 2-16 和图 2-17 可看出, 事发线路上车站的进站量以及整个路网的进站量受影响情况均可发现为先减少, 后增加的趋势. 进站量累积差值最小值出现在 9:00, 说明 9:00 以后, 整个路网的客流限制措施已经完全解除, 乘客陆续正常进站.

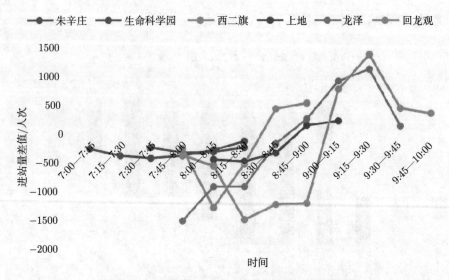

图 2-16　受影响车站进站量改变程度 (后附彩图)

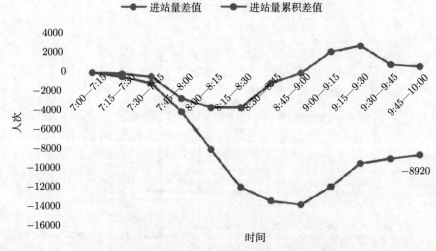

图 2-17　路网进站量受影响情况 (后附彩图)

经计算, 突发事件结束后整个路网中总损失进站量 $Q_{sum} = 8920$ 人次. 选择放弃乘坐城市轨道交通出行的乘客比例 $\beta = 15.7\%$.

如表 2-9 所示, 7:00—7:15 改变进站站点客流量 Q_O 为 314 人, 表示在这个时间段内有 314 名乘客的起点站为事故线路所属站点且选择从邻近站点进站乘坐城市轨道交通出行.

整个事故期间, 路径受影响的客流总量为 45823 人次, 其中路径的起点站受到影响且选择从邻近站点进入城市轨道交通系统的客流总量为 3801 人次, 路径的终点站受影响的客流总量为 20526 人次, 路径的中间站点受到影响的客流总量为 21496 人次.

表 2-9　路径受影响客流量

	5:45—6:00	6:00—6:15	6:15—6:30	6:30—6:45	6:45—7:00	7:00—7:15
Q_O	0	0	0	0	0	314
Q_D	0	3	39	514	1603	1897
Q_M	9	41	168	853	2026	2226
总计	9	44	207	1367	3629	4437
	7:15—7:30	7:30—7:45	7:45—8:00	8:00—8:15	8:15—8:30	总计
Q_O	485	663	825	808	706	3801
Q_D	2447	3163	3813	3822	3225	20526
Q_M	2714	3121	3586	3632	3120	21496
总计	5646	6947	8224	8262	7051	45823

2.3.2　突发事件下的封站限流优化建模

(1) 问题描述

封站是一种异常的或计划外的运营状况, 在此情况下运营部门因故 (例如意外事故或采取措施以避免过度拥挤) 必须关闭车站的出入口. 封站条件下, 乘客将暂时不能把封闭的城市轨道交通车站作为其出行的始发站或目的地, 因此导致乘客行为发生变化. 本节采用一种基于智能体的方法来构建乘客行为模型, 进而估计封站对个体乘客行为选择和集计客流需求变化带来的影响. 本节首先构建了基于 0-1 整数规划的乘客个体出行行为最优化模型, 用来描述乘客对替代始发封闭场景和目的地车站封闭场景的响应, 该模型还考虑了其他接驳交通的可用性和便捷性, 以及封站持续时间的不确定性, 进一步提出了封站条件下乘客出行策略的离散行为选择模型; 其次, 开发了基于乘客中观仿真的综合求解算法, 从而量化估计封站事件对轨道交通网络中客流的影响.

(2) 封站条件下乘客出行行为模型构建

1) 模型假设

假设 1: 封站的持续时间具有一定的可预测性. 运营部门可根据历史数据和经验预测可能的封站持续时间.

假设 2: 乘客在特定时间段内只存在一种情况, 即起始站封闭或目的地站封闭. 这里不考虑起始站和目的地站同时封闭的可能性以及由于换乘站的关闭可能导致换乘失败的情形.

2) 参数与变量说明

① 集合与索引

S: 车站集合, $S = \{s_1, s_2, \cdots, s_n\}$, 换乘站被抽象为与该车站连接线路同等数量的虚拟车站;

T: 时间集合, $T = \{1, 2, 3, \cdots, T_n\}$;

M: 出行方式集合, $M = \{$出租车, 公交, 地铁$\}$;

M': M 的子集, $M' = \{$出租车, 公交$\}$;

s_i, s_j: 车站索引, $s_i, s_j \in S$;

t: 时段索引, $t \in T$;

m: 出行方式索引, $m \in M$;

P_{ij}^t: t 时段内从车站 s_i 出发到车站 s_j 所有乘客的集合;

$R_{ij}^{m,t}$: t 时段选择方式 m 从车站 s_i 出发到车站 s_j 所有候选路径的集合;

p_{ij}^t: t 时段内从车站 s_i 出发到车站 s_j 乘客的索引, $p_{ij}^t \in P_{ij}^t$;

$r_{ij}^{m,k,t}$: t 时段选择方式 m 从车站 s_i 出发到车站 s_j 的第 k 条最短候选路径.

② 乘客出行参数

α^m: 交通方式 m 的时间价值, 相关的研究可以参考已有研究结果 (赵伟涛, 2013; Wong et al., 2008);

$t_{ij}^{m,t,k}$: t 时段乘坐交通方式 m 从车站 s_i 出发到车站 s_j 的第 k 条最短候选路径的正常出行条件下的出行时间;

$f_{ij}^{m,k,t}$: t 时段乘坐交通方式 m 从车站 s_i 出发到车站 s_j 的第 k 条最短候选路径的出行费用;

$c_{ij}^{m,k,t}$: t 时段乘坐交通方式 m 从车站 s_i 出发到车站 s_j 的第 k 条最短候选路径综合费用, 考虑了旅行时间和出行费用.

③ 封站参数

γ_i^t: 表征车站 s_i 是否封闭, 如果 $\gamma_i^t = 1$ 表示车站封站; 否则, $\gamma_i^t = 0$;

t_i^{start}: 车站 s_i 封站的开始时间;

t_i^{end}: 实际的车站 s_i 封站结束时间;

g: 与实际封站持续时间关联的常数, $g \in [1, \infty)$, 也可以表示运营部门的决策偏好. 如果 g 较大, 说明运营部门决策人员对封站持续时间的预测较为保守. $g=1$ 表示运营部门的预测跟实际的完全一致. $g = \infty$ 表示运营部门无法预知封站将会持续多久.

$e_{ij}^{m,k,t}$: 表示由于运营中断而造成乘客在 t 时段乘坐交通方式 m 从车站 s_i 出

发到车站 s_j 时第 k 条路径上的额外旅行时间:

$$
e_{ij}^{m,k,t} = \begin{cases}
g(t_i^{end} - t), & \text{如果车站 } s_i \text{ 封闭且 } m = \text{地铁}, t_j^{end} > t \\
g(t_j^{end} - t - t_{ij}^{m,k,t}), & \text{如果车站 } s_j \text{ 封闭且 } m = \text{地铁}, t_j^{end} > t \\
0, & \text{其他}
\end{cases}
\tag{2-43}
$$

④ 决策变量

用 s_O 和 s_D 分别表示乘客原计划行程的始发站和终点站, $s_O, s_D \in S$. x_i^t 表示在 t 时段车站 s_i 是否被选中作为替代的始发车站或目的地车站, 若 $x_i^t = 1$ 则代表被选中, 反之为零. $z_{ij}^{m,t}$ 为交通方式 m 是否被选中作为从车站 s_i 到车站 s_j 替代的交通方式, 若 $z_{ij}^{m,t} = 1$ 则代表被选中, 反之为零. $y_{ij}^{m,k,t}$ 表示乘坐交通方式 m 从车站 s_i 出发到车站 s_j 的第 k 条最短候选路径是否会被选中, 若 $y_{ij}^{m,k,t} = 1$ 则代表被选中, 反之为零.

3) 模型构建

目标函数式 (2-44) 是最小化广义出行费用, 包含始发站的封站情形和终点站的封站情形. 对于任一特定乘客 $p_{O,D}^t$, 约束 (2-45) 表示乘客始发站封闭条件下新的出行方案的广义费用. 约束 (2-46) 表示乘客出行的目的地封闭条件下的新出行方案的广义费用. 公式 (2-47) 表示对于一个特定乘客只有一种情形会发生, 即行程的始发站封闭 ($\gamma_O^t = 1, \gamma_D^t = 0$) 或者行程的终点站封闭 ($\gamma_O^t = 0, \gamma_D^t = 1$).

$$
\min \sum_{j \in \{O,D\}} \gamma_j^t J_j^t
\tag{2-44}
$$

约束条件:

$$
J_O^t = \sum_{s_i \in S} x_i^t \left(\sum_{m \in M'} \left(z_{O,i}^{m,t} \sum_k^K (y_{O,i}^{m,k,t} c_{O,i}^{m,k,t}) \right) + \sum_k^K (y_{i,D}^{rail,k,t} c_{i,D}^{rail,k,t}) \right),
$$
$$
\forall t, p_{O,D}^t, O \text{ 封闭} \tag{2-45}
$$

$$
J_D^t = \sum_{s_i \in S} x_i^t \left(\sum_k^K (y_{O,i}^{rail,k,t} c_{O,i}^{rail,k,t}) + \sum_{m \in M'} \left(z_{i,D}^{m,t} \sum_k^K (y_{i,D}^{m,k,t} c_{i,D}^{m,k,t}) \right) \right),
$$
$$
\forall t, p_{O,D}^t, D \text{ 封闭} \tag{2-46}
$$

$$
\gamma_O^t + \gamma_D^t = 1, \quad \forall t, p_{O,D}^t
\tag{2-47}
$$

公式 (2-48) 表示一个新的替代的始发站或终点站将被选中. 公式 (2-49) 表示乘客将会选择其他接驳方式来连接失效计划的始发终到站和新的替代的始发终到站. 此外, 如果 $i = j$, 则 $\sum_{m \in M'} z_{ij}^{m,t} = 0$, 表示如果两车站相同则不需要其他接驳方式. 公式 (2-50) 表示乘客最终会在备选路径集中选择可行路径. 如果 $i = j$, 则 $\sum\limits_k^K y_{ij}^{m,k,t} = 0$, 表示两车站相同不需要路径. 公式 (2-51) 表示在 t 时刻从车站 s_i 到车站 s_j, 且选择交通方式 m 的第 k 条路径的广义费用如何计算. 公式 (2-52) 表示决策模型在封站期间才有效.

$$\sum_{s_i \in S} x_i^t = 1, \quad \forall t \tag{2-48}$$

$$\sum_{m \in M'} z_{ij}^{m,t} \leqslant 1, \quad \forall t, i, j \tag{2-49}$$

$$\sum_k^K y_{ij}^{m,k,t} \leqslant 1, \quad \forall t, m, i, j \tag{2-50}$$

$$c_{ij}^{m,k,t} = \alpha^m * (t_{ij}^{m,k,t} + e_{ij}^{m,k,t}) + f_{ij}^{m,k,t}, \quad \forall t, m, k, i, j \tag{2-51}$$

$$t_i^{start} \leqslant t \leqslant t_i^{end}, \quad \forall i = O \text{ 或 } D \tag{2-52}$$

(3) 基于仿真的混合求解算法设计

该问题中决策变量、约束和一些关键参数都具有时间动态特性, 因此该乘客行为决策优化模型属于动态 0-1 整数规划问题. 本节提出了一套基于乘客仿真的集成求解算法. 该算法主要包含两个模块: 乘客仿真器和基本模型求解器. 两个模块之间的关系如图 2-18 所示.

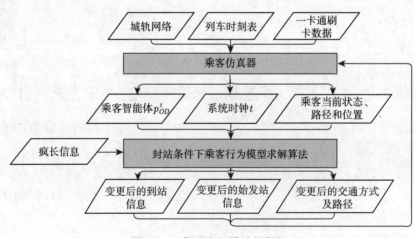

图 2-18　集成求解算法的框架

1) 乘客仿真模块

基于智能体的思想, 本节设计了城市轨道交通线网乘客仿真模块和算法流程. t_s 记为仿真开始时间, t_e 为仿真结束时间, T_d 为仿真时段, Δt 为仿真步长, t_i^p 为乘

客 p 在车站 s_i 的进站时间, s_p^t 为乘客 p 在 t 时刻所处的车站, t_p 为乘客 p 当前所处的时刻, d_i^v 为列车 v 在车站 s_i 的发车时刻, a_i^v 为列车 v 在车站 s_i 的到达时刻. $state_p$ 为乘客 p 的当前状态, 主要有以下几种取值: "In", "Entry", "Waiting", "Transfer", "Boarding", "Exit" 和 "Out", 分别表示以下含义:

"In": 表示乘客刚刚生成, 且已经选择好出行路径, 尚未进站.

"Entry": 表示乘客已经刷卡进站, 正在前往站台.

"Waiting": 表示乘客已经到达站台, 正在等待列车到达.

"Boarding": 表示乘客完成候车过程, 乘客智能体已经上车.

"Transfer": 表示乘客已经下车, 正在进行换乘走行, 前往下一个站台.

"Exit": 表示乘客已经下车, 正在进行出站走行.

"Out": 表示乘客已经完成出站走行.

此外, 有关乘客走行时间的参数定义如下: tIn_i 表示乘客在车站 s_i 从进站刷卡闸机到站台的进站走行时间, $tOut_i$ 表示乘客在车站 s_i 从站台到出站刷卡闸机的出站走行时间, 而且 tr_j^i 从换乘起始车站 s_i 到换乘目标车站 s_j 的换乘走行时间. 最后, 基于智能体的城市轨道交通线网乘客仿真算法的伪代码如图 2-19 所示.

2) 基本模型求解模块

① 乘客行为最优化模型的求解算法

乘客行为模型求解模块将嵌入在客流仿真算法中. 其中, 每个乘客的系统时间、当前状态、当前路线和位置均由客流仿真器提供. 一旦发生封站事件, 该模块将生成一种新的乘客出行方案. 根据该方案, 乘客将更新其轨道交通出行的始发车站、目的地车站以及当前状态和当前时间参数, 这些改变和参数也将反馈给客流仿真器. 乘客行为模型求解过程如图 2-20 所示.

② 离散选择行为模型的求解算法

对于改进的离散选择行为模型, 需要设计专门的求解算法进行处理, 得到相应的备选替代车站集合以及各出行行为方案的概率.

步骤 1　 θ_1, b_1, θ_2, b_2 等参数初始化.

步骤 2　对于每一个车站, 计算当乘客选择该车站作为替代车站时本次旅行全程广义费用, 得到替代车站关联广义费用集合.

步骤 3　针对始发站点为封站站点的乘客, 等待解除封站和放弃轨道交通出行的广义费用为始发车站对应的广义费用. 同理, 目的站点为封站站点的乘客, 此时等待解除封站和放弃轨道交通出行的广义费用为目的车站对应的广义费用. 并将剩余的车站按广义费用按从小到大进行排序, 取前 k 条作为替代车站集合.

仿真初始化. 设置仿真参数 $t_s, t_e, T_d, \Delta t$. 初始化仿真时钟 $t=t_s$. 仿真时段的数量为 $N=(t_e-t_s)/T_d$. 此外, 第 n 个仿真时段是 $[t_s+(n-1)T_d, t_s+nT_d)(n<N)$. 生成路径每对OD间的路径集 $\{R_{ij}^{m,t}\}$. 设置 $n=0$.
while $(n<N)$ //遍历到某一个仿真时段 T_d
begin
　　$n=n+1$;
　　从智能卡数据中生成进站时间在 $[t_s+(n-1)T_d, t_s+nT_d)$ 范围的乘客集合 $\{P_{ij}^n\}$. 此外, 每一个乘客采用轮盘赌法被赋予一个可行路径, 而且初始将态为"In". 将 $\{P_{ij}^n\}$ 加到集合 P 中.
　　for $t=t_s+(n-1)T_d$; $t<t_s+nT_d$; $t=t+\Delta t$:
　　begin
　　　　对于任一乘客 $p_{od}^t \in P$ 执行如下操作
　　　　begin
　　　　　　while $(t_p \in [t, t+\Delta t])$
　　　　　　begin
　　　　　　　　if $(\gamma_i^t=1 \ or \ \gamma_j^t=1)$
　　　　　　　　执行基础行为模型求解单元
　　　　　　　　switch $(state_p)$
　　　　　　　　begin
　　　　　　　　　　case "In":
　　　　　　　　　　　　$t_p=t_O^p$, $s_p^t=s_O$;
　　　　　　　　　　　　if $t_p \in [t, t+\Delta t]$, set $state_p=$"Entry";
　　　　　　　　　　　　break;
　　　　　　　　　　case "Entry":
　　　　　　　　　　　　if $t_p \in [t, t+\Delta t]$, set $state_p=$"Waiting";
　　　　　　　　　　　　else $t_p=t_p+tIn_O^{dir}$;
　　　　　　　　　　　　break;
　　　　　　　　　　case "Waiting":
　　　　　　　　　　　　寻找一个将停靠在目标站台且尚未达到最大满载率限制的后续列车 v, $t_p<d_{s_p^t}^v$;
　　　　　　　　　　　　if $t_p<d_{s_p^t}^v$ & $t_p \geq a_{s_p^t}^v$, set $state_p=$"Boarding";
　　　　　　　　　　　　else if $t_p<a_{s_p^t}^v$, $t_p=a_{s_p^t}^v$;
　　　　　　　　　　　　break;
　　　　　　　　　　case "Boarding":
　　　　　　　　　　　　找到图定的列车将要停靠的最后一个与计划路径相匹配的车站 s_i, 设 $s_p^t=s_i$;
　　　　　　　　　　　　$t_p=a_{s_p^t}^v$;
　　　　　　　　　　　　if $t_p \in [t, t+\Delta t]$
　　　　　　　　　　　　　　if $s_p^t=s_D$, $state_p=$"Exit";
　　　　　　　　　　　　　　else $state_p=$"Transfer";
　　　　　　　　　　　　break;
　　　　　　　　　　case "Transfer":
　　　　　　　　　　　　找到目标车站 s_j, $s_p^t=s_j$;
　　　　　　　　　　　　$t_p=t_p+tr_i^j$;
　　　　　　　　　　　　if $t_p \in [t, t+\Delta t]$, $state_p=$"Waiting";
　　　　　　　　　　　　break;
　　　　　　　　　　case "Exit":
　　　　　　　　　　　　$t_p=t_p+tOut_{s_p^t}$;
　　　　　　　　　　　　if $t_p \in [t, t+\Delta t]$, $state_p=$"Out";
　　　　　　　　　　　　break;
　　　　　　　　　　case "Out":
　　　　　　　　　　　　将 p 从集合 P 移除;
　　　　　　　　　　　　break;
　　　　　　　　end
　　　　　　end
　　　　end
　　end
end

图 2-19　基于智能体的城市轨道交通线网客流仿真算法

for $s_i \in S$:

begin

  if $(\gamma_O^t=1)$ then

  begin

    分别产生乘坐公交车、出租车从s_O到s_i, 以及乘坐地铁从s_i到s_D的候选路径.

    计算并找出最小的广义费用:

    $\min \left\{ c_{O,i}^{bus,k',t}+c_{i,D}^{rail,k,t},\ c_{O,i}^{taxi,k'',t}+c_{i,D}^{rail,k,t} | k,k',k'' \right\}$

    记录下全程总的广义费用最小的当前的交通方式及其从s_O到s_i的路径,

    以及乘坐地铁从s_O到s_i的路径.

  end

  else if $(\gamma_b^t=1)$ then

  begin

    分别产生乘坐地铁从s_O到s_i, 以及乘坐公交车、出租车从s_i到s_D的候选路径,

    计算并找出最小的广义费用:

    $\min \left\{ c_{O,i}^{rail,k,t}+c_{i,D}^{bus,k',t},\ c_{O,i}^{rail,k,t}+c_{i,D}^{taxi,k'',t} | k,k',k'' \right\}$

    记录下全程总的广义费用最小的当前的交通方式及其从s_i到s_D的路径,

    以及乘坐地铁从s_O到s_i的路径.

  end

end

图 2-20 乘客行为最优化模型求解算法

步骤 4 对于替代车站集合, 根据公式 (2-44) 或公式 (2-45) 计算乘客选择各替代车站的条件概率 $P(k|x_2)$, 并根据公式 (2-50) 计算乘客变更始发站或目的地车站的广义期望费用.

步骤 5 以上述条件概率和广义费用为基础, 调用公式计算上层乘客选择某一种出行方案的概率, 以及下层乘客选择具体每一个替代车站的全局概率.

步骤 6 以轮盘赌方法, 确定在一次出行决策中乘客最终选择的出行方案.

2.3.3 数值算例

1) 北京城市轨道交通线网介绍

北京城市轨道交通是世界上最繁忙的城市轨道交通系统之一. 2015 年, 北京城市轨道交通运营有 17 条线路, 总长 561 公里, 包含 328 个车站 (单个换乘站将被算成两个或多个车站), 整体路网如图 2-21 所示. 在北京城市轨道交通日常运营中, 各种原因导致的封站时常发生, 对乘客的日常出行产生巨大影响. 本研究将以北京城市轨道交通为背景, 构建了两个封站场景, 量化研究封站对乘客出行的影响.

2) 数据准备

① AFC 刷卡数据. AFC 数据有四个关键信息: 进站车站编号、进站刷卡时间、出站车站和出站刷卡时间. 北京城市轨道交通在每个工作日会产生近 500 万条

AFC 有效交易明细. 本节采用 2015 年 5 月 19 日 4 点到 12 点的 AFC 刷卡数据, 数据样例见表 2-10.

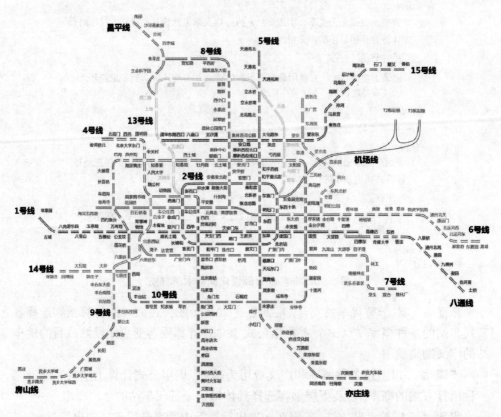

图 2-21　2015 年北京轨道交通网络图

表 2-10　AFC 刷卡数据样例

编号	始发站	进站时间	终点站	出站时间
1	西单	2015/6/15 8:05:24	北京站	2015/6/15 8:18:24
2	西单	2015/6/15 5:27:00	东直门	2015/6/15 5:58:20
3	前门	2015/6/15 7:20:30	北京站	2015/6/15 7:31:22
⋮	⋮	⋮	⋮	⋮

② 公共汽车和出租车出行成本. Direction API 是由百度公司开发的一个免费对外开放的应用程序编程接口, 通过该接口可以获得两个站之间的公共汽车和出租车的预期耗时和费用. 数据样例参见表 2-11.

表 2-11　任意两车站间公交和出租车最少的出行耗时和费用

编号	始发站	终点站	最少公交费用/元	公交最短耗时/分钟	打的费/元	打的耗时/分钟
1	积水潭	鼓楼大街	2	20.8	18	12.4
2	积水潭	平安里	2	17.1	17	9.6
3	北京站	积水潭	3	81	33	28.7
⋮	⋮	⋮	⋮	⋮	⋮	⋮

3) 场景描述

① 案例 1: 封站地点–积水潭站; 封站持续时间: 2015 年 5 月 19 日上午 7:30 到 8:30. 封站位置如图 2-22 所示. 图 2-23(a) 用箭头标记了积水潭距离附近站点的最小总行程时间 (分钟)、站间距离 (公里) 和公交票价 (元); 图 2-23(b) 用箭头标记了附近站点距离积水潭站的最小总行程时间 (分钟)、站间距离 (公里) 和公交票价 (元).

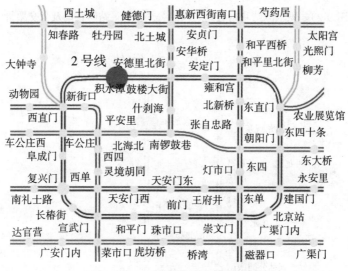

图 2-22　积水潭站的位置示意图

② 案例 2: 封站地点: 天通苑站; 封站时间: 2015 年 5 月 19 日的 7:30 至 8:30. 5 号线的天通苑站位置如图 2-24 所示. 图 2-25(a) 表示从天通苑站到附近车站的公共汽车的最小总行程时间 (分钟)、站间距离 (公里) 和公交票价 (元). 图 2-25(b) 表示从附近车站到天通苑站的公共汽车的最小总行程时间 (分钟)、站间距离 (公里) 和公交票价 (元).

③ 仿真实验设计. 为了验证封站条件下的乘客出行行为模型, 本研究设计了三组模拟实验, 如表 2-12 所示. 仿真起止时间设置为 4:00 至 12:00. 通过参数 g 的变

化来系统研究封站持续时间的不确定性与过高估计对网络客流分布的影响.

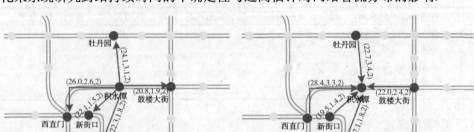

(a) 从积水潭站始发去附近车站的旅行耗费   (b) 从附近车站始发去积水潭站的旅行耗费

图 2-23   积水潭站和附近站之间的公交耗时、站间距离及公交票价

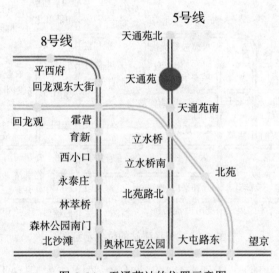

图 2-24   天通苑站的位置示意图

4) 仿真结果情况介绍

① 客流仿真结果. 客流仿真模块对超过 200 万条从 4 点到 12 点的 AFC 刷卡数据进行处理, 仿真得到路网上的客流分布状态如图 2-26 所示. N 代表总乘客数, Ca 代表通过该段的所有列车的容量, 则该段的列车满载率为 N/Ca. 我们使用四种颜色来显示每个段的列车负载: 绿色表示负载范围从 0 到 80%; 黄色表示负载

从 80%到 100%; 红色表示负载从 100%到 120%; 黑色表示负载大于 120%.

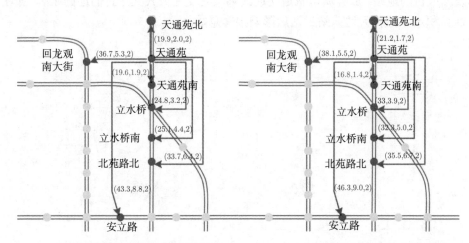

(a) 从天通苑站始发去附近车站的旅行耗费　　(b) 从附近车站始发去积水潭的旅行耗费

图 2-25　天通苑站和附近站之间的公交耗时、站间距离和公交票价 (后附彩图)

表 2-12　仿真试验设计与参数选取

编号	试验场景	g	封站起止时间	仿真起止时间	备注
1		1	[7:30,8:30]	[4:00,12:00]	封站场景 1
2		1.5	[7:30,8:30]	[4:00,12:00]	封站场景 2
3	实验组 1: 积水潭封站	2	[7:30,8:30]	[4:00,12:00]	封站场景 3
4		3	[7:30,8:30]	[4:00,12:00]	封站场景 4
5		5	[7:30,8:30]	[4:00,12:00]	封站场景 5
6		10	[7:30,8:30]	[4:00,12:00]	封站场景 6
7		1	[7:30,8:30]	[4:00,12:00]	封站场景 7
8		1.5	[7:30,8:30]	[4:00,12:00]	封站场景 8
9	实验组 2: 天通苑封站	2	[7:30,8:30]	[4:00,12:00]	封站场景 9
10		3	[7:30,8:30]	[4:00,12:00]	封站场景 10
11		5	[7:30,8:30]	[4:00,12:00]	封站场景 11
12		10	[7:30,8:30]	[4:00,12:00]	封站场景 12
13	对照组	...	...	[4:00,12:00]	正常运营条件

　　将整个客流仿真过程划分为 32 个仿真时段, 每个时段 5 分钟. 图 2-27 显示了每个模拟时段内城市轨道交通网络的进站量、换乘量、出站量. 图 2-28 直观展示了 32 个模拟时段内数百个车站的进站量. 颜色由蓝到红表示进站客流量依次递增.

② 受影响的乘客总数. 受影响的乘客定义为那些需要等待封站解除、改变其始发站或目的地站、放弃城市轨道交通改乘其它交通方式到达目的地的乘客. 如图 2-29 为积水潭站和天通苑站封站后影响乘客总数.

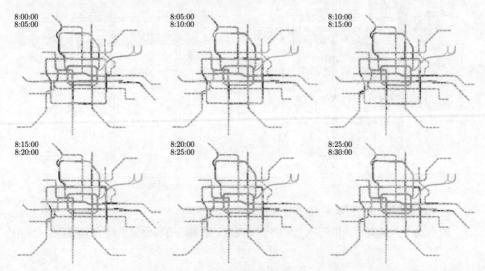

图 2-26　8:00—8:30 期间城市轨道交通网络上每 5 分钟的客流分布状态 (后附彩图)

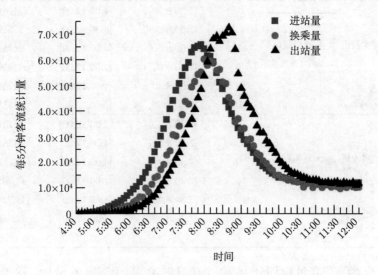

图 2-27　网络中实时在线客流 (后附彩图)

5) 封站对乘客行为选择的影响

① 封站持续时间及其过高估计参数下乘客的行为选择. 图 2-30 显示随着封站

持续时间的增加, 更多的乘客将改变他们的计划起点站或放弃轨道交通旅程. 如图 2-31 所示, g 增加表示轨道交通运营部门预测或发布的封站持续时间持续增大, 此时改变其计划起始站或放弃轨道交通的乘客的数量过境旅程逐渐增加, 而在等候封站解除的乘客数量减少.

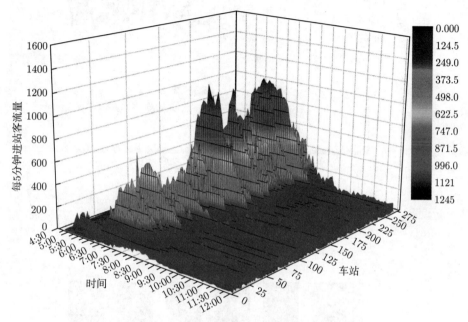

图 2-28   每 5 分钟全网各站进站量情况 (后附彩图)

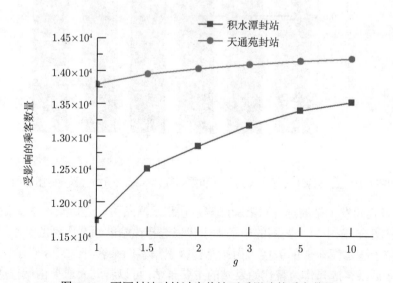

图 2-29   不同封站时长过度估计下受影响的乘客数量

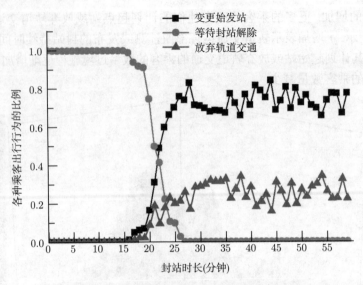

图 2-30　封站持续时间与乘客出行行为选择 (后附彩图)

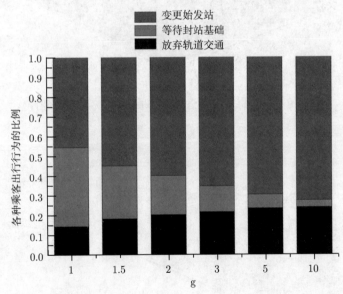

图 2-31　封站持续时间的过高估计和乘客行为选择之间的关系 (后附彩图)

　　② 替代始发车站的选择. 图 2-32 表示在积水潭站关闭之后乘客选择作为其替代起始站集合, 图中每个圆圈的半径大小代表选择该站的乘客比例的大小. 其中可以看到位于积水潭东侧的鼓楼大街站总能吸引最多的乘客. 图 2-33 表示在天通苑站关闭之后乘客选择作为替代始发站的主要车站, 可以看到天通苑南站位居第一.

图 2-32   当积水潭封站时乘客选择的替代始发车站的分布

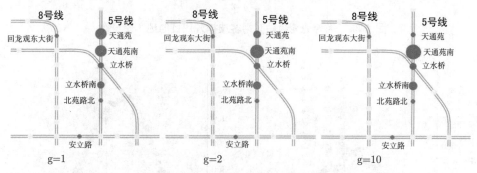

图 2-33   当天通苑封站时乘客选择的替代始发车站的分布

③ 替代目的地车站的选择. 图 2-34 和图 2-35 表示计划行程中的目的地站因故封站时乘客选择的作为替代目的地站的主要车站分布. 平安里站是积水潭站封站之后选择最多的站, 并且天通苑南是在天通苑封站后乘客选择最多的车站.

图 2-34   当积水潭封站时乘客选择的替代目的车站的分布

6) 封站对客流需求的影响

① 封站事发车站客流的动态变化. 图 2-36 表示封站对封站事发车站的客流需

求的影响, 可看出影响持续时间将随着 g 的减小而增加. 当对封站持续持续时间估计参数 g 变小时, 更多的乘客将在事发车站等待封站解除. 而当封站结束时, 进站乘客会比正常情况下更多.

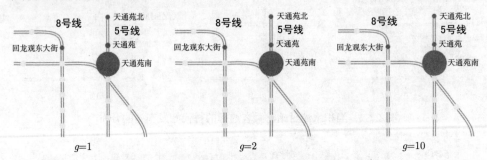

图 2-35　当天通苑封站时乘客选择替代目的地车站分布

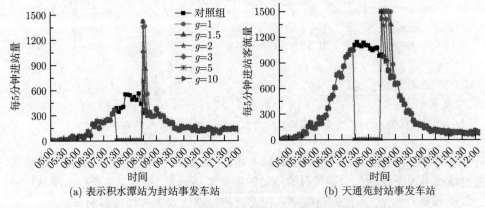

(a) 表示积水潭站为封站事发车站　　　　(b) 天通苑封站事发车站

图 2-36　不同 g 取值下封站事发车站的进站客流量变化

② 附近车站的客流量变化. 图 2-37 表示封站对封站事发车站周边的车站客流需求的影响. 积水潭车站的关闭将会导致附近车站的进站客流量显著增加. 而且随着 g 的增加, 封站对于事发车站的附近车站具有更显著的影响, 并且会增加封站持续时间.

7) 模型结果与人工调查的比较

为了校验提出的模型, 我们以始发站封站为例, 进行在线问卷调查. 在北京城市轨道交通 2 号线的积水潭站到 1 号线的大望路站间创建 30 分钟的封站事件, 最后, 回收了 149 份有效问卷. 结果显示, 约有 80%(119/148) 的乘客将选择变更始发站, 其中选择鼓楼大街作为新起点站的乘客约占 87%(104/119). 模型结果和在线问卷调研数据如图 2-38 所示. 对比结果显示, 本节提出的乘客行为模型的整体精度较为理想. 但最优模型输出结果中, 在该场景下所有受影响的乘客都将改变他们的始发站, 而且所有乘客都将选择鼓楼大街站作为他们新的城市轨道交通替代始发车站, 与实际调查结果之间相比, 封站下乘客各类行为决策比例的平均绝对误差为 10.1%, 替代车站的选择比例的平均绝对误差为 4.2%. 离散选择模型中, 其输出结果与实际调研结果相比, 各类行为决策比例的平均绝对误差是 4.6%, 替代车站选择比例的平均绝对误差为 6.4%. 综上, 相对于最优行为模型, 离散选择模型可以较好地反映封站条件下乘客出行行为.

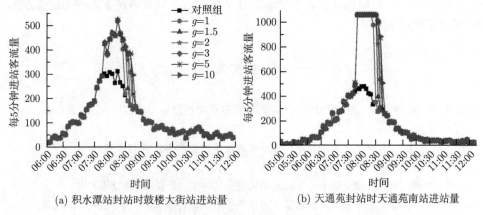

(a) 积水潭站封站时鼓楼大街站进站量   (b) 天通苑封站时天通苑南站进站量

图 2-37　不同 g 取值条件下受影响车站的进站量变化 (后附彩图)

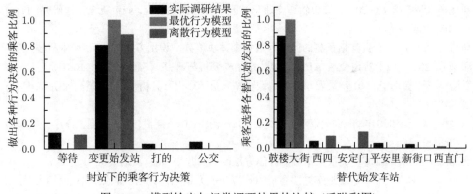

图 2-38　模型输出与问卷调研结果的比较 (后附彩图)

2.4 小　　结

本章介绍了常态情况下的轨道交通客流管控优化方法以及突发事件下的客流管理优化方法. 在常态情况下的轨道交通客流管控优化方法部分, 建立了客流优化控制模型, 刻画了列车运行图与车载客流变化的相互耦合关系. 对于优化控制模型,基于模型预测控制方法设计了在线客流控制算法, 在满足列车安全间隔和最大容量约束的前提下, 通过优化控制进站客流量, 提高列车运营效率并减小车载客流量过饱和现象. 常态情况下客流优化控制模型和方法可为实际城市轨道交通客流管控措施的制定提供科学决策支持. 在突发事件下的客流管理优化方法部分, 给出了突发事件影响估计建模方法, 通过客流数据异常检测, 识别突发事件并分析乘客行为, 进而估计受影响乘客流量. 在此基础上, 基于智能体方法构建了封站条件下乘客出行行为选择模型, 可辅助城市轨道交通运营管理部门在突发事件下采取相应管控措施, 减少事件损失.

参 考 文 献

段力伟, 文超, 彭其渊. 2012. 突发大客流在城市轨道交通网络中的传播机理. 铁道运输与经济, 34(8): 79-84.

洪玲, 高佳, 徐瑞华. 2011. 城市轨道交通网络突发事件影响客流量的计算. 同济大学学报 (自然科学版), 39(10): 1485-1489.

黄令海. 2016. 城市轨道交通车站集散能力协调方法研究. 北京: 北京交通大学.

蒋祥刚. 2008. 基于嵌入式技术的轨道交通自动检票机软件设计. 上海: 上海交通大学.

李建琳. 2011. 上海轨道交通限流客运调整实践研究. 现代城市轨道交通, (4): 81-83.

刘莲花, 蒋亮. 2011. 城市轨道交通网络客流控制方法研究. 铁道运输与经济, 33(5): 51-55.

刘晓华, 韩梅, 陈超. 2014. 城市轨道交通车站联合客流控制研究. 城市轨道交通研究, 17(5): 106-108.

马清兰. 2013. 基于贝叶斯预测的区域人数和个体轨迹异常识别方法. 武汉: 华中科技大学.

潘颖芳. 2012. 城市轨道交通 AFC 系统体系结构分析与研究. 信息技术, 2: 166-168.

王浩, 洪玲, 徐瑞华. 2015. 突发事件下地铁车站人员疏散引导分析. 城市轨道交通研究, 15(1): 70-74.

王洪德, 姜天宇. 2015. 地铁突发事件应急能力评价指标体系建模. 大连交通大学学报, 36(5): 92-95.

谢玮. 2012. 城市轨道交通换乘站客流控制方法研究. 北京: 北京交通大学.

许心越. 2015. 城市轨道交通车站服务能力计算与能力适应性评估. 北京: 北京交通大学.

阎善郁, 陈雪娇. 2012. 物元可拓法在地铁突发事件应急能力评价中的应用. 大连交通大学学报, 33(3): 18-20.

姚向明. 2014. 城市轨道交通网络动态客流分布及协同流入控制理论与方法. 北京: 北京交通大学.

张正, 蒋熙, 贺英松. 2013. 城市轨道交通高峰时段车站协同限流安全控制研究. 中国安全生产科学技术, 9(10): 5-9.

赵鹏, 姚向明, 禹丹丹. 2014. 高峰时段城市轨道交通线路客流协调控制. 同济大学学报, 42(9): 1340-1346.

赵伟涛. 2013. 通勤出行时间价值模型研究. 北京: 北京交通大学.

中国城市轨道交通协会. 2018. 城市轨道交通 2017 年度统计分析报告.

钟茂华, 史聪灵, 涂旭炜, 等. 2007. 深埋岛式地铁车站突发事件时人员疏散模拟研究. 中国安全科学学报, 17(8): 20-25.

Chen X, Yu L, Zhang Y, et al. 2009. Analyzing urban bus service reliability at the stop, route, and network levels. Transportation Research Part A: Policy and Practice, 38(1): 129-147.

Hossam A, Baher A. 2012. Large-scale evacuation using subway and bus transit: approach and application in city of Toronto. Journal of Transportation Engineering, 138(10): 1215-1232.

Jiang C, Ling Y, Hu C, et al. 2011. Numerical simulation of emergency evacuation of a subway station: a case study in Beijing. Architectural Science Review, 52(3): 237-238.

Li F, Xu R, Zhu W. 2010. Generation of emergency scheme for urban rail transit by case-based reasoning. Computers in Railways, 114: 529-536.

Nikos Z, Nicolas M. 2004. Searching efficient plans for emergency rescue through simulation: the case of a metro fire. Cognition Technology & Work, 6(2): 117-126.

Qu L, Chow W K. 2012. Platform screen doors on emergency evacuation in underground railway stations. Tunnelling and Underground Space Technology, 30: 1-9.

Silva R, Kang S, Airoldi E M. 2015. Predicting traffic volumes and estimating the effects of shocks in massive transportation systems. Proceedings of the National Academy of Sciences of the United States of America, 112(18): 5643-5648.

Sun H, Wu J, Wu L, et al. 2016. Estimating the influence of common disruptions on urban rail transit networks. Transportation Research Part A: Policy and Practice, 94: 62-75.

Wang Z, Chen F, Li X. 2012. Comparative analysis and pedestrian simulation evaluation on emergency evacuation test methods for urban rail transit stations. Promet-traffic & Transportation: Scientific Journal on Traffic and Transportation Research, 24(6): 535-542.

Wong R C W, Yuen T W Y, Fung K W, et al. 2008. Optimizing timetable synchronization for rail mass transit. Transportation Science, 42(1): 57-69.

Yin Y, Lam W H K, Miller M A. 2004. A simulation-based reliability assessment approach for congested transit network. Journal of Advanced Transportation, 38(1): 27-44.

Zong F, Juan Z, Zhang H, et al. 2009. Caculation and application of value of travel time. Journal of Transportation Systems Engineering and Information Technology, 9(3): 114-119.

第3章 面向客流－车流协同的城市轨道交通列车运行图优化

3.1 概　　述

随着城市轨道交通系统的快速发展, 以提高服务水平和降低运营成本为目标的列车运行计划编制问题, 已逐步成为运营管理领域的重要研究内容. 基于不同的实际需求, 国内外诸多学者在该领域做了大量的研究工作. 目前, 针对轨道交通列车运行图优化问题的研究分为如下两类.

(I) 面向服务水平提升的运行图优化. 为了提高轨道交通系统的服务水平, 近年来有关学者从极小化乘客车站等待时间和在途时间的角度, 提出了不同准则下的优化方法, 从理论层面有效提升了轨道交通系统的总体服务水平 (Niu & Zhou, 2013; Barrena et al., 2014; Sun et al., 2014; Niu et al., 2015). 例如, 针对静态乘客需求, Yang 等 (2009) 将列车乘客数量处理为静态随机变量, 在单复线混合线路上研究了客运列车运行图问题. Wang 等 (2015) 为地铁列车实时调度问题提出了一类非线性规划模型, 以极小化乘客等待时间. 在动态客流需求下, Barrena 等 (2014) 通过考虑乘客等待时间和系统运行成本, 提出了一种非线性整数规划模型, 以优化列车在各站的到发时间. Niu & Zhou (2013) 将动态客流引入到列车运行图的优化设计中, 采用 0-1 变量刻画乘客有效上车时间窗, 为该问题构建了极小化乘客等待时间和二次等待时间的非线性整数规划模型, 并设计了有效的启发式算法. Huang 等 (2016) 基于上述工作, 将列车能耗考虑其中, 进一步研究了基于服务质量和系统节能的列车运行图优化问题. Niu 等 (2015) 考虑了地铁列车的跳站模式, 为动态客流需求下的运行图问题建立了非线性规划模型, 并采用 GAMS/AlphaECP 对模型进行求解. Gao 等 (2016) 考虑了动态客流的过饱和情况, 结合跳站策略设计了一种迭代优化模型以减少乘客在站台的等待时间. Yin 等 (2017) 考虑客流的动态性, 以极小化乘客等待时间和列车能耗为目标, 建立了列车运行图问题的混合整数线性规划模型, 并设计了有效的拉格朗日松弛算法.

(II) 面向列车运行时间优化的运行图设计. 在优化列车运行时间方面, 大部分学者目前主要针对列车运行/延迟时间的极小化问题开展研究, 以期在充分利用轨道交通资源的同时, 提高轨道交通系统的服务水平 (Ramos et al., 2007; Li & Lo, 2014; Yang et al., 2015; Wang et al., 2017). 例如, Higgins 等 (1996) 考虑了单线铁路上的列车运行图问题, 建立了极小化列车总延迟和运行费用的非线性混合整数规划模型, 设计了有效求解该模型的分支定界算法. Zhou & Zhong(2007) 为单线铁路列车运行图问题设计了高效的分支定界算法, 可确保所求运行图的近似最优性. Vansteenwegen & Oudheusden (2006) 通过赋予等待时间和延误时间不同权重, 建立了列车等待成本函数, 分两阶段求解列车运行图. Li 等 (2008) 以降低列车运行时间为目标, 针对网络列车调度问题提出了一种改进的模拟算法. Yang 等 (2009) 面向单线铁路, 研究了模糊参数存在的条件下列车运行图问题的期望目标规划模型, 并设计了分支定界算法搜索该模型的近似最优解. Mu & Dessouky (2013) 提出了一种双轨段可切换策略, 以排队论为基础推导各个情况的延迟结果, 并使用仿真方法求得若干场景下的优化运行方案. Xu 等 (2015) 研究了复线线路上基于列车径路分配的运行图问题, 设计了求解列车运行图的启发式算法, 大大降低了列车的延迟时间. Yin 等 (2016) 考虑了乘客需求的不确定性, 提出一类近似动态规划算法求解列车运行调整问题.

此外, 为进一步优化轨道交通资源的利用效率, 精细化运营已成为城市轨道交通运营管理领域的重要发展方向. 在此背景下, 城市轨道交通运输组织中各环节间相互协调配合的重要性日益凸显. 因此, 将列车运行图问题与其他环节进行统筹规划成为了提高城市轨道交通运营效率的有效途径. 本章首先面向服务水平提升, 针对城市轨道交通中客流需求过饱和现象, 提出了列车运行图和客流控制协同优化方法. 之后, 以降低平峰时刻运输成本为目标, 提出了运行图与车底运用方案协同优化的方法. 最后, 建立了考虑女性乘客需求的城市轨道交通列车运行图优化模型.

3.2　城市轨道交通列车运行图和客流控制协同优化

本节将基于城市轨道交通动态客流出行 OD, 考虑列车发车间隔、车头时距、列车装载能力和乘客进站等约束, 建立列车运行图和客流控制的协同优化模型, 并设计高效的局部搜索算法. 该部分力图通过生成高效的协同优化运营方案, 以达到缓解轨道交通站台客流过度聚集、改善服务水平、提高运营效率的目的.

3.2.1　精细化客流控制策略

随着轨道交通大客流的常态化, 城市轨道交通面临的运营压力日益凸显. 轨道交通运营部门通常采用扩大列车运能、增加发车频率、实行进站限流等一系列措施来缓解高峰期客运压力. 然而, 受到早晚高峰运能的限制, 运营过程中站台客流过度拥堵问题仍旧突出. 为此, 本节基于客流的 OD 分布, 从系统优化的角度提出了一种基于轨道交通线路的精细化客流控制策略, 以期在实现多站客流协同管控的同时, 保证轨道交通系统的有序运营, 并降低事故发生的风险.

　　为清晰起见, 图 3-1 给出了精细化客流控制的组织过程示意图. 具体而言, 本节所提出的精细化客流控制是基于乘客出行 OD 的客流控制方法, 即需采用基于 OD 的动态客流数据来刻画客流出行特征. 在此, 使用符号 $\lambda_{k,s,f}(t)$ 表示在 t 时刻 f 方向由车站 k 到车站 s 的到站客流量; 使用符号 $\eta_{k,s,f}(t)$ 表示在 t 时刻 f 方向由车站 k 到车站 s 的进站客流量 (即控制变量). 为有效鉴别上述信息, 各车站需安装对应于各目的车站的进站刷卡设施, 以区分不同出行目的地的乘客. 到站的乘客首先需在站厅等待, 之后依据限流策略, 在规定时间依次通过相应的刷卡设施进站上车. 需要特别指出的是, 在上述精细化控制策略下, 乘客只允许通过对应目的车站的刷卡设施进站. 虽然这与实际情况有所不同, 但在当前技术水平下, 上述要求完全可以实现.

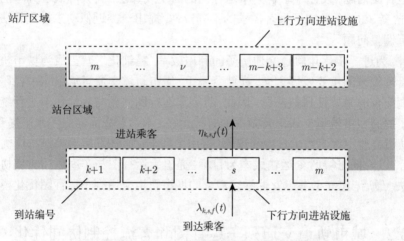

图 3-1　精细化客流控制组织过程示意图

　　为保证所建模型的可行性, 本节作如下假设:

　　(i) 站间运行时间和站点停站时间是预先设定的参数. 考虑到现实中列车均按相同站间运行时间行驶 (例如, 北京地铁), 故该假设在列车运行图问题中是常用且合理的假设.

　　(ii) 所有列车可提供的装载总容量大于总乘客需求, 末班列车到达和驶离各车站的时间预先设定, 在此之前所有乘客均可到达既定始发车站. 该假设保证了所有列车的出发和到达时间均在计划时间范围内, 所有乘客的出行需求均可满足.

　　(iii) 假设高峰时段乘客的到达数量远超其他时段, 且高峰时段乘客的出行需求超过列车运输能力限制. 该假设保证了客流控制策略的可操作性, 即通过控制乘客上下车行为, 极小化乘客总等待时间.

　　(iv) 到达乘客均需在进站刷卡设施外排队等候. 不存在放弃排队改选其他交通

方式出行的乘客. 该假设保证了系统中不存在乘客损失, 所有乘客的出行需求均可满足.

(v) 上下行方向乘客出行相互独立, 不考虑乘客从进站设施到站台的走行时间, 即乘客一旦刷卡进站即可到达站台区域候车.

3.2.2 约束条件和目标函数

本节以图 3-2 所示的双向城市轨道交通线路为例, 介绍城市轨道交通精细化客流控制与运行图的协同优化方法, 实现城市轨道交通线路的有序化运营.

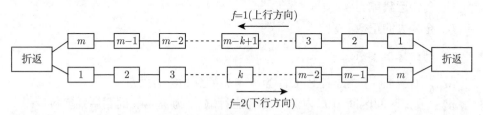

图 3-2 轨道交通线路拓扑图

如图 3-2 所示, 该城市轨道交通线路分为上行方向和下行方向, 使用 $f=\{1,2\}$ 分别标记, 各方向线路均设有 m 个车站. 线路两端的折返线与发车站点相连. 在实际运营中, 列车从两端发车站点出发, 沿预设运行方向行驶, 在各站点均需停靠. 当列车到达对向发车站点时, 即完成一次服务. 在此, 需要研究的问题是: 在客流饱和情况下, 考虑各站点客流需求的动态性, 研究线路上各站点的精细化客流控制与运行图协同优化策略, 降低运营风险, 提高运行效率.

为便于优化模型的建立, 首先对模型中涉及的所有角标、符号和决策变量进行定义.

(1) 索引和参数

F: 运行方向集合, $F = \{1(上行方向), 2(下行方向)\}$;

f: 方向编号, $f \in F$;

I_f: f 方向服务列车的集合, $I_f = \{1, 2, \cdots, n\}$;

i: 服务列车编号, $i \in I_f$;

S_f: f 方向的地铁车站, $S_f = \{1, 2, \cdots, m\}$;

k, s, v: 地铁车站编号, $k, s, v \in S_f$;

$\mathcal{T}$: 模型中考虑的计划时间范围, $\mathcal{T} = \{1, 2, \cdots, q\}$;

t, τ: 时间参数, $t, \tau \in \mathcal{T}$;

t_{unit}: 离散时间步长;

$T_{k,f}^{r}$: 列车沿 f 方向从 k 站到 $k+1$ 站的运行时间;

$T_{k,f}^{\mathrm{dw}}$: 列车沿 f 方向在 k 站的停站时间;

$T_{\min}^{\mathrm{h}}$: 相邻两辆列车的最小车头时距;

$T_{\max}^{\mathrm{h}}$: 相邻两辆列车的最大车头时距;

T_f^{last}: 沿 f 方向最后一辆列车在起点站的发车时间;

$t_{\min}^{\mathrm{r}}$: 列车的最小转向时间;

$h_{i,f}$: 沿 f 方向列车 i 和 $i+1$ 的车头时距;

u: 可用的列车数;

u_f: 沿 f 方向运行的初始服务的列车数量;

C: 车辆运载能力;

U: 充分大的正数.

(2) 动态客流参数

$\lambda_{k,s,f}(t)$: t 时刻 f 方向上, OD 为 $k \to s$ 的到站乘客数量;

$n_{k,s,f}^{\mathrm{a}}(t)$: 时间区间 $[1,t]$ 内沿 f 方向出行, OD 为 $k \to s$ 的到站乘客数量;

$n_{k,s,f}^{\mathrm{c}}(t)$: 时间区间 $[1,t]$ 内沿 f 方向出行, OD 为 $k \to s$ 的进站乘车的乘客数量;

$n_{i,k,s,f}^{\mathrm{c}}$: 沿 f 方向, 允许搭乘列车 i 且 OD 为 $k \to s$ 的乘客数量;

$n_{i,k,s,f}^{\mathrm{b}}$: 沿 f 方向, 在车站 k 乘坐列车 i 且 OD 为 $k \to s$ 的乘客数量;

$n_{i,k,f}^{\mathrm{b}}$: 沿 f 方向, 在车站 k 乘坐列车 i 的乘客数量;

$n_{i,k,f}^{\mathrm{on}}$: 沿 f 方向, 在车站 k 到 $k+1$ 之间列车 i 上的乘客数量;

$n_{i,k,f}^{\mathrm{al}}$: 沿 f 方向, 列车 i 在车站 k 下车的乘客数量;

$w_{k,s,f}(t)$: 沿 f 方向, 在时刻 t, 在车站 k 的站厅内等待且 OD 为 $k \to s$ 的乘客数量;

$wp_{i,k,s,f}(t)$: 沿 f 方向, 在时刻 t, 在车站 k 站台上等待乘坐列车 i 且 OD 为 $k \to s$ 的乘客数量.

(3) 时间参数

$t_{k,s,f}^{\mathrm{ws}}$: 沿 f 方向, OD 为 $k \to s$ 的乘客在车站 k 的站厅等待时间;

$t_{k,f}^{\mathrm{ws}}$: 沿 f 方向, 在车站 k 站厅内的乘客总等待时间;

$t_{i,k,s,f}^{\mathrm{wp}}$: 沿 f 方向, 搭乘列车 i 且 OD 为 $k \to s$ 的乘客站台等待时间;

$t_{k,s,f}^{\mathrm{wp}}$: 沿 f 方向, OD 为 $k \to s$ 的乘客在站台 k 的站台总等待时间;

$t_{k,f}^{\mathrm{wp}}$: 沿 f 方向, k 站乘客的站台总等待时间.

(4) 决策变量

该问题中, 考虑两类决策变量. 第一类为客流控制变量, 用 $\eta_{k,s,f}(t)$ 表示. 基于计划时间内客流的出行 OD 和列车运载能力, 该决策变量通过优化到达站台乘客数量, 可为乘客的乘车过程提供精确的控制策略. 第二类为运行图变量, 即确定列车在各站的到发时刻. 该决策变量通过优化列车在各站的到发时刻, 以期减少乘客总等待时间并提高服务水平. 具体如下:

$\eta_{k,s,f}(t)$: 在时刻 t, 允许在车站 k 进站乘车且 OD 为 $k \to s$ 的乘客数量;

$a_{i,k,f}(t)$: 沿 f 方向, 服务列车 i 在时刻 t 的到站指示变量; 等于 1: 表示车辆 i 在时刻 t 或之前到达车站 k, 否则为 0;

$d_{i,k,f}(t)$: 沿 f 方向, 服务列车 i 在时刻 t 的离站指示变量; 等于 1: 表示车辆 i 在时刻 t 或之前离开车站 k, 否则为 0.

下面将采用 Barrena 等 (2014) 和 Yin 等 (2016) 提出的时间相关矩阵表示方法刻画客流的动态性. 将计划的时间域离散为一系列时间节点, 即 $\mathcal{T} = \{1, 2, \cdots, q\}$. 则在各时间节点 $t \in \mathcal{T}$, 采用如下矩阵 $TOD_f(t)$ 记录 f 方向上某时刻各 OD 的乘客数量.

$$TOD_f(t) = \begin{bmatrix} 0 & \lambda_{1,2,f}(t) & \cdots & \lambda_{1,m-1,f}(t) & \lambda_{1,m,f}(t) \\ 0 & 0 & \cdots & \lambda_{2,m-1,f}(t) & \lambda_{2,m,f}(t) \\ \vdots & \vdots & \ddots & \vdots & \vdots \\ 0 & 0 & \cdots & 0 & \lambda_{m-1,m,f}(t) \\ 0 & 0 & \cdots & 0 & 0 \end{bmatrix}$$

在该矩阵中, $\lambda_{k,s,f}(t)$ 表示沿方向 f, 在时间区间 $[t, t+1]$ 内到达车站 k 且前往目的车站 s 的乘客数量, 该参数满足如下约束:

$$\begin{cases} \lambda_{k,s,f}(t) \geqslant 0, & \text{若 } k < s < S_f, f \in F, t \in \mathcal{T} \\ 0, & \text{其他} \end{cases}$$

实际运营中, 上述基于 OD 的时变客流数据可通过历史乘车数据或地铁刷卡数据获取. 显然, 在时间区间 $[t, t+1]$ 内, f 方向到达车站 k 的总人数 (记为 $\lambda_{k,f}(t)$) 为基于 OD 的时变客流数据 $\lambda_{k,s,f}(t)$ 的总和.

由于客流需求具有动态性, 因而不同出行 OD 的乘客到达各站的数量一般存在较大差异. 如果不执行客流控制, 轨道交通资源得不到充分协调, 可能会导致列车的不合理利用, 一定程度上会增加乘客的总等待时间. 本研究中提出的精细化客流控制策略, 旨在优化各 OD 乘客的乘车过程, 最大限度的提高列车载运利用率,减少乘客的总等待时间. 采用如下矩阵 $COD_f(t)$ 表示客流控制变量.

$$COD_f(t) = \begin{bmatrix} 0 & \eta_{1,2,f}(t) & \cdots & \eta_{1,m-1,f}(t) & \eta_{1,m,f}(t) \\ 0 & 0 & \cdots & \eta_{2,m-1,f}(t) & \eta_{2,m,f}(t) \\ \vdots & \vdots & \ddots & \vdots & \vdots \\ 0 & 0 & \cdots & 0 & \eta_{m-1,m,f}(t) \\ 0 & 0 & \cdots & 0 & 0 \end{bmatrix}$$

需要说明的是, 该问题旨在通过优化变量矩阵 $COD_f(t), f \in F, t \in \mathcal{T}$, 基于不同的决策准则, 生成精细化的客流控制策略. 显然, 矩阵 $COD_f(t)$ 中的各决策变量满足如下约束:

$$\begin{cases} \eta_{k,s,f}(t) \geqslant 0, & \text{若 } k < s < S_f, f \in F, t \in \mathcal{T} \\ 0, & \text{其他} \end{cases}$$

(5) 系统约束条件

由上所述, 本节分别使用二元变量 $a_{i,k,f}(t)$ 和 $d_{i,k,f}(t)$ 表示 f 方向, 列车 i 在时间 t 到达和离开车站 k 的状态. 通常, 向量 $(a_{i,k,f}(t))|_{t \in \mathcal{T}}$ 和 $(d_{i,k,f}(t))|_{t \in \mathcal{T}}$ 具有相似的结构, 可采用一列非减的 0-1 字符串来表示相关的状态信息, 其形式为 $(0, 0, \cdots, 1, 1, 1)$. 为便于说明, 图 3-3 给出了一个简单示例.

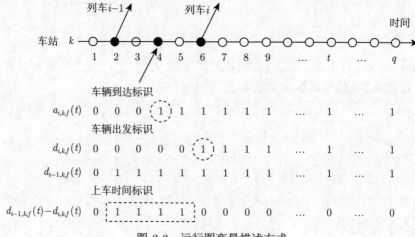

图 3-3　运行图变量描述方式

如图 3-3 所示, 列车 i 在第四个时间戳到达车站 k 并于第六个时间戳驶离. 依据决策变量定义方法, $(a_{i,k,f}(t))|_{t \in \mathcal{T}}$ 取值中的第一个非 0 元素对应的时间戳, 即为列车的到达时间, $(d_{i,k,f}(t))|_{t \in \mathcal{T}}$ 取值中的第一个非 0 元素对应的时间戳, 即为列车的离站时间. 某时间戳变量取值若为 1, 向量中此时间戳之后所有变量取值均为 1. 采

用该方式, 乘客上车的时间域可借助向量 $(d_{i-1,k,f}(t) - d_{i,k,f}(t))|_{t \in \mathcal{T}}$ 表示. 该向量中所有等于 1 的元素所对应的时间戳, 表示允许乘客进入站台乘坐列车 i 的时间范围. 需要特别说明的是, 乘客乘坐第一列列车的上车时间域采用 $(1 - d_{i,k,f}(t))|_{t \in \mathcal{T}}$ 表示. 关于该表述方法的更多细节, 可参见文献 Niu & Zhou(2013), Shi 等 (2018).

此外, 为保证决策变量的正确性, 对于向量 $(a_{i,k,f}(t))|_{t \in \mathcal{T}}$ 和 $(d_{i,k,f}(t))|_{t \in \mathcal{T}}$ 不允许出现前一变量为 1 而后一变量为 0 的情况. 故上述向量 $(a_{i,k,f}(t))|_{t \in \mathcal{T}}$ 和 $(d_{i,k,f}(t))|_{t \in \mathcal{T}}$ 需满足以下约束条件:

$$\begin{cases} a_{i,k,f}(t) \leqslant a_{i,k,f}(t+1), \\ d_{i,k,f}(t) \leqslant d_{i,k,f}(t+1), \end{cases} \quad \forall t, t+1 \in \mathcal{T}, i \in I_f, k \in S_f, f \in F \qquad (3\text{-}1)$$

为方便建模, 在定义上述二元变量的基础上, 采用 0-1 变量对上车指示状态变量进行定义. 引入上车指示标量 $b_{i,k,f}(t)$, 其具体表示如下:

$$b_{i,k,f}(t) = \begin{cases} 1 - d_{i,k,f}(t), & \text{若 } i = 1, \\ d_{i-1,k,f}(t) - d_{i,k,f}(t), & \text{其他,} \end{cases} \quad t \in \mathcal{T}, \, i \in I_f, \, k \in S_f, \, f \in F$$

$$(3\text{-}2)$$

$b_{i,k,f}(t)$ 为 1 表示列车 k 在 t 时间戳在 i 站停靠. 采用上述决策变量表示方法, 建立具体的列车运行约束和客流控制约束, 具体包括以下几个方面.

1) 停站时间约束

城市轨道交通系统中, 列车通常在各站台均需停靠, 不允许越行, 以便尽可能满足客流出行需求. 在 $(a_{i,k,f}(t))|_{t \in \mathcal{T}}$ 和 $(d_{i,k,f}(t))|_{t \in \mathcal{T}}$ 的表示方法中, 如果在时间戳 t 满足 $(d_{i-1,k,f}(t) - d_{i,k,f}(t))|_{t \in \mathcal{T}} = 1$, 则表示在该时间戳列车 k 在车站 i 停留; 若为 0, 则表示列车驶离车站 i. 将停站时间预设为 $T^{dw}_{k,f}$, 则可构建如下的列车停站时间约束:

$$\sum_{t \in \mathcal{T}} (a_{i,k,f}(t) - d_{i,k,f}(t)) \cdot t_{unit} = T^{dw}_{k,f}, \quad i \in I_f, k \in S_f, f \in F \qquad (3\text{-}3)$$

其中 t_{unit} 为离散时间步长, 列车在车站 i 的停站时长即为列车驶离车站时刻与到达车站时刻之间所有时间标量的加和.

2) 站间运行时间约束

在实际运营中, 列车在各站间 (例如, 车站 k 和 $k+1$ 之间) 运行速度曲线一般相同. 因此, 对各站间区间, 列车的运行时间通常是固定的. 反映到运行图中, 即各列车的时空轨迹均平行, 该方法可最大限度地保持列车的运能. 站间运行时间预设为 $T^r_{k,f}$, 可构建如下约束:

$$\sum_{t \in \mathcal{T}} (d_{i,k,f}(t) - a_{i,k+1,f}(t)) \cdot t_{unit} = T^r_{k,f}, \quad i \in I_f, k, k+1 \in S_f, f \in F \qquad (3\text{-}4)$$

3) 车头时距约束

地铁线路禁止越行, 列车服务过程中的运行顺序通常不会发生改变. 为保证列车的安全运行, 相邻列车间的车头时距应设定在合理范围之内. 由于站间运行时间和停站时间为固定值, 该约束可构建为如下形式:

$$T_{\min}^{\mathrm{h}} \leqslant \sum_{t \in \mathcal{T}} \left(d_{i,1,f}(t) - d_{i+1,1,f}(t)\right) \cdot t_{\mathrm{unit}} \leqslant T_{\max}^{\mathrm{h}}, \quad i, i+1 \in I_f, \, f \in F \tag{3-5}$$

在实际运营中, 为保障列车的安全运营和乘客的便捷出行, 一般需预设最小和最大的车头时距.

4) 末班车时刻表约束

本研究中, 末班车到达和驶离各站的时间均预先设定. 文中的站间运行时间和停站时间均为输入参数, 针对末班车的时刻表限制只需考虑始发站发车时刻, 相关约束构建如下:

$$d_{n,1,f}(t) = \begin{cases} 1, & \text{若 } t \geqslant T_f^{\mathrm{last}}, \\ 0, & \text{其他,} \end{cases} \quad t \in \mathcal{T}, \, f \in F \tag{3-6}$$

5) 车底衔接约束

实际运营过程中, 轨道交通系统可执行载客服务的列车数量通常是有限的. 因此, 编制运行图时需要考虑车底的循环利用过程, 即需要考虑车底的衔接约束. 清晰起见, 下面将结合图 3-4 对车底的衔接约束进行合理描述. 如图所示, 假定各运行方向均有三辆列车可执行运输任务, 其中下行方向列车记为{FD1, FD2, FD3}, 上行方向列车记为{FU1, FU2, FU3}. 下行方向, 列车 FD1、FD2、FD3 可分别完成第 1, 2, 3 项服务. 此外, 为对列车 FU1 留出足够的转向时间, 要求下行方向列车进行第 4 项服务的出发时间晚于上行列车完成第 1 项服务的时间, 其最小时间间隔标记为 $t_{\min}^{\mathrm{r}}$. 在此, $t_{\min}^{\mathrm{r}}$ 为列车的最小转向时间.

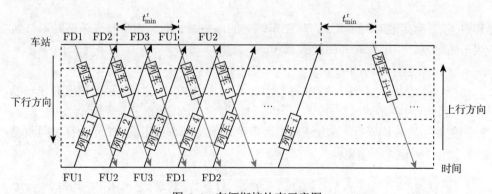

图 3-4　车辆衔接约束示意图

不失一般性, 假设城市轨道交通线路具有 u 列列车 (其中 u_f 代表沿方向 f 的初始列车数量, 且 $u = u_1 + u_2$), 在此采用如下公式表示车底间的衔接约束 (Hassan-nayebi et al., 2016).

$$\sum_{t \in \mathcal{T}} \left(a_{i,m,f}(t) - d_{i+u_{3-f},1,3-f}(t) \right) \cdot t_{\text{unit}} \geqslant t_{\min}^{\text{r}}, \quad i \in I_f, \ i+u_{3-f} \in I_{3-f}, \ f \in F \quad (3\text{-}7)$$

上述公式中, 考虑列车 i 沿 f 方向所承担的运输服务, 当该列车到达终点车站 m 后, 由于对向只有 u_{3-f} 初始列车可进行方向 $3-f$ 的运输服务, 则服务列车 $i+u_{3-f}$ 的离站时刻至少比列车 i 的到站时刻晚 $t_{\min}^{\text{r}}$ 时间.

6) 精细化客流控制约束

到达客流的过饱和通常会引发乘客在站台大量聚集. 精细化客流控制策略充分考虑了乘客出行信息, 并基于列车装载约束, 对乘客进站行为进行有效控制, 可缓解站台拥挤状况. 本节旨在制定多车站的精细化客流协同优化控制策略. 下面, 我们对建模过程所涉约束进行详细介绍.

实际运行中, 一定时间内进站设施的通过能力通常是有限的, 决策变量 $\eta_{k,s,f}(t)$ 受到设施通过能力的限制. 此外, 为保证客流控制的平稳性, 相邻两个时间域允许进站的乘客数量相差不宜过大, 应控制在合理的波动范围 $[G_{k,s,f}^{\min}, G_{k,s,f}^{\max}]$ 内. 具体可表示为如下约束:

$$\begin{cases} 0 \leqslant \eta_{k,s,f}(t) \leqslant N_{k,s,f}^{\max}, \\ G_{k,s,f}^{\min} \leqslant \eta_{k,s,f}(t) - \eta_{k,s,f}(t-1) \leqslant G_{k,s,f}^{\max}, \end{cases} \quad t-1, t \in \mathcal{T}, \ k < s \in S_f, \ f \in F \quad (3\text{-}8)$$

式中, $N_{k,s,f}^{\max}$ 表示方向 f, 出行 OD 为 $k \to s$ 的进站设施的最大通过能力, $G_{k,s,f}^{\min}$ 和 $G_{k,s,f}^{\max}$ 分别表示相邻时间戳进站乘客数量可允许产生的最小和最大波动值.

为了表征客流的等待特征, 下面将着重介绍站厅乘客等待数量的计算方法. 一般而言, 当前时刻站厅内的乘客数量, 是累积到达乘客与累积上车乘客之间的差值. 在时间区间 $[1, t]$ 内, 沿方向 f, OD 为 $k \to s$ 乘客的到达量和上车量可分别表示如下:

$$\begin{cases} n_{k,s,f}^{\text{a}}(t) = \sum_{\tau=1}^{t} \lambda_{k,s,f}(\tau) \\ n_{k,s,f}^{\text{c}}(t) = \sum_{\tau=1}^{t} \eta_{k,s,f}(\tau) \end{cases} \quad (3\text{-}9)$$

如上所述, $n_{k,s,f}^{\text{a}}(t)$ 和 $n_{k,s,f}^{\text{c}}(t)$ 分别为 t 时刻 OD 为 $k \to s$ 乘客的到达和离开车站 k 的数量. 则在 t 时刻, 车站 k 的站厅内乘客数量 $w_{k,s,f}(t)$ 的计算方式, 可表示为如下公式:

$$w_{k,s,f}(t) = n_{k,s,f}^{\text{a}}(t) - n_{k,s,f}^{\text{c}}(t), \quad t \in \mathcal{T}, \ k < s \in S_f, \ f \in F \quad (3\text{-}10)$$

站厅乘客等待数量取值大小直接影响乘客的总等待时间, 为本研究的关键参数. 如图 3-5 所示, 虚线代表乘客的到达曲线, 实线代表乘客的乘车数量曲线, 两曲线间灰色区域的面积可表示在 t 时刻站厅内乘客的等待数量.

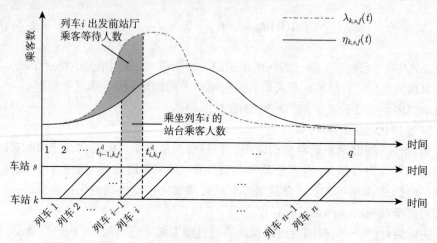

图 3-5　给定运行图下客流控制示例图

控制策略中, 被服务的乘客数量不得超过到达的总乘客数量, 站厅内乘客等待人数具有非负性, 其满足如下约束:

$$w_{k,s,f}(t) \geqslant 0, \quad t \in \mathcal{T}, \ k < s \in S_f, \ f \in F \tag{3-11}$$

在计划时间周期 $\mathcal{T} = \{1, 2, \cdots, q\}$ 内, 所有乘客的出行需求均需被满足. 即到达乘客总数量应等同于所有被服务的乘客数量, 表述如下:

$$\sum_{t \in \mathcal{T}} \lambda_{k,s,f}(t) = \sum_{t \in \mathcal{T}} \eta_{k,s,f}(t), \quad k < s \in S_f, \ f \in F \tag{3-12}$$

为避免乘客在站台的过度聚集, 本模型假定所有在站台等待的乘客均可乘坐下一到达列车. 为实现这一目的, 客流控制策略要求到达列车的剩余装载能力大于或等于站台乘客数量. 实际中, 可通过优化不同车站的客流控制变量来实现上述条件. 在给定运行图的情况下, 允许进站乘车且 OD 为 $k \to s$ 的乘客数量的计算方式表述如下:

$$n_{i,k,s,f}^{\mathrm{c}} = \sum_{t \in \mathcal{T}} b_{i,k,f}(t) \cdot \eta_{k,s,f}(t), \quad i \in I_f, \ k < s \in S_f, \ f \in F \tag{3-13}$$

上式中, $b_{i,k,f}(t)$ 和 $\eta_{k,s,f}(t)$ 均为决策变量, 导致了该约束的非线性. 此外, 考虑到所有在站台等待的乘客均可乘坐下一到达列车, 因而上车的乘客数量与进站的乘客数量相等, 如下所示:

$$n_{i,k,s,f}^{\mathrm{b}} = n_{i,k,s,f}^{\mathrm{c}}, \quad i \in I_f, \ k < s \in S_f, \ f \in F \tag{3-14}$$

7) 乘客登车约束

在该问题中, 乘客的登车约束是连接客流控制策略与地铁运行图的关键约束. 乘客的登车过程包括上车和下车过程, 其引起了列车载客量的动态变化. 列车在各站承载乘客数量的动态变化情况可描述如下:

$$n_{i,k,f}^{\mathrm{on}} = \begin{cases} n_{i,k,f}^{\mathrm{b}}, & k = 1, \\ n_{i,k-1,f}^{\mathrm{on}} - n_{i,k,f}^{\mathrm{al}} + n_{i,k,f}^{\mathrm{b}}, & 1 < k < m, \end{cases} \quad i \in I_f,\ f \in F \qquad (3\text{-}15)$$

首先, 由于始发列车均为空载列车, 在该站没有乘客下车, 故初始站点的列车承载人数与上车的乘客数量相等. 中间车站的载客量为前一车站列车载客数量与当前车站乘客上车数量之和减去当前车站的乘客下车数量. 为描述清晰, 图 3-6 给出了列车载客数量变化的示意图.

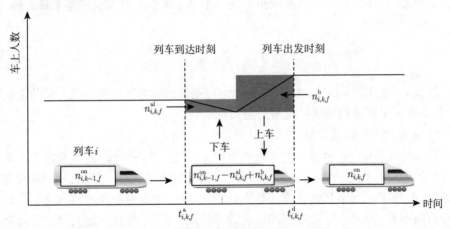

图 3-6 车载乘客数量动态变化示意图

在列车的行驶过程中, 为保证安全性, 通常要求车载乘客的数量不能超过列车的装载能力. 列车装载能力约束如下所示:

$$n_{i,k,f}^{\mathrm{on}} \leqslant C,\ i \in I_f, \quad k \in S_f \backslash \{m\},\ f \in F \qquad (3\text{-}16)$$

结合上述两个公式及车站乘客的上下车行为, 可将列车的装载约束进一步构建为如下形式:

$$\begin{cases} n_{i,k,f}^{\mathrm{b}} \leqslant C, & k = 1, \\ n_{i,k,f}^{\mathrm{b}} \leqslant C - n_{i,k-1,f}^{\mathrm{on}} + n_{i,k,f}^{\mathrm{al}}, & 1 < k < m, \end{cases} \quad i \in I_f,\ f \in F$$

该约束中, 各车站的上车乘客数量会受到列车剩余装载能力的限制. 每一车站的上车乘客数量为到达该站并前往各站的所有乘客数量的总和, 即

$$n_{i,k,f}^{\mathrm{b}} = \sum_{k<s \in S_f} n_{i,k,s,f}^{\mathrm{b}}, \quad i \in I_f,\ k \in S_f \backslash \{m\},\ f \in F \qquad (3\text{-}17)$$

此约束表明, 虽然不同出行 OD 的乘客所经进站设施不同, 但同一时刻进站的乘客将进入同一站台并搭乘相同列车.

精细化客流控制策略下, 假定在站台等待乘客均可上车. 列车驶离站台时, 站台无乘客滞留, 各车站的上车人数即为该站站台的总等待人数, 可表示为

$$n^{\mathrm{b}}_{i,k,f} = \sum_{k<s \in S_f} n^{\mathrm{c}}_{i,k,s,f}, \quad i \in I_f, \ k \in S_f \backslash \{m\}, \ f \in F \tag{3-18}$$

式中, $n^{\mathrm{b}}_{i,k,f}$ 受到列车剩余装载能力的限制. 在客流控制策略下, 各车站允许进入站台的乘客数量亦受到列车剩余装载能力的限制. 因而, 上述约束也为列车运行图和客流控制策略之间的耦合约束.

相应地, 各车站的下车乘客数量为在该车站下车的所有车载乘客数量之和, 即

$$n^{\mathrm{al}}_{i,k,f} = \sum_{v=1}^{k-1} n^{\mathrm{b}}_{i,v,k,f}, \quad i \in I_f, \ k \in S_f \backslash \{1\}, \ f \in F \tag{3-19}$$

注 3.1　约束 (3-13)—(3-19) 是列车运行图问题与客流控制问题之间的关联约束, 共同保证了所建协同优化模型的可行性.

8) 乘客总等待时间计算

客流控制策略下, 乘客的上车过程分两个阶段. 第一阶段, 到站乘客首先需要在站厅停留, 等待进站许可; 之后, 按照精细化客流控制策略, 依序通过进站设施进入站台, 等待下一列车到站并完成登车过程. 因此, 模型中考虑的乘客总等待时间可分为两部分, 即站厅等待时间和站台等待时间. 下面, 将对上述两种等待时间的计算过程做详细介绍.

- **站厅等待时间的计算**

在 t 时刻, 出行 OD 为 $k \to s$ 的乘客站厅等待时间可以描述为如图 3-7(a) 所示灰色部分的面积. 在运营高峰期, 客流需求常处于过饱和状态, 到达的乘客数量远超列车运能. 为避免站台的过度拥挤, 本节所提客流控制策略, 要求乘客首先于站厅等待. 如图, 在时间 t^* 之前, 乘客会在站厅内聚集, 之后将逐渐消散. 在 t 时刻, 站厅的乘客的等待数量 $w_{k,s,f}(t)$ 如图 3-7(b) 中虚线所示. 这里将时间离散为 q 个单位为 t_{unit} 的时间戳, 在此基础上, 可把相应的站厅等待时间用一系列长方形表示, 其长为 $w_{k,s,f}(t)$, 宽为时间单位 t_{unit}. 在相应的时间戳内, 乘客的站厅等待时间表示为两者的乘积. 则可推算出, OD 为 $k \to s$ 的乘客的总站厅等待时间为整个区域内长方形面积之和, 如下所示:

$$t^{\mathrm{ws}}_{k,s,f} = \sum_{t \in \mathcal{T}} w_{k,s,f}(t) \cdot t_{\mathrm{unit}}, \quad k < s \in S_f, \ f \in F \tag{3-20}$$

上式为到达车站 k 的不同出行方向乘客的等待时间. 基于上式, 沿方向 f 到达车站 k 的乘客站厅等待时间可按如下公式计算, 即

$$t_{k,f}^{\mathrm{ws}} = \sum_{k<s\in S_f} t_{k,s,f}^{\mathrm{ws}}, \quad k \in S_f, \, f \in F \tag{3-21}$$

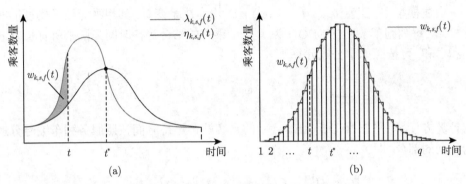

图 3-7 站厅乘客聚集情况示例图

- **站台等待时间的计算**

乘客进入站台后需要等待下一列车的到达. 因而, 乘客的站台等待时间与列车运行图和乘客数量密切相关. 以图 3-8 为例, $wp_{i,k,s,f}(t)$ 表示 t 时刻 (列车 $i-1$ 驶离车站后, 且列车 i 到达车站前) 在站台 k 等待的乘客数量, 可以表示为

$$wp_{i,k,s,f}(t) = \left(\sum_{\tau=1}^{t} b_{i,k,f}(\tau) \cdot \eta_{k,s,f}(\tau) \right) \cdot b_{i,k,f}(t), \quad t \in \mathcal{T}, \, i \in I_f, \, k < s \in S_f, \, f \in F \tag{3-22}$$

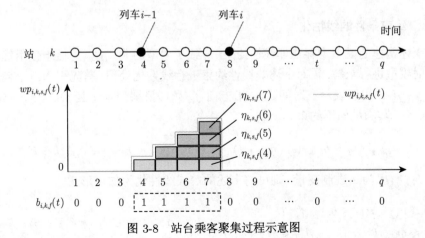

图 3-8 站台乘客聚集过程示意图

相邻两列车间的站台乘客等待时间可表述为图 3-8 所示的所有长方形面积之和. 从图中可以看出, 乘客在列车 $i-1$ 驶离车站后 (时间戳 4) 开始累积, 此后在控制策略下乘客持续进入站台等待, 直到列车 i 驶离车站 (时间戳 8), 站台等待乘客数量为 0. 图中, 虚线框所圈 1 表示在该时间戳乘客可进站乘坐列车 i. 其中, 不同层的长方形代表了不同时间戳进站的乘客.

上述模型中, 变量 $b_{i,k,f}(t)$ 与 $\eta_{k,s,f}(t)$ 均为决策变量, 其相乘导致了模型的非线性. 对每列列车 i, f 方向 OD 为 $k \to s$ 乘客的站台等待时间为图中所有长方形面积之和, 可按照如下公式计算:

$$t_{i,k,s,f}^{\mathrm{wp}} = \sum_{t \in \mathcal{T}} wp_{i,k,s,f}(t) \cdot t_{\mathrm{unit}}, \quad i \in I_f,\ k < s \in S_f,\ f \in F \tag{3-23}$$

为计算方便, 可将出行 OD 为 $k \to s$ 的乘客站台等待时间按照服务列车编号分解为不同的部分, 即

$$t_{k,s,f}^{\mathrm{wp}} \sim \{t_{1,k,s,f}^{\mathrm{wp}}, t_{2,k,s,f}^{\mathrm{wp}}, \cdots, t_{i,k,s,f}^{\mathrm{wp}}, \cdots, t_{n,k,s,f}^{\mathrm{wp}}\}$$

因此, $t_{k,s,f}^{\mathrm{wp}}$ 为沿 f 方向 OD 为 $k \to s$ 的乘客在站台 k 总等待时间, 具体可按照如下方式计算:

$$t_{k,s,f}^{\mathrm{wp}} = \sum_{i \in I_f} t_{i,k,s,f}^{\mathrm{wp}}, \quad k < s \in S_f,\ f \in F \tag{3-24}$$

考虑所有出行 OD, 沿方向 f 到达车站 k 的乘客的站台等待时间, 即为到达该站所有出行 OD 乘客等待时间的加和, 可以表示如下:

$$t_{k,f}^{\mathrm{wp}} = \sum_{k < s \in S_f} t_{k,s,f}^{\mathrm{wp}}, \quad k \in S_f,\ f \in F \tag{3-25}$$

3.2.3　约束条件的线性化

上述构建的模型中存在非线性约束, 导致了模型的非线性. 为便于使用优化求解器对模型进行求解, 需对上述非线性约束进行线性化处理. 首先引入一个辅助变量 $\widetilde{n}_{i,k,s,f}(t)$, 用以表示在时间戳 t, 沿方向 f, 允许搭乘列车 i 且 OD 为 $k \to s$ 的乘客数量, 其满足如下约束:

$$\widetilde{n}_{i,k,s,f}(t) = b_{i,k,f}(t) \cdot \eta_{k,s,f}(t), \quad t \in \mathcal{T},\ i \in I_f,\ k < s \in S_f,\ f \in F$$

其中 $b_{i,k,f}(t)$ 为二进制变量. 则可将上述的等式线性化为如下形式:

$$\begin{cases} 0 \leqslant \widetilde{n}_{i,k,s,f}(t) \leqslant b_{i,k,f}(t) \cdot U, \\ 0 \leqslant \eta_{k,s,f}(t) - \widetilde{n}_{i,k,s,f}(t) \leqslant (1 - b_{i,k,f}(t)) \cdot U, \end{cases} \quad t \in \mathcal{T},\ i \in I_f,\ k < s \in S_f,\ f \in F \tag{3-26}$$

可以看出, 上述不等式中, 若 $b_{i,k,f}(t) = 0$, 可推出 $\widetilde{n}_{i,k,s,f}(t) = 0$; 否则, $\widetilde{n}_{i,k,s,f}(t) = \eta_{k,s,f}(t)$. 该属性保证了线性化约束中 $\widetilde{n}_{i,k,s,f}(t)$ 取值的正确性. 在此基础上, 将约束 (3-13) 线性化为如下形式:

$$n_{i,k,s,f}^{c} = \sum_{t \in \mathcal{T}} \widetilde{n}_{i,k,s,f}(t), \quad i \in I_f, \ k < s \in S_f, \ f \in F \tag{3-27}$$

采用类似的方法, 将约束 (3-22) 重新构建为如下形式:

$$wp_{i,k,s,f}(t) = \left(\sum_{\tau=1}^{t} \widetilde{n}_{i,k,s,f}(\tau) \right) \cdot b_{i,k,f}(t), \quad t \in \mathcal{T}, \ i \in I_f, \ k < s \in S_f, \ f \in F$$

同样, 可进一步线性化为

$$\begin{cases} 0 \leqslant wp_{i,k,s,f}(t) \leqslant b_{i,k,f}(t) \cdot U, \\ 0 \leqslant \left(\sum_{\tau=1}^{t} \widetilde{n}_{i,k,s,f}(\tau) \right) - wp_{i,k,s,f}(t) \quad t \in \mathcal{T}, \ i \in I_f, \ k < s \in S_f, \ f \in F \\ \leqslant (1 - b_{i,k,f}(t)) \cdot U, \end{cases} \tag{3-28}$$

为方便计算, 使用线性化约束 (3-28) 替换约束 (3-22).

3.2.4 数学优化模型

将所有非线性约束线性化处理后, 可建立如下精细化客流控制与运行图协同优化的整数线性规划模型 (标记为 JPFCTT):

$$\begin{cases} (\text{JPFCTT}) \ \min \sum_{f \in F} \sum_{k \in S_f} \left(t_{k,f}^{\text{ws}} + t_{k,f}^{\text{wp}} \right) \\ \text{s.t.} \\ \text{约束 (3-1)—(3-12), (3-14)—(3-21), (3-23)—(3-28)} \\ a_{i,k,f}(t), \ d_{i,k,f}(t) \in \{0, 1\}, \ t \in \mathcal{T}, \ i \in I_f, \ k \in S_f, \ f \in F \end{cases}$$

注 3.2 上述建立的 JPFCTT 模型由两部分组成, 即列车运行图部分和精细化客流控制部分. 若提前给出列车运行图, 则上述模型可转化为既定运行图下的精细化客流控制模型 (PFC). 在此种情况下, 无需考虑运行图的相关变量和约束, 且 (PFC) 模型也是线性模型:

$$\begin{cases} (\text{PFC}) \ \min \sum_{f \in F} \sum_{k \in S_f} \left(t_{k,f}^{\text{ws}} + t_{k,f}^{\text{wp}} \right) \\ \text{s.t.} \\ \text{约束(3-8)—(3-25)} \end{cases}$$

注 3.3　在 JPFCTT 模型中, 乘客的总等待时间为优化目标函数, 其包括站台乘客等待时间和站厅乘客等待时间. 通常来说, 在客流过饱和的轨道交通线路上, 乘客会更加关注站厅等待时间. 因而, 如果忽略站台等待时间, 则可将上述模型化简为如下 (JPFCTT$^{\#}$) 模型:

$$\begin{cases} (\text{JPFCTT}^{\#}) \ \min \sum_{f \in F} \sum_{k \in S_f} t_{k,f}^{\text{ws}} \\ \text{s.t.} \\ \text{约束 } (3\text{-}1)\text{—}(3\text{-}12), (3\text{-}14)\text{—}(3\text{-}21), (3\text{-}26)\text{—}(3\text{-}27) \\ a_{i,k,f}(t), \ d_{i,k,f}(t) \in \{0,1\}, \ t \in \mathcal{T}, \ i \in I_f, \ k \in S_f, \ f \in F \end{cases}$$

3.2.5　求解算法与数值算例

考虑到上述所建模型为整数线性规划模型, 因此可借助整数线性优化求解器求得问题的近似最优解, 如 CPLEX、GUROBI 等. 然而, 由于模型的复杂性较高, 当问题规模较大时, 通常需要花费较长计算时间才可以获得问题的近似最优解. 因此, 对于大规模组合优化问题, 一般可采用模型分解的方法将原问题分解为一系列便于求解的子问题, 之后利用启发式算法对子问题进行有效求解. 在 JPFCTT 模型中, 精细化客流控制和运行图的协同优化问题属于组合优化问题, 两者均以寻求乘客总等待时间最短为优化目标. 因此, 我们可将其中的客流控制问题作为主问题 (MP) 并采用优化软件进行求解, 将运行图问题作为辅助问题 (SP) 并为其设计启发式搜索算法进行求解. 为了描述方便, 下面将给出算例中的算法流程.

(1) 算法流程

问题的求解过程可分为两个阶段: 第一阶段, 设计局部搜索算法生成列车运行图, 第二阶段, 采用整数线性优化求解器 (CPLEX) 搜索最优客流控制策略, 相应的目标函数作为评价列车运行图质量的数值指标. 求解过程中, 采用局部搜索算法不断更新运行图, 从而可获得高质量的可行解. 具体的算法流程如图 3-9 所示.

(2) 算例分析-1: 小规模算例

1) 基本信息及参数设置

考虑一条包含四个车站的双向轨道交通线路, 其中 $S_f = \{A, B, C, D\}, f \in F$, 下行方向为车站 A 到 D, 上行方向为车站 D 到 A. 列车在各站间的运行时间和各站的停站时间均固定, 分别设定为 $180\,\text{s}$ 和 $30\,\text{s}$. 在该组实验中, 上下行方向分别考虑 10 个服务车次. 将时间域离散为 80 个时间戳, 即 $\mathcal{T} = \{1, 2, \cdots, 80\}$, 时间步长为 $30\,\text{s}$, 进站设施的通过能力假设为 80 人/时间戳. 为刻画客流的动态性, 假设乘客的到达过程在时间轴上服从正态分布 (图 3-10 给出了出行方向为 A 到 D 的客流分布示意图). 实验中的其他相关参数的设定如表 3-1 和表 3-2 所示.

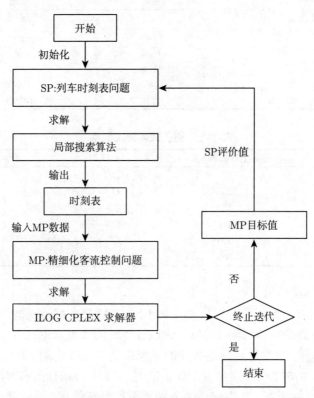

图 3-9 求解算法的流程图

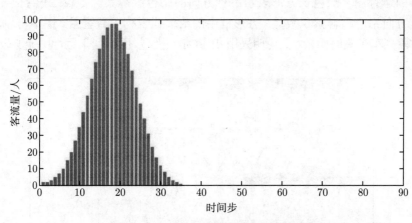

图 3-10 A → D 客流分布示意图

表 3-1　其他相关参数设定

参数	参数	数值
车辆装载能力	C	500 人
最大车头时距	$T_{\max}^{h}$	240 s
最小车头时距	$T_{\min}^{h}$	120 s
最小折返时间	$t_{\min}^{r}$	60 s
列车数量	u	10 辆
最后列车出行时间	t_{f}^{last}	1560 s

表 3-2　相关乘客需求数量

OD 对	乘客出行需求 (人)	OD 对	乘客出行需求 (人)
A → B	500	D → C	500
A → C	1200	D → C	1000
A → D	1400	D → A	1600
B → C	500	C → B	500
B → D	1200	C → A	1000
C → D	1500	B → A	1500

2) 实验设置及结果分析

在该组实验中, 我们采用 "ILOG CPLEX" 求解器求解该模型, 其终止条件设置如下: 当上下界的对偶间隔在 5% 以内或计算时间超过 3600 s 时, 终止计算. 经过 3037 s 的计算, 搜索得到满足条件的近似最优解, 其对偶间隔为 5.00%, 近似最优目标值为 3025770 s ≈ 840 h. 图 3-11 给出了所得运行图和客流控制策略下各站台乘客的等待情况, 其中深色线条表示下行列车的运行图, 浅色线条表示上行列车的运行图. 深色长方形表示下行方向的站台乘客累计数量, 浅色长方形表示上行方向站台乘客累积数量. 方形框中的数值代表列车载客量. 图中可以看出, 高峰时段列车车头时距较小. 说明采用 JPFCTT 模型, 所得列车运行图能够较好地

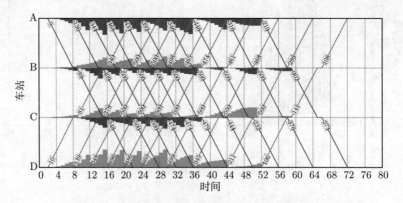

图 3-11　列车运行图和不同站台累计乘客数量分布

反映乘客到达的动态性. 在上述客流控制策略下, 站台等待的乘客均可乘坐下一列车离开, 从而避免造成站台的过度拥堵, 降低高峰时段的运营风险.

为清晰表述客流的动态控制过程, 图 3-12 给出了上行方向各车站基于不同 OD 的客流控制策略曲线. 图中, 深色曲线表示乘客的到站情况, 浅色曲线表示控制策

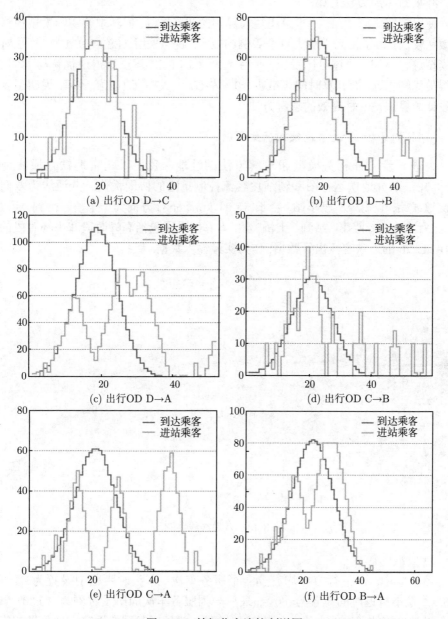

图 3-12 精细化客流控制详图

略下每个时间点允许进入站台区域的实际乘客数量. 计算结果可知, 精细化客流控制策略可对不同 OD 的乘客出行行为进行控制. 此外, 该方法可从系统优化的角度对整条线路的客流进行协同控制, 因而在缓解站台客流拥挤的同时, 减少了乘客在各站点的总等待时间, 提高了列车运行效率.

3) 两种求解方法对比

使用求解器 (CPLEX) 求解小规模算例的效率较高, 但其求解实际大规模算例的效率较低. 为了提高求解大规模算例的效率, 我们采用 "LS+CPLEX" 算法对所提模型进行求解. 通过对比发现, 使用 "LS+CPLEX" 算法所得最优解与 CPLEX 所得最优解相近, 而计算时间可减少 90% 左右, 大大提高了求解效率. 说明了我们所设计的算法是一种高效的求解方法.

(3) 算例分析-2: 北京地铁八通线算例

为进一步验证相关模型和求解方法的性能, 我们以北京地铁八通线为例 (图 3-13), 研究地铁运行图和精细化客流控制策略的协同优化. 八通线为双向轨道交通线路, 设有 13 座车站, 全长 18.94 km. 下行方向为 "土桥" 站到 "四惠" 站, 上行方向为 "四惠" 站到 "土桥" 站. 本算例采用包括高峰时段和平峰时段的早 7:00—11:20 的地铁客流出行数据, 作为实验输入数据.

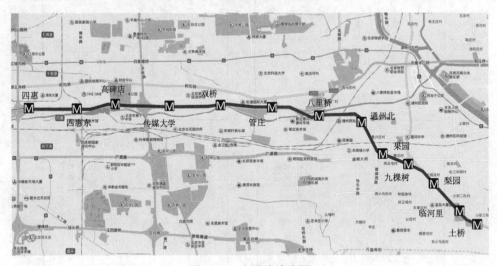

图 3-13　八通线线路图

1) 参数设置

该实验中, 上下行方向均有 48 个服务车次, 车头时距范围设置为 [180 s, 360 s], 最小折返时间设置为 60 s, 最后一列服务车次的出发时刻为 10:30, 单个刷卡进站设施的通过能力为 150 人/每时间戳, 相邻时间戳的乘客进站数量差值的

浮动区间为 [−40 人,40 人]. 其他相关参数如表 3-3 所示.

表 3-3　列车停站和运行时间参数

站名	停留时间 (上/下)/s	区间	时间/s	区间	时间/s
土桥	60/60	土桥 → 临河里	120	四惠 → 四惠东	180
临河里	60/60	临河里 → 梨园	120	四惠东 → 高碑店	120
梨园	60/60	梨园 → 九棵树	120	高碑店 → 传媒大学	180
九棵树	60/60	九棵树 → 果园	120	传媒大学 → 双桥	180
果园	60/60	果园 → 通州	120	双桥 → 管庄	180
通州	60/60	通州 → 八里桥	180	管庄 → 八里桥	180
八里桥	60/60	八里桥 → 管庄	180	八里桥 → 通州	180
管庄	60/60	管庄 → 双桥	180	通州 → 果园	120
双桥	60/60	双桥 → 传媒大学	180	果园 → 九棵树	120
传媒大学	60/60	传媒大学 → 高碑店	180	九棵树 → 梨园	120
高碑店	60/60	高碑店 → 四惠东	120	梨园 → 临河里	120
四惠东	60/60	四惠东 → 四惠	180	临河里 → 土桥	120
四惠	60/60				

2) 结果分析

采用启发式算法 "LS+CPLEX" 对问题进行求解, 得到了近似最优运行图和相应的精细化客流控制策略, 如图 3-14 所示. 在该方案中, 乘客总等待时间为

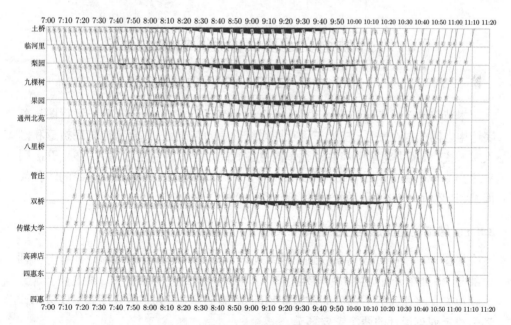

图 3-14　八通线客流控制和运行图优化策略

969135 min, 其中站台等待时间为 356161 min, 站厅等待时间为 612974 min. 此外, 从图中可以看出, 在时间区段 [7:00, 8:20] 八通线下行方向的客流压力较大, 在该时间段发车间隔较小, 以便大客流的快速输送. 为描述清晰起见, 针对该线路上的两个 OD(即土桥至四惠、梨园至四惠), 给出了图 3-15 所示的精细化客流控制策略. 可以发现, 对于不同的出行 OD, 可依据客流的到达时间和出行方向对其进行精确控制, 达到系统优化的效果.

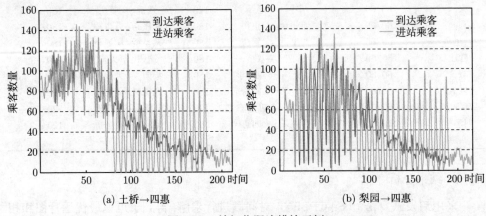

图 3-15　精细化限流措施示例

3.3　城市轨道交通基于客流需求的运行图与车底运用协同优化

本节将针对城市轨道交通线路, 结合动态客流需求特征, 分析列车运行图与车底运用之间的内在联系; 在列车运行图系统约束的基础上, 综合考虑车底折返和出入库方式, 以最大化牵引和制动列车的重叠时间以及车底利用效率为目标, 开展列车运行图与车底运用一体化优化理论研究; 此外, 将基于北京地铁亦庄线的运营数据, 设计数值算例对所提的方法进行计算、分析与评价.

3.3.1　城市轨道交通运行图与车底关系

如图 3-16 所示, 当前研究通常将城市轨道交通的运行计划编制依次划分为四个部分, 即列车开行方案、列车运行图、车底运用计划和乘务计划, 其中前一部分的解决方案将作为后一部分的前提和基础. 在此过程中, 列车运行图和车底运用计划是决定列车运行的两个重要环节.

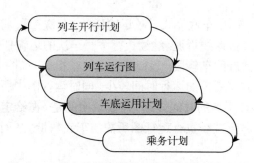

图 3-16　城市轨道交通的运行计划编制流程图

(1) **列车运行图编制特点**

列车运行图是对列车运行时间、空间的图解表示, 规定了各次列车在区间的运行时间、在车站的到发或通过时刻等. 相较于铁路系统的运行图, 城市轨道交通列车运行图具有一定的特殊性: 在大部分城市轨道交通系统中, 列车种类单一, 且在每个车站均需停站; 相邻列车发车间隔小, 各列车之间不存在越行和会让操作; 站间距较短, 列车牵引和制动频繁, 再生能量转化效率高.

城市轨道交通列车运行图的编制过程需要考虑客流需求特征, 因而在高峰和平峰期具有不同的运行要求. 目前, 我国大城市轨道交通系统的大部分线路在早晚高峰客流较多, 因此应尽量减少列车发车间隔, 最大限度增加运力, 尽快输送各车站积压的客流; 相比之下, 平峰时段的运行计划应在保证服务水平的同时, 进一步考虑降低运营成本.

(2) **车底运用计划编制特点**

车底是城市轨道交通运输组织中必须的移动设施, 主要承担着各 OD 间运输乘客的任务. 车底运用计划旨在指派各车底承担相应的车次任务及接续方案. 鉴于车底运用计划与城市轨道线路拓扑结构以及车辆段的分布密切相关, 本节中将考虑一类典型城市轨道交通线路, 即该线路具有与正线首末站相连的两个车辆段, 如图 3-17 所示.

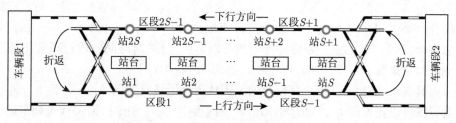

图 3-17　城市轨道交通线路示意图

　　在上述结构的线路中, 车底完成一项运输任务 (车次) 后, 将有两种可能的接续方案: 其一是列车通过折返线折返, 继续执行下一车次的运输任务, 如图 3-18(a) 所示; 其二是列车返回就近的车辆段, 等待下一次发车指令, 如图 3-18(b) 所示. 实际运营中, 第一种接续方案所需的运行时间较少, 同时运行图中所需的车底数量也可降低, 但列车操作具有严格的时间限制. 需要说明的是, 在给定列车运行图的车底运用计划编制中, 应尽量减少执行运行图所需的车底数量, 从而达到降低运营成本的目的.

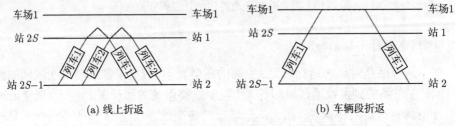

(a) 线上折返　　　　　　　　　　　　(b) 车辆段折返

图 3-18　城市轨道交通接续方案示意图

(3) 列车运行图与车底运用计划的关系

　　列车运行图与车底运用之间联系密切. 一方面, 车底是运行图得以执行的保证, 同时运行图又是车底运用方案的基础. 另一方面, 列车运行图中不同车次离开和到达首末车站的时间限制了车底运用计划中接续方案的可能性, 而车底数量又与线路运输能力密切相关, 从而又影响了列车运行图的编制. 因此, 将城市轨道交通列车运行图与车底运用计划进行协同优化, 有利于进一步协调列车运行图与车底运用计划之间的关系, 生成更加符合实际操作的列车运行图与车底运用计划, 提高运输效率.

3.3.2　约束条件和目标函数

　　本节以图 3-17 所示的城市轨道交通线路为例, 研究城市轨道交通列车运行图与车底运用协同优化问题. 设上行方向车次集合为 $\overrightarrow{\mathcal{N}} = \{1, 2, \cdots, \vec{N}\}$, 下行方向车次集合为 $\overleftarrow{\mathcal{N}} = \{\vec{N}+1, \vec{N}+2, \cdots, \overleftarrow{N}\}$, 车次总集合为 $\mathcal{N} = \overrightarrow{\mathcal{N}} \cup \overleftarrow{\mathcal{N}}$. 设上行方向站点集合为 $\overrightarrow{\mathcal{S}} = \{1, 2, \cdots, S\}$, 下行方向站点集合为 $\overleftarrow{\mathcal{S}} = \{S+1, S+2, \cdots, 2S\}$, 站点总集合为 $\mathcal{S} = \overrightarrow{\mathcal{S}} \cup \overleftarrow{\mathcal{S}}$. 为更好地刻画动态客流, 首先对时间轴进行离散化处理, 对应时间点集合记为 $\mathcal{T} = \{t_0, t_0 + \delta, t_0 + 2\delta, \cdots, t_0 + T\delta\}$.

　　以具有 5 个车站和 2 个车辆段的城市轨道交通线路为例, 上下行各 3 个车次的运行图可以在如图 3-19 所示的离散时空网络中表示. 图中的箭头代表列车运行弧段, 包括上下行正线运行弧段, 正线与车辆段的连接弧段, 线上折返弧段与车辆段等待弧段. 这些弧段共同构成了车底与车次之间的交互关系, 其选择过程形成了

模型中的决策变量, 定义如下:

$a_{k,i}$: 车次 k 到达车站 i 的时间, $k \in \mathcal{N}$, $i \in \mathcal{S}$;

$d_{k,i}$: 车次 k 离开车站 i 的时间, $k \in \mathcal{N}$, $i \in \mathcal{S}$;

$\gamma_{k,k'}$: 线上转向变量, 当执行车次 k 的车底经过线上转向后执行车次 k' 时, $\gamma_{k,k'} = 1$, 否则, $\gamma_{k,k'} = 0$.

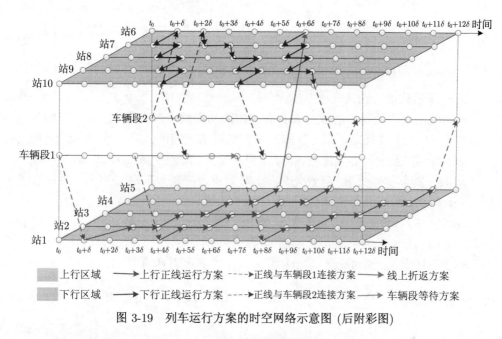

图 3-19　列车运行方案的时空网络示意图 (后附彩图)

采用上述决策变量表示方法, 建立具体的列车运行约束, 具体包括以下几个方面.

(1) 列车运行图约束

首先介绍该问题中涉及的列车运行图约束条件, 包括运行时间约束、发车间隔约束、列车装载能力约束等. 具体如下:

1) 列车运行时间约束

由于线路上各列车在运行过程中存在相互制约关系, 因而列车的停站操作、运行操作等均需按预设的时刻进行. 分别定义 $\underline{T}_i^{(d)}$ 和 $\overline{T}_i^{(d)}$ 为列车在 i 站停站时间的上下界, 则有如下约束:

$$\underline{T}_i^{(d)} \leqslant d_{k,i} - a_{k,i} \leqslant \overline{T}_i^{(d)}, \quad \forall i \in \overrightarrow{\mathcal{S}}, k \in \overrightarrow{\mathcal{N}} \text{ 或 } \forall i \in \overleftarrow{\mathcal{S}}, k \in \overleftarrow{\mathcal{N}} \tag{3-29}$$

同理, 分别定义 $\underline{T}_i^{(t)}$ 和 $\overline{T}_i^{(t)}$ 为列车在区段 i 上运行时间的上界和下界, 则有

$$\underline{T}_i^{(t)} \leqslant a_{k,i} - d_{k,i-1} \leqslant \overline{T}_i^{(t)}, \quad \forall i \in \overrightarrow{\mathcal{S}} \backslash \{1\}, k \in \overrightarrow{\mathcal{N}} \text{ 或 } \forall i \in \overleftarrow{\mathcal{S}} \backslash \{S+1\}, k \in \overleftarrow{\mathcal{N}} \quad (3\text{-}30)$$

2) 列车发车间隔约束

为保证行车安全和城市轨道交通系统的服务质量, 相邻列车在运行过程中需要保证一定的时间间隔. 在此, 考虑到不同车站节点的差异性, 分别定义 $\underline{T}_i^{(h)}$ 和 $\overline{T}_i^{(h)}$ 为相邻列车在离开和到达第 i 站时间间隔的上下界, 则有

$$\underline{T}_i^{(h)} \leqslant a_{k,i} - a_{k-1,i} \leqslant \overline{T}_i^{(h)}, \quad \forall i \in \overrightarrow{\mathcal{S}}, k \in \overrightarrow{\mathcal{N}} \backslash \{1\} \text{ 或 } \forall i \in \overleftarrow{\mathcal{S}}, k \in \overleftarrow{\mathcal{N}} \backslash \{\overrightarrow{N}+1\} \quad (3\text{-}31\text{a})$$

$$\underline{T}_i^{(h)} \leqslant d_{k,i} - d_{k-1,i} \leqslant \overline{T}_i^{(h)}, \quad \forall i \in \overrightarrow{\mathcal{S}}, k \in \overrightarrow{\mathcal{N}} \backslash \{1\} \text{ 或 } \forall i \in \overleftarrow{\mathcal{S}}, k \in \overleftarrow{\mathcal{N}} \backslash \{\overrightarrow{N}+1\} \quad (3\text{-}31\text{b})$$

3) 列车装载能力约束

城市轨道交通系统的客流分布具有典型的动态性. 为确保动态客流下的列车装载能力, 首先需要确定列车车次和动态客流需求之间的匹配关系. 为此, 我们采用了 3.2 节中提及的动态客流刻画方法, 引入如下辅助变量 $z_{k,i}(t)$ 和 $x_{k,i}(t)$, 即

$z_{k,i}(t)$: 发车状态变量, 若车次 k 在 t 时刻或之前离开车站 i, 则 $z_{k,i}(t) = 1$, 否则 $z_{k,i}(t) = 0, k \in \mathcal{N}, i \in \mathcal{S}, t \in \mathcal{T}$;

$x_{k,i}(t)$: 到站状态变量, 若车次 k 在 t 时刻或之前到达车站, 则 $x_{k,i}(t) = 1$, 否则 $x_{k,i}(t) = 0, k \in \mathcal{N}, i \in \mathcal{S}, t \in \mathcal{T}$.

基于上述定义, 辅助变量 $z_{k,i}(t)$ 和 $x_{k,i}(t)$ 须满足下列约束:

$$d_{k,i} = t_0 \cdot z_{k,i}(t_0) + \sum_{t \in \mathcal{T} \backslash \{t_0\}} t \cdot [z_{k,i}(t) - z_{k,i}(t-\delta)], \quad \forall k \in \overrightarrow{\mathcal{N}}, i \in \overrightarrow{\mathcal{S}} \text{ 或 } \forall k \in \overleftarrow{\mathcal{N}}, i \in \overleftarrow{\mathcal{S}}$$
$$(3\text{-}32)$$

$$z_{k,i}(t-\delta) \leqslant z_{k,i}(t), \quad \forall t \in \mathcal{T} \backslash \{t_0\}, \forall k \in \overrightarrow{\mathcal{N}}, i \in \overrightarrow{\mathcal{S}} \text{ 或 } \forall k \in \overleftarrow{\mathcal{N}}, i \in \overleftarrow{\mathcal{S}} \quad (3\text{-}33)$$

$$a_{k,i} = t_0 \cdot x_{k,i}(t_0) + \sum_{t \in \mathcal{T} \backslash \{t_0\}} t \cdot [x_{k,i}(t) - x_{k,i}(t-\delta)], \quad \forall k \in \overrightarrow{\mathcal{N}}, i \in \overrightarrow{\mathcal{S}} \text{ 或 } \forall k \in \overleftarrow{\mathcal{N}}, i \in \overleftarrow{\mathcal{S}}$$
$$(3\text{-}34)$$

$$x_{k,i}(t-\delta) \leqslant x_{k,i}(t), \quad \forall t \in \mathcal{T} \backslash \{t_0\}, \forall k \in \overrightarrow{\mathcal{N}}, i \in \overrightarrow{\mathcal{S}} \text{ 或 } \forall k \in \overleftarrow{\mathcal{N}}, i \in \overleftarrow{\mathcal{S}} \quad (3\text{-}35)$$

注 3.4　约束 (3-32)—(3-35) 的详细解释可参考 3.2 节中约束 (3-1) 与 (3-2). 在此需要说明的是, 上述约束 (3-32) 和 (3-34) 将辅助变量与决策变量进行了有效关联, 同时约束 (3-33) 和 (3-35) 也保证了辅助变量在时间维度上的非减特性. 因此, 对于任意一组到发时间 $a_{k,i}$ 和 $d_{k,i}$, 均有唯一一组二元辅助变量 $z_{k,i}(t)$ 和 $x_{k,i}(t)$ 与其对应. 本节中, 利用二元变量的性质, 可精细刻画客流和行车组织的动态性.

一般来说, 在平峰时段通常不考虑乘客滞留现象, 因此在前车离站时刻 $d_{k-1,i}$ 与当前列车离站时刻 $d_{k,i}$ 构成的时间区间内到达的旅客数量即为在本站乘坐当前列车的旅客数量. 为方便描述, 我们将该时间区间 $[d_{k-1,i}, d_{k,i})$ 定义为车次 k 在 i

站的上车乘客时间区间. 如图 3-20 所示, 可通过 $z_{k-1,i}(t) - z_{k,i}(t)$ 来表示时间域 $[t-\delta, t)$ 是否属于车次 k 在 i 站的上车乘客区间. 设时间域 $[t-\delta, t)$ 内到达 i 站去往 j 站的旅客人数为 $P_{i,j}(t)$, 给定列车的装载容量 $C^{(n)}$, 上行方向列车装载能力约束可以表示为

$$\sum_{i'=1}^{i} \sum_{j=i+1}^{\vec{N}} \sum_{t \in \mathcal{T}} P_{i',j}(t) \cdot [z_{k-1,i'}(t) - z_{k,i'}(t)] \leqslant C^{(n)}, \quad \forall i \in \vec{\mathcal{S}} \backslash \{S\}, k \in \vec{\mathcal{N}} \backslash \{1\} \quad (3\text{-}36)$$

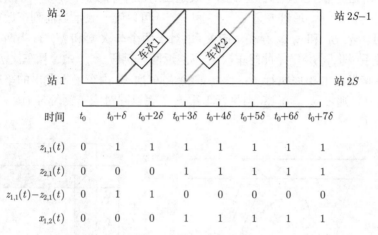

时间	t_0	$t_0+\delta$	$t_0+2\delta$	$t_0+3\delta$	$t_0+4\delta$	$t_0+5\delta$	$t_0+6\delta$	$t_0+7\delta$
$z_{1,1}(t)$	0	1	1	1	1	1	1	1
$z_{2,1}(t)$	0	0	0	1	1	1	1	1
$z_{1,1}(t)-z_{2,1}(t)$	0	1	1	0	0	0	0	0
$x_{1,2}(t)$	0	0	0	1	1	1	1	1

图 3-20 列车的到发状态示意图

特别地, 对于上行方向首车 (即 $k=1$), 不存在对应的前车, 则其上车乘客时间区间为 $[t_0, d_{1,i})$, 因此上行方向首车装载能力约束为

$$\sum_{i'=1}^{i} \sum_{j=i+1}^{\vec{N}} \sum_{t \in \mathcal{T}} P_{i',j}(t) \cdot [1 - z_{1,i'}(t)] \leqslant C^{(n)}, \quad \forall i \in \vec{\mathcal{S}} \backslash \{S\} \quad (3\text{-}37)$$

同理, 下行方向的列车装载能力约束可以表示为

$$\sum_{i'=S+1}^{i} \sum_{j=i+1}^{\overleftarrow{N}} \sum_{t \in \mathcal{T}} P_{i',j}(t) \cdot [1 - z_{\vec{N}+1,i'}(t)] \leqslant C^{(n)}, \quad \forall i \in \overleftarrow{\mathcal{S}} \backslash \{2S\} \quad (3\text{-}38)$$

$$\sum_{i'=S+1}^{i} \sum_{j=i+1}^{\overleftarrow{N}} \sum_{t \in \mathcal{T}} P_{i',j}(t) \cdot [z_{k-1,i'}(t) - z_{k,i'}(t)] \leqslant C^{(n)}, \quad \forall i \in \overleftarrow{\mathcal{S}} \backslash \{2S\}, k \in \overleftarrow{\mathcal{N}} \backslash \{\vec{N}+1\}$$

$$(3\text{-}39)$$

(2) 车底运用约束

该问题涉及一系列车底运用约束条件, 包括接续方案约束、线上折返作业约束和车底周转约束. 具体如下.

1) 接续方案约束

根据城市轨道交通车底运用计划编制特点, 接续方案包括线上折返和车辆段折返两种方式. 当车底执行完当前车次后, 可通过折返线折返或返回车辆段. 因此, 后续的服务车次将由某个折返的车底或车辆段发出的车底执行. 为更好地刻画两种接续方案之间的关系, 引入辅助变量 α_k 和 β_k, 定义如下:

α_k: 二元变量, 当车次 k 由车辆段发出的车底执行时, $\alpha_k = 1$, 否则, $\alpha_k = 0$;

β_k: 二元变量, 当执行车次 k 的车底返回对应车辆段时, $\beta_k = 1$, 否则, $\beta_k = 0$.

如图 3-21 所示, 通过变量 α_k, β_k 和 $\gamma_{k,k'}$, 可以唯一表示当前列车运行的接续方案, 并且 α_k, β_k 和 $\gamma_{k,k'}$ 存在对应关系: 对于两个车次 k 和 k', ① 当两个车次存在接续关系, 即 $\gamma_{k,k'} = 1$, 此时车次 k 不能返回车辆段 ($\beta_k = 0$) 且车次 k' 不是由车辆段直接发出的车底执行 ($\alpha_{k'} = 0$); ② 当车次 k' 由车辆段发出的车底执行时 (即 $\alpha_{k'} = 1$), 则 $\gamma_{k,k'} = 0$; ③ 当执行车次 k 车底返回对应车辆段时 ($\beta_k = 1$), 同样有 $\gamma_{k,k'} = 0$.

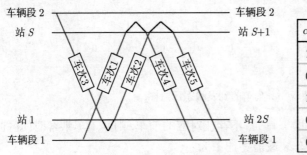

	$\beta_{k'}$	0	0	0	1	1
$\alpha_{k'}$	k / k'	1	2	3	4	5
1	1	0	0	0	0	0
0	2	0	0	1	0	0
1	3	0	0	0	0	0
0	4	1	0	0	0	0
0	5	0	1	0	0	0

图 3-21　列车接续方案与辅助变量对应关系

首先, 考虑到同方向的车次不存在接续关系, 对于 $\gamma_{k,k'}$ 有如下约束:

$$\gamma_{k,k'} = 0, \quad \forall k \in \overleftarrow{\mathcal{N}}, k' \in \overleftarrow{\mathcal{N}} \ \text{或} \ k \in \overrightarrow{\mathcal{N}}, k' \in \overrightarrow{\mathcal{N}} \tag{3-40}$$

之后, 考虑到变量 α_k, β_k 和 $\gamma_{k,k'}$ 的对应关系, 需要构建如下约束:

$$\alpha_{k'} = 1 - \sum_{k \in \mathcal{N}} \gamma_{k,k'}, \quad \forall k' \in \mathcal{N} \tag{3-41}$$

$$\beta_k = 1 - \sum_{k' \in \mathcal{N}} \gamma_{k,k'}, \quad \forall k \in \mathcal{N} \tag{3-42}$$

约束 (3-41) 和 (3-42) 一方面保证了 α_k, β_k 和 $\gamma_{k,k'}$ 的三条对应关系, 另一方面通过 α_k 与 β_k 的二元变量性质保证了接续关系中的前车只能被一辆车接续, 而后车也只能接续一辆车.

2) 线上折返作业约束

设 $\underline{T}^{(s)}$ 和 $\overline{T}^{(s)}$ 分别为线上折返作业时间的上下限. 则对于上行车次 k' 接续下行车次 k 的情况 $(\gamma_{k,k'} = 1)$, 车辆从车站 1 到车站 $2S$ 的折返时间应处在预设时间范围 $[\underline{T}^{(s)}, \overline{T}^{(s)}]$ 内; 反之 $(\gamma_{k,k'} = 0)$, 则不须满足此时间约束. 因此, 线上折返时间约束可表示为

$$a_{k',1} - d_{k,2S} \geqslant \underline{T}^{(s)} - M(1 - \gamma_{k,k'}), \quad \forall\, k \in \overleftarrow{\mathcal{N}}, k' \in \overrightarrow{\mathcal{N}} \tag{3-43}$$

$$a_{k',1} - d_{k,2S} \leqslant \overline{T}^{(s)} + M(1 - \gamma_{k,k'}), \quad \forall\, k \in \overleftarrow{\mathcal{N}}, k' \in \overrightarrow{\mathcal{N}} \tag{3-44}$$

同时, 折返线上至多允许存在一辆列车, 即当前车进行线上折返作业时, 后车须在前车完成线上折返作业后才可进行线上转向作业或者返回对应车辆段. 则对于下行方向到上行方向的情况, 折返线容量约束可表示为

$$d_{k+1,2S} - \sum_{k' \in \overrightarrow{\mathcal{N}}} \gamma_{k,k'} \cdot a_{k',1} > 0, \quad \forall\, k \in \overleftarrow{\mathcal{N}} \backslash \{\overleftarrow{N}\} \tag{3-45}$$

约束 (3-45) 表示若执行 k 车次的车底需要接续其他车次 $k'(\gamma_{k,k'} = 1)$, 则接续完成时 $(a_{k',1})$, 执行 $k+1$ 车次的车底才可以离开 $2S$ 站. 同理, 对于上行方向到下行方向的情况, 线上折返时间约束和折返线容量约束可表示如下:

$$a_{k',S+1} - d_{k,S} \geqslant \underline{T}^{(s)} - M(1 - \gamma_{k,k'}), \quad \forall\, k \in \overrightarrow{\mathcal{N}}, k' \in \overleftarrow{\mathcal{N}} \tag{3-46}$$

$$a_{k',S+1} - d_{k,S} \leqslant \overline{T}^{(s)} + M(1 - \gamma_{k,k'}), \quad \forall\, k \in \overrightarrow{\mathcal{N}}, k' \in \overleftarrow{\mathcal{N}} \tag{3-47}$$

$$d_{k+1,S} - \sum_{k' \in \overleftarrow{\mathcal{N}}} \gamma_{k,k'} \cdot a_{k',S+1} > 0, \quad \forall\, k \in \overrightarrow{\mathcal{N}} \backslash \{\overrightarrow{N}\} \tag{3-48}$$

3) 车底周转约束

一般来说, 在车辆段库存的车底数量通常是有限的. 实际运营中, 伴随着车底的驶离和返回, 车辆段内车底数量具有动态性且受到初始库存车底数的限制. 设 $\vec{C}^{(d)}$ 和 $\overline{C}^{(d)}$ 为车辆段 1 和车辆段 2 内的初始车底数, 则运营时段内任意时刻车辆段的车辆数非负, 即车辆段 1 内的车底周转过程须满足如下约束:

$$\vec{C}^{(d)} + \sum_{k \in \overleftarrow{\mathcal{N}}} \beta_k \cdot z_{k,2S}(t - T^{(n)}) - \sum_{k' \in \overrightarrow{\mathcal{N}}} \alpha_{k'} \cdot x_{k',1}(t + T^{(x)}) \geqslant 0, \quad \forall\, t, t - T^{(n)}, t + T^{(x)} \in \mathcal{T} \tag{3-49}$$

在约束 (3-49) 中, $T^{(x)}$ 代表列车从车辆段到初始站的时间, $T^{(n)}$ 代表列车从终点站返回车辆段的时间. 我们利用辅助变量 $\beta_k \cdot z_{k,2S}(t - T^{(n)})$ 表示执行 k 车次的车底在 t 时刻是否返回车辆段 1, 利用 $\alpha_{k'} \cdot x_{k',1}(t + T^{(x)})$ 表示执行 k' 车次的车底在 t

时刻是否离开车辆段 1. 这样根据原始库存车底数 $\vec{C}^{(d)}$, 每个时刻车辆段的车底数都可以求得. 同理, 车辆段 2 内的车底周转过程须满足如下约束:

$$\overleftarrow{C}^{(d)} + \sum_{k \in \overrightarrow{\mathcal{N}}} \beta_k \cdot z_{k,S}(t - T^{(n)}) - \sum_{k' \in \overrightarrow{\mathcal{N}}} \alpha_{k'} \cdot x_{k',S+1}(t + T^{(x)}) \geqslant 0, \quad \forall\, t, t - T^{(n)}, t + T^{(x)} \in \mathcal{T}$$

(3-50)

(3) 牵引–制动重叠时间

城市轨道交通线路上的站间距较短, 列车牵引和制动频繁, 因此列车再生制动能量具有很大的利用空间. 列车运行过程的工况主要包括牵引、惰性、巡航、制动等, 而再生制动能量的利用率取决于牵引列车和制动列车的时空匹配情况. 当两列车的距离过远时, 产生的再生制动能量大部分会损耗在传输线上. 而当列车间的距离较近时, 再生制动能量的利用可发生在牵引–制动重叠时间内. 本节中, 牵引–制动重叠时间主要针对车站附近的上下行列车之间, 如图 3-22 所示. 在城市轨道交通系统中, 列车出站的加速距离约为 200 米, 而列车进站的制动距离约为 300 米. 因此, 各区段内牵引和制动时间基本相近, 设为 $T^{(a)}$ 和 $T^{(b)}$. 同时, 为刻画牵引–制动重叠时间与车次和车站的内在关系, 现引入以下辅助变量:

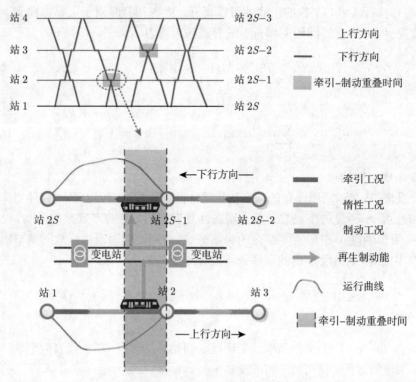

图 3-22 牵引–制动重叠时间内列车再生制动能的传输过程示意图 (后附彩图)

$\sigma_{k,k',i}$: 二元变量, 当车次 k 与 k' 在车站 i 发生牵引–制动重叠时, $\sigma_{k,k',i} = 1$; 否则, $\sigma_{k,k',i} = 0$.

$\Delta_{k,k',i}$: 车次 k 与 k' 在车站 i 的牵引–制动重叠时间.

对于同一区段的任意两个牵引和制动阶段, 例如牵引阶段 $[d_{k,i}, d_{k,i} + T^{(a)}]$ 和制动阶段 $[a_{k',i} - T^{(b)}, a_{k',i}]$, 根据不同的时间关系, 重叠时间有表 3-4 所示的 6 种情况.

表 3-4　重叠时间情况

编号	时间序列	$\sigma_{k,k',i}$	$\Delta_{k,k',i}$
1	$[d_{k,i}, a_{k',i} - T^{(b)}, a_{k',i}, d_{k,i} + T^{(a)}]$	1	$T^{(b)}$
2	$[a_{k',i} - T^{(b)}, d_{k,i}, d_{k,i} + T^{(a)}, a_{k',i}]$	1	$T^{(a)}$
3	$[d_{k,i}, a_{k',i} - T^{(b)}, d_{k,i} + T^{(a)}, a_{k',i}]$	1	$d_{k,i} + T^{(a)} - (a_{k',i} - T^{(b)})$
4	$[a_{k',i} - T^{(b)}, d_{k,i}, a_{k',i}, d_{k,i} + T^{(a)}]$	1	$a_{k',i} - d_{k,i}$
5	$[d_{k,i}, a_{k',i} - T^{(b)}, a_{k',i}, d_{k,i} + T^{(a)}]$	0	0
6	$[d_{k,i}, a_{k',i} - T^{(b)}, a_{k',i}, d_{k,i} + T^{(a)}]$	0	0

根据表 3-4, 可以发现仅当 $d_{k,i} + T^{(a)} \geqslant a_{k',i} - T^{(b)}$ 且 $a_{k',i} \geqslant d_{k,i}$ 时, 发生牵引–制动重叠 ($\sigma_{k,k',i} = 1$), 则约束可表示为

$$(a_{k,i} - T^{(b)}) - (d_{k',i} + T^{(a)}) \leqslant M \cdot (1 - \sigma_{k,k',i}), \quad \forall k, k' \in \mathcal{N}, i \in \mathcal{S} \tag{3-51}$$

$$d_{k',i} - a_{k,i} \leqslant M \cdot (1 - \sigma_{k,k',i}), \quad \forall k, k' \in \mathcal{N}, i \in \mathcal{S} \tag{3-52}$$

利用二元变量 $\sigma_{k,k',i}$, 结合各个车次的到发时间, 可以准确刻画各车次在各车站的牵引–制动重叠时间, 约束表示如下:

$$\Delta_{k,k',i} \leqslant \min(T^{(a)}, T^{(b)}) \cdot \sigma_{k,k',i}, \quad \forall k, k' \in \mathcal{N}, i \in \mathcal{S} \tag{3-53}$$

$$\Delta_{k,k',i} \leqslant \min(a_{k',i}, d_{k,i} + T^{(a)}) - \max(d_{k,i}, a_{k',i} - T^{(b)}) + M \cdot (1 - \sigma_{k,k',i}),$$
$$\forall k, k' \in \mathcal{N}, i \in \mathcal{S} \tag{3-54}$$

约束 (3-53) 表示重叠时间必须小于牵引时间和制动时间, 约束 (3-54) 则是根据表 3-4 归纳得到的重叠时间的上下界, 当车次 k 的牵引阶段和车次 k' 的制动阶段发生重叠时, 对应的重叠区间可表示为 $[\max(d_{k,i}, a_{k',i} - T^{(b)}), \min(a_{k',i}, d_{k,i} + T^{(a)})]$.

(4) 目标函数

在该问题模型的构建中, 我们力图通过列车运行图和车底运用计划的协同优化, 达到降低城市轨道交通线路运营成本的目的. 在列车运行图优化方面, 将通过最大化牵引–制动重叠时间 $\Delta_{k,k',i}$ 来提高再生制动能量的利用率. 相关的评价指标如下:

$$f_1 = \sum_{k \in \mathcal{N}} \sum_{k' \in \mathcal{N}} \sum_{i \in \vec{\mathcal{S}}} \Delta_{k,k',i}$$

对于车底运用计划方面, 本模型将通过最大化 $\gamma_{k,k'}$ 的方式来提高接续方案中线上转向的车底比例, 从而减少运行能耗和车底需求量, 即

$$f_2 = \sum_{k \in \mathcal{N}} \sum_{k' \in \mathcal{N}} \gamma_{k,k'}$$

最后, 在构建的数学优化模型中, 引入权重系数 ω_1 和 ω_2 将上述指标相融合, 形成如下目标函数:

$$\max f = \sum_{k \in \mathcal{N}} \sum_{k' \in \mathcal{N}} \left[\omega_1 \cdot \sum_{i \in \vec{\mathcal{S}}} \Delta_{k,k',i} + \omega_2 \cdot \gamma_{k,k'} \right]$$

3.3.3　约束的线性化

显然, 在上述模型中, 折返线容量约束 (3-45), (3-48), 车底周转约束 (3-49), (3-50) 以及约束 (3-54) 为非线性约束. 为方便采用商业优化软件对模型进行求解, 需要将上述两组约束进行线性化处理, 形成如下三条定理.

定理 3.1　引入辅助变量 $\zeta_{k,k'} = a_{k',1} \cdot \gamma_{k,k'}$, 则下行到上行方向的折返线容量约束 (3-45) 等价于如下线性不等式约束:

$$\begin{cases} d_{k+1,2S} - \displaystyle\sum_{k' \in \vec{\mathcal{N}}} \zeta_{k,k'} > 0, \\ \zeta_{k,k'} \leqslant \overline{T}^{(o)} \cdot \gamma_{k,k'}, \\ \zeta_{k,k'} \geqslant \underline{T}^{(o)} \cdot \gamma_{k,k'}, \qquad\qquad \forall\, k \in \overleftarrow{\mathcal{N}}, k' \in \vec{\mathcal{N}} \\ \zeta_{k,k'} \leqslant a_{k',1} - \underline{T}^{(o)}(1 - \gamma_{k,k'}), \\ \zeta_{k,k'} \geqslant a_{k',1} - \overline{T}^{(o)}(1 - \gamma_{k,k'}), \end{cases} \tag{3-55}$$

式中, $\underline{T}^{(o)} = t_0, \overline{T}^{(o)} = t_0 + T\delta$. 同理, 引入辅助变量 $\xi_{k,k'} = a_{k',S+1} \cdot \gamma_{k,k'}$, 则上行到下行方向的折返线容量约束 (3-48) 等价于如下线性不等式约束:

$$\begin{cases} d_{k+1,S} - \displaystyle\sum_{k' \in \vec{\mathcal{N}}} \xi_{k,k'} > 0, \\ \xi_{k,k'} \leqslant \overline{T}^{(o)} \cdot \gamma_{k,k'}, \\ \xi_{k,k'} \geqslant \underline{T}^{(o)} \cdot \gamma_{k,k'}, \qquad\qquad \forall\, k \in \vec{\mathcal{N}}, k' \in \overleftarrow{\mathcal{N}} \\ \xi_{k,k'} \leqslant a_{k',2S+1} - \underline{T}^{(o)}(1 - \gamma_{k,k'}), \\ \xi_{k,k'} \geqslant a_{k',2S+1} - \overline{T}^{(o)}(1 - \gamma_{k,k'}), \end{cases} \tag{3-56}$$

定理 3.2　引入辅助变量 $\overleftarrow{\phi}_k(t) = \beta_k \cdot z_{k,2S}(t - T^{(n)})$ 和 $\vec{\psi}_{k'}(t) = \alpha_{k'} \cdot x_{k',1}(t + T^{(x)})$, 则车辆段 1 的车底周转约束 (3-49) 等价于如下线性不等式约束:

$$
\begin{cases}
\vec{C}^{(d)} + \sum_{k \in \overleftarrow{\mathcal{N}}} \overleftarrow{\phi}_k(t) - \sum_{k' \in \overrightarrow{\mathcal{N}}} \vec{\psi}_{k'}(t) \geqslant 0, & \forall\, t, t - T^{(n)}, t + T^{(x)} \in \mathcal{T} \\
-\beta_k + \overleftarrow{\phi}_k(t) \leqslant 0, & \forall\, k \in \overleftarrow{\mathcal{N}}, t, t - T^{(n)}, t + T^{(x)} \in \mathcal{T} \\
-z_{k,2S}(t - T^{(n)}) + \overleftarrow{\phi}_k(t) \leqslant 0, & \forall\, k \in \overleftarrow{\mathcal{N}}, t, t - T^{(n)}, t + T^{(x)} \in \mathcal{T} \\
z_{k,2S}(t - T^{(n)}) + \beta_k - \overleftarrow{\phi}_k(t) \leqslant 1, & \forall\, k \in \overleftarrow{\mathcal{N}}, t, t - T^{(n)}, t + T^{(x)} \in \mathcal{T} \\
-\alpha_{k'} + \vec{\psi}_{k'}(t) \leqslant 0, & \forall\, k' \in \overrightarrow{\mathcal{N}}, t, t - T^{(n)}, t + T^{(x)} \in \mathcal{T} \\
-x_{k',1}(t + T^{(x)}) + \vec{\psi}_{k'}(t) \leqslant 0, & \forall\, k' \in \overrightarrow{\mathcal{N}}, t, t - T^{(n)}, t + T^{(x)} \in \mathcal{T} \\
\alpha_{k'} + x_{k',1}(t + T^{(x)}) - \vec{\psi}_{k'}(t) \leqslant 1, & \forall\, k' \in \overrightarrow{\mathcal{N}}, t, t - T^{(n)}, t + T^{(x)} \in \mathcal{T}
\end{cases} \tag{3-57}
$$

同理, 车辆段 2 的车底周转约束 (3-50) 等价于如下线性不等式约束:

$$
\begin{cases}
\vec{C}^{(d)} + \sum_{k \in \overrightarrow{\mathcal{N}}} \vec{\phi}_k(t) - \sum_{k' \in \overleftarrow{\mathcal{N}}} \overleftarrow{\psi}_{k'}(t) \geqslant 0, & \forall\, t, t - T^{(n)}, t + T^{(x)} \in \mathcal{T} \\
-\beta_k + \vec{\phi}_k(t) \leqslant 0, & \forall\, k \in \overrightarrow{\mathcal{N}}, t, t - T^{(n)}, t + T^{(x)} \in \mathcal{T} \\
-z_{k,S}(t - T^{(n)}) + \vec{\phi}_k(t) \leqslant 0, & \forall\, k \in \overrightarrow{\mathcal{N}}, t, t - T^{(n)}, t + T^{(x)} \in \mathcal{T} \\
z_{k,S}(t - T^{(n)}) + \beta_k - \vec{\phi}_k(t) \leqslant 1, & \forall\, k \in \overrightarrow{\mathcal{N}}, t, t - T^{(n)}, t + T^{(x)} \in \mathcal{T} \\
-\alpha_{k'} + \overleftarrow{\psi}_{k'}(t) \leqslant 0, & \forall\, k' \in \overleftarrow{\mathcal{N}}, t, t - T^{(n)}, t + T^{(x)} \in \mathcal{T} \\
-x_{k',S+1}(t + T^{(x)}) + \overleftarrow{\psi}_{k'}(t) \leqslant 0, & \forall\, k' \in \overleftarrow{\mathcal{N}}, t, t - T^{(n)}, t + T^{(x)} \in \mathcal{T} \\
\alpha_{k'} + x_{k',S+1}(t + T^{(x)}) - \overleftarrow{\psi}_{k'}(t) \leqslant 1, & \forall\, k' \in \overleftarrow{\mathcal{N}}, t, t - T^{(n)}, t + T^{(x)} \in \mathcal{T}
\end{cases} \tag{3-58}
$$

定理 3.3 进一步考虑相同物理站的牵引-制动能量转换, 根据目标函数中最大化 $\Delta_{k,k',i}$, 原牵引-制动重叠约束组 (3-51)—(3-54) 可以化简为下列约束组. 化简原理具体参见文献 Ramos 等 (2007).

$$
\begin{cases}
0 \leqslant \Delta_{k,k',i} \leqslant \min(T^{(a)}, T^{(b)}) \cdot \sigma_{k,k',i}, \\
\Delta_{k,k',i} \leqslant (d_{k',i'} + T^{(a)}) - (a_{k,j} - T^{(b)}) + M(1 - \sigma_{k,k',i}), \\
\Delta_{k,k',i} \leqslant a_{k,j} - d_{k',i'} + M(1 - \sigma_{k,k',i}), \\
\forall k \in \overrightarrow{\mathcal{N}}, k' \in \overrightarrow{\mathcal{N}}, i \in \overrightarrow{\mathcal{S}}, j = i, i' = i \text{ 或者} \\
\forall k \in \overrightarrow{\mathcal{N}}, k' \in \overleftarrow{\mathcal{N}}, i \in \overrightarrow{\mathcal{S}}, j = i, i' = 2S - i + 1 \text{ 或者} \\
\forall k \in \overleftarrow{\mathcal{N}}, k' \in \overrightarrow{\mathcal{N}}, i \in \overrightarrow{\mathcal{S}}, j = 2S - i + 1, i' = i \text{ 或者} \\
\forall k \in \overleftarrow{\mathcal{N}}, k' \in \overleftarrow{\mathcal{N}}, i \in \overrightarrow{\mathcal{S}}, j = 2S - i + 1, i' = 2S - i + 1
\end{cases} \tag{3-59}
$$

3.3.4 模型的构建

将所有非线性约束线性化之后, 可将城市轨道交通列车运行图与车底运用计划协同优化模型构建如下:

$$\begin{cases} \max \ f = \sum_{k \in \mathcal{N}} \sum_{k' \in \mathcal{N}} \left[\omega_1 \cdot \sum_{i \in \vec{\mathcal{S}}} \Delta_{k,k',i} + \omega_2 \cdot \gamma_{k,k'} \right] \\ \text{s.t.} \\ \text{约束 (3-29)—(3-44), (3-46)—(3-47), (3-55)—(3-59)} \end{cases}$$

3.3.5　数值算例

下面, 将以北京地铁亦庄线的实际运营环境为背景进行案例分析, 研究列车运行图与车底运用计划的协同优化方法. 如图 3-23 所示, 该线路运营长度为 23 km, 共有 13 座车站, 设有宋家庄和台湖两个车辆段. 为方便计算, 在此定义亦庄站到宋家庄站为上行方向, 宋家庄站到亦庄站为下行方向.

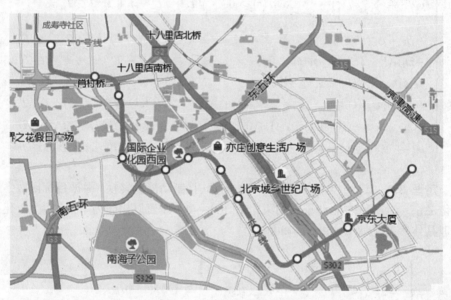

图 3-23　北京地铁亦庄线

(1) 基本信息及参数设置

为描述客流需求的动态性, 模型以 30 s 为单位 ($\delta = 30$ s) 对时间轴进行离散化处理. 客流数据取自 2015 年 7 月北京地铁亦庄线的交通出行调查, 模型中涉及的运营时段为 12:00—16:00, 该时段内各方向的客流量如图 3-24 所示.

在该研究时段内, 上下行方向各有 17 个车次需要铺画运行图, 其中列车运行的基本信息与参数设置见表 3-5 与表 3-6.

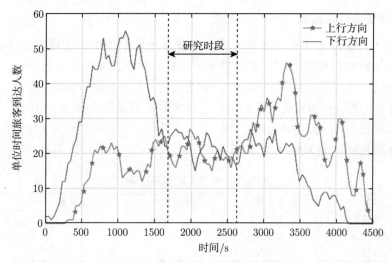

图 3-24　北京地铁亦庄线客流数据

表 3-5　模型中列车运行的基本信息

车站	上行方向			下行方向		
	编号	等待时间	区段运行时间	编号	等待时间	区段运行时间
次渠	1	[1,2]	[5,7]	26	[1,2]	[3,5]
次渠南	2	[1,2]	[3,5]	25	[1,2]	[5,7]
经海路	3	[1,2]	[4,6]	24	[1,2]	[3,5]
同济南路	4	[1,2]	[4,6]	23	[1,2]	[4,6]
荣昌东街	5	[1,2]	[2,4]	22	[1,2]	[4,6]
荣京东街	6	[1,2]	[3,5]	21	[1,2]	[2,4]
万源街	7	[1,2]	[3,5]	20	[1,2]	[3,5]
亦庄文化园	8	[1,2]	[3,5]	19	[1,2]	[3,5]
亦庄桥	9	[1,2]	[4,6]	18	[1,2]	[3,5]
旧宫	10	[1,2]	[4,6]	17	[1,2]	[4,6]
小红门	11	[1,2]	[4,6]	16	[1,2]	[4,6]
肖村	12	[1,2]	[3,5]	15	[1,2]	[4,6]
宋家庄	13	[1,2]	[3,5]	14	[1,2]	[3,5]

表 3-6　列车运行参数设置

符号	数值	符号	数值
$[\underline{T}^{(h)}, \overline{T}^{(h)}]$	[20, 24]	$\vec{C}^{(d)}$	10
$[\underline{T}^{(o)}, \overline{T}^{(o)}]$	[0, 480]	$\overleftarrow{C}^{(d)}$	10
$[\underline{T}^{(s)}, \overline{T}^{(s)}]$	[3, 7]	$T^{(a)}$	1
$C^{(n)}$	2000	$T^{(b)}$	1

(2) 数值实验及结果分析

利用 CPLEX 对上述列车运行图与车底运用计划的协同优化模型进行求解, 其中最大运行时间设定为 2 小时, 模型中目标函数的权重系数设置为 $\omega_1 = 1$ 和 $\omega_2 = 5$. 此外, 为了便于结果对比, 试验中还采用了分步优化方法求解模型, 即首先求解列车运行图 (将协同优化模型中的目标函数权重设置为 $\omega_1 = 1$ 且 $\omega_2 = 0$), 之后基于上述运行图求解车底运用计划. 由上述两种方法的计算结果, 绘制的列车运行图和车底运用计划如图 3-25 和图 3-26 所示, 且求解结果对比如表 3-7 所示.

表 3-7　模型求解结果比较

优化模型	重叠时间	线上折返次数	车底数	GAP
分步优化模型	93	0	10	0
协同优化模型	67	26	8	9.35%
模型比较	−27.96%	—	−20%	

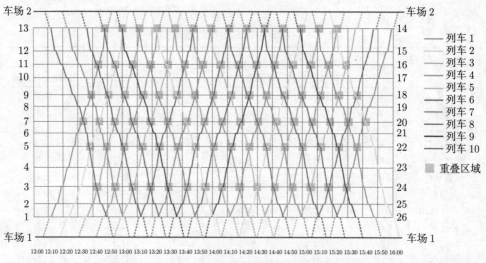

图 3-25　分步优化的计算结果 (后附彩图)

由上述计算结果可以看出, 相比于分步优化模型, 协同优化模型生成的列车运行图中牵引–制动重叠时间减少了 27.96%, 从而导致了再生制动能量利用率的减少. 然而, 在相应的车底运用计划中, 协同优化模型计算结果的线上转向次数得到了极大地提高 (即由 0 提高至 26), 同时车底数减少了 20%. 在此, 需要说明的是, 线上转向接续方案节约的系统能量远大于由牵引–制动重叠时间减少而损耗的再生制动能量. 因此, 如果将运行图和车底运用计划分开考虑, 会造成车底的不充分利用和接续方案的不合理性; 相对来说, 协同优化的结果有效地缩减了接续能耗和所需车底数量, 降低了企业运营成本.

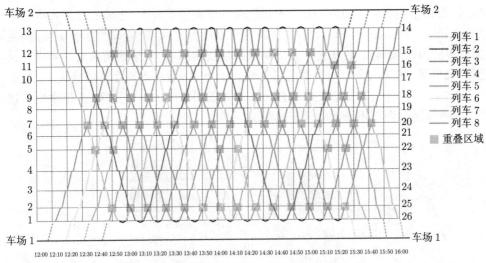

图 3-26 协同优化模型的计算结果 (后附彩图)

3.4 考虑女性乘客需求的城市轨道交通列车运行图优化

本节针对具有特殊需求 (如, 女性车厢等) 的城市轨道交通运营线路, 考虑客流的动态特征, 研究基于特殊乘客需求的列车运行图优化方法, 建立该问题的数学优化模型, 并设计基于模拟的禁忌搜索算法. 最后, 以北京地铁亦庄线为背景的实验结果表明, 该方法所得列车运行图可以更好地满足特殊乘客的需求, 且在不考虑特殊乘客需求时也有较好表现.

3.4.1 女性车厢对运行图的影响分析

城市轨道交通运营的主要任务是为乘客提供必要的运输服务, 将乘客从出发地快速送达目的地. 然而, 在现实运营中, 除常规乘客的出行需求外, 也存在一些诸如老弱病残孕等特殊乘客的出行需求, 需要为其提供更多特殊服务. 考虑到城市轨道交通的公共性特征, 本节以女性乘客的特殊需求为例, 参照深圳地铁的运营方案, 在常规列车上设置只允许女性乘客乘坐的特定车厢, 为其提供所需的特殊运输服务, 保障女性出行安全.

女性乘客与男性乘客的出行需求存在较大差异 (特别是其到站率不同), 且男性乘客禁止乘坐女性车厢, 因此女性车厢的设置必然会影响列车运行图的编制. 为描述方便, 我们将时间轴离散为具有一定间隔的时间点 (例如, 间隔为 10 s). 如图3-27 所示, 列车在第二个时间区间到达车站 i, 并在该站停留 5 个时间区间 (即 50 s), 而在该时间区间内男性和女性乘客的到达数量分别为{2, 3, 3, 2, 0}和{1, 2, 2, 1,

2}. 假设列车的装载能力为 20, 在不设置女性车厢的情况下, 上述所有乘客均可乘坐该列车, 如图 3-27(a) 所示. 若设置女性车厢能力为 8, 常规车厢能力为 12, 则受到车厢能力的限制, 2 名女性乘客将无法乘坐女性车厢. 如果这两名女性乘客不乘坐常规车厢, 在第六个时间区间内将无乘客上车, 因而在条件允许的情况下, 列车可提前 10 s 驶离车站 i; 反之, 若有男性乘客陪同该两名女性乘客, 选择乘坐常规车厢, 所得运行图与不设置女性车厢情况下的运行图相同.

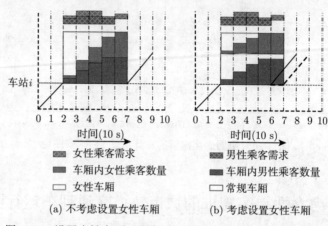

图 3-27　设置女性车厢对列车运行图影响的示意图 (后附彩图)

值得说明的是, 由于女性车厢禁止男性乘客乘坐, 且存在女性乘客抵触乘坐常规车厢, 女性车厢的设置可能会降低部分列车车厢的利用效率, 但女性车厢的设置可保证女性乘客的特殊需求得以满足, 其充分体现了城市轨道交通的公共服务特性.

3.4.2　考虑女性乘客需求的列车运行图优化模型

本节将乘客需求划分为男性乘客需求与女性乘客需求, 并采用类似于 3.2 节中的时间相关矩阵分别进行表示. 考虑到乘客出行行为的复杂性, 难以用精确的数学方法进行刻画, 本节使用基于模拟的方法描述女性乘客和男性乘客的上下车过程, 并构建相应的数学优化模型.

为便于该问题模型的构建, 首先对模型中所涉及的符号和决策变量进行定义.

(1) 列车运行图相关符号和决策变量

S: 线路单向车站集合;

$|S|$: 线路单向车站数量;

I: 线路双向车站集合, $I = \{1, 2, \cdots, 2|S|\}$;

K: 列车集合;

$|K|$: 列车数量;

i, j: 车站下标, $i, j \in I$;

k: 列车下标, $k \in K$;

$h_{\min}$: 相邻两列车到达初始出发车站的最小间隔时间;

$h_{\max}$: 相邻两列车到达初始出发车站的最大间隔时间;

h_{ad}: 相邻两列车的最小到发间隔时间;

h_{aa}, h_{dd}: 相邻两列车到达和离开同一车站的最小间隔时间;

$d_{k,i}^{\min}$: 列车 k 在车站 i 的最小停站时间;

$d_{k,i}^{\max}$: 列车 k 在车站 i 的最大停站时间;

$t_{k,i}^a, t_{k,i}^d$: 列车 k 在车站 i 的到发时刻;

$t_{k,i}^r$: 列车 k 从车站 i 到车站 $i+1$ 的运行时间;

t_k^{turn}: 列车 k 在终点车站的折返时间;

t^E: 第一列列车到达初始车站的时刻;

h_k: 列车 k 与 $k+1$ 到达起始车站的间隔时间;

$d_{k,i}$: 列车 k 在车站 i 的停站时间.

(2) 客流相关符号和决策变量

δ: 离散时间长度;

M: 离散时间区间数量;

T: 离散时间区间集合;

t_0: 离散时间的开始时刻;

t, t', t'': 代表离散时间以及离散区间 $[t, t+\delta]$ 和 $[t', t'+\delta]$ 和 $[t'', t''+\delta]$;

C_k^W, C_k^G: 列车 k 上女性车厢和常规车厢的装载能力;

$p_{i,j}^W(t), p_{i,j}^M(t)$: 时间区间 $[t, t+\delta]$ 内到达车站 i, OD 为车站 i 到车站 j 的女性和男性乘客数量;

$P_i^W(t), P_i^M(t)$: 时间区间 $[t, t+\delta]$ 内到达车站 i 的女性和男性乘客总数量;

$N_k^{BWW}(t), N_k^{BWG}(t)$: 时间区间 $[t, t+\delta]$ 内乘坐女性车厢和常规车厢的女性乘客数量;

$N_k^{BMG}(t)$: 时间区间 $[t, t+\delta]$ 内乘坐常规车厢的男性乘客数量;

$N_k^{AWW}(t), N_k^{AWG}(t)$: 时间区间 $[t, t+\delta]$ 内从女性车厢和常规车厢下车的女性乘客数量;

$N_k^{AMG}(t)$: 时间区间 $[t, t+\delta]$ 内从常规车厢下车的男性乘客数量;

$N_k^{VWW}(t), N_k^{VWG}(t)$: 时间区间 $[t, t+\delta]$ 内在女性车厢和常规车厢的女性乘客数量;

$N_k^{VMG}(t)$: 时间区间 $[t, t+\delta]$ 内在常规车厢的男性乘客数量;

$N_i^{WW}(t), N_i^{WM}(t)$：时间区间 $[t, t+\delta]$ 内在车站 i 等待的女性和男性乘客数量；

$E_i^{WW}(t), E_i^{WM}(t)$：时间区间 $[t, t+\delta]$ 内在车站 i 等待的女性和男性的最早到达时间；

$B_i^{WW}(t), B_i^{WG}(t)$：时间区间 $[t, t+\delta]$ 内到达车站 i 的女性乘客乘坐女性车厢和常规车厢的时间；

$B_i^{MG}(t)$：时间区间 $[t, t+\delta]$ 内到达车站 i 的男性乘客乘坐常规车厢的时间；

$D_i^{WW}(t), D_i^{WG}(t)$：时间区间 $[t, t+\delta]$ 内到达车站 i 的女性乘客搭乘女性车厢和常规车厢所乘列车编号；

$D_i^{MG}(t)$：时间区间 $[t, t+\delta]$ 内到达车站 i 的男性乘客搭乘常规车厢所乘列车编号；

$L_i(t)$：t 时刻在车站 i 停靠的列车编号；

$S_k(t)$：t 时刻列车 k 的状态.

(3) 列车运行图相关约束

1) 到达起始车站时间间隔约束：

$$h_{\min} \leqslant h_k \leqslant h_{\max}, \quad \forall k \in K \setminus \{|K|\} \tag{3-60}$$

为确保列车在起始车站的安全运营, 相邻两列车到达起始车站需存在必要的安全间隔时间. 此外, 为保证列车服务水平, 避免乘客等待时间过长, 相邻列车到达起始车站的间隔时间不宜过大. 约束 (3-60) 可保证相邻两列车到达起始车站的间隔时间在规定的时间区间 $[h_{\min}, h_{\max}]$ 内.

2) 停站时间约束

城市轨道交通开行的主要目的是为乘客提供运输服务, 将乘客从出发地快速送达目的地. 为确保乘客顺利上下车, 列车需在停靠车站停留必要的时间. 然而, 从乘客心理以及轨道交通运营效率的角度出发, 列车在车站停留的时间不宜过长, 故构建如下列车停站时间约束, 确保列车的停站时间在规定的时间区间 $[d_{k,i}^{\min}, d_{k,i}^{\max}]$ 内.

$$\begin{cases} d_{k,i}^{\min} \leqslant d_{k,i} \leqslant d_{k,i}^{\max}, & \forall k \in K, \forall i \in I \setminus \{|S|, 2|S|\} \\ d_{k,|S|} = d_{k,2|S|} = 0, & \forall k \in K \end{cases} \tag{3-61}$$

3) 到发时间辅助约束

本节采用相邻列车到达起始车站以及列车在各站的停站时间作为运行图的决策变量, 列车在各站的到发时间仍是列车运行图问题中最为直观的决策变量. 利用如下列车到发时间辅助约束构建列车在各站的到发时间 $t_{k,i}^a, t_{k,i}^d$ 与决策变量 h_k 和

$d_{k,i}$ 之间的关联约束:

$$\begin{cases} t_{1,1}^a = t^E, & \\ t_{k+1,1}^a = t_{k,1}^a + h_k, & \forall k \in K \setminus \{|K|\} \\ t_{k,|S|}^r = t_k^{\text{turn}}, & \forall k \in K \\ t_{k,i}^a = t_{k,1}^a + \sum_{j<i,j\in I} d_{k,j} + \sum_{j<i,j\in I} t_{k,j}^r, & \forall k \in K, \forall i \in I \setminus \{1\} \\ t_{k,i}^d = t_{k,i}^a + d_{k,i}, & \forall k \in K, \forall i \in I \end{cases} \tag{3-62}$$

4) 安全间隔时间约束

为了保证列车的安全运行, 建立如下列车安全间隔约束, 用来确保相邻两列车到达、离开以及到达与离开同一车站的必要安全间隔. 特别地, 由于城市轨道交通禁止列车越行, 故该组约束中的第三个约束用来保证列车 $k+1$ 到达车站 i 与列车 k 离开车站 i 的安全间隔 h_{ad}.

$$\begin{cases} t_{k+1,i}^a - t_{k,i}^a \geqslant h_{aa}, & \forall k \in K \setminus \{|K|\}, \quad \forall i \in I \\ t_{k+1,i}^d - t_{k,i}^d \geqslant h_{dd}, & \forall k \in K \setminus \{|K|\}, \quad \forall i \in I \\ t_{k+1,i}^a - t_{k,i}^d \geqslant h_{ad}, & \forall k \in K \setminus \{|K|\}, \quad \forall i \in I \end{cases} \tag{3-63}$$

(4) 乘客的上下车过程

1) 乘客到达总数量

本节利用离散时间相关矩阵分别表示男性和女性乘客的需求, 每一离散时间内总的男女乘客到达数量即为该时间段内到达该车站去往其他车站的乘客总量.

$$\begin{cases} P_i^W(t) = \sum_{j\in I, j>i} p_{i,j}^W(t), & \forall i \in I \setminus \{|S|, 2|S|\}, \quad \forall t \in T \\ P_i^M(t) = \sum_{j\in I, j>i} p_{i,j}^M(t), & \forall i \in I \setminus \{|S|, 2|S|\}, \quad \forall t \in T \end{cases} \tag{3-64}$$

2) 列车状态表示

乘客只能在列车停靠的车站完成上下车行为, 为刻画该过程, 首先对列车的运行状态进行表示:

$$S_k(t) = \begin{cases} i, & \text{如果 } t \text{ 时刻列车 } k \text{ 停靠在除折返站外的中间车站 } i \text{ 上} \\ -1, & \text{如果 } t \text{ 时刻列车 } k \text{ 在车站 } |S| \text{ 进行折返} \\ -2, & \text{如果 } t \text{ 时刻列车 } k \text{ 处于非运营状态} \\ -3, & \text{如果 } t \text{ 时刻列车 } k \text{ 处于区间运营状态} \end{cases} \tag{3-65}$$

3) 车站停靠列车

根据公式 (3-65) 可知每一列车在任意离散时间区间 $[t, t+\delta]$ 内所处的状态, 并可获知在该时间区间内, 是否有列车在除折返车站外的中间车站进行停靠, 进而可确定在该时间区段内停靠列车的具体编号.

$$L_i(t) = \begin{cases} k, & \text{如果 } t \text{ 时刻列车 } k \text{ 在车站 } i \text{ 进行停靠} \\ -1, & \text{如果 } t \text{ 时刻没有列车在车站 } i \text{ 停靠} \end{cases} \tag{3-66}$$

4) 乘客上车时间

本节利用基于离散时间的模拟方法来描述乘客的时空分布特性. 假定在同一离散时间区间内乘客以组团的形式到达, 根据列车车厢容量及特定车厢乘车规定共同决定上车与否. 此外, 本节将乘客需求划分为男性和女性乘客需求, 并将列车车厢划分常规车厢和女性车厢, 不同类型乘客乘坐不同车厢的上车时间可分别描述如下:

a) 女性乘客乘坐女性车厢的上车时间

$$B_i^{WW}(t) = \begin{cases} t', & \text{如果 } [t, t+\delta] \text{ 区间内到达车站 } i \text{ 的女性乘客} \\ & \text{在 } t' \text{ 时刻乘坐女性车厢} \\ -1, & \text{如果 } [t, t+\delta] \text{ 区间内到达车站 } i \text{ 的女性乘客} \\ & \text{在任何时刻都未乘坐女性车厢} \end{cases} \tag{3-67}$$

b) 女性乘客乘坐常规车厢的上车时间

$$B_i^{WG}(t) = \begin{cases} t', & \text{如果 } [t, t+\delta] \text{ 区间内到达车站 } i \text{ 的女性乘客} \\ & \text{在 } t' \text{ 时刻乘坐常规车厢} \\ -1, & \text{如果 } [t, t+\delta] \text{ 区间内到达车站 } i \text{ 的女性乘客} \\ & \text{在任何时刻都未乘坐常规车厢} \end{cases} \tag{3-68}$$

c) 男性乘客乘坐常规车厢的上车时间

$$B_i^{MG}(t) = \begin{cases} t', & \text{如果 } [t, t+\delta] \text{ 区间内到达车站 } i \text{ 的男性乘客} \\ & \text{在 } t' \text{ 时刻乘坐常规车厢} \\ -1, & \text{如果 } [t, t+\delta] \text{ 区间内到达车站 } i \text{ 的男性乘客} \\ & \text{在任何时刻都未乘坐常规车厢} \end{cases} \tag{3-69}$$

5) 到达乘客所乘坐的列车

为计算列车到站时下车的乘客数量, 需获知任意离散时间区间内到达各车站的乘客所乘坐的列车编号. 根据乘客类型及所乘车厢类型的不同, 分别描述如下:

a) 到达女性乘客乘坐女性车厢的列车编号

$$D_i^{WW}(t) = \begin{cases} k, & \text{如果 } [t, t+\delta] \text{ 区间内到达车站 } i \text{ 的女性乘客} \\ & \text{乘坐女性车厢的列车编号为 } k \\ -1, & \text{如果 } [t, t+\delta] \text{ 区间内到达车站 } i \text{ 的女性乘客} \\ & \text{在任何时刻都未乘坐女性车厢} \end{cases} \tag{3-70}$$

b) 到达女性乘客乘坐常规车厢的列车编号

$$D_i^{WG}(t) = \begin{cases} k, & \text{如果 } [t, t+\delta] \text{ 区间内到达车站 } i \text{ 的女性乘客} \\ & \text{乘坐常规车厢的列车编号为 } k \\ -1, & \text{如果 } [t, t+\delta] \text{ 区间内到达车站 } i \text{ 的女性乘客} \\ & \text{在任何时刻都未乘坐常规车厢} \end{cases} \tag{3-71}$$

c) 到达男性乘客乘坐常规车厢的列车编号

$$D_i^{MG}(t) = \begin{cases} k, & \text{如果 } [t, t+\delta] \text{ 区间内到达车站 } i \text{ 的男性乘客} \\ & \text{乘坐常规车厢的列车编号为 } k \\ -1, & \text{如果 } [t, t+\delta] \text{ 区间内到达车站 } i \text{ 的男性乘客} \\ & \text{在任何时刻都未乘坐常规车厢} \end{cases} \tag{3-72}$$

6) 上车乘客数量

由于乘客只能乘坐停靠其出发车站的列车, 如果 t 时刻列车 k 不在任何车站停靠, 则该列车女性车厢和常规车厢均没有乘客乘降. 若 t 时刻列车 k 在车站 i 停靠, 则在该时刻乘坐列车 k 相应车厢的乘客数量, 即为 t 时刻在车站 i 上车的所有乘客数量之和.

a) t 时刻乘坐列车 k 女性车厢的女性乘客数量

$$N_k^{BWW}(t) = \begin{cases} \sum\limits_{t' \in T, B_i^{WW}(t')=t} P_i^W(t), & \text{如果 } t \text{ 时刻列车 } k \text{ 在车站 } i \text{ 停靠} \\ 0, & \text{如果 } t \text{ 时刻列车 } k \text{ 不在任何车站停靠} \end{cases} \tag{3-73}$$

b) t 时刻乘坐列车 k 常规车厢的女性乘客数量

$$N_k^{BWG}(t) = \begin{cases} \sum\limits_{t' \in T, B_i^{WG}(t')=t} P_i^W(t), & \text{如果 } t \text{ 时刻列车 } k \text{ 在车站 } i \text{ 停靠} \\ 0, & \text{如果 } t \text{ 时刻列车 } k \text{ 不在任何车站停靠} \end{cases} \tag{3-74}$$

c) t 时刻乘坐列车 k 常规车厢的男性乘客数量

$$N_k^{BMG}(t) = \begin{cases} \sum\limits_{t' \in T, B_i^{MG}(t') = t} P_i^M(t), & \text{如果 } t \text{ 时刻列车 } k \text{ 在车站 } i \text{ 停靠} \\ 0, & \text{如果 } t \text{ 时刻列车 } k \text{ 不在任何车站停靠} \end{cases} \tag{3-75}$$

7) 下车乘客数量

本节中, 假定列车在车站进行停靠时, 所有以该站为目的车站的乘客均在该时刻下车. 如若 t 时刻列车 k 未到达任何车站, 则无乘客从该列车下车. 如果列车 k 在 t 时刻到达车站 i, 则在车站 i 下车的乘客数量即为所有乘坐列车 k 且以车站 i 为目的地的乘客总和.

a) t 时刻从列车 k 女性车厢下车的女性乘客数量

$$N_k^{AWW}(t) = \begin{cases} \sum\limits_{i \in I, i < j} \sum\limits_{t' \in T, D_i^{WW}(t')} p_{i,j}^W(t'), & \text{如果 } t \text{ 时刻列车 } k \text{ 到达车站 } j \\ 0, & \text{如果 } t \text{ 时刻列车 } k \text{ 未到达任何车站} \end{cases} \tag{3-76}$$

b) t 时刻从列车 k 常规车厢下车的女性乘客数量

$$N_k^{AWG}(t) = \begin{cases} \sum\limits_{i \in I, i < j} \sum\limits_{t' \in T, D_i^{WG}(t')} p_{i,j}^W(t'), & \text{如果 } t \text{ 时刻列车 } k \text{ 到达车站 } j \\ 0, & \text{如果 } t \text{ 时刻列车 } k \text{ 未到达任何车站} \end{cases} \tag{3-77}$$

c) t 时刻从列车 k 常规车厢下车的男性乘客数量

$$N_k^{AMG}(t) = \begin{cases} \sum\limits_{i \in I, i < j} \sum\limits_{t' \in T, D_i^{MG}(t')} p_{i,j}^M(t'), & \text{如果 } t \text{ 时刻列车 } k \text{ 到达车站 } j \\ 0, & \text{如果 } t \text{ 时刻列车 } k \text{ 未到达任何车站} \end{cases} \tag{3-78}$$

8) 列车内乘客数量

根据各时刻列车在各个车站上下车乘客数量, 各时刻两类车厢内的乘客数量可按如下方式进行计算:

a) 女性车厢内女性乘客数量

$$N_k^{VWW}(t) = \begin{cases} N_k^{VWW}(t - \delta) - N_k^{AWW}(t) + N_k^{BWW}(t), & \\ \quad \text{如果 } t \text{ 时刻列车 } k \text{ 在某一车站停靠} \\ N_k^{VWW}(t - \delta), & \text{如果 } t \text{ 时刻列车 } k \text{ 处于区间运行} \\ 0, & \text{如果列车 } k \text{ 处于折返或未进行运营} \end{cases} \tag{3-79}$$

b) 常规车厢内女性乘客数量

$$N_k^{VWG}(t) = \begin{cases} N_k^{VWG}(t-\delta) - N_k^{AWG}(t) + N_k^{BWG}(t), \\ \qquad\qquad \text{如果 } t \text{ 时刻列车 } k \text{ 在某一车站停靠} \\ N_k^{VWG}(t-\delta), \quad \text{如果 } t \text{ 时刻列车 } k \text{ 处于区间运行} \\ 0, \qquad\qquad \text{如果列车 } k \text{ 处于折返或未进行运营} \end{cases} \tag{3-80}$$

c) 常规车厢内男性乘客数量

$$N_k^{VMG}(t) = \begin{cases} N_k^{VMG}(t-\delta) - N_k^{AMG}(t) + N_k^{BMG}(t), \\ \qquad\qquad \text{如果 } t \text{ 时刻列车 } k \text{ 在某一车站停靠} \\ N_k^{VMG}(t-\delta), \quad \text{如果 } t \text{ 时刻列车 } k \text{ 处于区间运行} \\ 0, \qquad\qquad \text{如果列车 } k \text{ 处于折返或未进行运营} \end{cases} \tag{3-81}$$

值得说明的是, 列车车厢的容量是既定的, 为确保车厢内乘客数量不超过所允许的最大载客能力, 构建如下车载能力约束:

$$\begin{cases} N_k^{VWW}(t) \leqslant C_k^W, & \forall k \in K, \forall t \in T \\ N_k^{VWG}(t) + N_k^{VMG}(t) \leqslant C_k^G, & \forall k \in K, \forall t \in T \end{cases} \tag{3-82}$$

9) 等待乘客数量

受车厢载客能力的限制, 乘客并不一定在其到达时刻即可乘坐列车. 故 t 时刻在车站 i 等待的乘客数量等于 t 时刻之前到达该车站的所有乘客数量减去上车乘客数量.

$$\begin{cases} N_i^{WW}(t) = \sum_{t' \in T, t' \leqslant t} \left[P_i^W(t') - \sum_{k \in K} N_k^{BWW}(t') \right. \\ \qquad \left. - \sum_{k \in K} N_k^{BWG}(t') \right], \quad \forall i \in S \backslash \{|S|, 2|S|\}, \forall t \in T \\ N_i^{WM}(t) = \sum_{t' \in T, t' \leqslant t} \left[P_i^M(t') - \sum_{k \in K} N_k^{BMG}(t') \right], \\ \qquad \forall i \in S \backslash \{|S|, 2|S|\}, \forall t \in T \end{cases} \tag{3-83}$$

10) 等待乘客最早到达时间

本节假定乘客在上车过程中按照先到先上的乘车原则. 为了清晰地描述乘客的

上车过程, 乘客的最早到达时间可表示如下:

$$
E_i^{WW}(t) = \begin{cases} \max\left\{ t'' \middle| \sum_{t'' \leqslant t' \leqslant t} P_i^W(t') = N_i^{WW}(t) \right\}, & \text{如果 } t \text{ 时刻在车站 } i \text{ 存在等} \\ & \text{待的女性乘客} \\ -1, & \text{如果 } t \text{ 时刻在车站 } i \text{ 不存在} \\ & \text{等待的女性乘客} \end{cases}
$$
(3-84)

$$
E_i^{WM}(t) = \begin{cases} \max\left\{ t'' \middle| \sum_{t'' \leqslant t' \leqslant t} P_i^M(t') = N_i^{WM}(t) \right\}, & \text{如果 } t \text{ 时刻在车站 } i \text{ 存在等} \\ & \text{待的男性乘客} \\ -1, & \text{如果 } t \text{ 时刻在车站 } i \text{ 不存在} \\ & \text{等待的男性乘客} \end{cases}
$$
(3-85)

(5) 目标函数

本研究旨在通过设置女性车厢为女性乘客提供必要的特殊服务, 以确保更多的女性乘客可乘坐女性车厢, 减少受女性车厢能力限制而乘坐常规车厢的女性乘客数量. 因此, 第一个目标即为极小化乘坐常规车厢的女性乘客数量:

$$
F_1 = \sum_{t \in T} \sum_{k \in K} N_k^{BWG}(t)
$$
(3-86)

此外, 为给乘客提供高效服务, 降低所有乘客的等待时间, 第二个目标即为极小化所有乘客的总等待时间, 包括已成功乘坐列车乘客的等待时间以及受模拟运行时间限制而未乘坐列车的乘客等待时间. 值得说明的是, 由于不同性别的乘客可乘坐的车厢类型不同, 故成功乘坐列车的乘客的等待时间可分为成功乘坐女性车厢的女性乘客等待时间 F_{21}、成功乘坐常规车厢的女性乘客等待时间 F_{22}、成功乘坐常规车厢的男性乘客等待时间 F_{23}. 受到模拟运行时间限制而未乘坐列车的乘客等待时间, 可分为未乘坐列车的女性乘客等待时间 F_{24} 和未乘坐列车的男性乘客等待时间 F_{25}.

$$
F_{21} = \sum_{t \in T, i \in I, B_i^{WW}(t)!=-1} \left[B_i^{WW}(t) - t \right] \cdot P_i^W(t)
$$
(3-87)

$$
F_{22} = \sum_{t \in T, i \in I, B_i^{WG}(t)!=-1} \left[B_i^{WG}(t) - t \right] \cdot P_i^W(t)
$$
(3-88)

$$
F_{23} = \sum_{t \in T, i \in I, B_i^{MG}(t)!=-1} \left[B_i^{MG}(t) - t \right] \cdot P_i^M(t)
$$
(3-89)

$$F_{24} = \sum_{t \in T, i \in I, B_i^{WW}(t) = B_i^{WG}(t) = -1} [t_0 + M \cdot \delta - t] \cdot P_i^W(t) \tag{3-90}$$

$$F_{25} = \sum_{t \in T, i \in I, B_i^{MG}(t) = -1} [t_0 + M \cdot \delta - t] \cdot P_i^M(t) \tag{3-91}$$

进一步, 为便于求解, 我们引入女性乘客乘坐常规车厢的惩罚系数 H, 将上述目标转换成统一的目标函数:

$$\min F = H \cdot F_1 + F_{21} + F_{22} + F_{23} + F_{24} + F_{25}$$

其中, H 的具体取值可根据女性乘客乘坐常规车厢的不同心理进行选择. 如果女性乘客不介意乘坐常规车厢, 可选择较小的 H 值; 而如果女性乘客不愿乘坐常规车厢, 则可取较大的 H 值反映女性乘客对乘坐常规车厢的抵触心理.

3.4.3 数值算例

为验证本节所提方法的有效性, 下面将以北京地铁亦庄线的运行环境为背景设计数值实验, 其中采用禁忌搜索算法对运行图问题进行求解.

(1) 参数设置

本节将时间离散为长度为 10 s 的时间区间, 考虑 7:00—9:00 两个小时的 OD 客流需求. 由于现实中男女性乘客的具体乘车数据难以获取, 简单起见, 对男女性乘客需求进行平均划分. 参考运行图的相关数据, 假定第一辆列车到达初始车站的时间为 7:00, 考虑 15 辆列车为乘客提供服务, 女性车厢和常规车厢载客能力分别设置为 500 和 700, 折返时间为 110 s, 最小和最大的列车停站时间分别为 30 s 与 60 s, 相邻两列车到达初始车站的最小和最大间隔时间分别为 480 s 和 640 s, 相邻列车到达和离开车站的最小安全间隔设置为 90 s, 相邻列车到发时间间隔设置为 30 s, 女性乘客乘坐常规车厢的惩罚设置为 50 s.

(2) 结果分析

基于上述的数据准备, 首先在不考虑女性车厢的情况下, 得到常规的列车运行图, 记为 N-Timetable, 并以此为初始解, 进一步考虑女性车厢的设置, 得到新的列车运行图, 记为 W-Timetable. 为清晰起见, 图 3-28 展示了 W-Timetable 和 N-Timetable. 表 3-8 中分别对两种运行图的性能指标进行了比较.

从图 3-28 和表 3-8 可看出, 所得 W-Timetable 和 N-Timetable 运行图虽然没有显著区别, 但在考虑女性车厢设置时两者存在较大的不同. 如 W-Timetable 在考虑女性车厢设置时, 所有乘客的等待时间比 N-Timetable 减少 62870 s, 而在不考虑女性车厢设置时, W-timetable 所有乘客的等待时间比 N-Timetable 增加了 22100

s. 总体而言, 考虑特殊乘客需求列车运行图的乘客等待时间、等待乘客数量、等待女性乘客数量优于不考虑特殊乘客需求的运行图. 该结果说明运行图的设计需要与客流需求的特性相匹配, 也进一步说明了所提方法的有效性.

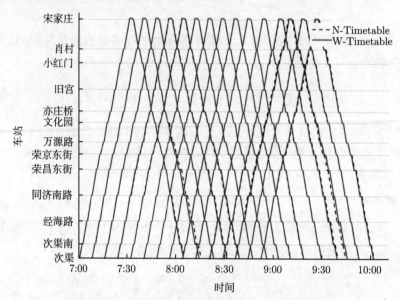

图 3-28　W-Timetable 和 N-Timetable 运行图比较

表 3-8　W-Timetable 和 N-Timetable 运行图结果比较

考虑特殊乘客需求			不考虑特殊乘客需求		
运行图	W-Timetable	N-timetable	运行图	W-Timetable	N-timetable
列车运行时间	61170	61250	列车运行时间	61250	61170
乘客等待时间	23251050	23313920	乘客等待时间	23023430	23045530
等待男性乘客	863	881	等待乘客	1950	1958
等待女性乘客	1246	1311			
上车男性乘客	19981	19963	上车乘客	39738	39730
上车女性乘客	1299+18299	1253+18280			

(3) 不同女性车厢容量对应的结果分析

为进一步说明不同女性车厢容量的设置对所得运行图的影响, 下面分别设置女性车厢和常规车厢的容量组合为: 200+1000, 300+900, 400+800, 500+ 700, 600+600, 700+500 和 800+400, 并设计数值实验, 优化相应的列车运行图. 表 3-9 列出了不同女性车厢容量下所得 W-Timetable 运行图及其性能指标. 另外, 为便于比较, 表 3-10 给出了 N-Timetable 运行图在不同女性车厢容量下的性能指标.

表 3-9 W-Timetable 在不同女性车厢容量下的性能指标

车厢容量	200+400	300+500	400+600	500+700	600+800	700+900
目标值	64180690	45803920	30777030	23316000	19519030	17752190
旅行时间	61570	61790	60960	61170	61960	62850
等待时间	64111690	45739670	30701630	23251050	19478630	17729090
等待男性	6231	2933	1690	863	892	797
等待女性	10727	7423	3743	1246	921	794
上车男性	14613	17911	19154	19981	19952	20047
上车女性	1380+8737	1285+12136	1508+15593	1299+18299	808+19115	462+19588

表 3-10 N-Timetable 在不同女性车厢容量下的性能指标

车厢容量	200+400	300+500	400+600	500+700	600+800	700+900
目标值	64944390	46168260	31229450	23376570	19560450	17841330
旅行时间	61760	61920	61090	61250	61950	62790
等待时间	64873090	46101110	31156500	23313920	19524200	17820080
等待男性	6294	3021	1718	881	864	797
等待女性	10750	7350	3811	1311	945	810
上车男性	14550	17823	19126	19963	19980	20047
上车女性	1426+8668	1343+12151	1459+15574	1253+18280	725+19174	425+19609

从表中可以看出, 随着女性车厢容量的增加, 乘坐女性车厢的女性乘客数量亦在增加, 受到女性车厢对男性乘客的乘车限制, 等待的男性乘客数量随着女性车厢容量的增加而增多. 同样地, 从表 3-9 和表 3-10 中可以看出 W-Timetable 在七种不同女性车厢容量下, 均比 N-Timetable 拥有更好的性能, 即更少的乘客等待时间、等待乘客数量以及女性乘客等待数量等.

此外, 值得说明的是, 本节假定男性乘客和女性乘客数量相等, 当女性车厢容量与常规车厢容量相等 (即女性车厢与常规车厢容量组合为 600+600) 时, W-Timetable 和 N-Timetable 具有比其他组合情况更好的性能. 该结果也进一步说明了, 列车运行图的设置需要与客流需求特性相匹配.

3.5 小 结

本章主要针对城市轨道交通运行图的协同优化方法进行了介绍. 首先, 针对城市轨道交通中客流需求超饱和现象, 以提高服务水平为目标, 提出了列车运行图与精细化客流控制一体化的优化模型与求解算法. 此外, 以降低运输成本为目标, 构建了列车运行图与车底运用计划一体化优化模型. 最后, 考虑到现实中存在的特殊乘客需求, 提出了基于特殊乘客需求的列车运行图优化方法, 并以一系列数值试验验证了相关方法的有效性.

参 考 文 献

Barrena E, Canca D, Coelho L C, et al. 2014. Single-line rail transit timetabling under dynamic passenger demand. Transportation Research Part B: Methodological, 70: 134-150.

Gao Y, Kroon L, Schmidt M, et al. 2016. Rescheduling a metro line in an over-crowded situation after disruptions. Transportation Research Part B: Methodological, 93: 425-449.

Hassannayebi E, Zegordi S H, Yaghini M. 2016. Train timetabling in urban rail transit line using lagrangian relaxation approach. Applied Mathematical Modelling, 40(23-24): 9892-9913.

Higgins A, Kozan E, Ferreira L. 1996. Optimal scheduling of trains on a single line track. Transportation Research Part B: Methodological, 30(2): 147-161.

Huang Y, Yang L, Tang T, et al. 2016. Saving energy and improving service quality: Bicriteria train scheduling in urban rail transit systems. IEEE Transactions on Intelligent Transportation Systems, 17(12): 1-16.

Li F, Gao Z, Li K, et al. 2008. Efficient scheduling of railway traffic based on global information of train. Transportation Research Part B: Methodological, 42: 1008-1030.

Li X, Lo H. 2014. An energy-efficient scheduling and speed control approach for metro rail operations. Transportation Research Part B: Methodological, 64: 73-89.

Mu S, Dessouky M. 2013. Efficient dispatching rules on double tracks with heterogeneous train traffic. Transportation Research Part B: Methodological, 51: 45-64.

Niu H, Zhou X, Gao R. 2015. Train scheduling for minimizing passenger waiting time with time-dependent demand and skip-stop patterns: Nonlinear integer programming models with linear constraints. Transportation Research Part B: Methodological, 76: 117-135.

Niu H, Zhou X. 2013. Optimizing urban rail timetable under time-dependent demand and oversaturated conditions. Transportation Research Part C: Emerging Technologies, 36: 212-230.

Qi J, Yang L, Gao Y, Di Z. 2018. Service-oriented train timetabling problem with consideration of women-only passenger cars. Computers & Industrial Engineering, in press.

Ramos A, Pena M, Fernndez-Cardador A, et al. 2007. Mathematical programming approach to underground timetabling problem for maximizing time synchronization. International Conference on Industrial Engineering & Industrial Management: 1395-1405

Shi J, Yang L, Yang J, et al. 2018. Service-oriented train timetabling with collaborative passenger flow control on an oversaturated metro line: An integer linear optimization approach. Transportation Research Part B: Methodological, 110: 26-59.

Sun L, Jin J, Lee D H, et al. 2014. Demand-driven timetable design for metro services. Transportation Research Part C: Emerging Technologies, 46: 284-299.

Vansteenwegen P, Oudheusden D V. 2006. Developing railway timetables which guarantee a better service. European Journal of Operational Research, 173 (1): 337-350.

Wang Y, Ning B, Tang T, et al. 2015. Efficient real-time train scheduling for urban rail transit systems using iterative convex programming. IEEE Transactions on Intelligent Transportation Systems, 16(6), 3337-3352.

Wang Y, Tang T, Ning B, et al. 2017. Integrated optimization of regular train schedule and train circulation plan for urban rail transit lines. Transportation Research Part E: Logistics & Transportation Review, 105: 83-104.

Xu X, Li K, Yang L. 2015. Scheduling heterogeneous train traffic on double tracks with efficient dispatching rules. Transportation Research Part B: Methodological, 78: 364-384.

Yang L, Li K, Gao Z. 2009. Train timetable problem on a single-line railway with fuzzy passenger demand. IEEE Transactions on Fuzzy Systems, 17(3): 617-629.

Yang X, Chen A, Li X, et al. 2015. An energy-efficient scheduling approach to improve the utilization of regenerative energy for metro systems. Transportation Research Part C: Emerging Technologies, 57: 13-29.

Yin J, Tang T, Yang L, et al. 2016. Energy-efficient metro train rescheduling with uncertain time-variant passenger demands: An approximated dynamic programming approach. Transportation Research Part B: Methodological, 91: 178-210.

Yin J, Yang L, Tang T, et al. 2017. Dynamic passenger demand oriented metro train scheduling with energy-efficiency and waiting time minimization: Mixed-integer linear programming approaches. Transportation Research Part B: Methodological, 97: 182-213.

Zhou X, Zhong M. 2007. Single-track train timetabling with guaranteed optimality: Branch-and-bound algorithms with enhanced lower bounds. Transportation Research Part B: Methodological, 41(3): 320-341.

第4章 面向首末班车及过渡阶段的城市轨道交通列车时刻表优化

4.1 概 述

随着城市化进程的加快, 公共交通已成为城市居民出行的主要选择, 其具有运量大、快速准时、安全高效等优点, 同时节能环保、节约土地资源, 在缓解地面交通压力等方面起到了不可替代的作用. 城市公共交通是大众出行的主要载体, 是城市功能正常运转的重要支撑, 其发展趋势呈现集中型、网络化、多模式的发展态势 (Wong et al., 2008; 郭欣, 2018).

近年来, 各大城市相继发展城市公共交通网络. 以北京市为例, 北京公交集团 "十三五" 发展规划坚决落实公交优先战略, 以 "减重复、增覆盖、便接驳、提运速, 推进微循环, 丰富多样化" 为思路, 初步建成了科学的 "快普支微" 四级线网体系. 同时, 北京市委、市政府坚持实施公共交通优先发展战略, 着力构建以轨道交通为骨干、地面公交为主体、换乘高效的立体化公共交通网络. 随着城市轨道交通网络不断扩张, 客流量激增, 可通过对轨道交通实际客流数据进行提取、处理和挖掘总结路网中的乘客出行规律. 基于此, 可将一个出行日划分成不同的规划阶段 (Salicrú et al., 2011): 首班列车阶段、早高峰阶段、平峰阶段、晚高峰阶段和末班列车阶段. 在每个阶段, 时刻表优化旨在优化某种目标并找出最佳解决方案, 例如减少乘客等待时间、减少乘客换乘时间、降低列车运营成本、提高路网可达性和增加换乘衔接方向等目标 (Tong et al., 2015).

在高峰时段, 由于客流量密集, 压缩列车发车间隔已成为提升运量的有效手段. 除此之外, 也可通过缩短乘客旅行时间和乘客换乘等待时间来提高运量. 以高峰时段为背景, 大多数文献 (Vansteenwegen & Oudheusden, 2006; Wong et al., 2008; Liebchen, 2008; Shafahi & Khani, 2010; Wu et al., 2015; Sels et al., 2016) 通过最小化乘客在站总旅行时间和换乘等待时间对时刻表进行优化. 其中, Vansteenwegen & Oudheusden(2006) 介绍了时刻表同步的重要性, 并基于提前制定的策略提出动态规划模型以最小化乘客总等待时间. Wong 等 (2008) 提出了最小化城市轨道交通网络中所有乘客的换乘等待时间的混合整数规划优化模型. Shafahi & Khani(2010) 提出了两种混合整数规划模型最小化乘客换乘等待时间. Sels 等 (2016) 为解决周期性时刻表问题, 提出了混合整数规划模型以最小化一个列车运行周期中乘客的总旅行时间, 并利用宏观模拟方法生成鲁棒的时刻表. 此外, 从均衡角度出发, 最小化乘客的最大等待时间可有效避免乘客在部分换乘站等待时间过长的情况 (Wu et al., 2015). 另外, 部分文章通过建立最小化运营成本及乘客等待时间的双目标优化模型 (Castelli et al., 2004; Chang & Chung, 2005; Ibarra-Rojas & Rios-Solis, 2012; Yang et al., 2014), 从系统优化的角度对列车时刻表进行优化.

在平峰阶段, 客流量明显减少, 发车频率低, 发车间隔较大. Yan & Chen(2002) 指出若错过换乘将增大乘客等待时间, 降低换乘效率, 可能导致乘客放弃采用城市轨道交通出行. 为解决此问题, 部分学者 (Ceder et al., 2001; Desaulniers & Hickman, 2007; Guihaire & Hao, 2008; Ibarra-Rojas et al., 2015) 通过优化换乘站列车同时到达数量, 即增加无缝换乘衔接次数, 来直接提升换乘乘客人数, 降低乘客的在站等待时间. Ibarra-Rojas 等 (2015) 扩展了其在 2012 年提出的方法 (Ibarra-Rojas & Rios-Sdis, 2012), 考虑了系统内多时段衔接问题, 优化乘客在多路径之间的衔接状态. Albrecht & Oettich(2002) 则从多模式出行的角度出发, 提出了动态修正车辆运行时间的算法, 此方法可增加城市轨道交通与其他公共交通运输方式的衔接效率. Fleurent 等 (2004) 介绍了现有软件 Hastus 及其在优化列车时刻表中的应用, 并给出相应指标评价整个路网中列车的衔接状态. 此外, 提升乘客服务水平的同时, 也需要控制成本, 增加收益. 因此, Wu 等 (2016) 给出了多目标衔接模型来调整现运营的公交时刻表, 以提升乘客在公交站的换乘衔接状态.

平峰和高峰时段, 列车运行起止时间都是连续的, 不会出现列车停止运营的情况. 即不会发生时刻表协同间断、乘客换乘失败的状态. 但对于首班列车时段, 在某换乘站, 由于换出线路列车过早发车提前到达该站, 而换入线路首班列车此时未开始运营, 发车时间差异过大会导致时刻表协同间断, 乘客换乘效率低下; 而对于末班列车时段, 某些线路列车提前结束运营则会导致乘客换乘失败. 因此, 已有模型不适用于求解首末班列车时刻表优化问题. 针对此问题的既有研究较少, 部分学者也随即重视并展开了相关研究. 徐瑞华等 (2008) 基于客流在早晚时段的随机性, 提出了同时计算首末班列车发车时间域的推演算法. 而 Zhou 等 (2013) 考虑首末班列车乘客的不同出行特性及需求, 建议分别建立列车衔接优化模型. 首班列车衔接优化模型, 优化首班列车乘客在进站点的进站等车时间和换乘等待时间; 末班列车换乘衔接模型, 则是优化末班列车乘客的换乘等待时间, 提升可达性. 秉承这一观点, 后续学者将首末班列车问题分开剖析. 对于首班列车发车时间域问题, Kang 等 (2016) 拓展了首班列车衔接模型, 并应用于北京城市轨道交通网络, 不仅提升了乘客在换乘站的协同次数, 而且减少了乘客在换乘站的换乘等待时间. 而在大型城市轨道交通网络首班列车运营中, 客流需求不均衡, 导致首班列车阶段不同线路的利用率和换乘站的重要度也不尽相同. 因此, Guo 等 (2016) 在文章中明确了路网中线路和换乘站的重要性, 运用实际数据提取客流规律优化首班列车发车时间. 对于末班列车研究, Kang 等 (2015a) 构建了优化列车运营时间的优化模型, 以减少换乘冗余时间, 提升网络末班列车出行的可达性. 同年, 作者拓展了其上述研究 (Kang & Zhu, 2016), 利用改进模型最大化乘客换乘衔接次数, 有效提升末班车阶段乘客换乘效率, 减少乘客换乘等待时间. Dou 等 (2015) 则从乘客多模式出行角度出发, 以末班列车时刻表协同优化问题为背景, 求解匹配城市轨道交通末班列车的最优公交时刻表, 提高了公交与城市轨道交通衔接服务水平.

4.1.1　首末班列车时刻表研究的重要性

城市轨道交通首班列车换乘是指乘客搭乘一条线路的首班列车, 在换乘站换乘至其他线路列车 (首班车或其后续列车) 的行为. 随着路网规模的不断扩大, 首班列车换乘最大的问题在于换乘等待时间冗长. 以北京城市轨道交通公主坟站 (1 号线上行方向换乘至 10 号线下行方向) 为例, 首班换出列车到站时刻 5:17:00, 乘客换乘走行时间大约 3 分钟, 首班换入列车离站时刻 6:30:00, 在该过程中, 存在长达 70 分钟的换乘时间差. 据 Kang & Zhu(2016) 的研究统计, 如表 4-1 所示, 2015 年北京城市轨道交通网络首班列车群之间的换乘总等待时间长达 2600 分钟 (不考虑客流量). 因此, 随着城市轨道交通网络规模的逐年扩大, 首班列车换乘问题日益突出.

表 4-1　城市轨道交通首班列车换乘等待时间示例

车站	换乘方向 (换出 → 换入)	首班换出到达	换乘走行时间/min	首班换入离站	等待时间/min
公主坟	1 号线上行 →10 号线下行	5:17:00	3	6:40:00	80
	1 号线下行 →10 号线下行	5:36:00	3	6:40:00	61
国贸	1 号线下行 →10 号线下行	5:05:00	4.5	5:48:00	38.5
	1 号线下行 →10 号线上行	5:05:00	4.5	6:13:00	63.5
...		...			...
总计	—	—	—	—	2600

与首班车换乘类似, 城市轨道交通末班列车换乘是指乘客搭乘一条线路的末班列车, 在换乘站换乘至其他线路列车 (末班车或其前续列车) 的行为. 针对末班车换乘, 路网中各线路的末班列车拥有不同的运行计划, 若不科学、合理地协调各线路末班车运行, 将会造成末班乘客等待时间冗长, 换乘效率低下, 运力资源浪费, 甚至无法换乘等问题. 传统的网络列车运行计划编制, 着重考虑乘客换乘效率, 若乘客拥有最小的等待时间, 则认为所编制的运行计划是高效的. 而对于末班车衔接问题, 若不考虑各线路间的配合, 则可能导致乘客无车换乘的严重问题.

4.1.2　过渡阶段时刻表研究的必要性

城市轨道交通网络中线路、站点拓扑结构复杂, 换乘站的增加虽使得乘客出行便捷, 但同时也增加了网络的复杂性. 而且, 通过对比分析实际数据后可知, 乘客选择在不同规划阶段出行, 即使同一出行路径也将导致乘客出行时间有明显差异. 因此如何安排列车在各个规划阶段合理过渡, 对于提高乘客换乘效率、提升轨道交通服务水平具有重要意义.

以图 4-1 为例, 有一个 OD 对和换乘站 S, 用箭头表示列车运营方向, 区间上的时间代表相邻站点间的区间运行时间.

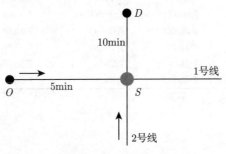

图 4-1　示例网络图例

表 4-2 给出了初始发车时刻和发车间隔, 2 条线路的首班车隶属于不同时间段, 而且 2 条线路的规划阶段和发车间隔也不相同. 为简化说明此问题, 假设乘客等待时间和登车时间均为零.

表 4-2　不同规划阶段各线路发车间隔

1 号线	首班列车发车时刻	06:00:00	
	时间段	06:00:00—07:00:00	07:00:00—07:30:00
	发车间隔/min	20	10
2 号线	首班列车发车时刻	06:30:00	
	时间段	06:30:00—07:00:00	07:00:00—08:00:00
	发车间隔/min	15	5

时间格式为: HH:MM:SS, 24 小时制.

比如有一乘客在上午 6:00:00 进入站点 O, 乘坐城市轨道交通 1 号线列车, 此列车在 6:00:00 准时发车, 在换乘站点换乘 2 号线车辆, 该列车在换乘站 6:30:00 发车并最终将乘客运送至目的地 D.

从表 4-3 和图 4-2 可见, 乘客选择不同规划阶段出行, 即使是相同出行路径的乘客旅行时间却不相同. 因此, 不同规划阶段之间过渡时段的时刻表协同问题也需引起重视.

表 4-3   不同规划阶段乘客出行时间

发车时间				到达 D 的时间	在车旅行时间/min
O 站	1 号线列车到达 O	S 站	2 号线列车到达 S		
6:00:00	6:00:00	6:05:00	6:30:00	6:40:00	40
6:10:00	6:20:00	6:25:00	6:30:00	6:40:00	30
6:20:00	6:20:00	6:25:00	6:30:00	6:40:00	20
6:30:00	6:40:00	6:45:00	6:45:00	6:55:00	25
6:40:00	6:40:00	6:45:00	6:45:00	6:55:00	15
6:50:00	7:00:00	7:05:00	7:05:00	7:15:00	25
7:00:00	7:00:00	7:05:00	7:05:00	7:15:00	15
7:10:00	7:10:00	7:15:00	7:15:00	7:25:00	15
7:20:00	7:20:00	7:25:00	7:25:00	7:35:00	15
7:30:00	7:30:00	7:35:00	7:35:00	7:45:00	15

时间格式为: HH:MM:SS, 24 小时制.

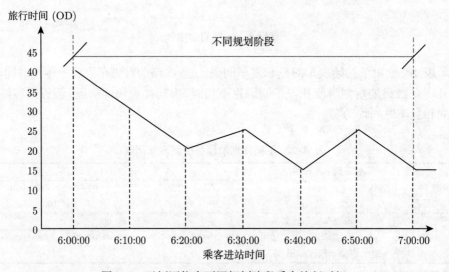

图 4-2   示例网络中不同规划阶段乘客旅行时间

4.2   城市轨道交通首班列车换乘衔接优化

为了安全运营、列车及线路检修需求, 城市轨道交通很少提供 24 小时不间段运营服务, 因而产生了首班列车时刻表制定问题. 而随着线路数的增加, 城市轨道交通网络中的首班列车发车时间域的确定更重视线路间列车的协同衔接. 由于线路间列车具有动态相关性, 某条线路的首班车发车时刻可直接影响整个网络的乘客出行. 同时, 由于首班列车的运营特点, 现有的时刻表优化模型难以直接应用, 因此针对首班列车时刻表协同优化问题的研究在城市轨道交通运营与管理中亟待解决.

4.2.1 模型假设

假设 1: 首班车阶段, 列车车辆有充足的能力且完全满足乘客需求. 依据实际出行数据统计分析, 城市轨道首班列车运输能力远远大于客流出行需求.

假设 2: 列车在站间的运行时间与乘客在换乘站的换乘走行时间均提前给定. 城市轨道交通网络中, 除了特殊事件外, 车站站点之间的列车运行时间必须满足运行线路与运营操作需求.

假设 3: 首班列车的发车时间界限由城市轨道交通运营商给定. 以北京市轨道交通系统为例, 过早发出首班列车会浪费运能运量、增加车辆耗损和企业运营成本; 而过晚发出首班列车会降低乘客服务水平. 因此首班列车的发车时间域需要按照所在城市轨道交通运营情况, 按需给定.

4.2.2 相关定义

(1) 线路重要度

线路重要度体现了路网中各线路之间的衔接关系及乘客出行时使用各线路占比. 此重要度主要由路网中四个物理拓扑结构决定: 该线路上的换乘站数量、该线路上的普通站数量、与该线路衔接的线路数量以及该线路长度. 应用多准则决策方法, 将这四个因素作为加权项定义线路重要度. 计算如公式 (4-1) 所示:

$$\beta_l = \delta_{l1}^{\gamma_1} \times \delta_{l2}^{\gamma_2} \times \delta_{l3}^{\gamma_3} \times \delta_{l4}^{\gamma_4} \tag{4-1}$$

其中, γ_1, γ_2, γ_3 和 γ_4 分别代表四个准则的权重, 且 $\gamma_1 + \gamma_2 + \gamma_3 + \gamma_4 = 1.0$, 此四个权重均经由专家经验法得到. 公式中所有因素均相互独立, 因素与重要度呈正相关关系, 因此重要度值越大表明线路越重要.

(2) 换乘站重要度

根据乘客出行选择, 我们将城市轨道交通网络按照位置划分为两个区域: 市区与郊区 (图 4-3). 在不同区域内的换乘站的重要度需要区分衡量. 路网中换乘站的重要度划分因素有: 此换乘站的线路衔接数量、换乘站所属区域、换乘站所属线路重要度. 换乘站重要度计算如公式 (4-2) 所示:

$$\alpha_{s_{ll'}^j} = \left(\theta_{s_{ll'}^j} \times \varepsilon_1 + (1 - \theta_{s_{ll'}^j}) \times \varepsilon_2 + \lambda_{s_{ll'}^j} \times \psi \right) \times \prod_{l=1}^{c_{s_{ll'}^j}} \beta_l \tag{4-2}$$

其中: $c_{s_{ll'}^j}$ 代表衔接的线路数量; ε 代表网络中不同的区域, ε_1 表示此换乘站隶属市区, 且其重要度值高于郊区 ε_2 重要度; ψ 则代表网络中衔接数量最多的一个站点. $\theta_{s_{ll'}^j}$ 和 $\lambda_{s_{ll'}^j}$ 均为 0-1 变量, 如果换乘站属于市区层, 则 $\theta_{s_{ll'}^j}=1$, 否则, $\theta_{s_{ll'}^j}=0$. 同理, 如果此换乘站属于郊区层, 则 $\lambda_{s_{ll'}^j}=1$, 否则, $\lambda_{s_{ll'}^j}=0$.

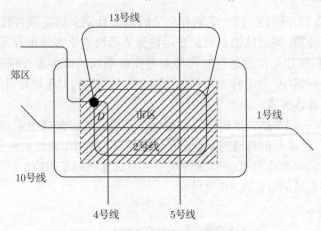

图 4-3　城市轨道交通子网络划分

4.2.3　模型构建

　　本节将基于线路和换乘站重要度建立首班列车时刻表协同优化模型, 目标是最小化乘客在换乘站的换乘衔接时间. 相较郊区线路而言, 市区线路间的相关性更强, 可满足更多乘客的出行需求 (特殊情况除外), 且市区线路可为乘客提供更多的出行选择, 例如线路、站点及路径选择等. 而首班列车阶段, 市区与郊区间的差异更为明显, 此阶段我们将首先优化站点重要度较高的换乘站, 来优先满足这些乘客的换乘需求. 针对此问题, 我们提出如下模型, 达到有效地区分乘客在不同换乘站点的出行需求, 进而优化换乘衔接时间.

　　针对线路 l, 站点 z_l^s 的发车时刻 $A_l^{z^s}$ 和到达时刻 $D_l^{z^s}$, 可依据车辆在此线路初始站点的发车时刻 z_l^0、运行过程中累计的运行时间和停站时间计算得知 (图 4-4). 公式 (4-3) 和 (4-4) 分别为发车时刻和到达时刻的计算公式, 其中 $D_l^{z^0}$ 为此线路初始站点的发车时刻.

$$A_l^{z^s} = D_l^{z^0} + \sum_{k=1}^{s} R_l^{z^{k-1}z^k} + \sum_{k=1}^{s-1} DW_l^{z^k} \tag{4-3}$$

$$D_l^{z^s} = A_l^{z^s} + DW_l^{z^s} \tag{4-4}$$

　　考虑到线路运营需求, 在某换乘站, 两条线路在此站点的上下车地点可能存在地理位置上的差异 (差异较小), 乘客需要走行完成换乘, 所用的时间称为换乘走行时间. 如图 4-5 所示, 线路 l 上的站点 z_l^k 和线路 l' 的 $z_{l'}^{k'}$ 都为换乘站 $s_{ll'}^j$, 为保证换乘有效, 两不同线路车辆在换乘站换乘衔接时间需要大于乘客在两车站间的换乘走行时间.

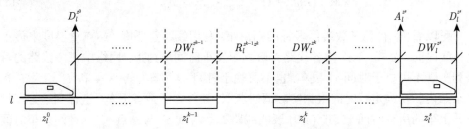

图 4-4　在站点 z_l^s 的出发时刻和到达时刻计算过程

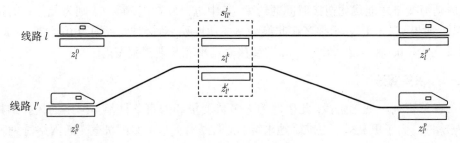

图 4-5　换乘站示意图

在换乘站点 $s_{ll'}^j$, 若线路 l 与线路 l' 之间的首班列车可进行有效衔接, 那么利用公式 (4-5) 可以计算换乘衔接时间. 对于所有换乘站, 换乘总衔接时间可由公式 (4-6) 计算所得.

$$C_{ll'}^{sj} = D_l^{s_{ll'}^j} - (A_l^{s_{ll'}^j} + T_{ll'}^{sj}) \tag{4-5}$$

$$CT = \sum_{l' \in L} \sum_{l \in L} \left(\sum_{s_{ll'}^j \in S_{ll'}} C_{ll'}^{sj} \right) \tag{4-6}$$

在非首班列车阶段, 既有研究侧重于优化乘客总等待时间来解决时刻表优化问题, 事实验证此类模型简单有效. 但由于首班列车时刻表协同问题的独特性, 需要对上述已有模型进行改进. 本节采用重要度替代随机客流特性, 建立了首班列车的时刻表优化模型. 目标函数如公式 (4-7) 所示:

$$f = \min \sum_{l' \in L} \sum_{l \in L} \sum_{s_{ll'}^j \in S_{ll'}} (\alpha_{s_{ll'}^j} \times \beta_l \times \eta_{ll'}^{sj} \times C_{ll'}^{sj}) \tag{4-7}$$

$$\text{s.t.} \quad A \leqslant D_l^{z^0} + \sum_{k=1}^{s} R_l^{z^{k-1}z^k} + \sum_{k=1}^{s-1} DW_l^{z^k} \leqslant B \tag{4-8}$$

$$A_l^{z^{k-1}} < D_l^{z^{k-1}} < A_l^{z^k} < D_l^{z^k} \tag{4-9}$$

$$C_{ll'}^{sj} = D_{l'}^{s_{ll'}^j} - (A_l^{s_{ll'}^j} + T_{ll'}^{sj}) \tag{4-10}$$

$$M \times (\eta_{ll'}^{sj} - 1) \leqslant C_{ll'}^{sj} < M \times \eta_{ll'}^{sj} \tag{4-11}$$

可以看出, 目标函数遵循多种准则决策, 利用线路重要度、站点重要度来最小化衔接时间. 公式 (4-8) 为各线路首班列车发车时间域约束. 网络中每条线路的首班列车既不可早于时间 A 发车, 也不可晚于时间 B 发车, 其中 A 和 B 均为常量. 换乘站内的换乘走行时间根据实际调研获取, 其包含了乘客下车、走行到达上车地点并上车的所有时间. 公式 (4-9) 表明线路 l 上站点 z_l^k 与站点 z_l^{k-1} 之间发车时间的相互关系. (4-10) 为有效换乘条件下衔接时间计算公式. 公式 (4-11) 为确保只有在成功衔接下才能优化衔接时间的约束, 其中 $\eta_{ll'}^{sj}$ 为 0-1 变量, M 则为无穷大的正整数. 如果 $\eta_{ll'}^{sj} = 1$, 表示乘客在此换乘站成功换乘, 衔接时间范围为 $0 \leqslant C_{ll'}^{sj} < M$; 相反, $\eta_{ll'}^{sj} = 0$, 则 $-M \leqslant C_{ll'}^{sj} < 0$, 则衔接时间不在某期望范围内.

4.2.4　求解算法

在首班列车规划阶段, 此模型的大多数变量和约束条件都与网络的拓扑结构紧密相关, 为了更高效、更准确地求解, 我们提出了基于城市轨道交通网络时刻表优化的初始解生成算法 (基于线网的分层衔接算法), 结合成熟的数学规划求解器 CPLEX 对上述模型进行求解. 即将分层衔接算法输出的数据作为 CPLEX 优化软件的初始解, 在此基础上对上述模型进行求解. 由于该模型中变量数量较多, 此方法可有效地减少计算时间. 进而, 为了说明该算法在解决首班列车时刻表协同优化问题中的高效性和准确性, 本书又将此算法与启发式算法的求解结果进行了比较.

基于城市轨道交通网络的分层衔接算法具体步骤如下:

步骤 1　网络分层.

根据城市轨道交通网络的拓扑结构, 此网络可根据交通出行需求、出行特点和出行便捷性等特性将其分为 r 层, 结构表达式为 $R = \{r \in R, r | r = 1, 2, \cdots \}$. 在一般情况下, 轨道交通网络都将分为两层: 市区层与郊区层.

步骤 2　选取基准线路.

对于市区子层, 首要任务是选取基准线与基准站. 根据优先准则原理, 基准线路往往是衔接线路数量最多的线路, 其连通性最高. 这条基准线路必会出现在市区层中. 如图 3-7 可知, 在市区层中将选择 2 号线为基准线路, 站点 D 为基准站点. 基准线路的发车时刻将由基准站点进行推演, 其他线路的发车时刻则是由基准线路推演得到.

步骤 3　计算基准线路上各个站点的发车时刻.

根据基准站点的发车时间, 利用公式 (4-3) 和 (4-4) 可推演出基准线路上的上下行方向的各个站点的发车时刻.

步骤 4 计算市区层换乘站点的发车时间.

在市区层, 按照线路重要度决定推演顺序. 而后, 以基准站点的发车时刻为初始时刻, 按照重要度依次推演各线路上某换乘站点的发车时刻. 若发车时刻产生冲突则选择较晚的发车时刻为最终发车时刻.

步骤 5 计算市区层内所有站点发车时刻.

在市区层中, 完成所有线路某换乘站点的发车时刻推演, 按照公式 (4-3) 和 (4-4) 计算该层所有站点的到发时刻.

步骤 6 计算郊区层中所有站点的发车时刻.

提取每条线路上同时分布在两个子层上的换乘站, 选择此换乘站的发车时刻为第二基准时间, 郊区层中所有站点均可按照此基准时间进行推演, 推演顺序依旧参考线路重要度排序.

步骤 7 验证.

检查换乘站点所有发车时刻, 若均在合理发车域内, 则重复步骤 5 和步骤 6. 否则, 重新选择基准层和基准站点, 执行步骤 3—7, 直至所有发车时刻均可在合理发车域中即可. 城市轨道交通合理发车域设置, 可由城市所在轨道交通运营公司按照客流需求情况、列车运营成本情况, 特殊节假日出行情况和城市公共交通服务水平要求制定. 例如: 北京市轨道交通正常运营情况下首班车合理发车域为 [04:30, 06:00], 避免过早发车增加地铁人员工作负荷和列车运营成本, 过晚发车降低地铁内部收益和乘客服务水平. 基于线网的分层衔接算法流程图如图 4-6 所示.

4.2.5 数值算例

本节以北京市 2014 年的城市轨道交通网络为背景进行实例验证与分析. 如图 4-7 所示, 该路网由 8 条双向线路和 261 个车站组成. 所有换乘站点均由黑点标识, 实心箭头表示各条线路上行运行方向, 空心箭头表示各线路下行运行方向, 市区层覆盖灰色阴影.

(1) 线路重要度

根据公式 (4-1) 可计算出北京市轨道交通网络线路重要度. 式中的参数取值为 $\gamma_1 = 0.4$, $\gamma_2 = 0.3$, $\gamma_3 = 0.2$, $\gamma_4 = 0.1$. 由专家经验法得知: ①在规模较大的轨道交通网络中, 换乘站数目往往直接影响乘客的可达性; ②线路上站点的数量影响高于线路长度影响, 因为站点越多, 客流吸引点越多. 最后, 归一化站点数量、换乘站数量、线路衔接数量和线路长度的量级, 其中线路长度单位选择为千米.

表 4-4 给出了 2014 年北京市轨道交通网络中所有线路的重要度. 可见, 北京市轨道交通 2 号线为市区层内衔接其他线路最多的线路, 因此 2 号线被选为基准线.

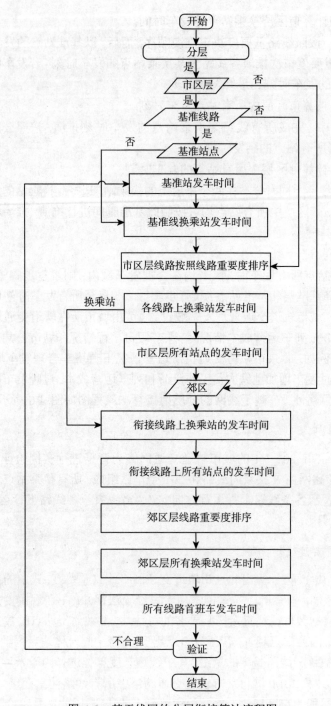

图 4-6　基于线网的分层衔接算法流程图

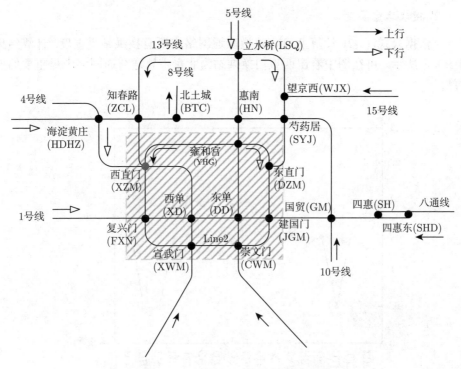

图 4-7 北京市 2014 年轨道交通网络

各线路按重要度系数从高到低排序依次为: 2 号线、13 号线、1 号线、10 号线、5 号线、4 号线、8 号线、八通线、昌平线、大兴线、房山线、亦庄线.

表 4-4 北京市轨道交通线路重要度

线路	换乘站数量 δ_1	非换乘站数量 δ_2	衔接线路数量 δ_3	长度 δ_4/km	重要度
1 号线	7	16	5	31.04	8.7
2 号线	7	11	4	23	7.3
4 号线	5	19	5	28	7.8
5 号线	6	17	5	27.6	8.1
8 号线	2	8	2	7.168	3.0
9 号线	1	8	1	10.8	1.9
10 号线	7	15	5	24.6	8.4
13 号线	8	8	7	40.5	9.0
15 号线	1	12	1	38.3	2.4
八通线	2	11	1	17.2	2.8
昌平线	1	6	1	21	1.9
大兴线	0	12	1	22.51	2.2
房山线	1	10	1	24.79	2.2
亦庄线	1	13	1	23.3	2.3

(2) 换乘站重要度

可依据公式 (4-2) 计算北京市轨道交通网络中所有换乘站重要度, 计算结果
如图 4-8 所示. 可在图中看出西直门换乘站为北京市轨道交通网络中最重要的换
乘站.

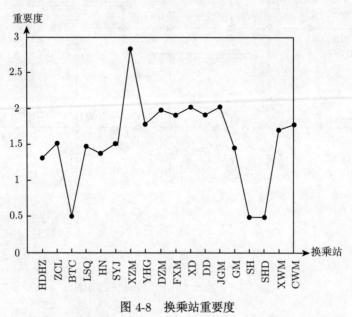

图 4-8　换乘站重要度

(3) 分层衔接算法计算结果

首先, 依据提出的基于线网的分层衔接算法计算各线路发车时刻. 其中, 优先
关注换乘站重要度排序, 重要度最高的换乘站为基础站点, 且此站点所在线路为基
准线路. 对于北京地铁, 选择西直门站点为基准站点, 且 2 号线为基准线路, 作为分
层衔接算法的基础. 各线路计算所得的初始发车时刻如表 4-5 所示.

表 4-5　北京市轨道交通首班列车初始发车时刻

线路名称	1 号线	2 号线	4 号线	5 号线	8 号线	10 号线	13 号线	八通线
上行	4:42	5:10	5:06	5:12	4:58	4:28	5:41	5:38
下行	5:11	5:04	5:05	4:41	5:55	6:00	5:52	4:45

(4) 结果分析

1) 优化结果

北京市各线路的发车时间域为 [04:30, 06:00], 优化后北京市各线的发车时刻如
表 4-6 所示.

表 4-6 北京城市轨道交通首班列车发车时刻表

线路名称	1 号线	2 号线	4 号线	5 号线	8 号线	10 号线	13 号线	八通线
上行	04:53	05:18	05:23	05:14	05:44	05:13	05:10	05:46
下行	05:20	05:19	05:00	04:52	05:26	05:15	05:00	05:16

2) 总衔接时间

表 4-7 给出了北京市轨道交通首班列车运营时刻表, 表 4-8 为优化前后时刻表的对比情况. 结果显示: 优化后部分重要站点的总衔接时间为 12521 秒, 相比优化前的 26174 秒, 衔接时间减少了 11172 秒, 衔接冗余等待时间缩短 43%. 相较于整个北京市轨道交通网络衔接冗余等待时间缩短 44%(从 93941 秒缩短到 53078 秒). 表明此模型能有效地提升乘客换乘效率.

表 4-7 北京市实际运营首班列车时刻表

线路	1 号线	2 号线	4 号线	5 号线	8 号线	10 号线	13 号线	八通线
上行	05:09	05:09	05:10	05:19	06:02	05:39	05:00	05:49
下行	05:05	05:03	05:00	04:59	05:18	04:53	05:00	05:19

表 4-8 部分重要站点优化前后衔接时间对比

站点	换乘方向	换乘走行时间/s	优化前衔接时间/s	优化后衔接时间/s	提升/s
海淀黄庄	4U-10U	300	2940	300	2640
	10D-4U	260	2635	2450	185
	10D-4D	260	666	300	366
	4D-10U	300	4909	2450	2459
惠南	10U-5U	120	1977	1582	395
	5D-10U	120	3773	456	3317
	5D-10D	120	115	313	−198
	10D-5U	120	1911	439	1472
复兴门	1U-2U	210	1257	539	718
	2U-1D	180	775	274	501
	1D-2D	180	354	325	29
	1U-2D	180	—	210	—
国贸	10D-1U	300	61	966	−905
	10U-1U	260	1148	1250	−102
	1D-10U	260	962	667	295
	10U-1D	300	2691	—	—
	总衔接时间		26174	12521	11172

3) Just-Missed 数

在实际运营中, 我们应尽最大可能避免无效衔接状态的发生, 减少 Just-Missed 数量. 表 4-9 展示了优化前后北京市轨道交通网络中 Just-Missed 的数量, 可以看出通过本节模型及算法优化后, 会有效地降低 Just-Missed 数量, 避免乘客在换乘站因为错过列车而降低乘车体验, 间接证明了此模型在首班车时刻表协同优化方面的有效性.

表 4-9　北京市轨道交通优化前后 Just-Missed 数量对比

站点	换乘方向	换乘走行时间/s	衔接时间/s		Just-Missed	
			优化前	优化后	优化前	优化后
芍药居	13U- 10U	270	260	1111	1	0
西直门	4D-2D	420	199	435	1	0
东单	1D-5U	230	81	526	1	0
东单	1U -5D	230	24	230	1	0
建国门	2 D -1U	240	126	240	1	0
国贸	10D-1U	300	61	966	1	0
惠新西街南口	5D-10D	120	115	313	1	0

4) 首班列车变化对后续车辆的影响

在时刻表优化中, 运营服务时间和发车间隔是评价系统性能的两个重要指标. 且改变首班列车发车时刻将无形之中改变这两个指标, 因此本节将从以下角度评价首班列车时刻表变化对轨道交通系统性能的影响.

在非运营时间, 运营商需要对车辆及设备进行检修, 为了保证这些作业可正常进行, 每天的运营时间较为固定. 表 4-10 对比了北京轨道交通首班列车时刻表优化前后, 各条线路的运营服务时间. 由表可知, 优化前后运营时间改变率仅为 0.11%, 此模型基本维持了原系统的运营服务时间, 并未牺牲非运营时间, 可以保证列车和线路的检修工作, 也未增加列车运营时间和列车运营成本. 因此, 模型在不改变系统性能的情况下能够较好地降低衔接时间, 减少了 Just-Missed 数目, 进而验证了此模型的实用性.

表 4-10　北京市轨道交通首班列车时刻表优化前后运营时间对比

运营服务时间	1 号线		2 号线		4 号线		5 号线	
	上行	下行	上行	下行	上行	下行	上行	下行
现运营时刻表	17:46	18:10	17:51	18:21	17:28	17:20	17:52	17:49
优化后时刻表	18:04	17:54	17:41	18:05	17:14	17:19	17:57	17:55

运营服务时间	8 号线		10 号线		13 号线		八通线	
	上行	下行	上行	下行	上行	下行	上行	下行
现运营时刻表	17:08	17:02	17:55	17:17	17:42	18:45	16:53	18:03
优化后时刻表	17:25	16:53	18:20	16:54	17:31	18:44	16:55	18:05

5) 发车间隔均值和方差

利用首班列车发车间隔波动可对后续车辆影响进行评价. 北京市轨道交通网络实际时刻表运营情况如表 4-11 所示, 选取包括首班列车在内的前六辆车的发车时刻为例进行说明.

表 4-11 北京轨道交通首班列车及后续列车发车时刻

线路	方向	现运营时刻表					
		1st 车	2nd 车	3rd 车	4th 车	5th 车	6th 车
1 号线	上行	5:09:00	5:14:50	5:22:50	5:29:20	5:35:20	5:41:20
	下行	5:05:00	5:10:30	5:13:30	5:17:30	5:20:00	5:25:30
2 号线	上行	5:09:00	5:16:06	5:24:06	5:31:36	5:38:06	5:44:36
	下行	5:03:00	5:14:12	5:22:12	5:28:12	5:36:12	5:44:12
4 号线	上行	5:10:00	5:25:00	5:35:00	5:43:00	5:51:00	5:59:00
	下行	5:00:00	5:15:00	5:25:00	5:35:00	5:42:16	5:49:32
5 号线	上行	5:19:00	5:25:00	5:31:00	5:37:00	5:42:00	5:47:00
	下行	4:59:00	5:04:00	5:09:00	5:14:00	5:19:00	5:24:00
8 号线	上行	6:02:00	6:10:30	6:18:00	6:25:30	6:33:00	6:40:30
	下行	5:18:00	5:26:30	5:34:00	5:41:30	5:49:00	5:56:30
10 号线	上行	5:39:00	5:46:32	5:55:36	6:04:40	6:13:44	6:22:48
	下行	4:53:00	4:57:32	5:02:04	5:06:36	5:11:08	5:15:08
13 号线	上行	5:00:00	5:08:00	5:15:30	5:22:30	5:28:27	5:36:30
	下行	5:00:00	5:10:00	5:19:00	5:30:15	5:31:00	5:42:45
八通线	上行	5:49:00	5:57:00	6:03:00	6:09:00	6:15:00	6:21:00
	下行	5:19:00	5:26:00	5:32:00	5:38:00	5:44:00	5:50:00

采用本节提出的模型优化后, 北京轨道交通首班列车及后续车辆时刻表如表 4-12 所示, 粗体时间表示需要改变的列车发车时刻, 未加粗的时间表示发车时间维持原有发车时刻不变. 与实际运营时刻表相比, 此模型优化后得出的时刻表不会对后续车辆运营产生较大影响. 例如 1 号线上行方向, 前 6 辆列车中, 只改变了第一班车和第二班车的发车时刻, 并未改变后续列车的发车间隔和发车时刻, 且取消了 1 号线冗余列车, 提升了列车运用效率, 降低了列车运营成本.

北京市轨道交通运行图优化后会产生如下三种情况, 分别用图 4-9—图 4-11 表示. 图形中横坐标表示 1 号线上行在各个站点的发车时刻, 纵坐标表示 1 号线上的站点位置. 第一种情况 (图 4-9), 细实线表示现有时刻表中运营的车辆, 粗线则表示在对时刻表进行优化后, 需要增加 1 号线的运营车辆. 可看出 1 号线上行需要增加 2 辆列车以将该线路首班列车发车时刻提前.

第二种情况如图 4-10 所示, 首班车发车时刻需要延后. 图中虚线表示需要取消的列车, 可见优化后会取消 4 辆冗余列车. 这种策略会节省列车运营成本, 降低列车能耗并缩减人员开支, 减少列车运营时间, 提升车辆间的有效衔接数目.

表 4-12   北京轨道交通线网首班列车时刻表优化后后续车辆发车时间

线路	方向	优化后时刻表					
		1st 车	2nd 车	3rd 车	4th 车	5th 车	6th 车
1 号线	上行	**4:53:00**	**5:01:00**	5:09:00	5:14:50	5:22:50	5:29:20
	下行	5:20:00	5:25:30	5:31:00	5:36:30	5:42:00	5:47:30
2 号线	上行	**5:18:00**	5:24:06	5:31:36	5:38:06	5:45:06	5:52:06
	下行	**5:19:00**	5:22:12	5:28:12	5:36:12	5:44:12	5:52:12
4 号线	上行	**5:23:00**	5:35:00	5:43:00	5:51:00	5:59:00	6:07:00
	下行	5:00:00	5:15:00	5:25:00	5:35:00	5:42:16	5:49:32
5 号线	上行	**5:14:00**	5:19:00	5:25:00	5:31:00	5:37:00	5:42:00
	下行	**4:52:00**	4:59:00	5:04:00	5:09:00	5:14:00	5:19:00
8 号线	上行	**5:44:00**	**5:52:00**	6:02:00	6:10:30	6:18:00	6:25:30
	下行	5:26:30	5:34:00	5:41:30	5:49:00	5:56:30	6:04:00
10 号线	上行	**5:13:00**	**5:28:00**	5:39:00	5:46:32	5:55:36	6:04:40
	下行	5:15:08	5:22:30	5:40:00	5:47:30	5:56:30	6:05:30
13 号线	上行	**5:10:00**	5:15:30	5:22:30	5:28:27	5:36:30	5:42:30
	下行	5:00:00	5:10:00	5:19:00	5:30:15	5:31:00	5:42:45
八通线	上行	**5:46:00**	5:57:00	6:03:00	6:09:00	6:15:00	6:21:00
	下行	**5:16:00**	5:26:00	5:32:00	5:38:00	5:44:00	5:50:00

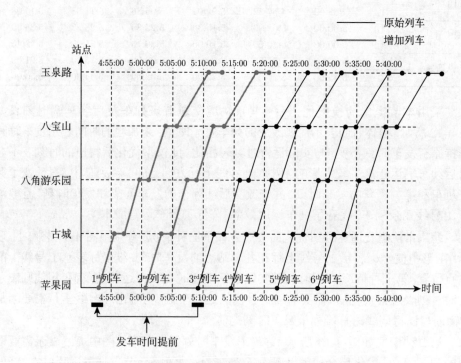

图 4-9   北京市城市轨道交通 1 号线上行列车运行简图

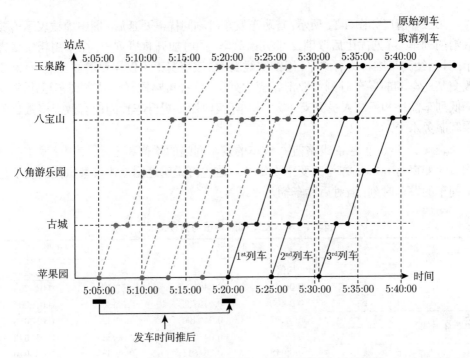

图 4-10 北京市城市轨道交通 1 号线下行列车运行简图

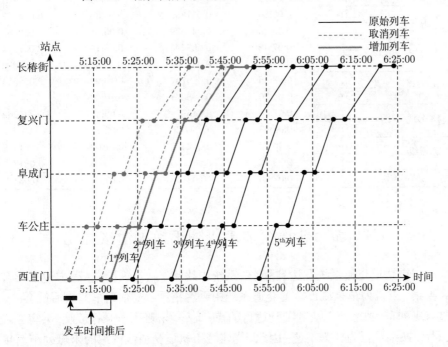

图 4-11 北京市城市轨道交通 2 号线上行列车运行简图

　　第三种情况如图 4-11 所示, 首班车发车时刻同样需要延后. 图中虚线表示需要取消的列车, 可见优化后取消 2 辆冗余列车; 同时加开首班列车, 图中用粗实线表示; 且后续列车维持原有水平, 用细实线表示. 该情况下不仅需要增加车辆, 且需要改变某些车辆的发车时刻并取消相应的列车. 这种策略同样会节省列车运营成本, 降低列车能耗和缩减人员开支, 减少列车运营时间, 提升车辆间的有效衔接数目和乘客服务水平.

　　表 4-13 给出了各条线路前 6 辆车的发车间隔的均值和方差. 其中, 发车间隔均值改变率为 0.7%, 方差改变率为 1.2%, 这也可说明运用上述模型虽然改变了首班列车的发车时刻, 但对后续车辆几乎没有产生影响.

表 4-13　发车间隔均值与方差对比

线路	方向	现有时刻表		优化后时刻表	
		均值	方差	均值	方差
1 号线	上行	0:06:28	0.049128	0:07:16	0.044759
	下行	0:04:06	0.046735	0:05:30	0.052004
2 号线	上行	0:07:07	0.049496	0:06:49	0.051953
	下行	0:08:14	0.048375	0:06:38	0.051643
4 号线	上行	0:09:48	0.051811	0:08:48	0.055046
	下行	0:09:54	0.04887	0:09:54	0.04887
5 号线	上行	0:05:36	0.051896	0:05:36	0.050172
	下行	0:05:00	0.045339	0:05:24	0.043664
8 号线	上行	0:07:42	0.067496	0:08:18	0.061574
	下行	0:07:42	0.052562	0:07:42	0.055092
10 号线	上行	0:08:46	0.059737	0:10:20	0.052914
	下行	0:04:26	0.043378	0:10:06	0.05301
13 号线	上行	0:07:18	0.046774	0:06:30	0.049262
	下行	0:08:33	0.04753	0:08:33	0.04753
八通线	上行	0:06:24	0.062301	0:07:00	0.061929
	下行	0:06:12	0.052136	0:06:48	0.051797
均值		0:07:05	0.0512	0:07:34	0.0518

4.3　城市轨道交通末班列车换乘衔接优化

　　大城市轨道交通系统发达且复杂, 系统中线路、站点纵横交错, 方便了乘客出行和换乘. 末班列车是城市轨道交通系统中乘客搭乘、换乘列车的最后机会, 一旦错过末班列车, 乘客便无法顺利到达目的点. 此外, 末班列车开行较晚, 乘客在晚间的出行、换乘等行为较为不便. 因此, 优化城市轨道交通线网中的末班列车衔接状况, 对于提高乘客换乘效率、提升轨道交通服务水平等均有重要意义.

4.3.1 模型假设

城市轨道交通末班列车运行管理过程中具有一定的多样性, 如不固定的列车到发时刻、停站时间、客流量、乘客属性等. 基于以上考虑, 本小节对末班列车换乘衔接优化模型作如下合理假设.

假设 1: 乘客在线路 l、l' 相交的 s 站的换乘时间 $t_{sll'}^{Tra}$ 为常数. $t_{sll'}^{Tra}$ 为乘客从 l 线路末班列车到达 s 站后的下车时刻开始, 至乘客到达 l' 线路的换乘站台的时刻终止. 对于不同乘客, 其年龄、性别、步伐、走行速度等属性不尽相同, 将 $t_{sll'}^{Tra}$ 设为常数会极大地减小模型的复杂性.

假设 2: 在每一个换乘站, 乘客始终选择最先到达的列车以减少其等待时间. 相关研究表明, 乘客具有选择列车 (座椅、车厢环境) 的倾向性. 当乘客不满于当前列车的厢内环境时, 乘客有意放弃当前列车而选择后续到达列车. 此假设基于一般情况, 简化了换乘等待时间模型.

假设 3: 末班列车的载客能力大于乘客客流量, 乘客不会出现因为列车能力不足而产生滞留的现象. 该假设排除了突发大客流情况下乘客无法成功换乘的情况, 简化了模型的复杂度.

假设 4: 末班列车与次末班列车之间的发车间隔固定, 即该模型是基于周期性运行图的基础上建立的. 将发车间隔设为常数 (根据北京城市轨道交通实际运营情况而设定), 能够方便计算乘客换乘至非末班列车的等待时间, 而该假设亦符合实际运营情况.

4.3.2 相关定义

末班列车换乘冗余时间决定了乘客能否顺利换乘; 等待时间表征末班乘客的换乘效率; 冗差时间 (PTCH) 结合冗余时间 (PTCT) 和等待时间 (PTWT), 旨在描述末班乘客的换乘结果与换乘效率.

(1) 冗余时间和等待时间

末班列车通常是城市轨道交通系统乘客出行、换乘的最后机会. 如前所述, 冗余时间 $(t_{sll'}^r)$ 是换入线路的末班列车在换乘站的离站时刻与换出线路的末班乘客到达换乘站台的时刻之差 (Kang et al., 2015b). 因此, 每个末班换乘方向的冗余时间是由换入线路的末班列车出发时刻, 换入线路的末班列车到达时刻以及乘客换乘时间三者共同决定, 即

$$t_{sll'}^r = t_{sl'}^D - t_{sl}^A - t_{sll'}^{Tra} \tag{4-12}$$

其中, $t_{sl'}^D$ 表示换入线路 (l') 的末班列车离开 s 站的时刻, t_{sl}^A 表示换出线路 (l) 的末班列车到达 s 站的时刻, $t_{sll'}^{Tra}$ 表示乘客从 l 线换乘至 l' 线的走行时间. 显然, 当 $t_{sll'}^r \geqslant 0$, 乘客能够成功换乘; 反之, 则乘客换乘失败.

等待时间 ($t_{sll'}^w$) 是换出线路的末班乘客等候换入列车 (末班列车或非末班列车) 的最小时间. 若当末班乘客到达换乘站台时已无衔接列车, 则乘客的等待时间为无穷大 (∞). 根据假设 2, 末班乘客将会选择最先到达的列车换乘, 其等待时间如下:

$$t_{sll'}^w = t_{sl'}^D - t_{sl}^A - t_{sll'}^{Tra} - h \cdot t_{l'}^H \qquad (4\text{-}13)$$

其中, $t_{l'}^H$ 为换入线路列车的发车间隔; h 为整数, 表示在换乘站换入列车的出发时刻与换入线路的末班列车出发时刻所间隔的列车数, h 取值如下:

$$h = \begin{cases} \left[(t_{sl'}^D - t_{sl}^A - t_{sll'}^{Tra})/t_{l'}^H\right], & t_{sl'}^D - t_{sl}^A - t_{sll'}^{Tra} \geqslant 0 \\ -M, & t_{sl'}^D - t_{sl}^A - t_{sll'}^{Tra} < 0 \end{cases} \qquad (4\text{-}14)$$

其中, [　] 表示取整操作, M 为极大正数. 如式所示, 当乘客能够成功换乘时, 乘客的等待时间因换入列车的不同而不同; 当乘客无法换乘时, 其等待时间设为无穷大.

(2) 冗差时间

不同末班换入、换出列车的到发站时刻使乘客面临不同的换乘效率和换乘结果. 如图 4-12 所示, 当末班换出列车的到站时刻早于次末班换入列车 (甚至更早)

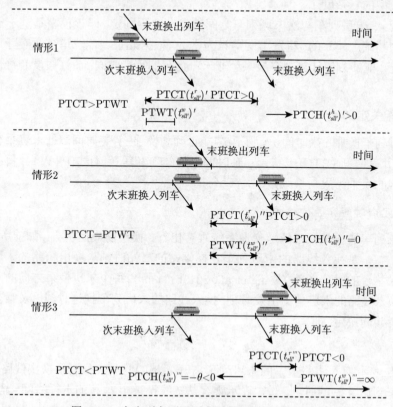

图 4-12　末班列车不同到发时刻对乘客的换乘影响

时, 乘客换乘成功, 且等待时间小于冗余时间; 当末班换出列车的到站时刻仅早于末班换入列车时, 乘客换乘成功, 且等待时间等于冗余时间; 当末班换出列车的到站时刻晚于末班换入列车时, 此时乘客换乘失败, 且等待时间大于冗余时间. 根据以上三种情形的分析, 我们有:

情形一: 当 PTCT > PTWT, 乘客选择首先到达车站的换乘列车, 此时冗余时间与等待时间的关系为 $(t_{sll'}^r)' - (t_{sll'}^w)' > 0$.

情形二: 当 PTCT = PTWT, 乘客选择首先到达车站的换乘列车, 此时冗余时间与等待时间的关系为 $(t_{sll'}^r)'' - (t_{sll'}^w)'' = 0$.

情形三: 当 PTCT < PTWT, 乘客选择首先到达车站的换乘列车, 此时冗余时间与等待时间的关系为 $(t_{sll'}^r)''' - (t_{sll'}^w)''' < 0$. 在这种情况下, $(t_{sll'}^r)'''$ 为负值, $(t_{sll'}^w)'''$ 为负无穷大数, 且 $(t_{sll'}^r)''' - (t_{sll'}^w)''' = -M \cdot t_{l'}^H = -\infty$. 为了满足数值测算需要, 我们设 $(t_{sll'}^r)''' - (t_{sll'}^w)''' = -\theta$, 其中 θ 为惩罚因子.

根据以上三种情形, 我们定义冗差时间为冗余时间与等待时间之差, 如下:

$$t_{sll'}^h = \begin{cases} t_{sll'}^r - t_{sll'}^w > 0, & t_{sl'}^D - (t_{sl}^A + t_{sll'}^{Tra} + h \cdot t_{l'}^H) > 0 \\ t_{sll'}^r - t_{sll'}^w = 0, & t_{sl}^A + t_{sll'}^{Tra} < t_{sl'}^D < t_{sl}^A + t_{sll'}^{Tra} + t_{l'}^H \\ t_{sll'}^r - t_{sll'}^w = -\theta, & t_{sl'}^D - (t_{sl}^A + t_{sll'}^{Tra}) < 0 \end{cases} \tag{4-15}$$

4.3.3 模型构建

在本小节分别讨论城市轨道交通末班列车换乘衔接优化模型的约束条件和目标函数. 约束条件包括末班列车到发时刻约束、停站时间约束、站间运行时间约束、末班列车运行时间约束; 目标函数为最大化城市轨道交通系统末班列车的换乘冗差时间.

(1) 末班列车运行约束条件

对任意 $l \in L$, $l' \in L$, $s \in S(l)$, $s \in S(l')$, 公式 (4-16) 计算末班列车的到站时刻. 其中, $\sum\limits_{s \in S(l)} t_{ls(s-1)}^R$ 表示换出列车从车辆段出发到达 s 站的运行时间之和; $\sum\limits_{s \in S(l)-1} t_{ls}^{Dwl}$ 表示换出列车从车辆段出发到达 $(s-1)$ 站的停站时间之和. 公式 (4-17) 为换入列车离开 s 站的时刻, $\sum\limits_{s \in S(l)} t_{ls}^{Dwl}$ 表示换入列车从车辆段出发到达 s 站的停站时间之和.

$$t_{sl}^A = t_{0l}^D + \sum_{s \in S(l)} t_{ls(s-1)}^R + \sum_{s \in S(l)-1} t_{ls}^{Dwl} \tag{4-16}$$

$$t_{s'l'}^D = t_{0l'}^D + \sum_{s' \in S(l')} t_{l's'(s'-1)}^R + \sum_{s' \in S(l')} t_{l's'}^{Dwl} \tag{4-17}$$

末班列车的停站时间约束 (公式 (4-18) 和 (4-19)) 及站间运行时间约束 (公式 (4-20) 和 (4-21)) 确保列车的安全运行. 同时, 对于停站时间及运行时间的优化也需控制在上下限范围内. 对任意 $l \in L$, $l' \in L$, $s \in S(l)$, $s \in S(l')$,

$$t_{ls\,\min}^{Dwl} \leqslant t_{sl}^{D} - t_{sl}^{A} \leqslant t_{ls\,\max}^{Dwl} \tag{4-18}$$

$$t_{l's'\,\min}^{Dwl} \leqslant t_{s'l'}^{D} - t_{s'l'}^{A} \leqslant t_{l's'\,\max}^{Dwl} \tag{4-19}$$

$$t_{ls(s-1)\,\min}^{R} \leqslant t_{ls(s-1)}^{R} \leqslant t_{ls(s-1)\,\max}^{R} \tag{4-20}$$

$$t_{l's'(s'-1)\,\min}^{R} \leqslant t_{l's'(s'-1)}^{R} \leqslant t_{l's'(s'-1)\,\max}^{R} \tag{4-21}$$

末班列车的运行时刻一般受其他条件的约束, 如机车车辆的维修清洗时间、车辆段的工作时间、乘客实际出行需求等. 公式 (4-22) 和 (4-23) 为各线路末班列车运行时间约束. 一方面, 末班列车为了满足晚间乘客出行的需求, 避免过早结束运营 ($T_{\min}^{l}$); 另一方面, 末班列车应考虑到机车车辆的维修清洗时间, 避免过晚结束运营 ($T_{\max}^{l}$). 对任意 $l \in L$, $l' \in L$, $s \in S(l)$, $s \in S(l')$, 应满足

$$T_{\min}^{l} \leqslant t_{sl}^{D} \leqslant T_{\max}^{l} \tag{4-22}$$

$$T_{\min}^{l'} \leqslant t_{s'l'}^{D} \leqslant T_{\max}^{l'} \tag{4-23}$$

(2) 冗差时间模型目标函数

如图 4-12 所示, $t_{sll'}^{w}$ 表示乘客从末班列车换乘至接驳线路列车的最小等待时间. 当乘客能够成功换乘时, $t_{sll'}^{w}$ 的值为正数; 当乘客无法成功换乘时, $t_{sll'}^{w}$ 的值设为正无穷大. $t_{sll'}^{r}$ 表示乘客在换乘站从末班列车换出后, 至换入线路末班列车出发所剩余的时间, 称为冗余时间. $t_{sll'}^{r}$ 的值为正数或负数.

如前所述, 换乘站的互换方向 ($l \xrightarrow{s} l'$, $l' \xrightarrow{s} l$) 不存在彼此成功换乘的情况. 因此, 对于末班列车衔接情况, 根据轨道交通网络化运营的实际情况, 选取某些重点方向予以衔接. 以北京城市轨道交通网络为例, 末班乘客主要由市内方向换乘至市外方向, 即出城方向. 所以末班列车的衔接即以出城乘客为主要服务对象.

对于末班列车运行计划编制问题, 需考虑两方面情况. 一方面, 末班运行计划应满足系统最大化 PTCT, 若系统 PTCT $\geqslant 0$, 则多数乘客能换乘成功. 这与非末班运行计划编制问题有所不同. 对于非末班列车, 乘客均能成功换乘至换入列车 (换乘效率有所不同). 另一方面, 末班运行计划亦应减少乘客的换乘等待时间, 晚间长时间的换乘等待, 容易造成安全隐患. 综上所述, 模型的目标函数为最大化 PTCH. 此目标在最大化末班换乘的同时, 也使得乘客的换乘等待时间最小化.

$$\max \quad T = \sum_{s \in S} \sum_{l \in L} \sum_{l' \in L} t_{sll'}^{h}$$

$$\text{s.t.} \quad t_{sl}^A = t_{0l}^D + \sum_{s \in S(l)} t_{ls(s-1)}^R + \sum_{s \in S(l)-1} t_{ls}^{Dwl}$$

$$t_{s'l'}^D = t_{0l'}^D + \sum_{s' \in S(l')} t_{l's'(s'-1)}^R + \sum_{s' \in S(l')} t_{l's'}^{Dwl}$$

$$t_{sll'}^h = \begin{cases} t_{sll'}^r - t_{sll'}^w > 0, & t_{sl'}^D - (t_{sl}^A + t_{sll'}^{Tra} + h \cdot t_{l'}^H) > 0 \\ t_{sll'}^r - t_{sll'}^w = 0, & t_{sl}^A + t_{sll'}^{Tra} < t_{sl'}^D < t_{sl}^A + t_{sll'}^{Tra} + t_{l'}^H \\ t_{sll'}^r - t_{sll'}^w = -\theta, & t_{sl'}^D - (t_{sl}^A + t_{sll'}^{Tra}) < 0 \end{cases} \quad (4\text{-}24)$$

$$t_{sll'}^r = t_{sl'}^D - t_{sl}^A - t_{sll'}^{Tra}$$

$$t_{sll'}^w = t_{sl'}^D - t_{sl}^A - t_{sll'}^{Tra} - h \cdot t_{l'}^H$$

$$h = \begin{cases} \left[(t_{sl'}^D - t_{sl}^A - t_{sll'}^{Tra})/t_{l'}^H \right], & t_{sl'}^D - t_{sl}^A - t_{sll'}^{Tra} \geqslant 0 \\ 0, & t_{sl'}^D - t_{sl}^A - t_{sll'}^{Tra} < 0 \end{cases}$$

$$t_{ls\,\min}^{Dwl} \leqslant t_{sl}^D - t_{sl}^A \leqslant t_{ls\,\max}^{Dwl}, \quad \forall s, s' \in S(l), S(l'); \forall l, l' \in L$$

$$t_{ls(s-1)\min}^R \leqslant t_{ls(s-1)}^R \leqslant t_{ls(s-1)\max}^R, \quad \forall s, s' \in S(l), S(l'); \forall l, l' \in L$$

$$T_{\min} \leqslant t_{sl}^D \leqslant T_{\max}, \quad \forall s, s' \in S(l), S(l'); \forall l, l' \in L$$

$$t_{0l}^D \geqslant 0, \quad \forall l, l' \in L$$

4.3.4 求解算法

末班列车运行计划编制问题是一类复杂的组合优化难题, 各类运行约束, 技术约束条件使得求解非常困难. 因此, 对于城市轨道交通末班列车换乘衔接优化模型, 本节采用人工智能算法 (遗传算法) 求解. 遗传算法的具体思路及步骤如下.

在遗传算法中, 选取末班列车发车时刻 (t_{0l}^D), 站间区间运行时间 $(t_{ls(s-1)}^R)$, 停站时间 (t_{ls}^{Dwl}) 作为基因, 每一条染色体表示一组解. 向量 (4-25) 表示一条染色体的组成, 其中 n 表示线路数 (双向线路), m 表示每条线路上的车站数.

$$\left(t_{l0}^D, \cdots, t_{(2n)0}^D; t_{ls(s-1)}^R, \cdots, t_{(2n)m(m-1)}^R; t_{ls}^{Dwl}, \cdots, t_{(2n)m}^{Dwl} \right) \quad (4\text{-}25)$$

为了便于理解, 我们以图 4-13 为例进行说明. 示例网络由 3 条双向线路 (线路 1— 线路 3), 5 个换乘站 (S1—S5) 组成. 图 4-14 为该网络的染色体组成图, 共由 3 部分组成, 分别是出发时刻序列, 站间运行时间序列以及停站时间序列. 出发时刻序列由 $2 \times n(n = 3)$ 条线路的末班列车发车时刻组成; 站间运行时间序列亦分割成 6 个子区间, 每个子区间存储各线路的区间运行时间; 停站时间序列同样由 6 个子区间组成, 每个子区间存储末班列车在站停站时间. 遗传算法的初始解给定, 适应度函数为目标函数 (式 (4-24)).

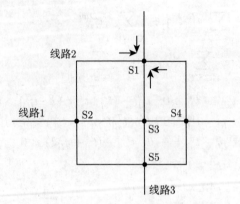

图 4-13　小型轨道交通网络示意图

图 4-14　小型网络染色体

遗传算法的两大操作为交叉操作和变异操作. 交叉操作在本节中采用互换法则, 即染色体某一序列的基因与另一染色体相同序列的基因相互交换, 如图 4-15 所示.

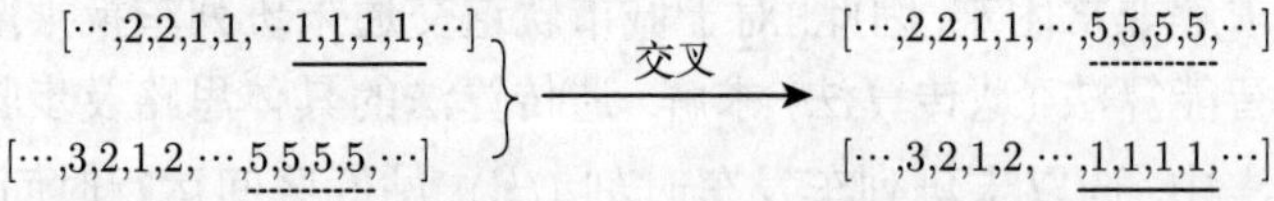

$$[\cdots,2,2,1,1,\cdots 1,1,1,1,\cdots] \atop [\cdots,3,2,1,2,\cdots,5,5,5,5,\cdots] \Big\} \xrightarrow{\text{交叉}} \quad {[\cdots,2,2,1,1,\cdots,5,5,5,5,\cdots] \atop [\cdots,3,2,1,2,\cdots,1,1,1,1,\cdots]}$$

图 4-15　遗传算法交叉操作

搜索解的过程中, 遗传算法的交叉操作容易陷入局部最优解, 变异操作是另一重要的寻优操作. 对于 0-1 变量而言, 变异操作将需变异的基因由 0 变化为 1 或由 1 变化为 0, 操作较为简单. 而对于整数变量而言, 变异操作的规则较丰富, 有常数系数法 (变异基因与常数系数作单项式处理), 变量系数法 (变异基因与系数作多项式处理), 随机数法 (随机产生数取代变异基因) 等. 本节采用随机数法作为变异操作的准则.

当算法的交叉与变异操作使产生的解不满足当前的约束条件时 (解的上下界), 解将被删除.

遗传算法的停止规则是算法的另一重要标准, 关系着搜索结果的精度. 一般地, 算法停止的规则有: ①目标函数值在规定的循环步数后不再变化; ②返回的目标函数最优值与最劣值之差在规定的误差范围内; ③循环步数达到最大值. 本节的遗传算法采用基本规则③作为算法停止规则.

综上所述, 遗传算法的步骤如下.

步骤 1 初始化

步骤 1.1 设置遗传算法参数: 种群数 N, 初始代 $k := 0$, 迭代数目 K.

步骤 1.2 模型参数输入: L, S, $t_{sll'}^{Tra}$, t_l^H, $T_{\max}$, $T_{\min}$, $t_{ls(s-1)\min}^R$, $t_{ls(s-1)\max}^R$, $t_{ls\min}^{Dwl}$ 和 $t_{ls\max}^{Dwl}$.

步骤 1.3 初始化产生父代染色体基因, 包括末班列车发车时刻 (t_{0l}^D), 区间运行时间 $(t_{ls(s-1)}^R)$, 停站时间 (t_{ls}^{Dwl}).

步骤 1.4 在界限范围内对父代染色体进行变异操作, 产生父代染色体 (新); 对两条父代染色体进行交叉操作, 产生两条子代染色体.

步骤 1.5 检查染色体是否符合约束. 若合格, 转向步骤 1.6; 否则, 转向步骤 1.4.

步骤 1.6 重复步骤 1.4 直到达到种群数 N.

步骤 2 筛选种群

步骤 2.1 在种群 $POP(k)$ 中计算每一条染色体的目标函数 $T(i)$.

$$T(i) = \sum_{s \in S} \sum_{l \in L} \sum_{l' \in L} t_{sll'}^h$$

步骤 2.2 计算概率 $P(i) = T(i) \Big/ \sum_{i=1}^{N} T(i)$

步骤 2.3 根据轮盘赌规则及 $P(i)$, 产生新一代种群 $POP1(k)$.

步骤 2.4 对 $POP1(k)$ 中的 N 条染色体进行交叉操作, 产生新的 N 条染色体.

步骤 2.5 计算以上 $2N$ 条染色体的目标函数值, 选取较优的 N 条组成种群 $POP2(k)$.

步骤 2.6 在 $POP2(k)$ 中随机选取 10% 的染色体进行变异操作.

步骤 2.7 若变异后的染色体符合约束, 保留之; 否则, 删除之.

步骤 2.8 计算剩下染色体的目标函数值.

步骤 3 算法终止

步骤 3.1 更新迭代 $k := k + 1$.

步骤 3.2 如果 $k := K$, 算法终止; 否则返回步骤 1.4.

4.3.5 数值算例

城市轨道交通末班列车换乘衔接优化模型的有效性及遗传算法的效率通过以下算例进行验证. 网络及初始末班运行计划如图 4-16 所示, 其中线路中箭头方向表示上行列车方向, 反方向为下行列车方向. 换乘站箭头方向为出城方向, 即末班列车需要衔接的重点方向. 末班列车的到发站时刻的时间单位取 "单位 1".

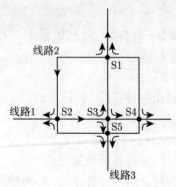

线路		1		2		3	
方向		上行	下行	上行	下行	上行	下行
S1	到达	—	—	5.0	1.0	4.5	1.0
	离开	—	—	5.5	1.5	5.0	1.5
S2	到达	1.0	5.0	1.0	5.0	—	—
	离开	1.5	5.5	1.5	5.5	—	—
S3	到达	3.5	2.5	—	—	2.0	3.5
	离开	4.0	3.0	—	—	2.5	4.0
S4	到达	5.0	1.0	4.0	2.0	—	—
	离开	5.5	1.5	4.5	2.5	—	—
S5	到达	—	—	3.0	3.0	1.0	4.5
	离开	—	—	3.5	3.5	1.5	5.0

图 4-16　网络初始末班运行计划

(1) 重点衔接方向

根据图 4-16 所示的末班列车重点衔接方向, 表 4-14 列举了图中各换乘站的出城方向. 根据初始末班列车运行计划, 表中各列依次给出换乘站、换乘方向、换出末班列车到站时刻、换入末班列车离站时刻、换乘时间、换入线路发车间隔、冗余时间、等待时间以及冗差时间. 本算例中, 当等待时间为无穷大时, θ 设为 20, 即 $t_{sll'}^{r} - t_{sll'}^{w} = -20$, 当 $t_{sl}^{D} - (t_{sl}^{A} + t_{sll'}^{Tra}) < 0$.

(2) 算例优化结果

优化结果如表 4-15 所示, 可以看出, 目标函数值由 −26 增至 9, 末班列车衔接方向数由 9 增加至 11(100% 衔接末班列车重点方向). 结果表明, 所建立的末班列车换乘衔接优化模型较好地解决了末班换乘问题, 并且具有较强的应用性. 此外, 所设计的遗传算法对于解决 NP-Hard 问题具有可操作性.

考虑到惩罚因子 θ 的不同取值, 可能会对优化结果产生一定的影响, 我们将 θ 的取值从 2 到 20 进行整数遍历试验. 结果发现, 每一次的优化结果均相同. 针对这一现象的解释如下: 当 $\theta = 2$ 时, 优化结果已使得所有重点方向得以衔接并达到了最大的目标函数值; 当 θ 逐步扩大到 20, 同样没有惩罚因子 $t_{sll'}^{r} - t_{sll'}^{w} = -\theta$, $t_{sl'}^{D} - (t_{sl}^{A} + t_{sll'}^{Tra}) < 0$ 的情形. 因此, 最终的优化结果未受到不同 θ 的取值的影响.

表 4-14　　初始末班列车运行计划衔接

车站	末班换乘方向	到达时刻	出发时刻	$t_{sll'}^{Tra}$	$t_{l'}^{H}$	$t_{sll'}^{r}$	$t_{sll'}^{w}$	$t_{sll'}^{h}$
S1	L2 下行至 L3 上行	1.0	5.0	0.2	1.5	3.8	0.8	3
	L2 上行至 L3 上行	5.0	5.0	0.2	1.5	−0.2	∞	−20
S2	L2 上行至 L1 下行	1.0	5.5	0.2	1	4.3	0.3	4
	L2 下行至 L1 下行	5.0	5.5	0.2	1	0.3	0.3	0
S3	L1 上行至 L3 上行	3.5	2.5	0.2	1.5	−1.2	∞	−20
	L1 上行至 L3 下行	3.5	4.5	0.2	1.5	0.8	0.8	0
	L3 下行至 L1 上行	3.5	4.0	0.2	1	0.3	0.3	0
S4	L2 下行至 L1 上行	2.0	5.5	0.2	1	3.3	0.3	3
	L2 上行至 L1 上行	4.0	5.5	0.2	1	1.3	0.3	1
S5	L2 上行至 L3 下行	3.0	5.0	0.2	1.5	1.8	0.3	1.5
	L2 下行至 L3 下行	3.0	5.0	0.2	1.5	1.8	0.3	1.5

表 4-15　　优化后末班列车运行计划衔接

车站	末班换乘方向	到达时刻	出发时刻	$t_{sll'}^{Tra}$	$t_{l'}^{H}$	$t_{sll'}^{r}$	$t_{sll'}^{w}$	$t_{sll'}^{h}$
S1	L2 下行至 L3 上行	1.0	5.2	0.2	1.5	4.0	1.0	3
	L2 上行至 L3 上行	5.0	5.2	0.2	1.5	0	0	0
S2	L2 上行至 L1 下行	1.0	5.5	0.2	1	4.3	0.3	4
	L2 下行至 L1 下行	5.0	5.5	0.2	1	0.3	0.3	0
S3	L1 上行至 L3 上行	2.5	2.7	0.2	1.5	0	0	0
	L1 上行至 L3 下行	2.5	3.3	0.2	1.5	0.6	0.6	0
	L3 下行至 L1 上行	2.8	3.0	0.2	1	0	0	0
S4	L2 下行至 L1 上行	2.0	4.5	0.2	1	2.3	0.3	2
	L2 上行至 L1 上行	4.0	4.5	0.2	1	0.3	0.3	0
S5	L2 上行至 L3 下行	3.0	4.3	0.2	1.5	1.1	1.1	0
	L2 下行至 L3 下行	3.0	4.3	0.2	1.5	1.1	1.1	0

(3) 遗传算法效率分析

为了测试遗传算法的效率, 我们选取分支定界法与其进行比较. 实验在 MATLAB 环境下, 采用 $4 \times 2.5\text{GHz CPU}$ 和 4GB RAM 的计算机进行. 如表 4-16 所示, 遗传算法获取初始可行解耗时 4.3 秒, 分支定界法耗时 152.6 秒; 遗传算法与分支定界法均返回最优目标值 9, 重点衔接方向数 11, 总冗余时间 14 和总等待时间 5, 但耗时分别 215 秒和 1068 秒. 可见遗传算法无论在解的质量以及效率上均有较好的计算性能.

图 4-17 给出了遗传算法的收敛性, 我们发现当算法运行至 36 代后, 计算结果趋于稳定. 综上所述, 对于计算城市轨道交通末班列车换乘衔接优化模型, 所设计的遗传算法稳定性较好并且最终逐步收敛.

表 4-16　遗传算法与分支定界法比较

算法	$\sum\sum\sum t^r_{sll'}$	$\sum\sum\sum t^w_{sll'}$	目标函数	衔接数	CPU 时间/s
分支定界法	14	5	9	11	1068
初始可行解	15.2	10.6	4.6	9	152.6
遗传算法	14	5	9	11	215
初始可行解	16.5	10.5	6	10	4.3

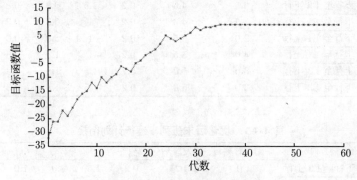

图 4-17　算例的收敛性测试

4.3.6　实例分析

将城市轨道交通末班列车换乘衔接优化模型应用于北京城市轨道交通网络, 如图 4-18 所示. (其中 Line1 表示 1 号线, 表中也用 L1 表示, Line2 等类推)

该网络包含 7 条线路 (双向, 1 号线、2 号线、4 号线、5 号线、8 号线、10 号线、13 号线) 以及 17 个换乘车站. 图 4-18 中, 线路箭头所指方向为上行列车方向 (反方向为下行列车方向), 除 2 号线 (环线) 的车辆段在三角形所指区域, 其余线路的车辆段均设在线路尽端. 末班列车由一端车辆段发出, 至另一车辆段结束.

(1) *网络初始数据*

北京城市轨道交通末班运行计划 (部分) 如表 4-17 所示. 表中依次给出换乘站、重点换乘方向 (42 个)、末班换出列车到达时刻、末班换入列车出发时刻、换乘时间、冗余时间、等待时间以及冗差时间. 当某方向的末班列车换乘失败时 (等待时间为 ∞), 罚值 θ 设为 45 分钟. 此外, 表中的换乘时间为实际测试值 (平均值), 8 号线及 10 号线的末班列车发车间隔设为 10 分钟, 其余线路的末班列车发车间隔为 5 分钟.

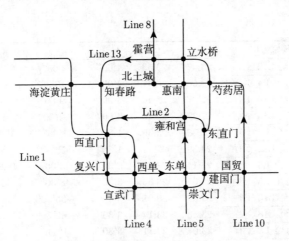

图 4-18　北京城市轨道交通网络图

表 4-17　北京城市轨道交通初始末班列车运行计划

换乘站	重点换乘方向	t_{sl}^{A}	$t_{sl'}^{D}$	$t_{sll'}^{Tra}$	$t_{sll'}^{r}$	$t_{sll'}^{w}$	$t_{sll'}^{h}$
复兴门	L2 上行至 L1 下行	23:06	23:40	1′30″	32′30″	2′30″	30′00″
	L2 下行至 L1 下行	23:19	23:40	1′30″	19′30″	4′30″	15′00″
西单	L4 下行至 L1 下行	23:20	23:37	5′00″	12′00″	2′00″	10′00″
	L1 下行至 L4 上行	23:37	23:25	5′00″	−17′00″	∞	−45′00″
	L1 下行至 L4 下行	23:37	23:20	5′00″	−22′00″	∞	−45′00″
东单	L5 下行至 L1 上行	23:23	23:35	3′00″	9′00″	4′00″	5′00″
	L1 上行至 L5 上行	23:35	23:23	3′00″	−15′00″	∞	−45′00″
	L1 上行至 L5 下行	23:35	23:23	3′00″	−15′00″	∞	−45′00″
建国门	L2 上行至 L1 上行	23:22	23:38	1′30″	14′30″	4′30″	10′00″
	L2 下行至 L1 上行	23:02	23:38	1′30″	34′30″	4′30″	30′00″
国贸	L10 下行至 L1 上行	23:03	23:42	4′20″	34′40″	4′30″	30′00″
	L1 上行至 L10 下行	23:42	23:03	4′20″	−43′20″	∞	−45′00″
西直门	L2 上行至 L4 上行	22:59	23:35	2′00″	34′00″	4′00″	30′00″
	L2 下行至 L4 上行	23:27	23:35	2′00″	6′00″	1′00″	5′00″
	L2 上行至 L13 下行	22:59	23:45	6′00″	40′00″	0′00″	40′00″
	L2 下行至 L13 下行	23:27	23:45	6′00″	12′00″	2′00″	10′00″
	L4 上行至 L13 下行	23:35	23:45	7′00″	3′00″	3′00″	0′00″
雍和宫	L2 上行至 L5 上行	22:33	23:33	3′00″	57′00″	7′00″	50′00″
	L2 下行至 L5 上行	22:51	23:33	3′00″	39′00″	4′00″	35′00″
东直门	L2 上行至 L13 上行	23:29	22:42	4′00″	−51′00″	∞	−45′00″
	L2 下行至 L13 上行	22:55	22:42	4′00″	−17′00″	∞	−45′00″
崇文门	L2 上行至 L5 下行	23:16	23:25	3′00″	6′00″	1′00″	5′00″
	L2 下行至 L5 下行	23:08	23:25	3′00″	14′00″	4′00″	10′00″
宣武门	L2 上行至 L4 下行	23:10	23:22	4′00″	8′00″	3′00″	5′00″
	L2 下行至 L4 下行	23:14	23:22	4′00″	4′00″	4′00″	0′00″

续表

换乘站	重点换乘方向	t_{sl}^A	$t_{sl'}^D$	$t_{sll'}^{Tra}$	$t_{sll'}^r$	$t_{sll'}^w$	$t_{sll'}^h$
海淀黄庄	L4 上行至 L10 上行	23:47	23:53	4′00″	2′00″	2′00″	0′00″
	L10 上行至 L4 上行	23:53	23:47	4′00″	−10′00″	∞	−45′00″
北土城	L8 下行至 L10 上行	22:37	23:40	4′00″	59′00″	9′00″	50′00″
	L8 下行至 L10 下行	22:37	22:40	4′00″	−1′00″	∞	−45′00″
惠南	L10 上行至 L5 上行	23:36	23:39	1′30″	1′30″	1′30″	0′00″
	L5 上行至 L10 下行	23:39	22:44	1′30″	−56′30″	∞	−45′00″
立水桥	L13 下行至 L5 上行	23:14	23:53	3′30″	35′30″	0′30″	35′00″
	L13 上行至 L5 上行	23:01	23:53	3′30″	48′30″	3′30″	45′00″
	L5 上行至 L13 上行	23:53	23:01	3′30″	−55′30″	∞	−45′00″
	L5 上行至 L13 下行	23:53	23:14	3′30″	−42′30″	∞	−45′00″
霍营	L13 上行至 L8 上行	23:06	23:11	3′30″	1′30″	1′30″	0′00″
	L13 下行至 L8 上行	23:09	23:11	3′30″	−1′30″	∞	−45′00″
知春路	L10 上行至 L13 下行	23:48	23:50	4′20″	−2′20″	∞	−45′00″
	L13 下行至 L10 上行	23:50	23:48	4′20″	−6′20″	∞	−45′00″
芍药居	L10 上行至 L13 上行	23:33	22:48	3′50″	−48′50″	∞	−45′00″
	L10 下行至 L13 上行	22:47	22:48	3′50″	−2′50″	∞	−45′00″
	L13 上行至 L10 上行	22:48	23:33	3′50″	41′10″	1′10″	40′00″

为了方便展示, 图 4-19 标出了各个重点换乘方向 (出城方向) 以及冗余时间.

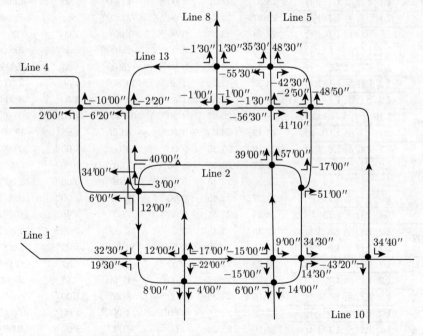

图 4-19　重点换乘方向及 PTCT(初始)

以西直门车站为例, 共有 5 个末班列车需要重点衔接的换乘方向, 即二号线上行换乘至四号线上行 (L2 上行至 L4 上行), 二号线下行换乘至四号线上行 (L2 下行至 L4 上行), 二号线上行换乘至十三号线下行 (L2 上行至 L13 下行), 二号线下行换乘至十三号线下行 (L2 下行至 L13 下行) 以及四号线上行换乘至十三号线下行 (L4 上行至 L13 下行). 更多的换乘站, 重点换乘方向及冗余时间见图 4-19 所示.

(2) 优化结果分析

根据表 4-18 可知, 初始末班运行计划在以下三个方面有待进一步提升. 其一, 末班列车衔接方向数有待增加, 当前的运行计划使得将近一半换乘方向错过衔接. 其二, 在错过了衔接的换乘方向中, Just-Missed(指末班换入列车离站时刻与末班换出乘客到站时刻之差小于一个发车间隔时间) 数量较多. 如若对 Just-Missed 进行优化, 可以有效地提升末班列车衔接水平. 其三, 末班乘客更希望留有较多的冗差时间, 以备不时之需. 因此, 如前所述若冗差时间越长, 乘客则越不易错过末班列车且有更多的换乘选择.

表 4-18　优化后北京城市轨道交通末班列车运行计划

换乘站	重点换乘方向	t^A_{sl}	$t^D_{sl'}$	$t^{Tra}_{sll'}$	$t^r_{sll'}$	$t^w_{sll'}$	$t^h_{sll'}$
复兴门	L2 上行至 L1 下行	23:06	23:40	1′30″	32′30″	2′30″	30′00″
	L2 下行至 L1 下行	23:19	23:40	1′30″	19′30″	4′30″	15′00″
西单	L4 下行至 L1 下行	23:20	23:37	5′00″	12′00″	2′00″	10′00″
	L1 下行至 L4 上行	23:37	**23:42**	5′00″	0′00″	0′00″	0′00″
	L1 下行至 L4 下行	23:37	23:20	5′00″	−22′00″	∞	−45′00″
东单	L5 下行至 L1 上行	23:23	**23:20**	3′00″	−6′00″	∞	−45′00″
	L1 上行至 L5 上行	**23:20**	**23:26**	3′00″	3′00″	3′00″	0′00″
	L1 上行至 L5 上行	**23:20**	23:23	3′00″	0′00″	0′00″	0′00″
建国门	L2 上行至 L1 上行	23:22	23 : 53	1′30″	29′30″	4′30″	25′00″
	L2 下行至 L1 上行	23:02	23 : 53	1′30″	49′30″	4′30″	45′00″
国贸	L10 下行至 L1 上行	**23:05:50**	**23:57**	4′20″	46′50″	1′50″	45′00″
	L1 上行至 L10 下行	**23:57**	**23:05:50**	4′20″	−55′30″	∞	−45′00″
西直门	L2 上行至 L4 上行	22:59	**23:52**	2′00″	51′00″	1′00″	50′00″
	L2 下行至 L4 上行	23:27	**23:52**	2′00″	23′00″	3′00″	20′00″
	L2 上行至 L13 下行	22:59	23:45	6′00″	40′00″	0′00″	40′00″
	L2 下行至 L13 下行	23:27	23:45	6′00″	12′00″	2′00″	10′00″
	L4 上行至 L13 下行	**23:52**	23:45	7′00″	−14′00″	∞	−45′00″
雍和宫	L2 上行至 L5 上行	22:33	**23:36**	3′00″	60′00″	0′00″	60′00″
	L2 下行至 L5 上行	22:51	**23:36**	3′00″	42′00″	2′00″	40′00″
东直门	L2 上行至 L13 上行	23:29	22:42	4′00″	−51′00″	∞	−45′00″
	L2 下行至 L13 上行	22:55	22:42	4′00″	−17′00″	∞	−45′00″
崇文门	L2 上行至 L5 下行	23:16	23:25	3′00″	6′00″	1′00″	5′00″
	L2 下行至 L5 下行	23:08	23:25	3′00″	14′00″	4′00″	10′00″

续表

换乘站	重点换乘方向	t_{sl}^{A}	$t_{sl'}^{D}$	$t_{sll'}^{Tra}$	$t_{sll'}^{r}$	$t_{sll'}^{w}$	$t_{sll'}^{h}$
宣武门	L2 上行至 L4 下行	23:10	23:22	4'00″	8'00″	3'00″	5'00″
	L2 下行至 L4 下行	23:14	23:22	4'00″	4'00″	4'00″	0'00″
海淀黄庄	L4 上行至 L10 上行	24:04	24:11:50	4'00″	3'50″	3'50″	0'00″
	L10 上行至 L4 上行	24:11:50	24:04	4'00″	−11'50″	∞	−45'00″
北土城	L8 下行至 L10 上行	22:33:40	23:58:50	4'00″	81'10″	1'10″	80'00″
	L8 下行至 L10 下行	22:33:10	22:37:10	4'00″	0'00″	0'00″	0'00″
惠南	L10 上行至 L5 上行	23:39:50	23:42	1'30″	0'40″	0'40″	0'00″
	L5 上行至 L10 下行	23:42	22:41:10	1'30″	−62'20″	∞	−45'00″
立水桥	L13 下行至 L5 上行	23:14	23:56	3'30″	38'30″	3'30″	35'00″
	L13 上行至 L5 上行	23:01	23:56	3'30″	51'30″	1'30″	50'00″
	L5 上行至 L13 上行	23:56	23:01	3'30″	−58'30″	∞	−45'00″
	L5 上行至 L13 下行	23:56	23:14	3'30″	−45'30″	∞	−45'00″
霍营	L13 上行至 L8 上行	23:06	23:12:30	3'30″	3'00″	3'00″	0'00″
	L13 下行至 L8 上行	23:09	23:12:30	3'30″	0'00″	0'00″	0'00″
知春路	L10 上行至 L13 下行	24:06:50	23:50	4'20″	−21'10″	∞	−45'00″
	L13 下行至 L10 上行	23:50	24:06:50	4'20″	12'30″	2'30″	10'00″
芍药居	L10 上行至 L13 上行	23:37:50	22:48	3'50″	−67'40″	∞	−45'00″
	L10 下行至 L13 上行	22:44:10	22:48	3'50″	0'00″	0'00″	0'00″
	L13 上行至 L10 上行	22:48	23:38:50	3'50″	47'00″	7'00″	40'00″

表 4-8 及图 4-20 为优化后的末班列车运行计划. 表中斜黑体时刻为优化后与初始时刻不同的末班列车到发时刻. 下面分别从换乘衔接方向数、Just-Missed 数以及冗差时间三个方面对比优化前后的末班列车运行计划.

表 4-19　优化前后末班列车运行计划对比

比较项目	优化前数值	优化后数值	优化前后提高
换乘成功方向数	25	30	11.9%
换乘失败方向数	17	12	5
Just-Missed 数	6	0	100%
冗差时间	−275′	85′	360′

换乘衔接方向数　如表 4-19 所示, 轨道交通末班列车的衔接水平最直接的体现便是换乘衔接方向数, 所选出的重点换乘方向数衔接越多, 末班乘客的换乘越畅通. 所选择的 42 个重点衔接方向中, 优化前有 25 个方向衔接成功, 17 个方向衔接失败; 优化后有 30 个方向衔接成功, 12 个方向衔接失败, 衔接率提高 11.9%.

Just-Missed 数　由定义可知, Just-Missed 不仅使得末班乘客换乘失败, 而且大大降低了公共交通的服务水平. 在换出、换入列车的到发时刻之差相差无几的情况下, 乘客如果换乘不上末班列车, 其心理更易抱怨运营公司的服务不周. 因此,应尽量减小 Just-Missed 数以提高轨道交通末班列车的服务水平. 如表 4-19 所示, Just-Missed 数由优化前的 6 个方向减少至优化后的 0 个方向, 完全消除了末班列车换乘的 Just-Missed 情形.

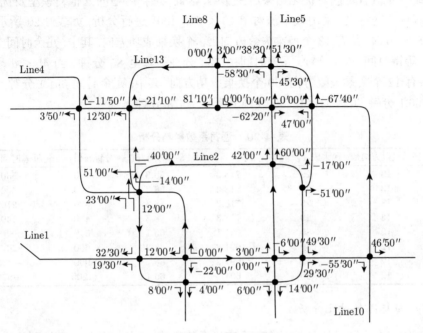

图 4-20　重点换乘方向及 PTCT(优化)

冗差时间 图 4-21 所示的末班列车换乘情况, 当末班换出列车极早于末班换入列车到达换乘站, 乘客可以选择次末班列车进行换乘. 在这种情况下, 乘客有较大的选择空间, 并且能减少一定的等待时间 (并非绝对). 模型的目标函数 (最大化冗差时间) 在一定程度上增加了末班乘客的选择机会并且减少了换乘等待时间. 通过优化前后对比可知, 目标函数值由 −275 分提高至 85 分, 增加了 360 分.

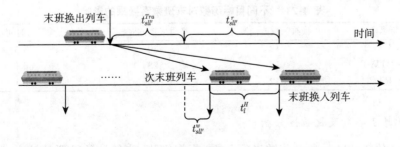

图 4-21　乘客换乘选择行为

(3) 衔接惩罚因子影响分析

当末班列车衔接失败时, 换乘冗差时间模型中的等待时间用 θ 作为罚值. 不同数量级的 θ 值有可能对优化结果产生影响. 因此, 选择合适的 θ 值对模型及优化结果有着重要的意义. 采用枚举法对 $\theta(10 \leqslant \theta \leqslant 100)$ 进行分析, 如表 4-20 所示, 当 $10 \leqslant \theta < 45$ 时, 共有 13 个换乘失败方向, 29 个换乘成功方向. 其中, 冗余时间 718.3 分钟, 等待时间 58.3 分钟, 冗差时间由 530 分钟下降至 85 分钟. 当 $45 \leqslant \theta \leqslant 100$ 时, 共有 12 个换乘失败方向, 30 个换乘成功方向. 其中, 冗余时间 691.1 分钟, 等待时间 66.1 分钟, 冗差时间由 85 分钟下降至 -575 分钟.

表 4-20　惩罚系数影响分析

θ 值	换乘失败方向数	换乘成功反向数	冗余时间/min	等待时间/min	分钟罚值/min	冗差时间/min
10	13	29	718.3	58.3	130	530
20	13	29	718.3	58.3	260	400
30	13	29	718.3	58.3	390	270
40	13	29	718.3	58.3	420	140
45	12	30	691.1	66.1	540	85
50	12	30	691.2	66.2	600	25
80	12	30	691.2	66.2	960	-335
100	12	30	691.1	66.1	1200	-575

(4) 目标函数对比分析

对比三个不同目标函数对末班乘客换乘的影响, 在相同的软件环境下依次选取 "Max PTCT"、"Min PTWT" 以及 "Max PTCH" 运行程序, 结果如表 4-21 所示. 当选取最大化冗余时间为目标时, 共有 12 个方向换乘失败, 30 个方向换乘成功, 等待时间 85.5 分钟. 当选取最小化等待时间为目标时, 共有 14 个方向换乘失败, 28 个方向换乘成功, 等待时间 66.1 分钟. 当选取最大化冗差时间为目标时, 共有 12 个方向换乘失败, 30 个方向换乘成功, 等待时间 66.1 分钟. 可以发现, 模型的目标函数无论在换乘方向及衔接数方面, 还是等待时间方面均有良好表现.

表 4-21　不同目标函数对末班乘客换乘的影响

目标函数	换乘失败方向数	换乘成功方向数	换乘等待时间/min
Max PTCT	12	30	85.5
Min PTWT	14	28	66.1
Max PTCH	12	30	66.1

(5) 算法参数及收敛性分析

对遗传算法的种群及代数进行分析, 根据经验, 当算法的种群数越大, 迭代数越多, 所得到的结果趋于更优. 分别对代数 $K(0 \leqslant K \leqslant 140)$ 以及种群数 $N(0 \leqslant$

$N \leqslant 700$) 进行测试, 结果如图 4-22 及表 4-22 所示. 可以发现, 当代数 $K(K = 112)$ 以及种群数 $N(N = 420)$ 或者代数 $K(K = 84)$ 以及种群数 $N(N = 700)$ 时, 优化结果较好.

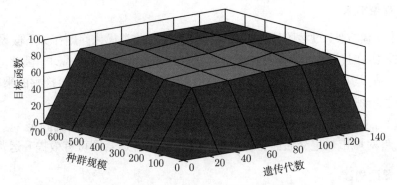

图 4-22　遗传算法种群与代数分析

对遗传算法的收敛性进行测试, 如图 4-23 所示, 在前 83 代中, 目标函数由 -150 增至 85, 期间算法波动性较大. 当代数达到 83 代后, 结果趋于收敛 (目标函数值为 85 不曾波动). 当程序运行 25 分钟左右, 结果趋于稳定.

表 4-22　遗传算法参数分析

参数	$K = 0$	$K = 28$	$K = 56$	$K = 84$	$K = 112$	$K = 140$
$N = 0$	0	0	0	0	0	0
$N = 140$	0	71	72	75	76	77
$N = 280$	0	72	75	75	82	82
$N = 420$	0	76	78	80	85	85
$N = 560$	0	78	82	80	85	85
$N = 700$	0	82	82	85	85	85

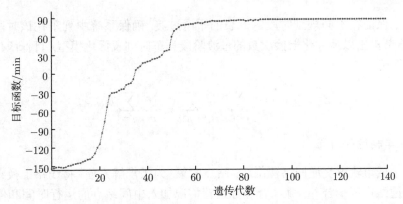

图 4-23　遗传算法收敛性测试 (北京城市轨道交通网路)

4.4　城市轨道交通过渡阶段时刻表协同优化

4.4.1　模型假设

为了建模方便, 过渡阶段时刻表优化模型针对此类优化问题作如下假设.

假设 1: 在过渡期间 (非高峰期), 列车能力可满足乘客出行需求. 因此, 乘客若到达换乘站, 均可乘坐到达列车, 不考虑由于特殊因素自主放弃可换乘的乘客.

假设 2: 所有乘客均是理性出行, 会选择最短路或次短路出行.

假设 3: 在高峰期阶段或非高峰期阶段, 每条线路的发车间隔固定. 据以往研究发现, 针对城市轨道交通而言, 在同一阶段, 周期性运营图可有效提升运营效率.

4.4.2　模型构建

(1) 目标函数

车辆衔接时间定义为两列车之间的衔接时间差 (此两列车分属不同线路及不同运营时段). 衔接成功定义为在一个时间间隔内 (而非同一时刻到达), 两列车的乘客可换乘成功即可. 其中, 时间间隔并非固定常数, 且衔接时间间隔必须在乘客可接受范围内. 衔接成功次数的计算需要运用到发车时刻, 停站时间和乘客等待时间. 因此, 本节决策变量为发车时刻、运行时间、停站时间和发车间隔. 为了求解模型的便捷性, 本节定义 0-1 变量 $\theta_{lql'q's}$ 统计线路 l 上的 q 车与线路 l' 的 q' 车在之间衔接次数 (Guo et al., 2017). 如公式 (4-26) 所示:

$$\theta_{lql'q's} = \begin{cases} 1, & \text{在换乘站 } s, \text{线路 } l \text{ 上 } q \text{ 车可与线路 } l' \text{ 上 } q' \text{ 车衔接} \\ 0, & \text{否则} \end{cases} \tag{4-26}$$

为了保证在不同规划时段时刻表的平滑过渡, 确保系统中列车在该时段无缝衔接, 本节提出以最大化衔接次数的过渡阶段列车时刻表优化模型. 目标函数如式 (4-27) 所示:

$$Z_{TSTP} = \max \sum_{l,l' \in L} \sum_{s \in S(l) \cap S(l')} \sum_{q=1}^{N_l} \sum_{q'=1}^{N_{l'}} \theta_{lql'q's} \tag{4-27}$$

(2) 车辆运行约束

由于城市轨道交通网络范围广, 站点密集, 为了求解方便, 将线路上换乘站之间的普通站点逐一合并, 并结合实际运营情况加入中间站点的运行时间和停站时间, 合并过程如图 4-24 所示.

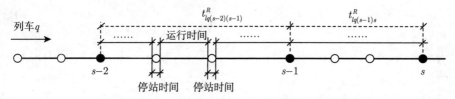

图 4-24 城市轨道网络中运行时间合并简图

公式 (4-28) 和公式 (4-29) 用以计算列车到发时刻. 在换乘站 s, 公式 (4-28) 为线路 l 上 q 车的到达时刻 t_{lqs}^A 的计算公式, 而公式 (4-29) 为线路 l 上 q 车的发车时刻 t_{lqs}^D. 图 4-25 描述列车到发时刻之间的相互关系, 其中 t_{lq0}^D 为线路 l 上 q 车在初始站点的发车时刻.

$$t_{lqs}^A = t_{lq0}^D + \sum_{s \in S(l)} t_{lq(s-1)s}^R + \sum_{s \in S(l)-1} t_{lqs}^E, \quad \forall l \in L, q = 1, 2, \cdots, N_l \quad (4\text{-}28)$$

$$t_{lqs}^D = t_{lqs}^A + t_{lqs}^E; \quad \forall l \in L, \quad q = 1, 2, \cdots, N_l, s \in S(l) \quad (4\text{-}29)$$

式中, $\displaystyle\sum_{s \in S(l)} t_{lq(s-1)s}^R$ 代表线路 l 上 q 车在初始站点与换乘站点 s 之间的区间运行时间之和, $\displaystyle\sum_{s \in S(l)-1} t_{lqs}^E$ 代表线路 l 上 q 车在初始站点与换乘站点 s 之间站点的停站时间之和.

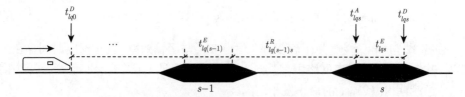

图 4-25 城市轨道网络中 l 线路到发时刻求解过程简图

运行时间与停站时间的设置必须服从安全运营的规定. 因此, 式 (4-30) 至 (4-35) 都是用来保证列车安全运营. 其中 $t_{lqs(s-1),\min}^R$ 和 $t_{lqs(s-1),\max}^R$ 分别代表线路 l 上 q 车在站点 $(s-1)$ 与站点 s 之间运行时间的最小值、最大值; $t_{lqs,\min}^E$ 和 $t_{lqs,\max}^E$ 则分别代表线路 l 上 q 车在换乘站 s 的停站时间的最小值、最大值; $\tilde{t}_{lqs(s-1)}^R$ 与 $\tilde{t}_{lqs}^E$ 则分别代表线路 l 上车辆 q 在站点 $(s-1)$ 与站点 s 之间运行缓冲时间和站点 s 停站缓冲时间. 线路 l 上, $\tilde{t}_{l,\max}^E$ 和 $\tilde{t}_{l,\max}^R$ 分别代表在所有换乘站停站时间可缓冲最大值, 所有区间运行时间可缓冲最大值, $\tilde{t}_{l,\max}^E$ 和 $\tilde{t}_{l,\max}^R$ 值都应按照实际情况给定合理阈值.

$$t_{lqs,\min}^E \leqslant t_{lqs}^D - t_{lqs}^A \leqslant t_{lqs,\max}^E, \quad \forall l \in L, q = 1, 2, \cdots, N_l, s \in S(l) \quad (4\text{-}30)$$

$$\tilde{t}_{lqs,\min}^E \leqslant \tilde{t}_{lqs}^E \leqslant \tilde{t}_{lqs,\max}^E, \quad \forall l \in L, q = 1, 2, \cdots, N_l, s \in S(l) \quad (4\text{-}31)$$

$$\sum_{s \in S(l)} \tilde{t}_{lqs}^{E} \leqslant \tilde{t}_{l,\max}^{E}, \quad \forall l \in L, q = 1, 2, \cdots, N_l \tag{4-32}$$

$$t_{lqs(s-1),\min}^{R} \leqslant t_{lqs(s-1)}^{R} \leqslant t_{lqs(s-1),\max}^{R}, \quad \forall l \in L, q = 1, 2, \cdots, N_l, s \in S(l) \tag{4-33}$$

$$\tilde{t}_{lqs(s-1),\min}^{R} \leqslant \tilde{t}_{lqs(s-1)}^{R} \leqslant \tilde{t}_{lqs(s-1),\max}^{R}, \quad \forall l \in L, q = 1, 2, \cdots, N_l, s \in S(l) \tag{4-34}$$

$$\sum_{s \in S(l)} \tilde{t}_{lqs(s-1)}^{R} \leqslant \tilde{t}_{l,\max}^{R}, \quad \forall l \in L, q = 1, 2, \cdots, N_l \tag{4-35}$$

公式 (4-36) 保证首班列车车辆发车时间域, 其不可早于时刻 A, 不可晚于时刻 B, A 和 B 需按照实际运营经验由运营商进行制定. 线路 l 上首班列车在首站的发车时间用 t_{l10}^{D} 表示. 在换乘站 s, 首班列车停站时间用 t_{l1s}^{E} 表示. 首班列车在站点 $s-1$ 与站点 s 之间的运营时间用 $t_{l1s(s-1)}^{R}$ 表示.

$$A \leqslant t_{l10}^{D} + \sum_{s \in S(l)} t_{l1s(s-1)}^{R} + \sum_{s \in S(l)} t_{l1s}^{E} \leqslant B, \quad \forall l \in L \tag{4-36}$$

(3) 发车间隔约束

追踪运行的两列车在运行过程中相互不受干扰的间隔时间与车辆发车时间关系可由公式 (4-37) 表示, 其中 h_{lq} 为网络中, 在过渡期内, 线路 l 上车辆 q 与车辆 $q+1$ 之间的发车间隔.

$$h_{lq} + t_{lqs}^{D} = t_{l(q+1)s}^{D}, \quad \forall l \in L, q = 1, 2, \cdots, N_l, s \in S(l) \tag{4-37}$$

如公式 (4-38) 所示, 为了确保列车运营安全与运输效率, 发车间隔时间存在上下界, 其中, $h_{lp,\max}$ 代表网络中, 过渡期内, 线路 l 的最大发车间隔; 而 $h_{lp,\min}$ 为网络中, 过渡期内, 线路 l 的最小发车间隔.

$$h_{lq,\min} \leqslant h_{lq} \leqslant h_{lq,\max}, \quad \forall l \in L, q = 1, 2, \cdots, N_l \tag{4-38}$$

不同的规划阶段发车间隔相差较大. 如高峰期为了提升乘客运输量需尽量缩小车辆发车间隔; 非高峰期客流量减少, 为了节省成本, 发车间隔一般设置较大. 因此本节提出平滑过渡概念, 在过渡期间 (如高峰期向非高峰期) 为了避免不同线路之间发车间隔的差异过大导致衔接不顺畅, 定义该线路 $h_{l(q-1)} \leqslant h_{lq}$; 相反, 若从非高峰期向高峰期过渡, 则定义 $h_{l(q-1)} \geqslant h_{lq}$, 这样可保证车辆间隔时间的稳定性.

(4) 上座率约束

在规划区段 $[T_1, T_2]$ 内, 乘客上座率为成功换乘乘客数目与总换乘乘客数目之比, 可用 ∂ 表示. $P_{lql'q's}^{H}(t)$ 为 t 时刻, 在换乘站 s 上, 从线路 l 上的 q 车换乘到线路 l' 上的 q' 车的乘客人数, $t \in [T_1, T_2]$. 公式 (4-39) 可保证换乘量较大的车站优先换乘, 确保运营公司利益, 减少能力耗损. 此约束为非线性约束, 时间 t 用来区分规划阶段, 如高峰期、过渡期和非高峰期.

$$\frac{\sum_{t\in[T_1,T_2]}\sum_{l,l'\in L}\sum_{s\in S(l)\cap S(l')}\sum_{q=1}^{N_l}\sum_{q'=1}^{N_{l'}}\left(\theta_{lql'q's}\times P_{lql'q's}^{H,t}\right)}{\sum_{t\in[T_1,T_2]}\sum_{l,l'\in L}\sum_{s\in S(l)\cap S(l')}\sum_{q=1}^{N_l}\sum_{q'=1}^{N_{l'}}P_{lql'q's}^{H,t}}\geqslant\partial \tag{4-39}$$

(5) 列车衔接时间约束

约束公式 (4-40) 至 (4-44) 描述了在城市轨道交通网络中列车衔接状态 (成功或失败). 在时间窗 $[t_{lql'q's}^W,T_a]$ 内, 当模型中衔接变量 $\theta_{lql'q's}$ 为 1 时, 线路 l 上的车辆 q 与线路 l' 上的车辆 q' 可成功衔接. 其中 T_a 为乘客可接受的最大衔接时间. 在公式 (4-40) 中, 为了计算方便, 定义了与 $\theta_{lql'q's}$ 同类型的 0-1 变量 $D_{lql'q's}$. 其中, M 为无穷大值. 若直接运用公式 $t_{lql'q's}^{TS}\geqslant t_{lql'q's}^W-M\times(1-\theta_{lql'q's})$ 计算, 上式中最后一项可拆分成 $M-M\times\theta_{lql'q's}$, 此时 $\theta_{lql'q's}$ 可视为无效. 公式 (4-43) 和 (4-44) 分别为 0-1 变量 $\theta_{lql'q's}$ 和 $D_{lql'q's}$ 的约束.

$$t_{lql'q's}^{TS}\geqslant t_{lql'q's}^W-M\times D_{lql'q's},$$
$$\forall l\in L,l'\in L,q=1,2,\cdots,N_l,q'=1,2,\cdots,N_{l'},s\in S(l)\cap S(l') \tag{4-40}$$
$$t_{lql'q's}^{TS}\leqslant T_a+M\times D_{lql'q's},$$
$$\forall l\in L;q=1,2,\cdots,N_l;q'=1,2,\cdots,N_{l'};s\in S(l)\cap S(l') \tag{4-41}$$
$$\theta_{lql'q's}=1-D_{lql'q's},$$
$$\forall l\in L,l'\in L,q=1,2,\cdots,N_l,q'=1,2,\cdots,N_{l'},s\in S(l)\cap S(l') \tag{4-42}$$
$$\theta_{lql'q's}\in\{0,1\},$$
$$\forall l\in L,l'\in L,q=1,2,\cdots,N_l,q'=1,2,\cdots,N_{l'},s\in S(l)\cap S(l') \tag{4-43}$$
$$D_{lql'q's}\in\{0,1\},$$
$$\forall l\in L,l'\in L,q=1,2,\cdots,N_l,q'=1,2,\cdots,N_{l'},s\in S(l)\cap S(l') \tag{4-44}$$

4.4.3　求解算法

分支定界算法在运行图优化中得到了许多应用, 但解决问题的计算时间完全依赖问题本身, 计算时间无法保障. 且本优化问题为 NP-Hard 问题, 加之求解规模较大, 分支定界法并不是最优算法. 智能算法有计算时间短、精确度较高和可广泛应用于实际问题等优点. 因此, 本节中分支定界法仅用于求解小规模算例, 针对路网规模较大的实际案例需要运用到解决优化问题较为成熟的智能算法.

(1) 基于模拟退火的粒子群算法

PSO-SA 算法结合了粒子群算法高效收敛性的特点和模拟退火算法高效的局域搜索能力 (Niknam et al., 2009; Zhu, 2009) 在解决大规模实际问题中得到了大量应用. 此算法可以在合理时间范围内搜寻到问题的近似最优解. PSO-SA 算法主要步骤介绍如下:

(a) 解的编码. 在此优化问题中, 每个粒子 X 由首班列车在首站发车时刻、运行时间、停站时间和发车间隔等整数组成, 即 $X = \{t_{111}^D \cdots t_{m11}^D, t_{111}^E \cdots t_{m1n}^E, t_{1112}^R \cdots t_{m1(n-1)n}^R, h_{11} \cdots h_{mN_l}\}$, 其中 m 代表路网线路总条数, n 代表站点总数, N_l 代表线路 l 上车辆总数. $(m + n \times m + (n-1) \times m + (N_l - 1) \times m)$ 为此优化问题的维度.

图 4-26 为测试网络, 有 3 条线路和 5 个换乘站点, 线路上的黑色实心箭头代表车辆运行方向. 两个连续站点之间的初始运行时间用灰色数字表示, 假设乘客站间走行时间为 30 秒.

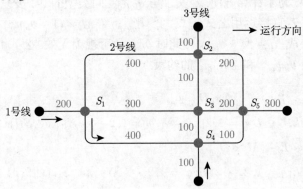

图 4-26　测试网络示意图

测试网络的编码过程如图 4-27 所示. 虚线则用来区分元胞集合, 每个元胞中的数值分别代表每条线路在首站的发车时刻、所有站点停站时间、所有站间运行时间和所有线路发车间隔. 例如, 图 4-27 的椭圆形部分代表 1 号线在首站发车时刻, 即 08:00; 三角形中数字代表首车在首站 S_1 停站时间为 30 秒; 五角形中的数字则代表首班列车从首站运行到站点 S_1 所用运行时间为 200 秒; 圆形区域中的数字代表 1 号线首车与次首车的发车间隔为 180 秒.

图 4-27　测试网络编码

(b) 初始化. 初始化算法参数, 并按照模型要求和约束条件, 初始化各微粒的位置和速度.

(c) 利用公式 (4-27) 计算解的适应度函数, 此模型中, 需计算列车有效衔接次数.

(d) 更新规则. 根据以下规则对各微粒的速度和位置进行更新, 其中 c_1 和 c_2 为学习因子, 学习因子使得粒子具有自我总结和向群体中优秀个体学习的能力, 从而向群体内邻近最优点靠近 (通常取 $c_1 = c_2 = 2$); r_1 和 r_2 为 0 到 1 之间均匀分布的随机数. 在每一次替代中, 粒子通过跟踪两个最优解来更新自己, 第一个就是粒子本身所找到的最优解, 即个体极值 p_b. 另一个是整个种群目前找到的最优值解, 即全局最优值 p_g.

$$
\begin{aligned}
&v(i+1) = \varphi\left\{v(i) + c_1 r_1\left[p_b(i) - x(i)\right] + c_2 r_2\left[p_g(i) - x(i)\right]\right\} \\
&x(i+1) = x(i) + v(i+1)
\end{aligned}
\tag{4-45}
$$

其中 $\varphi = \dfrac{2}{\left|2 - C - \sqrt{C^2 - 4C}\right|}$, $C = c_1 + c_2$.

(e) 模拟退火算法. 模拟退火算法过程将依赖以下 2 个参数: ① 初始温度 $\dot{T}_0$, 值由 $\dot{T}_0 = f(p_g)/\ln 5$ 产生; ②降温过程, 这个计算过程需依赖温度参数 $\dot{T}$, 这个参数是由物理降温过程的温度值转换而来. 为了避免此算法陷入局部最优解, 我们需减小降温速度. 在此优化问题中, 我们引入参数 $\lambda = 0.9$ 来降低降温速度, 利用公式 $\dot{T}_{i+1} = \lambda \times \dot{T}_i$ 进行计算.

(f) 终止准则. 若达到系统设置的最大迭代次数, 或最优解精度变化小于预先设定的精度 a_c, 则程序结束并输出最优解.

综上所述, PSO-SA 算法计算过程如下:

步骤 1 设置初始温度、初始种群和初始位置;

步骤 2 计算目标函数值;

步骤 3 依据目标函数值对初始种群进行分类;

步骤 4 选择全局最优值. 选取个体中计算所得的最大或最小目标函数值 p_g 作为全局最优位置和适应度值;

步骤 5 应用模拟退火算法搜寻全局最优值 p_g. 如果计算所得最优值优于粒子群算法所得最优值则更新 p_g 值;

步骤 6 选择个体所得的局部最优值 p_b;

步骤 7 选择第 i^{th} 代个体的更新位置与速度, 更新所得的最优值需要满足其约束条件;

步骤 8 降温过程;

步骤 9 检查终止条件, 如果达到算法终止条件, 则算法终止; 否则, 返回步骤 3. 算法流程如图 4-28 所示.

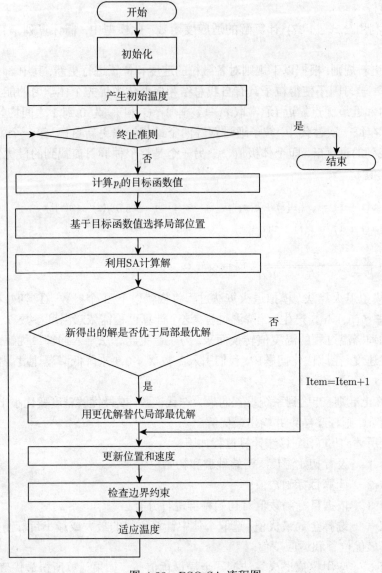

图 4-28 PSO-SA 流程图

(2) 算例分析

为了验证该模型和 PSO-SA 算法的有效性和可行性, 本节使用测试网络进行验证. 高峰期与非高峰期的停站时间和发车间隔如表 4-23 所示. 两个相邻站点间运行时间和停站时间的调整范围均为 $[-5, 5]$. 本节实验内容均运用于 MATLAB 软件, 在 Intel Core i3 处理器, 2.13 GHz CPU 及 8 GB RAM 的硬件环境下进行试验.

各线路的首班列车最优发车时刻如表 4-24 所示.

表 4-23　预先设定的换乘站点的发车间隔和停站时间

线路	S_1	S_2	S_3	S_4	S_5	发车间隔/s	
						高峰期	非高峰期
1 号线	30	—	30	—	50	180	600
2 号线	40	50	—	50	40	180	600
3 号线	—	40	30	40		180	600

表 4-24　测试网络优化后发车间隔和发车时间

线路	换乘站					发车间隔/s				
	S_1	S_2	S_3	S_4	S_5	高峰期	过渡期			非高峰期
							列车 1	列车 2	列车 3	
1 号线	225	—	555	—	798	180	186	320	462	600
2 号线	16	833	—	455	597	180	205	328	468	600
3 号线	—	491	356	230	—	180	181	327	468	600

此模型避免了过渡期发车间隔随机变动过大, 减少乘客出行时间, 可明显改善换乘站衔接不畅的实际问题. 图 4-29 给出了测试网络中乘客选择不同时间出行的所需旅行时间, 其中横坐标为乘客进站时刻, 纵坐标为乘客出行所需旅行时长.

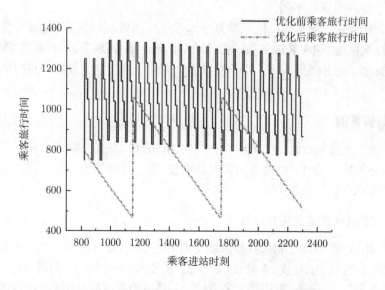

图 4-29　测试网络中不同进站时刻乘客旅行时间

(3) 算法比较

在此部分中, 使用分支定界算法、基于模拟退火的粒子群算法、遗传算法、模拟退火算法和粒子群算法分别对问题进行求解并比较. 比较结果如表 4-25 所示. 从表中可以看出所有算法均可得到相似的近似最优解, 混合 PSO-SA 算法相比较其他算法而言, 具有更好的效率和更高的精度. 因此, 本节的实例验证均采用 PSO-SA 算法. 所得结论归纳如下:

表 4-25　不同算法求解结果

算法	CPU/s	目标函数	提升/%
原始值	—	92	—
分支定界	3077.03	215	156.52
SA	75.00	214	132.60
PSO	87.84	215	156.52
GA	128.04	215	156.52
PSO-SA	79.33	215	156.52

(1) 除了模拟退火算法外, 其他所有算法均能找到相似的近似最优解 (就目标函数而言). 分支定界算法、基于模拟退火的粒子群算法、遗传算法和粒子群算法都能将目标函数值从 92 提升到 215, 大幅度增加了换乘协同人数.

(2) 混合智能算法计算速度优于分支定界算法. 混合智能算法仅仅需要 92.56 秒就可得近似最优解, 而分支定界算法则需要 3077.03 秒. 可见分支定界算法计算效率较低, 实际应用性不强.

(3) 智能算法效率较高, 但因其算法本质不同而效率产生差异. 就计算时间而言, 混合智能算法、遗传算法和粒子群算法得出最优解分别需要的计算时间为 79.33 秒、128.04 秒、87.84 秒. 可见, 基于模拟退火的粒子群算法是使用计算时间最短的算法.

4.4.4　数值算例

本节运用北京城市轨道交通线网作为实例进行研究. 第一部分介绍了北京市轨道交通网络的网络特性、换乘方向和参数取值. 第二部分给出了模型所得近似最优解和评价指标分析.

(1) 北京城市轨道交通网络描述

截至 2015 年 12 月, 北京城市轨道交通网络中有 42 个换乘站和 16 条双向线路 (1 号线、2 号线、4 号线、5 号线、6 号线、8 号线、9 号线、10 号线、13 号线、14 号线、15 号线、昌平线、亦庄线、房山线、大兴线和八通线, 不考虑特殊性能的机场线). 如图 4-30 所示, 图中实心箭头代表线路上行方向, 相反, 另一方向为线路下行方向.

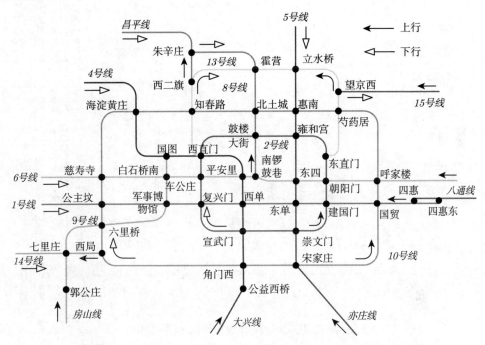

图 4-30 北京市 2015 年轨道交通网络

表 4-26 为本节中实例, 北京市城市轨道交通网络中所有使用参数. 各参数均由试验测试得出.

表 4-26 北京城市轨道交通算法参数

参数类型	N	迭代次数	λ	C_1	C_2	T_a
参数值	40	100	0.9	2	2	1200
参数类型	变量数目	列车数目	$\tilde{t}^R_{lqs(s-1),\max}$	$\tilde{t}^R_{lqs(s-1),\min}$	$\tilde{t}^E_{lqs,\max}$	$\tilde{t}^E_{lqs,\min}$
参数值	1415	640	5	-5	5	-5
参数类型	线路数目	换乘站数目	a_c	∂	$\tilde{t}^R_{l,\max}$	$\tilde{t}^E_{l,\max}$
参数值	32	42	1.e-14	0.6	500	500

(2) 发车间隔分析

为了验证模型的有效性, 本节选用四个指标 (发车间隔、不均衡系数、上座率和乘客旅行时间) 来评价过渡阶段北京市轨道交通线网在优化前后的性能. 图 4-31 中, 用虚线表示在不同规划时段之间的过渡阶段的发车间隔走向趋势.

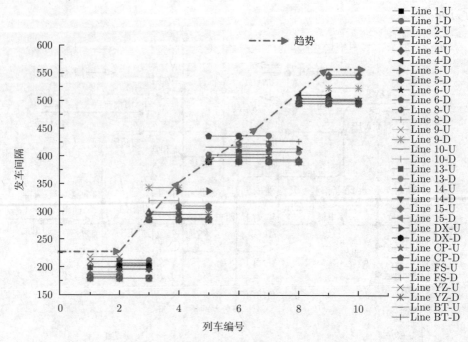

图 4-31   优化后的列车发车间隔 (后附彩图)

在高峰期阶段, 压缩发车间隔可增加列车运能; 非高峰阶段, 增长发车间隔可节省运输成本; 而在过渡阶段, 不仅需要时刻表之间更平滑的过渡, 还要避免发车间隔的突变和不连续性导致的乘客出行时间增长的现象. 由图 4-31 可见, 此模型有效地避免了发车间隔在不同规划阶段的突变性.

(3) 不均衡系数分析

在过渡期, 不均衡的时刻表容易导致乘客在换乘站等待时间差异过大, 降低乘客乘车体验. 再者, 发车时间的离散度越低, 时刻表越均衡, 则表明该时刻表产生扰动后恢复性越强. 因此, 此指标不仅表示了列车时刻表的均衡性, 而且也能反映线网中列车发车时间的离散程度. 不均衡系数计算如公式 (4-46) 所示.

$$EI = \left[1 - \frac{2}{(n-1)}\right] \frac{D\left(H_{lq}\right)}{3}$$

$$= \left[1 - \frac{2}{(n-1)}\right] \frac{E\left(H_{lq}^2\right) - E\left(H_{lq}\right)^2}{3}, \quad \forall q \in [T_1, T_2] \qquad (4\text{-}46)$$

其中, n 代表在此时间段 $[T_1, T_2]$ 的发车数量. 显然, EI 越小, 这个时刻表越均衡. 经计算, 原始时刻表的不均衡系数为 3.93, 而优化后的时刻表不均衡系数为 1.14. 由此可见, 优化后的列车时刻表更加均衡.

图 4-32 给出了 1 号线列车运行图, 其中横坐标为列车发车时间, 纵坐标为车站名称. 红线表示优化后的列车运行图, 黑色的线表示原始列车运行图, 绿线表示优化前后一致的列车运行图. 由图可知, 通过优化后, 红色线路的列车分布要比黑色线路列车分布更加均衡.

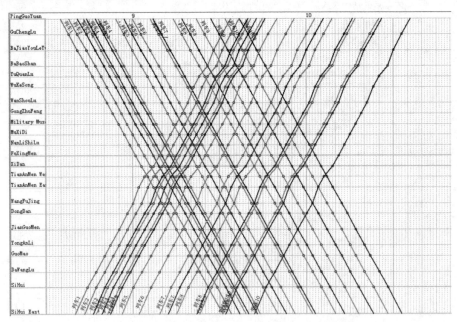

图 4-32   北京轨道交通 1 号线列车运行图 (后附彩图)

(4) 上座率分析

上座率约束主要用来均衡乘客与运营商之间的利益, 其可提升列车效益. 由表 4-27 可知, 换乘效率越小, 适应度函数值越大, 但会增加企业运营成本.

上座率数值越高, 运营商盈利越大, 但会牺牲掉乘客的一部分出行时间. 相反, 若此数值越低, 列车之间的衔接时间越短, 乘客出行时间会明显缩短但会有冗余列车, 导致列车运能浪费.

(5) 乘客出行时间对比分析

本节提出的模型旨在提高乘客、列车在过渡时段的平滑过渡. 此优化策略是通过调整发车时间与发车间隔来最大化衔接次数. 假设乘客采用优化前后的北京轨道交通线网的时刻表出行, 通过对比分析, 可以发现, 此方法可得到客流分布规律及时刻表的均衡性和鲁棒性. 为了说明此方法的优点, 我们对某些重点 OD 对进行分析.

表 4-27   北京城市轨道交通中不同上座率对比

参数		上座率 ∂				
		0.3	0.4	0.5	0.6	0.7
迭代次数		100	100	100	100	100
收敛点的迭代次数		6	64	30	45	65
列车数量		20	20	20	20	20
目标函数值		7399	7306	7293	7273	7246
十字型站点	换乘站数目			30		
	换乘方向数目			8		
	衔接次数 总和	5674	5570	5590	5560	5510
	平均值	24	23	23	23	23
三线换乘站点	换乘站数目			2		
	换乘方向数目			16		
	衔接次数 总和	792	792	791	784	795
	平均值	25	25	25	25	25
T 字型站点	换乘站数目			7		
	换乘方向数目			4		
	衔接次数 总和	770	778	753	767	780
	平均值	27	28	27	27	28
一字型站点	换乘站数目			3		
	换乘方向数目			2		
	衔接次数 总和	163	166	159	162	161
	平均值	27	28	27	27	27

1) 只有一条有效路径的 OD 对

通过真实的北京轨道交通 AFC 数据, 我们选取了早上 08:00:00 到 10:00:00 之间的 OD 出行数据. 此 AFC 数据包含进站时间、交易完成时间、进出站点等信息记录. 以惠西街南口站至西单站为实例进行说明. 如图 4-33 所示, 路径 (1)、(2) 和 (3) 都为可行路径, 但路径 (2) 和 (3) 的出行时间远远高于路径 (1). 因此, 基于乘客理性考虑, 此 OD 对仅有一条有效路径, 即路径 (1).

表 4-28 给出了优化前后, 选择由惠西街南口站出行至西单站的乘客的出行时间对比情况. 可见优化后的时刻表可显著减少过渡期内乘客旅行时间. 由实地调研可知, 在惠新西街南口站乘客平均进站走行时间为 51 秒, 在西单站的平均出战走行时间为 40 秒.

2) 多于一条路径的 OD 对

同理, 可从 AFC 数据中提取出公主坟站至崇文门站的 AFC 出行数据. 如图 4-34 所示, 乘客可随机从以下两个有效路径中选取一条作为出行路径, 以此为依据来研究乘客出行时间. 由实地调研可知, 公主坟站乘客的进站平均走行时间为 51

秒, 在崇文门站的出站平均走行时间为 110 秒. 运用此模型后, 优化后的乘客出行时间如表 4-29 所示. 选择 9:06:00 进站的乘客, 其出行时间可由原始的 35 分 24 秒缩短至 28 分 15 秒, 出行时间提升了 20.2%; 而选择 9:40:00 进站的乘客, 其出行时间可由原始的 30 分 12 秒缩短到 26 分 53 秒, 出行时间也提升了 10.98%.

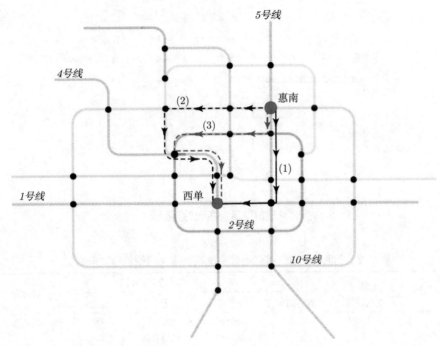

图 4-33　惠新西街南口站到西单站的出行路径

表 4-28　北京城市轨道交通惠南站至西单站旅行时间对比

进站时间	真实 AFC 数据		优化后时刻表			提升/%
	交易时间	旅行时间	登车时间	到达时间	旅行时间	
9:04:00	9:38:07	34′07″	9:07:19	9:34:25	31′05″	8.89
9:07:00	9:38:14	31′14″	9:10:19	9:34:25	28′05″	10.09
9:09:00	9:42:23	33′23″	9:14:19	9:40:55	32′35″	2.40
9:10:00	9:45:27	35′27″	9:14:19	9:40:55	31′35″	10.91
9:16:00	9:52:01	36′01″	9:19:49	9:49:18	33′58″	5.69
9:17:00	9:50:10	33′10″	9:19:49	9:49:18	32′58″	0.60

时间格式为: HH:MM:SS, 24 小时制.

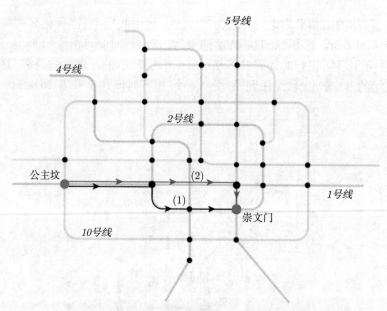

图 4-34　北京轨道交通公主坟站至崇文门站路径

表 4-29　北京城市轨道交通公主坟站至崇文门站旅行时间对比

进站时间	真实 AFC 数据		优化后时刻表			提升/%
	交易时间	旅行时间	登车时间	到达时间	旅行时间	
9:06:00	9:41:24	35′24″	9:10:40	9:34:15	28′15″	20.20
9:09:00	9:37:14	28′14″	9:10:40	9:34:15	25′15″	10.57
9:14:00	9:44:09	30′09″	9:15:25	9:39:00	25′00″	17.08
9:27:00	9:58:02	31′02″	9:28:25	9:52:00	25′00″	19.44
9:32:00	10:02:06	30′06″	9:34:55	9:58:30	26′30″	11.96
9:33:00	10:04:10	31′10″	9:34:55	9:58:30	25′30″	18.18
9:40:00	10:10:12	30′12″	9:43:18	10:06:53	26′53″	10.98

时间格式为: HH:MM:SS, 24 小时制.

4.5　小　　结

　　本章首先根据城市轨道交通首班列车运营特性, 引入线路、站点重要度概念, 建立了城市轨道交通线网首班列车时刻表协同优化模型, 并基于线网的分层衔接求解算法给出初始解, 应用现有优化求解软件对模型进行求解; 其次针对城市轨道交通末班列车运营管理的多样性, 分析了末班列车换乘中的问题. 建立了末班列车换乘衔接优化模型并设计了遗传算法进行求解. 上述模型均选取小规模网络进行测试. 随后, 对北京城市轨道交通线网进行优化, 并对优化后的运行图进行评价. 考虑到客流的变化使得时刻表产生高峰时段和非高峰时段, 而中间过渡时段往往会被忽视. 最后, 本章为解决城市轨道交通线网过渡阶段时刻表协同优化问题, 建立了混合整数非线性规划模型以最大化衔接次数, 设计了 PSO-SA 算法获得近似最优解, 并以发车间隔、均衡系数、上座率和乘客出行时间等指标来对模型的有效性进行了评价.

参 考 文 献

郭欣. 2018. 城市轨道交通线网列车时刻表分阶段协同优化. 北京: 北京交通大学.

徐瑞华, 张铭, 江志彬. 2008, 基于线网运营协调的城市轨道交通首末班列车发车时间域研究. 铁道学报, 30(2): 7-11.

Albrecht T, Oettich S. 2002. A new integrated approach to dynamic schedule synchronization and energy-saving train control. Computers in Railways VIII, 13: 847-856.

Castelli L, Pesenti R, Ukovich W. 2004. Scheduling multimodal transportation systems. European Journal of Operational Research, 155(3): 603-615.

Ceder A, Golany B, Tal O. 2001. Creating bus timetables with maximal synchronization. Transportation Research Part A: Policy and Practice, 35(10): 913-928.

Chang S C, Chung Y C. 2005. From timetabling to train regulation-a new train operation model. Information and Software Technology, 47(9): 575-585.

Desaulniers G, Hickman M D. 2007. Public transit. Handbooks in operations research and management science, 14: 69-127.

Dou X, Meng Q, Guo X. 2015. Bus schedule coordination for the last train service in an intermodal bus-and-train transport network. Transportation Research Part C: Emerging Technologies, 60(34): 360-376.

Fleurent C, Lessard R, Séguin L. 2004. Transit timetable synchronization: Evaluation and optimization. Proceedings of the 9th international conference on computer-aided scheduling of public transport. San Diego: 9-11.

Guihaire V, Hao J. 2008. Transit network design and scheduling: A global review. Transportation Research Part A: Policy & Practice, 42(10): 1251-1273.

Guo X, Su H, Wu J, et al. 2016. Timetable coordination of first trains in urban subway network: A case study of Beijing. Applied Mathematical Modelling, 40(17): 8048-8066.

Guo X, Sun H, Wu J, et al. 2017. Multiperiod-based timetable optimization for metro transit networks. Transportation Research Part B: Methodological, 2017, 96: 46-67.

Ibarra-Rojas O J, Delgado F, Giesen R, et al. 2015. Planning, operation, and control of bus transport systems: A literature review. Transportation Research Part B: Methodological, 77: 38-75.

Ibarra-Rojas O J, Rios-Solis Y A. 2012. Synchronization of bus timetabling. Transportation Research Part B: Methodological, 46(5): 599-614.

Kang L, Wu J, Sun H, et al. 2015a. A practical model for last train rescheduling with train delay in urban railway transit networks. Omega: The International Journal of Management Science, 50: 29-42.

Kang L, Wu J, Sun H, et al. 2015b. A case study on the coordination of last trains for the Beijing subway network. Transportation Research Part B: Methodological, 72(72): 112-127.

Kang L, Zhu X. 2016. A simulated annealing algorithm for first train transfer problem in urban railway networks. Applied Mathematical Modelling, 40(1): 419-435.

Liebchen C. 2008. The First Optimized Railway Timetable in Practice. Transportation Science, 42(4): 420-435.

Niknam T, Amiri B, Olamaei J, et al. 2009. An efficient hybrid evolutionary optimization algorithm based on PSO and SA for clustering. Journal of Zhejiang University Science A, 10(4): 512-519.

Salicrú M, Fleurent C, Armengol J M. 2011. Timetable-based operation in urban transport: run-time optimization and improvements in the operating process. Transportation Research Part A: Policy and Practice, 45(8): 721-740.

Sels P, Dewilde T, Cattrysse D, et al. 2016. Reducing the passenger travel time in practice by the automated construction of a robust railway timetable. Transportation Research Part B, 84: 124-156.

Shafahi Y, Khani A. 2010. A practical model for transfer optimization in a transit network: Model formulations and solutions. Transportation Research Part A: Policy and Practice, 44(6): 377-389.

Tong L, Zhou X, Miller H J. 2015. Transportation network design for maximizing space-time accessibility. Transportation Research Part B, 81: 555-576.

Vansteenwegen P, Oudheusden D V. 2006. Developing railway timetables which guarantee a better service. European Journal of Operational Research, 173(1): 337-350.

Wong R, Yuen T, Fung K, et al. 2008. Optimizing timetable synchronization for rail mass transit. Transportation Science, 42(1): 57-69.

Wu J, Liu M, Sun H, et al. 2015. Equity-based timetable synchronization optimization in urban subway network. Transportation Research Part C: Emerging Technologies, 51: 1-18.

Wu Y, Yang H, Tang J, et al. 2016. Multi-objective re-synchronizing of bus timetable: Model, complexity and solution. Transportation Research Part C: Emerging Technologies, 67: 149-168.

Yan S, Chen H. 2002. A scheduling model and a solution algorithm for inter-city bus carriers. Transportation Research Part A: Policy & Practice, 36(9): 805-825.

Yang X, Ning B, Li X, et al. 2014. A two-objective timetable optimization model in subway systems. IEEE Transactions on Intelligent Transportation Systems, 15(5): 1913-1921.

Zhou W, Deng L, Xie M, et al. 2013. Coordination optimization of the first and last trains' departure time on urban rail transit network. Advances in Mechanical Engineering, 22(3): 848292-848296

Zhu J. 2009. A modified particle swarm optimization algorithm. Journal of Computers, 4(12): 521-531.

第5章 城市轨道交通与地面公共交通的接驳优化

5.1 概 述

城市轨道交通和地面公交是城市公共交通系统中最重要的两种交通方式, 承载了城市内大部分的乘客出行. 它们之间的高效接驳已成为城市公共交通一体化的重要环节. 目前, 城市轨道交通已步入网络化运营阶段, 新线的不断接入使得大城市轨道交通呈现出线路里程长、路网密度大、换乘站点密集、车流分布集中等典型特征, 这对城市轨道交通线网协同运营提出了更高的要求. 与此同时, 随着大中城市综合交通体系的快速发展和完善, 需要加强城市轨道交通和地面公交的协同运营和有效衔接, 进而充分发挥两种公共交通的自身优势, 提高公共交通的服务效率, 促进城市交通的可持续发展.

城市轨道交通系统中, 乘客出行可以分为四个典型的时段, 分别为首班车阶段、高峰阶段、平峰阶段和末班车阶段 (Guo et al., 2017). 对于首班列车阶段时刻表协同问题, Kang & Zhu(2016) 提出了城市轨道交通线网间首班列车的衔接模型, 并在北京地铁进行了实证分析. 结果表明, 提出的优化模型不仅提升了乘客在换乘站的协同次数, 同时减少了乘客在换乘站的换乘等待时间. 基于以上研究, Guo 等 (2016) 发现在首班车阶段, 随机客流不均衡性较大, 各条线路的利用率、换乘站的重要度也相差很大, 因此提出了一种基于城市轨道交通网络中线路和换乘站的重要性的列车时刻表优化模型, 该模型利用线路和换乘站重要度替代随机客流, 用以优化时刻表协同问题. 相反, 高峰阶段由于客流量密集, 压缩列车发车间隔已成为提升运量的有效手段. 此外, 以客流需求过大、列车容量不足为背景进行建模, 同样可通过缩短乘客旅行时间和乘客换乘等待时间来提高运量. 以高峰阶段为研究背景, 文献较多, 如 Vaughan (1986), Nachtigall & Voget (1997), Odijk (1996), Wong 等 (2008), Liebchen (2008) 等, 通过最小化乘客在站总旅行时间和换乘等待时间来优化时刻表. 其中, Wong 等 (2008) 提出了混合整数规划模型来最小化城市轨道交通网络中所有乘客的换乘等待时间. Shafahi & Khani (2010) 提出了两种混合整数规划模型来优化乘客换乘等待时间, 决策列车的发车时刻. Sels 等 (2016) 为解决周期性事件时刻表问题, 提出了混合整数规划模型最小化一个列车运行周期中乘客的总旅行时间, 并利用宏观模拟方法生成鲁棒时刻表. Hadas & Ceder(2010) 基于提前制定的策略, 提出了最小化乘客总等待时间的动态规划模型. 为避免乘客在部分换乘站的等待时间不均衡现象, 部分学者从均衡的角度出发, 研究了时刻表优化问题 (Wu et al., 2015; Daduna & Voß, 1995). 此外, 一些文献还通过最小化列车运营成本 (Yan & Chen, 2002; Lin & Chen, 2008; Gallo et al., 2011; Kou et al., 2014; Chandra et al., 2014; Yang et al., 2015), 以及最小化运营商成本和乘客等待时间 (Castelli et al., 2004; Chang & Chung, 2005; Ibarra-Rojas & Rios-Solis, 2012; Yang et al., 2014) 优化列车时刻表. 对于末班车时刻表的协同问题, Kang 等 (2015a) 构建了优化列车运营时间的优化模型, 减少了换乘冗余时间, 提升了网络乘客末班列车出行的可达性. 同年, Kang 等 (2015b) 改进上述模型, 通过最大化乘客换乘衔接次数, 有效提升末班车阶段乘客换乘效率, 进而减少乘客换乘等待时间.

　　城市公共交通系统中, 在充分发挥城市轨道交通运力运能的同时, 需要处理好轨道交通各线路与既有地面公交线路的关系. 若不重视轨道交通和地面公交协同运营, 将会增加乘客出行时间, 进而降低城市公共交通换乘效率、运输效率和服务水平. 这就需要优化地面公交与轨道交通的接驳体系, 提升公共交通系统整体资源的使用效率、竞争力及服务水平. Shrivastava 等 (2002) 建立了轨道交通列车与公交接驳的时间表优化模型, 通过最小化乘客换乘等待时间, 提升公共交通换乘效率. Dou 等 (2015) 则从乘客多模式出行角度出发, 以末班列车时刻表协同优化问题为背景, 求解匹配城市轨道交通末班列车的最优公交时刻表, 提高了公交与城市轨道交通衔接服务水平. 近年来, 由于大城市轨道交通系统大都处于高负荷状态运行, 一旦发生系统整体或者局部故障, 滞留乘客无法及时疏散时, 系统将难以维持正常运行. 在此情况下, 需要开设相应的接驳地面公交线路作为补充提升运量, 由助滞留乘客快速疏散. 以此为背景, Pender 等 (2012) 总结了 48 个国际轨道交通客运组织所采取的中断管理措施, 包括开通接驳公交服务、将乘客转移到其他地铁线等. Wang 等 (2014) 重点分析了在轨道交通中断情况下公交接驳服务中的乘客排队和等待行为. 但道路交通状况具有很强的复杂性和不确定性, 且公交车行驶时间随机性较强, 需要设计鲁棒优化方法来进行接驳公交网络优化, 从而确保接驳公交线路能够适用公交运行时间的不确定性. Jin 等 (2014) 引入了一种轨道交通–公交一体化方法, 以提高城市轨道交通网络对破坏的恢复能力. Jin 等 (2016) 建立了接驳公交路线生成和车辆资源分配的数学规划模型. Liang 等 (2018) 提出了城市轨道交通线路中断下接驳地面公交网络设计的鲁棒优化方法, 以降低轨道交通突发故障带来的影响. 本章将分别介绍常态情况下城市轨道交通首班列车、末班列车与地面公交的接驳, 以及故障条件下城市轨道交通和地面公交之间的接驳优化.

5.2　城市轨道交通首班列车与地面公交接驳优化

5.2.1　模型假设

假设 1: 首班车阶段, 列车运力充足, 车厢无拥挤, 乘客选择最短路径出行.

假设 2: 列车在站间的运行时间和乘客换乘走行时间已知. 城市轨道交通线网中, 运营操作基本作业对线路间运行状态、车辆速度等都有严格限制, 因此除突发事件外, 列车在站点间的运行时间相对固定.

假设 3: 首班列车的发车时间域由城市轨道交通运营部门确定. 以北京轨道交通为例, 过早运营首班列车会浪费运能运量、增加车辆耗损; 而过晚运营首班列车会降低乘客服务水平. 因此, 首班列车发车时间域需根据城市轨道交通运营情况, 按需确定.

5.2.2　相关定义

(1) 列车衔接时间

针对线路 l, 将换乘站点之间的普通站点 (非换乘站) 进行合并, 换乘站点之间的运行时间可由各区段运行时间和非换乘站停站时间的总和组成, 具体操作如图 5-1 所示 (Guo et al., 2018).

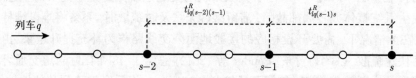

图 5-1　路网中换乘站点间运行时间示例

针对线路 l 上的 q 车, 其在站点 s 的发车时刻 t_{lqs}^A 和到达时刻 t_{lqs}^D, 可根据该车在此线路初始站点的发车时刻、运行过程中累计的运行时间和停站时间计算得知 (图 5-2), 发车时刻和到达时刻分别由公式 (5-1) 和公式 (5-2) 计算得知.

$$t_{lqs}^A = t_{lq0}^D + \sum_{s \in S(l)} t_{lq(s-1)s}^R + \sum_{s \in S(l)-1} t_{lqs}^{DW} \tag{5-1}$$

$$t_{lqs}^D = t_{lqs}^A + t_{lqs}^{DW} \tag{5-2}$$

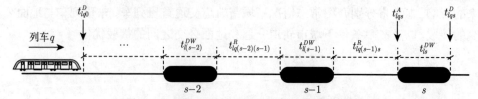

图 5-2　列车 q 出发时刻和到达时刻的表示图

当乘客在线路 l 与线路 l' 间换乘时 (图 5-3), 列车间衔接时间如公式 (5-3) 所示:

$$t_{lql'q's}^{C} = t_{l'q's}^{D} - (t_{lqs}^{A} + t_{ll's}^{TW}) \tag{5-3}$$

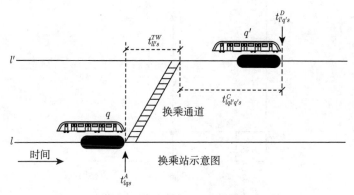

图 5-3　线间换乘成功场景下列车衔接时间的计算

实际上, 可通过乘客到达时刻和列车发车时刻之间的关系来确定乘客是否可以成功换乘至该车. 如图 5-4 所示, 横轴表示当乘客从线路 l 下车后到达线路 l' 站台的时刻, 纵轴表示线路 l' 上列车的发车时刻. 虚线以上部分表示乘客到达时刻早于该列车发车时刻, 表明乘客可成功换乘至 l' 线上的列车. 相反, 虚线以下部分则表示乘客到达时刻晚于该列车发车时刻, 即乘客到达 l' 线时, 该列车已经离站, 因此需等待下次列车. 图中, $\alpha_{lq}^{l'q'} = 1$ 表示乘客可从线路 l 上的 q 车成功换乘至线路 l' 上的 q' 车; 反之, $\alpha_{lq}^{l'q'} = 0$. 圆点表示当线路 l 和线路 l' 上的列车到发时刻不相同时, 乘客所处的换乘状态. 由图可知, 当乘客的到发时间组合为第 3 个到第 4 个点的状态时, l 线乘客可成功换乘至线路 l'. 由于乘客理性出行, 乘客将选择乘坐最先到达的列车离开, 因此线路 l 和线路 l' 有换乘需求时, 乘客会选择第 3 个点代表的列车进行换乘, 此时列车衔接时间用 $t_{lql'q's}^{C}$ 表示. 而其他圆点处列车衔接时间在上述模型中都会设置为 0.

(2) 地铁–公交衔接时间

图 5-5 为城市轨道交通和地面公交的衔接示意图. 在换乘站 s, 当城市轨道交通线路上乘客可成功换乘至地面公交车辆上, 其衔接时间可用 $\hat{t}_{lqrs}^{C}$ 表示, 计算方法如公式 (5-4) 所示. 式中, $\hat{t}_{rs}^{D}$ 表示公交线路 r 上车辆发车时刻, t_{lqs}^{A} 表示城市轨道交通列车到达时刻, $\hat{t}_{lrs}^{TW}$ 表示两种方式之间的乘客换乘走行时间.

$$\hat{t}_{lqrs}^{C} = \hat{t}_{rs}^{D} - (t_{lqs}^{A} + \hat{t}_{lrs}^{TW}) \tag{5-4}$$

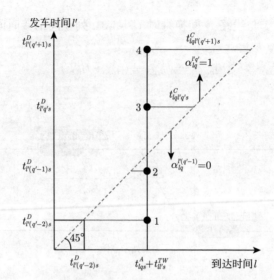

图 5-4　线路 l' 和线路 l 发车时刻关系图

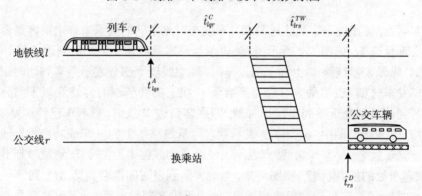

图 5-5　城市轨道交通与地面公交的衔接关系图

图 5-6 与图 5-4 关系类似. $\lambda^r_{l(q-1)} = 1$ 代表乘客可从线路 l 上的 $(q-1)$ 列车成功换乘至地面公交; 反之 $\lambda^r_{l(q-1)} = 0$.

5.2.3　模型构建

(1) 目标函数

城市轨道交通和地面公交是城市公共交通网络中的重要组成部分, 保证城市轨道交通和地面公交的协同运输可充分发挥两种运输方式的优势. 然而, 实现城市轨道交通与地面公交的协同运营和有效衔接, 不仅要求各系统内部具有很强的可达性, 也需要不同系统间的高效协同. 本节重点剖析网络间换乘便捷性, 构建首班列车和地面公交接驳优化模型, 以提高公共交通系统的服务效率. 模型目标函数为最小化城市轨道交通首班列车群衔接时间以及列车与公交的换乘时间之和, 其中 ε 为权重, 如公式 (5-5) 所示.

$$\min Z = \varepsilon \sum_{\substack{l,l' \in L \\ l>l'}} \sum_{s \in (l,l')} \sum_{q=1}^{N_L} \sum_{q=1}^{N'_L} t_{lql'q's}^C + (1-\varepsilon) \sum_{l \in L} \sum_{s \in (l,r)} \sum_{q=1}^{N_L} \hat{t}_{lqrs}^C \qquad (5\text{-}5)$$

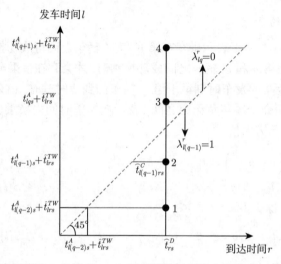

图 5-6 城市轨道交通线路 l 上第 $(q-1)$ 列车到达时刻和公交线路 r 上首班车发车时刻关系图

(2) 安全约束

发车间隔为两列车在运行过程中互不干扰的安全约束时间, 发车时刻与发车间隔之间的计算关系可由公式 (5-6) 进行计算. 其中, h_{lqs} 为线路 l 上列车 q 与 $q+1$ 之间的发车间隔. 公式 (5-7) 确保列车运营安全与运输效率, 发车间隔存在上下界. 式中, $h_{lqs,\max}$ 和 $h_{lqs,\min}$ 分别代表线路 l 的最大发车间隔和最小发车间隔.

$$h_{lqs} + t_{lqs}^D = t_{lq(q+1)s}^D, \quad \forall l \in L, q = 1, 2, \cdots, N_l, s \in S(l) \qquad (5\text{-}6)$$

$$h_{lqs,\min} \leqslant h_{lqs} \leqslant h_{lqs,\max}, \quad \forall l \in L, q = 1, 2, \cdots, N_l, s \in S(l) \qquad (5\text{-}7)$$

(3) 运营约束

列车的停站时间约束 (公式 (5-8)) 及站间运行时间约束 (公式 (5-9)) 用来保证列车的安全运行. 同理, 停站时间及区间运行时间也有相应的上下界约束.

$$t_{lqs,\min}^{DW} \leqslant t_{lqs}^D - t_{lqs}^A \leqslant t_{lqs,\max}^{DW}, \quad \forall l \in L, q = 1, 2, \cdots, N_l, s \in S(l) \qquad (5\text{-}8)$$

$$t_{lq(s-1)s,\min}^R \leqslant t_{lq(s-1)s}^R \leqslant t_{lq(s-1)s,\max}^R, \quad \forall l \in L, q = 1, 2, \cdots, N_l, s \in S(l) \quad (5\text{-}9)$$

公式 (5-10) 为各线路首班列车发车时间域约束. 也就是说, 每条线路的首班列车不可早于 A 时刻发车, 不可晚于 B 时刻发车, 其中 A 和 B 均为给定的常量.

$$A_l \leqslant t_{l10}^D + \sum_{s \in S(l)} t_{l1s(s-1)}^R + \sum_{s \in S(l)} t_{l1s}^E \leqslant B_l, \quad \forall l \in L, q = 1, 2, \cdots, N_l, s \in S(l) \quad (5\text{-}10)$$

(4) 列车控制约束

由上文可知, $\alpha_{lq}^{l'q'} = 1$ 表示乘客在第 q 和 q' 辆车之间可成功换乘. 约束 (5-11) 表示只有当乘客在第 q 和 q' 辆车之间成功换乘时, 才会存在换乘衔接时间, 且时间为正值. 当第 q' 辆车的发车时刻早于第 q 辆车的到达时刻时, 由公式 (5-12) 可知, 乘客换乘衔接时间介于零与负无穷之间, 表示在期望时间内换乘失败 (Guo et al., 2018), 式中 M 为无穷大值.

$$-M \times \left(1 - \alpha_{lq}^{l'q'}\right) \leqslant t_{lql'q's}^C \leqslant M \times \alpha_{lq}^{l'q'},$$
$$\forall l \in L, l' \in L, q = 1, 2, \cdots, N_l, q' = 1, 2, \cdots, N_{l'}, s \in S(l) \cap S(l') \quad (5\text{-}11)$$

$$t_{lql'q's}^C - M * \alpha_{lq}^{l'(q'-1)} \leqslant t_{lql'q's}^C,$$
$$\forall l \in L, l' \in L, q = 1, 2, \cdots, N_l, q' = 1, 2, \cdots, N_{l'}, s \in S(l) \cap S(l') \quad (5\text{-}12)$$

$$\alpha_{lq}^{l'q'} \in \{0, 1\},$$
$$\forall l \in L, l' \in L, q = 1, 2, \cdots, N_l, q' = 1, 2, \cdots, N_{l'}, s \in S(l) \cap S(l') \quad (5\text{-}13)$$

公式 (5-15) 保证列车与地面公交车辆之间的衔接时间大于乘客走行时间.

$$-M \times (1 - \lambda_{lqs}^r) \leqslant \hat{t}_{rs}^D - (t_{lqs}^A + \hat{t}_{lrs}^{TW})$$
$$\leqslant M \times \lambda_{lqs}^r, \quad \forall l \in L, r \in R, q = 1, 2, \cdots, N_l, s \in S(l) \cap S(l') \quad (5\text{-}14)$$

$$\hat{t}_{rs}^D - (t_{lqs}^A + \hat{t}_{lrs}^{TW}) - M * \lambda_{l(q-1)s}^r$$
$$\leqslant \hat{t}_{lqrs}^C, \quad \forall l \in L, r \in R, q = 1, 2, \cdots, N_l, s \in S(l) \cap S(l') \quad (5\text{-}15)$$

$$\lambda_{lqs}^r \in \{0, 1\}, \quad \forall l \in L, r \in R, q = 1, 2, \cdots, N_l, s \in S(l) \cap S(l') \quad (5\text{-}16)$$

5.2.4　求解算法

遗传算法是计算机科学人工智能领域中广泛用于解决最优化的一种搜索启发式算法. 对应本节中提出的模型, 我们将首班车发车时刻和发车间隔组成染色体基因, 以向量 $(t_{110}^D, t_{l10}^D, \cdots, t_{m10}^D, h_{112}, h_{123}, \cdots, h_{1p(p+1)}, h_{212}, h_{223}, \cdots, h_{2p(p+1)}, \cdots, h_{m12}, h_{m23}, \cdots, h_{mp(p+1)})$ 进行表示, 编码过程如图 5-7 所示, 其中行向量代表线路集合, 纵向量代表车次集合, 空白的元胞代表发车时刻.

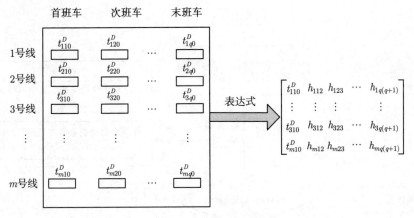

图 5-7 遗传算法编码过程

一般的遗传算法求解过程如下所示: ①随机产生一定数目的染色体; ②评价这些染色体的适应度函数; ③通过选择、交叉、变异操作获得优良的染色体; ④当到达最大迭代次数, 或者算法收敛时停止计算.

图 5-8 给出了遗传算法流程图. 具体算法步骤如下.

步骤 1 初始化

步骤 1.1 给定遗传算法初始参数值: 种群的大小 N, 初始迭代次数 $K_0 = 0$, 最大迭代次数 $K_{\max}$;

步骤 1.2 给定参数: A_l, B_l, $\max(h_{112})$, $\min(h_{112})$, $\cdots$, $\max(h_{1(p-1)p})$, $\min(h_{1(p-1)p})$, 线路 l 上有 p 辆车;

步骤 1.3 初始化父代染色体, 包含线路的初始发车时刻、换乘等待时间、上车时间以及初始时刻表的运行时间和停站时间.

步骤 2 更新

步骤 2.1 计算目标函数值 $T(i)$;

步骤 2.2 计算概率 $p(i) = T(i) \bigg/ \sum_{i=1}^{N} T(i)$;

步骤 2.3 利用父代染色体 $p(i)$ 重塑新的子代;

步骤 2.4 使用交叉操作组合形成两个新的染色体, 交叉操作多使用单点交叉, 具体的交叉过程如图 5-9 所示, 交叉概率由实例测试得知;

步骤 2.5 选取 2% 的染色体变异产生新的后代;

步骤 2.6 计算目标函数值.

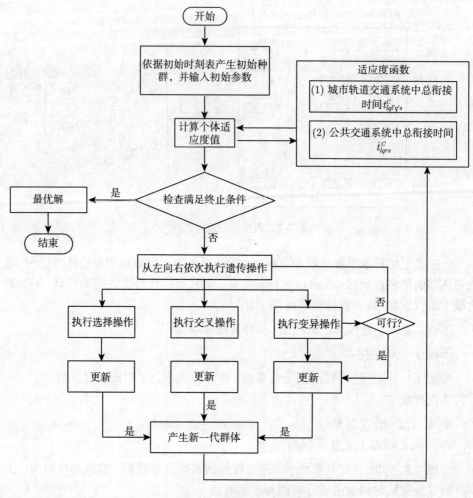

图 5-8　遗传算法流程图

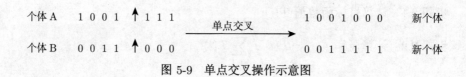

图 5-9　单点交叉操作示意图

步骤 3　终止条件

如果满足以下条件, 算法终止. ①达到最大迭代次数时, 函数值不变; ②最大适应度值和平均适应度值之一的变化小于 1%.

5.2.5 数值算例

(1) 网络描述

为了验证模型算法的有效性, 下面以 2015 年北京市轨道交通网络为实例进行分析, 如图 5-10 所示. 该网络由 41 个换乘站和 16 条线路组成. 所有换乘站点均由黑点表示, 实心箭头表示各条线路上行运行方向, 空心箭头表示各线路下行运行方向.

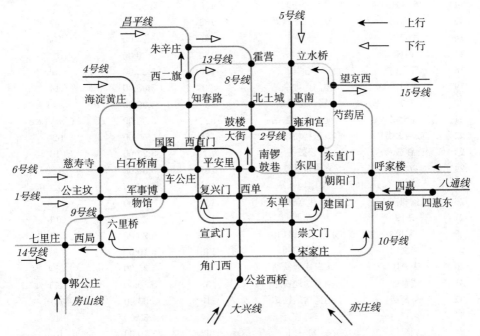

图 5-10 北京市轨道交通网络示意图 (2015 年)

表 5-1 给出了北京市轨道交通网络各个车站与公交站接驳状态, 包括距离地铁换乘站最近的公交站点名称、公交车编号、首班公交车发车时刻以及站间距离.

表 5-1 地铁车站附近公交车发车时刻

编号	换乘站	距离换乘站最近的公交站	距离/m	首班发车时刻	公交车编号
1	慈寿寺	慈寿寺桥	202	5:30:00	40
2	公主坟	公主坟	12	5:00:00	57
3	六里桥	六里桥南	387	5:20:00	944
4	西局	西局公交站	422	5:20:00	944
5	郭公庄	郭公庄地铁站	263	6:20:00	临 3
6	海淀黄庄	海淀黄庄北	204	5:50:00	320/332
7	国家图书馆	国家图书馆	136	5:40:00	320/332/563

编号	换乘站	距离换乘站最近的公交站	距离/m	首班发车时刻	公交车编号
8	白石桥南	四道口东	146	5:10:00	118
9	军事博物馆	军事博物馆	77	5:20:00	320
10	朱辛庄	朱辛庄地铁站	41	6:00:00	昌 26
11	西二旗	西二旗地铁站	112	5:30:00	362/509
12	知春路	知春路	166	5:30:00	604
13	西直门	西直门	128	5:20:00	563
14	车公庄	车公庄北	190	5:50:00	375
15	复兴门	复兴门地铁站	165	5:30:00	52
16	平安里	平安里	90	5:25:00	105
17	西单	西单东	150	5:30:00	10/22
18	宣武门	宣武门	130	5:25:00	105
19	角门西	角门西地铁站	90	5:00:00	14
20	霍营	霍营地铁站	133	5:30:00	444
21	北土城	北土城地铁站	322	5:30:00	81/84/特 8
22	鼓楼大街	鼓楼桥西	168	5:50:00	625
23	南锣鼓巷	锣鼓巷	77	5:25:00	13
24	立水桥	立水桥地铁站	107	5:30:00	快 3
25	惠南	惠南地铁站	126	6:00:00	515
26	雍和宫	雍和宫桥东	148	5:20:00	116
27	东四	东四	158	5:20:00	106
28	东单	东单十字路口南	173	5:20:00	10
29	崇文门	崇文门西	146	5:10:00	8
30	宋家庄	宋家庄地铁站	82	5:30:00	684
31	望京西	望京西地铁站	155	5:30:00	470 /471 /976
32	芍药居	芍药居地铁站	118	5:00:00	119
33	东直门	东直门	244	4:50:00	106
34	朝阳门	朝阳门	142	5:10:00	109
35	建国门	建国门南	494	5:00:00	122
36	呼家楼	呼家楼北街	195	5:50:00	440
37	国贸	大北窑西	205	5:20:00	1/28
38	四惠	四惠	181	5:00:00	1
39	四惠东	四惠东	108	5:30:00	312
40	公益西桥	公益西桥地铁站	469	6:00:00	825
41	七里庄	七里庄	105	5:30:00	323

(2) 结果分析

通过应用提出的优化模型和算法, 综合考虑地面公交网络运营线路及发车时刻, 可以得到北京市轨道交通网络 16 条线路优化后的发车时刻 (表 5-2). 同时, 为了便于对比分析, 表中给出了实际运营时刻表.

表 5-2 北京市轨道交通网络首班列车发车时刻

线路名称	1 号线		2 号线		4 号线		5 号线	
方向	上行	下行	上行	下行	上行	下行	上行	下行
优化后发车时刻	5:26	5:03	5:16	5:15	5:29	5:19	5:12	5:10
实际发车时刻	5:36	5:10	5:10	5:34	5:30	5:00	5:20	5:00
线路名称	6 号线		8 号线		9 号线		10 号线	
方向	上行	下行	上行	下行	上行	下行	上行	下行
优化后发车时刻	5:14	5:25	5:08	5:25	5:20	5:38	4:47	4:58
实际发车时刻	5:15	5:23	4:55	5:10	5:20	5:59	4:49	4:47
线路名称	13 号线		14 号线		15 号线		大兴线	
方向	上行	下行	上行	下行	上行	下行	上行	下行
优化后发车时刻	5:20	5:00:	5:18	5:19	5:24	5:11	5:02	4:59
实际发车时刻	5:00	5:00	5:45	5:30	5:30	5:30	5:00	5:00
线路名称	昌平线		房山线		亦庄线		八通线	
方向	上行	下行	上行	下行	上行	下行	上行	下行
优化后发车时刻	5:20	5:11	5:26	5:17	4:53	5:15	5:24	5:28
实际发车时刻	5:37	5:40	5:15	5:58	5:23	6:00	6:00	5:20

在北京市轨道交通网络的 16 条线路中, 我们给出了前 12 辆列车的发车间隔, 如表 5-3 所示.

表 5-3 优化后的北京市轨道交通网络发车间隔

线路	方向	发车间隔 (小时: 分钟)										
		1st	2nd	3rd	4th	5th	6th	7th	8th	9th	10th	11th
1 号线	上行	0:12	0:8	0:7	0:11	0:11	0:9	0:9	0:11	0:8	0:10	0:9
	下行	0:13	0:11	0:8	0:8	0:9	0:8	0:11	0:8	0:10	0:10	0:9
2 号线	上行	0:10	0:9	0:9	0:9	0:10	0:8	0:10	0:9	0:9	0:10	0:12
	下行	0:10	0:12	0:8	0:8	0:9	0:8	0:9	0:12	0:12	0:10	0:11
4 号线	上行	0:9	0:7	0:10	0:7	0:12	0:10	0:9	0:10	0:10	0:11	0:9
	下行	0:10	0:10	0:9	0:11	0:10	0:10	0:12	0:10	0:9	0:7	0:9
5 号线	上行	0:7	0:8	0:9	0:11	0:9	0:9	0:9	0:10	0:10	0:8	0:8
	下行	0:10	0:11	0:9	0:10	0:10	0:9	0:11	0:10	0:10	0:8	0:9
6 号线	上行	0:11	0:9	0:10	0:8	0:11	0:9	0:11	0:9	0:9	0:10	0:11
	下行	0:10	0:8	0:9	0:10	0:10	0:11	0:11	0:9	0:9	0:9	0:7
8 号线	上行	0:10	0:10	0:12	0:9	0:10	0:8	0:10	0:9	0:11	0:9	0:8
	下行	0:11	0:8	0:12	0:8	0:12	0:7	0:10	0:10	0:10	0:10	0:10
9 号线	上行	0:8	0:9	0:10	0:9	0:10	0:10	0:9	0:10	0:10	0:6	0:11
	下行	0:9	0:9	0:10	0:11	0:11	0:10	0:8	0:10	0:10	0:7	0:11
10 号线	上行	0:10	0:10	0:8	0:10	0:10	0:8	0:7	0:7	0:7	0:8	0:8
	下行	0:8	0:9	0:10	0:8	0:9	0:9	0:9	0:12	0:7	0:10	0:8

续表

线路	方向	发车间隔 (小时: 分钟)										
		1st	2nd	3rd	4th	5th	6th	7th	8th	9th	10th	11th
13 号线	上行	0:9	0:11	0:10	0:8	0:7	0:9	0:9	0:10	0:9	0:10	0:9
	下行	0:9	0:12	0:12	0:12	0:11	0:9	0:8	0:9	0:8	0:9	0:8
14 号线	上行	0:9	0:8	0:9	0:9	0:8	0:11	0:8	0:10	0:9	0:11	0:11
	下行	0:11	0:8	0:9	0:9	0:8	0:11	0:10	0:9	0:11	0:10	0:9
15 号线	上行	0:8	0:11	0:9	0:9	0:9	0:10	0:9	0:10	0:8	0:10	0:7
	下行	0:9	0:9	0:7	0:11	0:9	0:10	0:8	0:11	0:11	0:10	0:7
大兴线	上行	0:9	0:11	0:11	0:8	0:11	0:11	0:9	0:8	0:11	0:9	0:9
	下行	0:6	0:11	0:12	0:8	0:9	0:7	0:11	0:11	0:7	0:10	0:9
昌平线	上行	0:8	0:10	0:9	0:12	0:10	0:8	0:9	0:8	0:12	0:10	0:8
	下行	0:9	0:6	0:8	0:8	0:11	0:8	0:10	0:9	0:9	0:7	0:9
房山线	上行	0:10	0:9	0:8	0:9	0:11	0:11	0:10	0:7	0:7	0:10	0:9
	下行	0:11	0:8	0:9	0:10	0:9	0:8	0:9	0:8	0:10	0:9	0:12
亦庄线	上行	0:11	0:10	0:12	0:8	0:10	0:11	0:9	0:8	0:9	0:10	0:8
	下行	0:11	0:10	0:8	0:9	0:9	0:10	0:11	0:7	0:9	0:12	0:9
八通线	上行	0:8	0:10	0:10	0:8	0:9	0:11	0:11	0:9	0:8	0:11	0:8
	下行	0:11	0:10	0:10	0:8	0:11	0:11	0:9	0:10	0:10	0:10	0:8

图 5-11 给出了算法的收敛性, 可以看出, 使用遗传算法对上述大规模实例网络优化后, 总衔接时间为 220121s. 和优化前相比, 此模型不仅仅增强了地面公交和城市轨道交通网络之间的换乘效率, 同时, 公交系统内部的总衔接时间减少了 13%, 北京市轨道交通系统内部的总衔接时间减少了 35%.

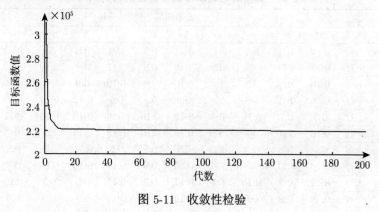

图 5-11　收敛性检验

(3) 评价指标

为了进一步评价该模型的有效性, 我们运用平均衔接时间和衔接时间均衡系数对结果性能进行分析.

1) 平均衔接时间

路网中所有站点的平均衔接时间可由公式 (5-17) 计算得出:

$$Avg_C = \frac{\sum\limits_{l,l' \in L, l>l'} \sum\limits_{s \in (l,l')} \sum\limits_{q=1}^{N_L} \sum\limits_{q'=1}^{N'_L} t^C_{lql'q's} * \beta^{l'}_{ls}}{\sum\limits_{l,l' \in L, l>l'} \sum\limits_{s \in (l,l')} \sum\limits_{q=1}^{N_L} \sum\limits_{q'=1}^{N'_L} t^C_{lql'q's}} \tag{5-17}$$

分母表示所有换乘车站的总衔接时间, 分子表示各个车站的换乘衔接时间总和. $\beta^{l'}_{ls}$ 为衡量换乘方向的 0-1 变量, 当 $\beta^{l'}_{ls}$ 等于 1 时, 表示此方向为线路 l 换乘到线路 l' 的重点换乘方向, 否则, $\beta^{l'}_{ls}$ 等于 0.

2) 衔接时间均衡系数

Carotenuto 等 (2007) 在文章中提出使用平均系数衡量危险物品运输中的风险分布, 如公式 (5-18) 所示. 本节引入此概念用以评价衔接时间均衡状态, 计算公式如 (5-19) 所示:

$$EI = \frac{1}{\mu} \cdot \sqrt{\sum_{i \in A} (\delta_i - \mu)^2 / |A|} \tag{5-18}$$

$$CE = \frac{1}{Avg_C} \cdot \sqrt{\sum_{j \in S} (\overline{C_{S_j}} - Avg_C)^2 \Big/ \left(\sum_{l \in L} N(l) \right)} \tag{5-19}$$

其中, $\overline{C_{S_j}} = \sum\limits_{s \in (l,l')} \sum\limits_{q=1}^{N_L} \sum\limits_{q'=1}^{N'_L} t^C_{lql'q's} \cdot \beta^{q'}_q \Big/ \sum\limits_{l,l' \in L, l>l'} \sum\limits_{s \in (l,l')} \sum\limits_{q=1}^{N_L} \sum\limits_{q'=1}^{N'_L} t^C_{lql'q's}$ 为换乘站 s 的

平均衔接时间. $\sum\limits_{l \in L} N(l)$ 表示换乘站的总数目. CE 值越大, 网络中衔接时间分布

越均衡. 针对不同重点换乘方向, 相关评价指标如表 5-4 所示.

表 5-4　实例评价指标

指标	换乘站数目	换乘方向数	优化前	优化后
目标函数	41	288	285240	209700
Avg_C	41	288	990.42	728.13
CE	41	288	0.30	0.45
指标	换乘站数目	换乘方向数	优化前	优化后
目标函数	41	160	137707	90513
Avg_C	41	160	860.67	565.71
CE	41	160	0.52	0.63

5.3　城市轨道交通末班列车与地面公交接驳优化

5.3.1　模型假设

假设 1: 乘客在线路 l、l' 相交 s 站的换乘时间 $t_{sll'}^{Tra}$ 为常数. $t_{sll'}^{Tra}$ 定义为乘客从 l 线路末班列车到达 s 站后的下车时刻开始, 至乘客到达 l' 线路的换乘站台的时刻结束.

假设 2: 在每一个换乘站, 乘客始终选择最先到达的列车上车以减少其等待时间.

假设 3: 末班列车的能力大于乘客需求量, 乘客不会出现因为列车能力不足而产生滞留.

假设 4: 末班列车与次末班列车之间的发车间隔固定, 即该模型是基于周期性列车运行图的基础上建立的. 将发车间隔设为常数 (根据北京城市轨道交通实际运营情况而设定), 能够高效地计算出乘客换乘至非末班列车的等待时间, 而该假设亦符合实际运营情况.

假设 5: 地面公交的接驳能力、发车间隔与城市轨道交通末班车性质类似.

5.3.2　相关定义

定义城市轨道交通网络线路集 L, $\forall l, l' \in L$; 城市轨道交通线路 l 的站点集 $S(l)$, $\forall k \in S(l)$, 当 $k = S(l) \cap S(l')$ 时, k 为线路 l 与 l' 的换乘站. 城市轨道交通末班列车从线路车辆段发车, 逐一停靠沿线各车站, 直至终点站. 地面公交接驳线路以城市轨道交通换乘站 $k = S(l) \cap S(l')$ 为节点, 通过连接若干个换乘站形成接驳路线. 此外, 模型符号定义详见下节介绍, 此处不再赘述.

5.3.3　模型构建

(1) 城市轨道交通末班车模型

城市轨道交通末班列车时刻表是开行 (接驳) 地面公交的基础, 一般地, 优化城市轨道交通末班车时刻表可建立以下线性整数模型 (末班车模型):

$$\text{Max} \sum_{\forall l \in L} \sum_{\forall l' \in L} \sum_{k \in S(l) \cap S(l')} p_{ll'}^k \cdot x_{ll'}^k \tag{5-20}$$

$$\text{s.t.}\quad t_{kll'}^R = Dep_k^{l'} - Arr_k^l - Tra_k^{ll'}, \quad \forall k \in S(l) \cap S(l'), \forall l, l' \in L \tag{5-21}$$

$$M \cdot \left(x_{ll'}^k - 1\right) \leqslant t_{kll'}^R \leqslant M \cdot x_{ll'}^k, \quad \forall k \in S(l) \cap S(l'), \forall l, l' \in L \tag{5-22}$$

$$x_{ll'}^k \in \{0, 1\}, \quad \forall k \in S(l) \cap S(l'), \quad \forall l, l' \in L \tag{5-23}$$

$$Arr_k^l = t_l^R + \sum_{s=1}^{k} t_{(s-1)s}^l + \sum_{s=0}^{k-1} t_s^l, \quad \forall k \in S(l), \forall l \in L \tag{5-24}$$

$$Dep_k^l = t_l^{\mathrm{R}} + \sum_{s=1}^{k} t_{(s-1)s}^l + \sum_{s=0}^{k} t_s^l, \quad \forall k \in S(l), \forall l \in L \tag{5-25}$$

$$T_l^{\min} \leqslant t_l^{\mathrm{R}} \leqslant T_l^{\max}, \quad \forall l \in L \tag{5-26}$$

其中, $p_{ll'}^k$ 表示城市轨道交通末班列车在 k 站 (线路 l 换乘至 l' 方向) 的换乘客流量; $t_{kll'}^R$ 表示城市轨道交通末班列车在 k 站 (线路 l 换乘至 l' 方向) 的换乘冗余时间; $x_{ll'}^k$ 是 0-1 决策变量, 表示乘客能否在 k 站 (线路 l 换乘至 l' 方向) 换乘成功; Arr_k^l 表示城市轨道交通 l 线路的末班列车到达车站 k 的时刻; $Dep_k^{l'}$ 表示城市轨道交通 l' 线路的末班列车离开车站 k 的时刻; $Tra_k^{ll'}$ 表示乘客在 k 站 (线路 l 换乘至 l' 方向) 的换乘走行时间; $t_{(s-1)s}^l$ 表示城市轨道交通 l 线路列车从 $s-1$ 站运行至 s 站的时间; t_s^l 表示城市轨道交通 l 线路列车在 s 站的停站时间; t_l^{R} 表示城市轨道交通 l 线路的末班列车的发车时刻; $T_l^{\max}$ 表示城市轨道交通 l 线路的末班列车的最晚发车时刻; $T_l^{\min}$ 表示城市轨道交通 l 线路的末班列车的最早发车时刻.

目标函数 (5-20) 表示最大化城市轨道交通网络换乘乘客数量; 约束 (5-21) 和 (5-22) 表示末班乘客在换乘站 k(线路 l 换乘至 l' 方向) 的换乘结果 (成功或失败); 约束 (5-24) 和 (5-25) 分别计算城市轨道交通 l 线路末班列车到达和离开 k 站的时刻; 约束 (5-26) 规定城市轨道交通 l 线路末班列车的发车时刻区间.

城市轨道交通末班列车优化模型解的优劣关系到地面公交接驳站点的设置及运营成本, 因此如何得到路网中末班列车模型的全局最优解至关重要. 事实上, 以上线性规划模型可采用 IBM ILOG CPLEX 求解, 得到的城市轨道交通末班列车时刻表为全局最优解, 并将其作为输入数据, 对地面公交接驳站点的设置及时刻表进行优化, 具体如下.

(2) 地面公交接驳城市轨道交通末班列车模型

根据城市轨道交通网络末班列车时刻表, 可计算得到各个站点的换乘等待时间. 定义 0-1 变量 $\alpha_{ll'}^k$, 如式 (5-27), 当等待时间 $w_{ll'}^k$(k 站, 线路 l 换乘至 l' 方向) 大于给定值 ω(阈值), 表示末班列车换乘等待时间过长, 需配置公交接驳, 此时令 $\alpha_{ll'}^k = 1$; 否则, $\alpha_{ll'}^k = 0$.

$$\alpha_{ll'}^k = \begin{cases} 1, & w_{ll'}^k \geqslant \omega \\ 0, & w_{ll'}^k < \omega \end{cases} \tag{5-27}$$

整理城市轨道交通网络中 0-1 变量 $\alpha_{ll'}^k$, 可得地面公交接驳站点集合 ∂:

$$\partial = \left\{ \alpha_{ll'}^k | \alpha_{ll'}^k \in 0, 1 \right\}, \quad \forall k \in S(l) \cap S(l'), \forall l, l' \in L \tag{5-28}$$

基于集合 ∂, 我们可以建立如下地面公交接驳线性整数规划模型 (接驳模型):

$$\mathrm{Min} \sum_{\forall l \in L} \sum_{\forall l' \in L} \sum_{k \in S(l) \cap S(l')} p_{ll'}^k \cdot Bw_{ll'}^k \cdot \alpha_{ll'}^k \tag{5-29}$$

$$\text{s.t.} \quad \alpha_{ll'}^k \in \partial, \forall k \in S(l) \cap S(l'), \forall l, l' \in L \tag{5-30}$$

$$Bw_{ll'}^k = t_k^{l'} - Arr_k^l - \theta_k^{l'} + n_{l'} \cdot H_{l'}^B, \quad \forall k \in S(l) \cap S(l'), \forall l, l' \in L \tag{5-31}$$

$$Bw_{ll'}^k \geqslant 0, \quad \forall k \in S(l) \cap S(l'), \forall l, l' \in L \tag{5-32}$$

$$n_{l'} \in N^+, \quad \forall l' \in L \tag{5-33}$$

$$t_k^{l'} = Bt_0^{l'} + \sum_k bt_{(k-1)k}^{l'} + \sum_k bt_k^{l'}, \quad \forall k \in S(l) \cap S(l'), \forall l' \in L \tag{5-34}$$

$$Bt_0^{l' \min} \leqslant Bt_0^{l'} \leqslant Bt_0^{l' \max}, \quad \forall l' \in L \tag{5-35}$$

$$N_{l'} \cdot H_{l'}^B \leqslant \text{Int}\left(\frac{w_{ll'}^k}{H_{l'}^B}\right) \cdot H_{l'}^B, \quad \forall k \in S(l) \cap S(l'), \forall l, l' \in L \tag{5-36}$$

其中, $Bw_{ll'}^k$ 表示乘客在 k 站 (线路 l 换乘至 l' 方向) 的公交线路等待时间; $t_k^{l'}$ 表示 l' 线路的地面公交到达 k 站的时刻; $\theta_k^{l'}$ 表示乘客在地铁站 (l' 线 k 站) 的出站走行时间; $H_{l'}^B$ 表示公交发车间隔 (假设为均匀发车); $n_{l'}$ 为正整数; $bt_{(k-1)k}^{l'}$ 表示 l' 线路的地面公交从 $k-1$ 站运行至 k 站的行驶时间; $bt_k^{l'}$ 表示 l' 线路的地面公交在 k 站的停站时间; $Bt_0^{l'}$ 表示 l' 线路的地面公交的发车时刻; $Bt_0^{l' \min}$ 表示 l' 线路的地面公交最早的发车时刻; $Bt_0^{l' \max}$ 表示 l' 线路的地面公交最晚的发车时刻; $N_{l'}$ 表示接驳线路 l' 需要开行的公交数量.

目标函数 (5-29) 表示最小化城市轨道–公交的乘客换乘等待时间; 公式 (5-30) 中 $\alpha_{ll'}^k$ 值由末班车模型确定; 约束 (5-31) 和 (5-32) 表示城市轨道交通换乘至公交的等待时间; 根据公式 (5-31) 至 (5-33) 及最小化目标约束, 可准确求得城市轨道交通–公交的乘客换乘等待时间; 约束 (5-34) 表示 l' 线路的地面公交到达 k 站的时刻; 约束 (5-35) 规定地面公交在 l' 线路的发车时刻区间; 约束 (5-36) 表示在城市轨道交通末班列车时间范围内, 需开行的地面公交数量, 其中 $\text{Int}\,(\cdot)$ 函数表示取整. 注意到公交接驳城市轨道交通末班列车模型为线性整数规划模型, 采用 IBM ILOG CPLEX 可求出全局最优解.

5.3.4　维也纳地铁网络实证

下面以维也纳地铁网络为例进行实证分析, 如图 5-12 所示, 该网络包含 5 条线路, 104 座车站. 维也纳地铁每周运营七天, 最后一班列车大约在 0:30:00 离开市中心. 白天地铁的发车间隔约为 5 分钟, 高峰时段为 2—4 分钟, 晚上 8:30 左右为 7—8 分钟, 末班列车为 15—30 分钟. 除了 U6 线上的一些南行列车, 所有列车都通过所有车站. 由于没有闸机系统, 维也纳地铁系统很难估计出末班列车乘客的数量, 地铁线路全列车设有 232 到 294 个座位. 根据经验观察, 假设所有线路和所有车站的座位占用率在 70%到 130%之间, 相当于 1876—3484 名乘客. 基于此, 估计乘客 OD 值并根据乘客上车和下车率生成 OD. 最后, 采用 ILOG CPLEX 12.6.1 在 8GB

RAM 的 2.5 GHz Intel Core i5 的电脑上求解以上混合整数规划模型.

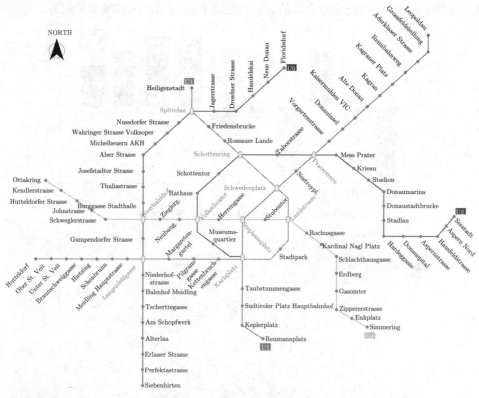

图 5-12 维也纳地铁网络图

(1) 优化结果

图 5-13 给出了优化后的 10 条地铁线路发车时刻, 其中横轴表示每条线路的编号, 纵轴表示末班列车发车时刻. 图中定义, 字母 "U" 表示上行方向, 字母 "D" 表示下行方向. 根据维也纳地铁的要求, 末班列车大约在 0:30 从市中心出发. 如图所示, 在最佳解决方案中, 最早的末班列车于凌晨 0:20 从车辆段出发, 最后一班列车于凌晨 0:40 离开.

在图 5-14 中, 每条箭头线表示公交服务的起点和终点, 并附有地面公交发车时刻. 例如, 地面公交线路 1 连接 Taborstrasse 车站和 Kagran 车站, 并于 0:13 发车. 从换乘站发车的地面公交线路 4 和线路 5 的接驳提供了地铁 2 号线和 5 号线之间以及地铁 3 号线和 4 号线之间的联运服务. 需要指出的是, 地面公交线路 4 和线路 5 属于直达的接驳服务类别. 非直达的接驳服务 (途径换乘站) 包括地面公交线路 1

号、2 号等. 以上组合说明了采用直观和非直观的接驳服务来改善深夜乘客出行的有效性. 简而言之, 应采用的公交接驳服务原则有: (a) 能够准确替换连接线路中末班列车的服务; (b) 能快速将乘客从其起点运送到目的地而无需换乘的服务.

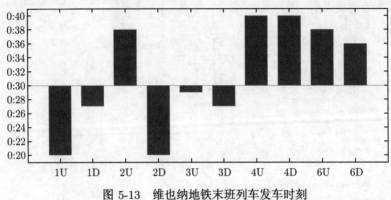

图 5-13　维也纳地铁末班列车发车时刻

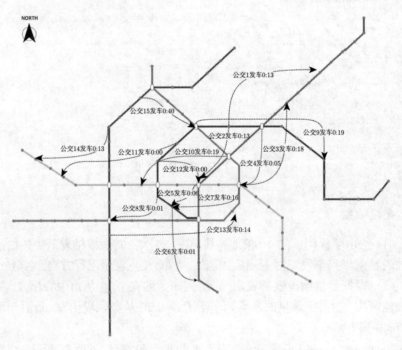

图 5-14　地面公交线路最优设置

(2) 地面公交对网络可达性的作用

将优化后的运行图与维也纳地铁原始运行图进行比较, 如图 5-15 所示, 可以发现通过优化末班列车时刻表提高的部分有: 换乘连通方向数增加了 7 个, 有 101 名乘客可以顺利换乘. 同时, 换乘成功率从 44.1% 提高到 54.6%. 此外, 即使在保持地面公交总数不变的情况下, 地面公交接驳服务的引入也明显提升了上述三个指标: 换乘成功方向增加到 69 个, 接驳乘客数量增加到 686 个, 换乘成功率增加到 88.5%. 图 5-15 中的趋势线表明了该方法可以提高城市轨道交通末班列车服务的水平.

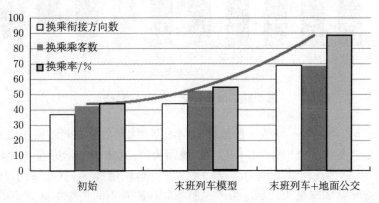

图 5-15 地面公交的有效性对比

末班列车的发车时刻不应超过其上限和下限. 在此, 我们测试末班列车出发时刻对换乘情况的影响. 从表 5-5 中可以看出, 零点至一点 (下限和上限) 的情况拥有 44 个末班列车衔接方向, 526 名乘客可顺利换乘, 换乘率达 54.62%. 与其他情况相比, 结果表明较大的界限可以明显改善末班列车服务.

表 5-5 末班列车发车时刻对衔接的影响

界限	衔接数量	衔接乘客数量	换乘成果率
0:00—0:15	42	501	52.02%
0:00—0:30	42	501	52.02%
0:00—0:35	43	515	53.48%
0:00—1:00	44	526	54.62%

(3) 地面公交车队数量分析

通过对公交车队规模的灵敏性分析, 图 5-16 给出了不同地面公交车队规模 (从 11 到 20) 下的接驳结果. 增加地面公交车的数量几乎可以线性地增加换乘乘客数量, 并且可以有效提高成功换乘的乘客百分比. 对公交车队规模的分析结果, 地面公交运营商可以据此实现不同目标下的深夜公共交通服务所需的公交车队规模, 例如服务乘客的数量, 所期望的换乘成功率或乘客等待时间.

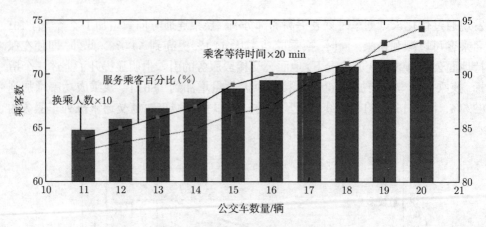

图 5-16　地面公交车车队规模分析

　　总的来说, 考虑到不同数量的地面公交线路, 优化后的不同线路末班列车发车时刻也会随之发生变化 (图 5-17). 以 1D 线路为例, 其末班列车应在 00:34 至 00:36 之间发车, 具体情况取决于地面公交的数量. 其他轨道线路, 例如线路 2U 和 3U, 对地面公交线路情况更为敏感. 为了说明不同线路对不同公交车队规模的灵敏度, 我们在表 5-6 和图 5-18 中分别比较了由地面公交车线路情况引起的末班列车发车时刻的变化.

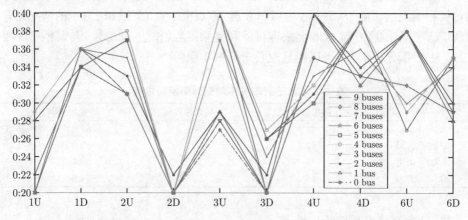

图 5-17　末班列车发车时刻与不同地面公交车辆数之间的关系 (后附彩图)

　　在表 5-6 中, 每个数值表示与没有引入地面公交前相比的末班列车发车时刻的变化. 显然, 通过调整不同的地面公交车队规模, 线路 2D 受影响最小; 线路 3U 对地面公交车队规模最为敏感. 此外, 如图 5-18 所示, 地面公交车队规模 (4, 5, 9) 显著地影响了末班列车时刻表, 只有线路 2D 不受影响, 其他所有线路都须调整列车时刻表以配合地面公交进行桥接服务. 当地面公交车辆的数量增加到 3 个时, 所有线路中的末班列车发车调整时间均为 2 分钟. 而当地面公交车辆数量达到 4 个, 轨道末班列车最多需要 13 分钟的调整 (3U 线). 然而, 有趣的是, 整个末班列车时刻表的变化并未显示出与地面公交车队规模的显著相关性. 因此, 地面公交运营商还可以参考需要调整的地铁列车时刻表来确定公交车队的理想规模.

表 5-6　地面公交数量引起的末班列车时刻表变化分析　　　　　(单位: min)

公交车数	1U	1D	2U	2D	3U	3D	4U	4D	6U	6D
1	0	0	0	0	2	0	0	0	0	0
2	0	0	2	2	2	2	0	2	0	2
3	0	0	0	0	1	0	0	1	0	1
4	9	0	7	0	13	7	8	7	9	7
5	0	2	6	0	13	6	10	7	11	7
6	0	0	0	0	10	0	0	1	0	1
7	0	0	4	0	10	4	7	4	8	6
8	2	2	0	0	13	0	5	1	6	1
9	8	2	6	0	13	6	9	7	9	7

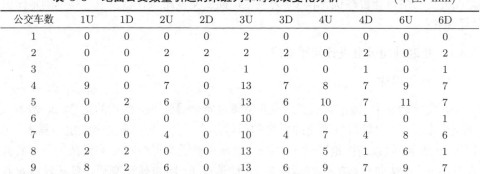

图 5-18　维也纳地铁末班列车发车时刻对地面公交车队规模的灵敏性 (后附彩图)

5.4　故障条件下城市轨道交通与地面公交网络接驳优化

　　随着城镇化的快速发展, 很多城市的轨道交通系统客流都保持高速增长, 高峰时段面临着巨大的运营压力. 同时, 由于电气车辆故障、恶劣天气等事件引起的突发故障事故越来越多, 造成的影响日益严重. 尤其在高峰时段, 城市轨道交通突发故障事件会导致大量乘客集聚在地铁站, 严重时会造成人群踩踏等事故 (Yin et al.,

2018). 为了减少这种风险, 可以通过调配常规地面公交资源来协助快速疏散滞留乘客. 考虑到常规地面公交可能存在自身运力不足以及线路结构不合理等问题, 因此必要时需要开设接驳地面公交作为补充, 从而更加高效地疏散滞留乘客. 受城市轨道交通突发故障事件影响, 道路交通系统会呈现出很大的复杂性和随机性, 导致地面公交的运行时间呈现出很强的不确定性. 为此, 本节提出了城市轨道交通接驳地面公交网络设计鲁棒优化模型, 为接驳地面公交线路设计以及发车频率确定提供科学依据.

5.4.1   接驳地面公交设计问题描述

(1) 问题描述

在实际运营中, 城市轨道交通发生故障通常会导致部分线路的发车间隔增多甚至完全中断, 引起城市轨道交通系统的运输能力下降, 无法满足客流出行需求. 如图 5-19 所示, 假设连接地铁站 S_1 和 S_7 的城市轨道交通线路 1 突发故障而导致其运营中断, 无法向乘客提供客运服务. 在此情况下, 城市轨道交通系统无法满足相应的客流需求, 将会导致大量乘客滞留.

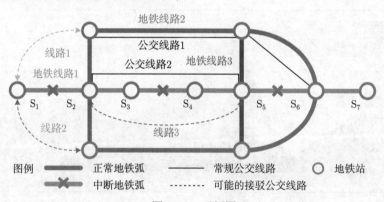

图 5-19   示例图

以图 5-19 为例, 如果发生故障, $S_1 - S_7$ 和 $S_2 - S_5$ 的客流可能由于线路中断或剩余线路运力不足而无法到达其目的地, 导致大量乘客滞留在起点站 S_1 和 S_2. 若故障发生在高峰时段, 影响将更加严重. 此时, 就需要地面公交系统辅助疏散滞留乘客. 一般情况下, 地面公交通常分成常规地面公交和接驳地面公交两部分. 其中, 常规地面公交为日常运行的公交线路. 而当城市轨道交通故障情况下, 常规地面公交可能存在自身运力不足或者线路结构不合理等问题, 导致无法快速有效地疏散滞留乘客, 这就需要开设相应的接驳地面公交线路作为补充. 在本例中, $S_2 - S_5$ 的乘客可选择常规地面公交线路 2 作为替代线路, 但其可能存在剩余运力不足的问题, 导致无法单独完成滞留乘客的疏散任务. 在此背景下, 需要开设新的接驳地面公交

线路 (接驳地面公交线路 1、路线 2 和路线 3) 为滞留乘客提供额外的补充线路. 但在实际应用中, 由于城市轨道交通发生故障后的接驳地面公交线路数量非常庞大, 这对于设计最优的接驳地面公交线路带来很大挑战.

接驳地面公交线路是指连接不同车站并为乘客提供替代线的临时公交线路. 其具有两方面特点: 一是受轨道交通故障的影响, 接驳地面公交的运行时间呈现出较强的波动性; 二是在轨道交通故障事件应急过程中, 可供使用的公交车辆资源存在一定限制. 在进行接驳地面公交网络设计过程中, 城市轨道交通系统的客流需求是其重要输入参数, 本节将结合相应的轨道交通客流仿真系统对客流需求进行估计.

(2) 网络表示

利用有向图 $G(N, A)$ 来表示城市综合交通网络, 具体包括城市轨道交通、常规地面公交以及接驳地面公交三部分. 其中, N 和 A 分别表示节点和网络弧的集合. 集合 N 包括城市轨道交通站点集合 N_m、常规地面公交站点集合 N_b^e 和接驳地面公交站点集合 N_b^r. 换乘弧用来连通不同的站点. 网络中站点 i 被定义为一个四元组 $(\rho^1(i), \rho^2(i), \rho^3(i), \rho^4(i))$, 分别表示站点编号、站点名称、站点类型以及线路编号. 网络弧集合 A 包括城市轨道交通弧 A_m、公交弧 A_b 以及换乘弧 A_t, 其中, 公交弧 A_b 又可细分成常规地面公交弧 A_b^e 和接驳地面公交弧 A_b^r. 图 5-20 为包含 2 条轨道交通线路、1 条常规地面公交线路及 1 条接驳地面公交线路构成的综合交通网络示例图.

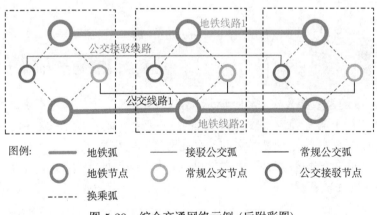

图 5-20　综合交通网络示例 (后附彩图)

(3) 模型假设

假设 1: 接驳地面公交设计模型中的不确定参数是对称且有界的随机变量, 其在以均值为中心的区间内波动.

假设 2: 接驳公交线路从某地铁站出发呈环状线路运行. 这表示接驳公交线路在同一车站出发并返回, 一般选择滞留乘客多的车站作为接驳地面公交线路的始发站.

假设 3: 城市轨道交通中未发生故障部分的时刻表保持不变. 一般性的故障事件影响范围较小, 假设其他线路仍保持正常运行.

5.4.2　模型建立

(1) 接驳地面公交的鲁棒优化模型

对于一个确定性的接驳地面公交设计问题, 可以表示为如下混合整数线性规划,

$$
\begin{aligned}
\min \quad & c_0^{\mathrm{T}} x_0 \\
\mathrm{s.t.} \quad & A_0 x_0 \leqslant b_0 \\
& l_0 \leqslant x_0 \leqslant h_0
\end{aligned}
\tag{5-37}
$$

但是, 由于公交运行时间具有较大随机性, 上述模型中参数 A_0 和 c_0 难以确定. 在一般的鲁棒优化方法中, 只能考虑系数矩阵 A_0 中的参数不确定性, 较难考虑目标函数系数 c_0 的不确定性. 因此本节将式 (5-37) 进行如下的变换:

$$
\begin{aligned}
\min \quad & c_1^{\mathrm{T}} x_1 \\
\mathrm{s.t.} \quad & A_1 x_1 \leqslant b_1 \\
& l_1 \leqslant x_1 \leqslant h_1
\end{aligned}
\tag{5-38}
$$

其中, $x_1 = (z, x_0)^{\mathrm{T}}$, $c_1^{\mathrm{T}} = (1, 0)$, $l_1 = (-M, l_0)^{\mathrm{T}}$, $b_1 = (0, b_0)$ 与 $h_1 = (M, h_0)^{\mathrm{T}}$, M 给定的无穷大常数, $A_1 = \begin{pmatrix} -1 & c_0^{\mathrm{T}} \\ 0 & A_0 \end{pmatrix}$. 经过变换, 公交运行时间波动只影响系数矩阵 A_1 中的系数如公式 (5-38) 所示. J 代表矩阵 A_1 中的所有不确定系数集合, J_i 表示第 i 行中的不确定系数, 其元素 $a_{ij}, (i, j) \in J$ 均可表示成对称且有界的变量 $\tilde{a}_{ij}, (i, j) \in J$. U 表示地铁站之间的公交运行时间集合, 元素 $u \in U$ 表示任意两个地铁站中间的公交运行时间, 系数矩阵 A_1 中不确定性参数 $a_{ij}, (i, j) \in J$ 都可以表示成如下的随机变量:

$$
\tilde{a}_{ij} = a_{ij} + \sum_{u \in U} \tilde{\eta}_{ij}^u g_{ij}^u
\tag{5-39}
$$

其中, $\tilde{\eta}_{ij}^u$ 是 $[-1, 1]$ 范围内独立且对称分布的随机变量, g_{ij}^u 表示公交运行时间变化引起的不确定项 $a_{ij}, (i, j) \in J$ 的变化值. 令 $\hat{a}_{ij}$ 表示不确定参数 $\tilde{a}_{ij}$ 的波动幅度, 则 $\hat{a}_{ij} = \sum_{u \in U} g_{ij}^u$. 因此不确定参数 $\tilde{a}_{ij}$ 的波动范围为 $[a_{ij} - \hat{a}_{ij}, a_{ij} + \hat{a}_{ij}]$.

数学上, 可以将不确定参数 $\tilde{a}_{ij}$ 偏离其均值的幅度定义为 $\phi_{ij} = (\tilde{a}_{ij} - a_{ij})/\hat{a}_{ij}$, 其中 ϕ_{ij} 在 $[-1,1]$ 范围内取值, 但具体分布未知. 在此基础上, 该方法通过所有不确定性参数总波动幅度的阈值 Γ 表示鲁棒性, 可以表示为:

$$\sum_{(i,j) \in J} |\phi_{ij}| \leqslant \Gamma \tag{5-40}$$

这里将阈值 Γ 称为不确定性预算, 取值可以为整数或者小数. 可以得到, 当参数 $\Gamma = 0$ 或者 $\Gamma = |J|$ 分别对应参数完全确定以及参数不确定性最大两种情形, 在界限 $(0, |J|)$ 内改变不确定性阈值 Γ 可以表示不确定性参数波动的范围. 具体而言, 可以根据如下的定理 5.1 对确定性接驳地面公交网络设计模型进行鲁棒变换.

定理 5.1 在接驳地面公交网络设计问题中, 确定性的混合整数规划模型 (5-38) 可以写成下述的线性鲁棒优化模型:

$$
\begin{aligned}
\min \quad & c_1^{\mathrm{T}} x_1 \\
\text{s.t.} \quad & \sum_j a_{ij} x_j + v_i \Gamma + \sum_{u \in U} p_{iu} \leqslant b_i, \quad \forall i \\
& v_i + p_{iu} \geqslant w_{iu}, \quad \forall i, u \in U \\
& -w_{iu} \leqslant \sum_{j:(i,j) \in J} g_{ij}^u x_j \leqslant w_{iu}, \quad \forall i, u \in U \\
& l_j \leqslant x_j \leqslant h_j, \quad \forall j \\
& p_{iu}, w_{iu} \geqslant 0, \quad \forall i, u \in U \\
& v_i \geqslant 0, \quad \forall i
\end{aligned}
\tag{5-41}
$$

证明 这里主要基于线性规划的强对偶性来进行证明. 为了保证含有不确定参数的第 i 个约束能够可行, 要保证 $\max \sum_{j \in A_1} a_{ij} \leqslant b_i$, 其可以通过求解下述关于第 i 个约束的辅助线性规划问题得到

$$
\begin{aligned}
\max \quad & \sum_j \left(a_{ij} + \sum_{u \in U} g_{ij}^u r_{ij}^u \right) x_j \\
\text{s.t.} \quad & \sum_{u \in U} \sum_{(l,j) \in J} |r_{ij}^u| \leqslant \Gamma \\
& 0 \leqslant |r_{ij}^u| \leqslant 1, \quad \forall (l,j) \in J
\end{aligned}
\tag{5-42}
$$

在求解上述辅助问题以后, 只有当 $l = i$ 时, 对应的 r_{ij}^u 最优解才为非零. 根据线性规划的对偶理论, 由于最大化问题 (5-42) 是可行且有界的, 所以其对偶问题也是可行且有界的, 并且二者的最优值相等. 因此, (5-42) 的对偶问题可以写成

$$\min \quad v_i \Gamma + \sum_{u \in U} p_{iu}$$

$$\text{s.t.}\quad v_i + p_{iu} \geqslant \sum_u g_{ij}^u |x_j|, \quad \forall u \in U \tag{5-43}$$

$$v_i \geqslant 0, p_{iu} \geqslant 0, \quad \forall u \in U$$

将上述公式代入到原线性规划问题中, 可以得到相应的鲁棒变换模型. 可以看出, 该方法能够保持原问题的线性结构, 从而保证较高的求解效率. 需要指出的是, 鲁棒优化方法可以估计第 i 个约束被违反概率的上界, 从而帮助决策者在鲁棒性与最优性之间进行权衡, 这对于轨道交通故障事件的应急响应具有重要意义. 具体来看, 第 i 个约束被违反概率的上界可以如下的定理 5.2 表示.

定理 5.2　假设 x^* 是鲁棒问题 (5-41) 的最优解, 假设数据矩阵 A_1 服从数据不确定性 U 的假设, 则第 i 个约束被违反的概率满足:

$$Pr\left(\sum_j \tilde{a}_{ij} x_j^* \geqslant b_i\right) \leqslant B(n, \Gamma)$$

$$B(n, \Gamma) = \frac{1}{2^n}\left\{(1-u)\sum_{l=\lfloor v \rfloor}^{n}\binom{n}{l} + u\sum_{l=\lfloor v \rfloor+1}^{n}\binom{n}{l}\right\} \tag{5-44}$$

$$= \frac{1}{2^n}\left\{(1-u)\binom{n}{\lfloor v \rfloor} + \sum_{l=\lfloor v \rfloor+1}^{n}\binom{n}{l}\right\}$$

$$n = |J_i|, \quad v = \frac{\Gamma + n}{2}, \quad u = v - \lfloor v \rfloor$$

证明　定理 5.2 的证明可以参考 Bertsimas & Sim(2004).

公交车队设定是进行接驳地面公交设计过程中的关键问题. 上述定理表明: 一是相应的鲁棒变换模型也属于线性模型, 并且鲁棒变换后模型与原问题的变量和约束规模较为接近, 从而可以保证较高的求解效率; 二是能够有效地估计车队规模约束被违反的概率上界, 可以帮助决策者在目标函数最优值和车队规模约束违反的概率之间进行权衡.

(2) 确定性的接驳地面公交设计模型

本节的主要参数如下:

- $k \in K$: OD 编号;
- O_k, D_k : 第 k 个 OD 的起点和终点;
- R_b^c, R^m, R_b^* : 常规地面公交、城市轨道交通和接驳地面公交线路集合;
- $\xi_{ij}^{m,r}$: 0-1 变量, 若弧 (i, j) 属于第 r 条轨道交通线路, 值取 1, 相反, 值取 0;
- $\xi_{ij}^{b,r}$: 0-1 变量, 若弧 (i, j) 属于第 r 条常规地面公交线路, 值取 1, 相反, 值取 0;

- $\beta_{ij}^{e,r}$: $\in [0,1]$，第 r 条常规地面公交线路在弧 (i,j) 上的剩余运力比例;
- f_r^m, f_r^e: 城市轨道交通线路, 常规地面公交线路的发车频率;
- $f_{\max}$: 接驳地面公交线路的最大发车频率;
- CAP_m, CAP_b: 城市轨道交通列车、地面公交车辆的容量;
- Q^k: 城市轨道交通故障条件下第 k 个 OD 的客运需求量;
- C_0: 接驳地面公交的广义营运成本 (元/(车·时));
- V_a: 可供使用的公交车队规模;
- t_{ij}: 公交弧的规划运行时间;
- c_m, c_b, c_t: 乘客在轨道交通列车、公交车辆上及换乘时的时间价值 (元/时);
- c_p^k: 乘客在第 k 个 OD 上的溢出惩罚 (元);
- τ_j: 乘客在弧 (i,j) 上的换乘惩罚.

接驳地面公交设计模型中的决策变量:

- x_{ij}^k: 第 k 个 OD 上经过弧 (i,j) 的乘客人数;
- z^k: 第 k 个 OD 的乘客溢出人数;
- y_r^b: 第 r 条接驳地面公交线路的发车频率;
- H_0: 系统成本, 包括乘客成本和接驳地面公交运营成本.

确定性接驳地面公交网络设计模型主要通过决策最优的线路发车频率和客流分配结果来最小化系统总成本. 模型中, 客流分配变量 x_{ij}^k 和 z^k 属于整数变量, 接驳公交线路的频率 y_r^b 属于连续变量, 具体的模型如下所示:

$$\min H_0 \tag{DLP}$$

$$\sum_{k \in K} \sum_{(i,j) \in A_m} c_m t_{ij} x_{ij}^k + \sum_{k \in K} \sum_{(i,j) \in A_b} c_b t_{ij} x_{ij}^k + \sum_{k \in K} c_p^k z^k$$

$$+ \sum_{k \in K} \sum_{(i,j) \in A_t} (c_t t_{ij} + \tau_j) x_{ij}^k + C_0 \sum_{r \in R_b^*} \sum_{(i,j) \in A_b^r} \xi_{ij}^{b,r} t_{ij} y_r^b - H_0 \leqslant 0 \tag{5-45}$$

$$s.t. \sum_{r \in R_b^*} \sum_{(i,j) \in A_b^r} \xi_{ij}^{b,r} t_{ij} y_r^b \leqslant V_a \tag{5-46}$$

$$\sum_{(i,j) \in A_m \cup A_b | i \in O_k} x_{ij}^k + z^k = Q^k, \quad \forall k \in K \tag{5-47}$$

$$\sum_{(i,j) \in A_m \cup A_b | j \in D_k} x_{ij}^k + z^k = Q^k, \quad \forall k \in K \tag{5-48}$$

$$\sum_{(i,j) \in A_m \cup A_b | j \in O_k} x_{ij}^k = 0, \quad \forall k \in K \tag{5-49}$$

$$\sum_{(i,j) \in A_m \cup A_b | i \in D_k} x_{ij}^k = 0, \quad \forall k \in K \tag{5-50}$$

$$\sum_{j \in N | (i,j) \in A} x_{ij}^k - \sum_{j \in N | (i,j) \in A} x_{ji}^k = 0, \quad \forall k \in K, \forall i \notin \{O_k, D_k\} \tag{5-51}$$

$$\sum_{k \in K} x_{ij}^k - \sum_{r \in R_m} \xi_{ij}^{m,r} CAP_m f_r^m \leqslant 0, \quad \forall (i,j) \in A_m \tag{5-52}$$

$$\sum_{k \in A} x_{ij}^k - \sum_{r \in R_b^e} \beta_{ij}^{e,r} CAP_b f_r^e \leqslant 0, \quad \forall (i,j) \in A_b^e \tag{5-53}$$

$$\sum_{k \in K} x_{ij}^k - \sum_{r \in R_b^*} \xi_{ij}^{b,r} CAP_b y_r^b \leqslant 0, \quad \forall (i,j) \in A_b^r \tag{5-54}$$

$$x_{ij}^k, z^k \in \mathcal{Z}_+, \quad \forall k \in K, (i,j) \in A \tag{5-55}$$

$$0 \leqslant y_r^b \leqslant f_{\max}, \quad \forall r \in R_b^* \tag{5-56}$$

在确定性模型 (DLP) 中, 目标为最小化系统总成本. 其中, 公式 (5-45) 中各项分别表示乘客在城市轨道交通列车上的出行成本、公交车辆上的成本、乘客溢出惩罚、乘客换乘成本及接驳地面公交的运营成本 (包括燃料成本、人员配备成本等). 约束 (5-46) 为公交车辆数约束, 用来限制可供使用的公交车辆数. 约束 (5-47) 至 (5-51) 是乘客在起点、终点和其他站点上的流量守恒约束. 约束 (5-47) 表示各个 OD 中起点站流出的客流量加上溢出量等于该 OD 的总需求量. 约束 (5-48) 表示各 OD 中终点站的客流量加上溢出量等于该 OD 的总需求量. 公式 (5-49) 表示各 OD 的客流不会返回到起点站. 公式 (5-50) 表示各 OD 终点站的流出客运量为零. 约束 (5-51) 表示在其他站点上的流量守恒约束. 约束条件 (5-52)—(5-54) 为城市轨道交通、常规地面公交和接驳地面公交弧上的容量约束. 约束 (5-55) 和 (5-56) 表示决策变量的可行域.

(3) 接驳地面公交设计的鲁棒模型

在鲁棒优化模型中, 公交车运行时间随机波动, 可借助不确定性 Γ 预算 (不一定是整数) 来约束不确定参数的偏差阈值, $\sum_{i,j \in J} |\phi_{ij}| \leqslant \Gamma$. 该不确定性预算可以预防不确定参数的累积偏差过大. 因此, 可以将确定性的接驳地面公交设计模型变换成如下的鲁棒优化模型 (RLP). 模型中, U 为公交车运行时间变化集合, 元素 u 表示每两个车站之间的公交车运行时间的变化. 元素 u 对经过车站之间的常规地面公交和接驳地面公交同时产生影响.

$$\min \quad H_0 \tag{RLP}$$

$$s.t. c_m \sum_{k \in K} \sum_{(i,j) \in A_m} t_{ij} x_{ij}^k + \sum_{k \in K} \sum_{(i,j) \in A_t} (c_t t_{ij} + \tau_j) x_{ij}^k + c_b \sum_{k \in K} \sum_{(i,j) \in A_b} t_{ij} x_{ij}^k$$

$$+ C_0 \sum_{r \in R_b^*} \sum_{(i,j) \in A_b^r} \xi_{ij}^{b,r} t_{ij} y_r^b + c_p^k \sum_{k \in K} z^k + v_0 \Gamma + \sum_{u \in U} p_{0u} - H_0 \leqslant 0 \tag{5-57}$$

$$\sum_{r \in R_b^*} \sum_{(i,j) \in A_b^r} \xi_{ij}^{b,r} t_{ij} y_r^b + v_1 \Gamma + \sum_{u \in U} p_{1u} \leqslant V_a \tag{5-58}$$

$$v_0 + p_{0u} \geqslant w_{0u}, \quad \forall u \in U \tag{5-59}$$

$$v_1 + p_{1u} \geqslant w_{1u}, \quad \forall u \in U \tag{5-60}$$

$$\sum_{k \in K} \sum_{(i,j) \in A_b} g_{k,(i,j)}^u x_{ij}^k + \sum_{r \in R_b^*} g_{u,r}^0 y_r^b + w_{0u} \geqslant 0, \quad \forall u \in U \tag{5-61}$$

$$\sum_{k \in K} \sum_{(i,j) \in A_b} g_{k,(i,j)}^u x_{ij}^k + \sum_{r \in R_b^*} g_{u,r}^0 y_r^b - w_{0u} \leqslant 0, \quad \forall u \in U \tag{5-62}$$

$$-w_{1u} \leqslant \sum_{r \in R_b^*} g_{u,r}^1 y_r^b \leqslant w_{1u}, \quad \forall u \in U \tag{5-63}$$

公式(5-47)—(5-56)

在 RLP 模型中, 变量 v_0 与 p_{0u} 表示系统总成本对模型中不确定性参数波动的敏感性. 其中, $v_0 \Gamma + \sum_{u \in U} p_{0u}$ 表示不确定参数在其预算 Γ 范围内波动时, 系统总成本的累积偏差. 参数 $g_{k,(i,j)}^u$ 表示公交运行时间波动对于变量 x_{ij}^k 的系数造成的影响, $g_{u,r}^0$ 与 $g_{u,r}^1$ 可以表示公交运行时间波动对约束条件 (5-57) 和 (5-58) 中变量 y_r^b 的系数造成的影响. 变量 x_{ij}^k 和 y_r^b 的不确定参数只受不确定集 U 中的部分元素的影响, 因此, 使用参数 λ_{ij}^u 来标识弧 (i,j) 上的公交运行时间是否受不确定元素 $u \in U$ 的影响. 如果在弧 (i,j) 上的公交运行时间受不确定元素 u 的影响, 则参数 $\lambda_{ij}^u = 1$, 否则为 0. δ_{ij} 表示公交车辆在弧 (i,j) 上的运行时间波动幅度.

$$g_{k,(i,j)}^u = c_b t_{ij} \delta_{ij} \lambda_{ij}^u \tag{5-64}$$

$$g_{u,r}^0 = \sum_{(i,j) \in A_b^r} C_0 t_{ij} \delta_{ij} \lambda_{ij}^u \tag{5-65}$$

$$g_{u,r}^1 = \sum_{(i,j) \in A_b^r} t_{ij} \delta_{ij} \lambda_{ij}^u \tag{5-66}$$

5.4.3 求解算法

在城市轨道交通系统出现故障以后, 接驳地面公交线路数量随着网络规模扩张而呈指数增长, 列生成算法可以有效处理接驳地面公交设计问题中的实际约束, 因此, 本节设计的列生成算法可以优化大规模网络中的接驳地面公交问题. 列生成算法通过接驳公交线路集合来构造限制性主问题 (RMP), 随即将 RMP 问题得到相关约束的对偶变量值输入到价格子问题 (PSP) 中, 从而生成能使得 RMP 问题目标函数下降最大的线路. RMP 问题、PSP 问题及列生成算法具体流程介绍如下.

(1) 限制性主问题

在 RMP 问题中, 借助生成的接驳地面公交线路集合 R_b 可构造如下的问题:

$$\min \quad H_0 \qquad\qquad\qquad\qquad\qquad\qquad\qquad\qquad\qquad\qquad (\text{RMP})$$

$$s.t. c_m \sum_{k \in K} \sum_{(i,j) \in A_m} t_{ij} x_{ij}^k + \sum_{k \in K} \sum_{(i,j) \in A_t} (c_t t_{ij} + \tau_j) x_{ij}^k + c_b \sum_{k \in K} \sum_{(i,j) \in A_b} t_{ij} x_{ij}^k$$

$$+ C_0 \sum_{r \in R_b} \sum_{(i,j) \in A_b^r} \xi_{ij}^{b,r} t_{ij} y_r^b + c_p^k \sum_{k \in K} z^k + v_0 \Gamma + \sum_{u \in U} p_{0u} - H_0 \leqslant 0 \qquad (5\text{-}67)$$

$$\sum_{r \in R_b} \sum_{(i,j) \in A_b^r} \xi_{ij}^{b,r} t_{ij} y_r^b + v_1 \Gamma + \sum_{u \subset U} p_{1u} \leqslant V_a \qquad\qquad\qquad (5\text{-}68)$$

$$\sum_{k \in K} \sum_{(i,j) \in A_b} g_{k,(i,j)}^u x_{ij}^k + \sum_{r \in R_b} g_{u,r}^0 y_r^b + w_{0u} \geqslant 0, \quad \forall u \in U \qquad (5\text{-}69)$$

$$\sum_{k \in K} \sum_{(i,j) \in A_b} g_{k,(i,j)}^u x_{ij}^k + \sum_{r \in R_b} g_{u,r}^0 y_r^b - w_{0u} \leqslant 0, \quad \forall u \in U \qquad (5\text{-}70)$$

$$\sum_{r \in R_b} g_{u,r}^1 y_r^b + w_{1u} \geqslant 0, \quad \forall u \in U \qquad\qquad\qquad (5\text{-}71)$$

$$\sum_{r \in R_b} g_{u,r}^1 y_r^b - w_{1u} \leqslant 0, \quad \forall u \in U \qquad\qquad\qquad (5\text{-}72)$$

公式 (5-47)—(5-56), (5-59)—(5-60)

RMP 问题与原始的接驳地面公交设计模型非常类似, 不同之处在于 RMP 问题中只包括当前已经生成的接驳地面公交线路集合 R_b. 在此过程中, 需要对 RMP 问题中的整数变量 x_{ij}^k 和 z^k 进行松弛, 从而得到相应的对偶变量值. 在列生成算法中, 需要求解 RMP 问题得到对应约束的对偶变量值, 作为输入参数来求解 PSP 问题, 从而生成新的接驳地面公交线路.

(2) 子问题

若 π_{67} 和 π_{68} 是约束 (5-67) 和 (5-68) 对应的对偶变量值, $\pi_{69}^u, \pi_{70}^u, \pi_{71}^u, \pi_{72}^u$ 分别为约束 (5-69)—(5-72) 对应的对偶变量值. $\pi_{ij}^c, (i,j) \in A_b^r$, 是接驳地面公交弧容量限制约束对应的对偶变量值. 按照线性规划的对偶理论, 接驳地面公交线路 r 能使总成本降低的值可用公式 (5-73) 所示:

$$\tilde{c}_r = \sum_{(i,j) \in A_b^r} \xi_{ij}^{b,r} (-C_0 t_{ij} \pi_{67} - t_{ij} \pi_{68} + CAP_b \pi_{ij}^c$$

$$+ \sum_{u \in U} (-g_{u,r}^0 \pi_{69}^u - g_{u,r}^0 \pi_{70}^u - g_{u,r}^1 \pi_{71}^u - g_{u,r}^1 \pi_{72}^u)) \qquad (5\text{-}73)$$

按照线性规划的对偶理论, 将成本为负的线路 $r \notin R_b$ 加到接驳地面公交线路集合 R_b 中, 可以降低 RMP 问题的目标函数值. 因此, 我们构造 PSP 子问题来生成能使 RMP 目标函数值下降最大的接驳地面公交线路. 在此过程中, 引入二元变量 $w_{ij}, \forall (i,j) \in A_b^r$, 若新生成的接驳地面公交线路经过弧 (i,j), 则 $w_{ij} = 1$, 否则 $w_{ij} = 0$. 因此, 新线路能够使 RMP 问题目标函数值下降的量可用公式 (5-74) 表示:

$$
\begin{aligned}
\tilde{c}_r = \sum_{(i,j) \in A_b^r} & \left(-c_0 t_{ij} \pi_{67} - t_{ij} \pi_{68} + CAP_{b_{ij}}^c \pi_{ij}^c \right. \\
& \left. + \sum \left(-g_{u,r}^0 \pi_{69}^u - g_{u,r}^0 \pi_{70}^u - g_{u,r}^1 \pi_{71}^u - g_{u,r}^1 \pi_{72}^u \right) \right) w_{ij}
\end{aligned}
\tag{5-74}
$$

将接驳地面公交线路起始站的集合表示为 S^*, 最大接驳地面公交路段数量和行驶时间表示为 $L_{\max}$ 和 $T_{\max}$. 为保证新生成的线路不存在子环, 本节引入辅助变量 $\theta_i, i \in N_b^r$ 表示离开接驳地面公交节点 i 后该路线已经经过的站点数, 从而构造去子环约束. 具体而言, 生成线路的价格子问题如下:

$$
\begin{aligned}
\min_{w_{ij}} \sum_{(i,j) \in A_b^r} & \left(-C_0 t_{ij} \pi_{67} - t_{ij} \pi_{68} + CAP_b \pi_{ij}^c \right. \\
& \left. + \sum_{u \in U} \left(-g_{u,r}^0 \pi_{69}^u - g_{u,r}^0 \pi_{70}^u - g_{u,r}^1 \pi_{71}^u - g_{u,r}^1 \pi_{72}^u \right) \right) w_{ij}
\end{aligned}
\tag{PSP}
$$

$$
s.t. \sum_{j \in N_b^r | (i,j) \in A_b^r} w_{ij} - \sum_{j \in N_b^r | (i,j) \in A_b^r} w_{ji} = 0, \quad \forall i \in N_b^r
\tag{5-75}
$$

$$
\sum_{j \in N_b^r | (i,j) \in A_b^r} w_{ij} = 1, \quad \rho_2(i) = s
\tag{5-76}
$$

$$
\sum_{(i,j) \in A_b^r} t_{ij} w_{ij} \leqslant T_{\max}
\tag{5-77}
$$

$$
\sum_{(i,j) \in A_b^r} w_{ij} \leqslant L_{\max}
\tag{5-78}
$$

$$
\theta_i - \theta_j + L_{\max} w_{ij} \leqslant L_{\max} - 1, \quad \forall (i,j) \in A_b^r | \rho^2(i), \rho^2(j) \neq s
\tag{5-79}
$$

$$
1 \leqslant \theta_i \leqslant L_{\max}, \quad \forall i \in \mathcal{V}_b^r | \rho^2(i) \neq s
\tag{5-80}
$$

$$
w_{ij} \in \{0, 1\}, \quad (i,j) \in A_b^r
\tag{5-81}
$$

在 PSP 问题中, 目标函数是生成使 RMP 目标函数值下降最大的接驳地面公交线路. 就 PSP 问题的约束而言, 约束 (5-75) 表示在所有接驳地面公交站点上的进出流量需要守恒. 约束 (5-76) 表示接驳地面公交线路路径应从事先选定的站点出发. 约束 (5-77) 和 (5-78) 是线路的运营约束, 表示接驳地面公交线路的总运行时间和路段数量分别不超过 $T_{\max}$ 和 $L_{\max}$. 约束 (5-79) 是去子环约束, 确保生成的接驳地面公交线路路径不含子环. 实际上, 当 $w_{ij} = 0$ 时, 约束 (5-79) 不起作用, 因为

$\theta_i \leqslant L_{\max}$ 并且 $\theta_i \geqslant 1$. 当 $w_{ij} = 1$ 时, 会导致 $\theta_j \geqslant \theta_i + 1$. 由此, 如果生成的路径中存在子环 $(i, j, \cdots, i)$ 将会产生矛盾 $\theta_i > \theta_j > \cdots > \theta_i$. 在列生成算法中, 将不断求解 RMP 问题和 PSP 问题, 并将 PSP 问题中目标函数为负的线路添加到线路集 R_b, 直到不能再生成新的线路为止.

(3) 求解过程

列生成算法将对 RMP 问题和 PSP 问题进行迭代求解, 直到不存在下降成本为负的接驳地面公交线路为止. 在实际运营中, 可以选择多个站点作为接驳地面公交线路的起始站点, 对每个站点迭代求解 PSP, 并将成本下降值最大的线路添加到路径集中. 列生成模型的求解算法描述如下, 其中 RMP 中的对偶变量表示为 π.

输入: 网络 $G(N, A)$ 以及相关参数

输出: 最优的接驳地面公交线路以及相应的发车频率

步骤 1　设定初始接驳线路集合 $R_b \leftarrow \Phi$, RMP 问题的初始对偶变量值 $\pi \leftarrow 0$, 线路的成本下降值 $\tilde{c}_r \leftarrow 0$;

步骤 2　根据现有接驳线路集合 R_b 来求解 RMP 问题, 更新对偶变量值 π;

步骤 3　对每个 $s \in S^*$, 利用对偶变量值 π 求解 PSP 问题, 更新线路对应的下降成本 $\tilde{c}_s$;

步骤 4　如果 $\tilde{c}_s < \tilde{c}_r$, 则更新 $\tilde{c}_r \leftarrow \tilde{c}_s$; 若 $\tilde{c}_r < 0$, 则将对应的线路添加到集合 R_b 中;

步骤 5　如果下降成本 $\tilde{c}_r \geqslant 0$, 停止程序; 否则, 返回步骤 2.

5.4.4　数值算例

(1) 示例网络

为证明上述模型和算法的有效性, 本节选取示例网络 (图 5-21) 进行验证. 该示例网络包括 9 个站点和 2 条城市轨道交通线路 (地铁线 1 和地铁线 2). 假设城市轨道交通和常规地面公交线路单位小时的发车频率都为 10, 苹果园至四惠东、东单至四惠东、西直门至建国门、复兴门至建国门四个 OD 的客流量分别为 1400 人/时、2100 人/时、7000 人/时和 7000 人/时, 乘客溢出惩罚为 100 元/人.

假设地铁 1 号线苹果园至四惠东之间发生信号故障, 导致 1400 和 2100 名乘客分别滞留在苹果园站和东单站, 轨道列车和公交车辆容量分别为 $CAP_m = 1400$ 人/车, $CAP_b = 140$ 人/车, 公交总运营成本 $C_0 = 1000$ 元/(车·时). 乘客在轨道交通、公交车辆以及步行的时间价值分别为 10, 13 和 25 元/时, 接驳地面公交线路的最大行程时间 $T_{\max}$ 为 2 小时, 经过的网络弧数量最多为 7. 利用上述模型和列生成算法对该问题进行设计优化.

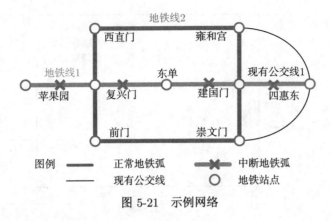

图 5-21 示例网络

在用列生成算法求解过程中, 采用 Scala 语言调用 Gurobi Optimizer 8.0 来分别求解 RMP 问题和 PSP 问题, 在 8GB RAM 的 2.5 GHz Intel Core i7 的计算机上求解该模型. 图 5-22 给出了车队规模分别为 10, 12 和 14 时的系统总成本迭代过程. 可以看出, 在不同的公交车队规模下, 最优成本存在差异, 当车队规模较少时 (10 和 12), 没有足够的运力疏散所有滞留乘客, 对应的系统总成本较高. 图 5-23 给出了乘客溢出量迭代过程. 可以看到, 当车队规模分别为 10, 12 和 14 时, 滞留乘客从最初的 3500 人分别收敛到 594 人、129 人和 0 人. 乘客溢出量的迭代趋势与系统总成本相似, 其原因主要在于乘客滞留人数较多, 乘客溢出惩罚较高.

表 5-7 列出了不同车队规模 (FS) 下的最优总成本、客流溢出和接驳地面公交线路 (发车频率) 情况. 当车队规模为 14 时, 所有滞留乘客可以通过接驳地面公交系统来完成疏散. 此时, 苹果园站的滞留乘客可选择两条不同的路线到达四惠东, 第一条线路是苹果园—复兴门—前门—崇文门—四惠东, 第二条线路是苹果园—复兴

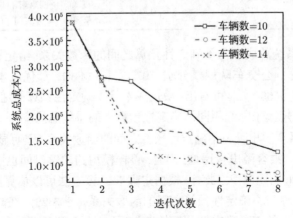

图 5-22 示例网络中系统总成本的迭代过程

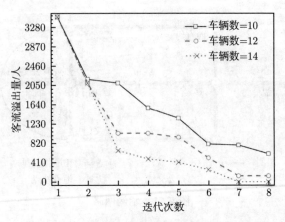

图 5-23　示例网络中客流溢出量的迭代过程

门—西直门—雍和宫—四惠东, 并且选择两条线路的乘客人数都是 700 人. 与此同时, 滞留在东单的乘客可以直接利用接驳地面公交到达四惠东. 同时, 不同公交车队规模下的列生成算法运行时间均小于 2s, 表明该算法计算效率较高.

表 5-7　不同车队规模下最优解

车队规模 (FS)	最优总成本/元	客流溢出量/人	最优接驳地面公交线路	运行时间/s
FS=10	125466	594	东单 ↔ 四惠东 (10) 东单 ↔ 建国门 (4) 苹果园 ↔ 复兴门 (6)	1.06
FS=12	83393	129	东单 ↔ 四惠东 (14) 东单 ↔ 建国门 (1) 苹果园 ↔ 复兴门 (9)	1.07
FS=14	71763	0	东单 ↔ 四惠东 (15) 苹果园 ↔ 复兴门 (10)	1.12

图 5-24 为系统总成本与不确定性预算之间的函数关系. 给定公交出行时间波动系数为 0.2 时. 公交车队规模分别 10, 12 和 14 时, 最优成本分别为 164515 元、130090 元和 95666 元. 可看出, 最优成本是不确定性预算的递增函数, 因此可以通过增加车队规模来降低相同不确定性预算下的系统总成本.

图 5-25 为乘客溢出量与不确定性预算之间的函数关系. 很明显, 在不确定性预算增加的过程中, 乘客溢出量递增. 而且, 鲁棒模型的求解时间也小于 2 s, 与确定性问题的求解时间相差不大. 此外, 根据定理 5.2, 该方法可以估算出车队规模约束被违反的概率上界与不确定性预算之间的函数关系 (图 5-26). 在同一车队规模下, 约束被违反的概率随着不确定性预算的增加而减小, 但当选择不同车队规模时, 约束被违反的概率却非常接近.

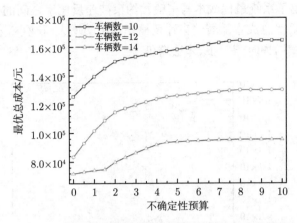

图 5-24 系统最优成本随着不确定性预算的变化情况

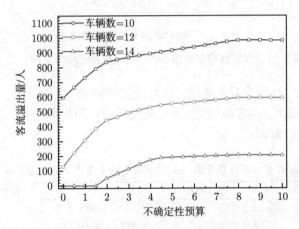

图 5-25 客流溢出量随着不确定性预算的变化情况

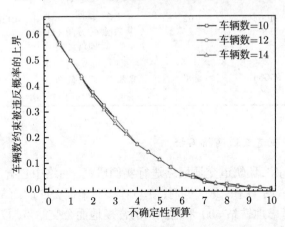

图 5-26 车辆数约束被违反概率随着不确定性预算的变化情况

图 5-27 给出了系统最优成本与车辆数约束被违反概率之间的关系图. 在相同的车队规模下, 最优总成本随着约束违反概率界限的增大而减小. 在相同的概率约束下, 当车队规模增加时, 最优成本会降低.

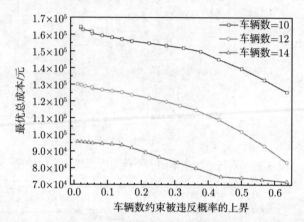

图 5-27　车辆数约束被违反概率与系统最优成本之间的关系

为说明不确定性预算对鲁棒性公式最优解的影响, 表 5-8 列出了公交车队规模为 14 时的最优成本、乘客溢出量、车队规模约束被违反概率的上界、最优接驳地面公交线路和运行时间.

表 5-8　车队规模为 14 时不同不确定性预算下的最优解

不确定性预算	系统成本/元	溢出流量/人	线路	概率	运行时间/s
0	71763	0	东单 ↔ 四惠东 (15) 苹果园 ↔ 复兴门 (10) 苹果园 ↔ 复兴门 (9)	0.6367	1.12
5	94063	192	东单 ↔ 建国门 (1) 复兴门 ↔ 东单 (1) 东单 ↔ 四惠东 (14)	0.1133	0.913
10	95666	206	苹果园 ↔ 复兴门 (9) 东单 ↔ 四惠东 (14) 东单 ↔ 建国门 (1)	0.0002	0.932

(2) 北京二环轨道交通网络实证

本节选取北京二环轨道交通网络进行实例研究, 网络中包含 5 条城市轨道交通线路, 34 个地铁站 (图 5-28). 同时, 在设计接驳地面公交时, 结合基础设施和实际出行需求, 只考虑地铁站 500 米范围内的常规地面公交站点, 按照上述网络表示规则, 此综合交通网络共有 197 个站点、1854 条弧. 同时, 利用客流仿真系统估计得出 272 个主要的 OD 对之间的客流需求.

图 5-28 北京二环轨道交通网络

针对 2016 年 8 月 18 日北京城市轨道交通 1 号线的早高峰线路中断事件, 利用上述模型及算法, 优化接驳地面公交线路来疏散滞留乘客. 首先考虑确定性的接驳地面公交设计问题, 利用列生成算法来求解确定性的接驳地面公交网络设计模型, 得到系统总成本的迭代过程 (图 5-29).

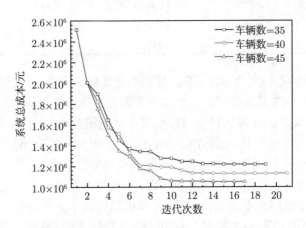

图 5-29 北京二环网络系统总成本的迭代

计算结果表明, 采用列生成算法可快速降低系统总成本. 同时, 车队规模越大, 疏散滞留乘客越多, 系统总成本越低. 图 5-30 为乘客溢出量的迭代过程, 当车队规模分别为 35, 40 和 45 辆时, 乘客溢出量也分别从 28583 人下降到 3293 人, 1482 人和 0. 当车队规模达到 45 辆时, 在公交运行时间确定的情况下即可疏散所有滞留乘客. 此外, 采用不同参数时, 系统运行时间均小于 90s, 可见此方法可以在较短时间内得到接驳地面公交设计问题优化解. 表 5-9 给出了不同车队规模下的系统最优总成本、乘客成本、乘客溢出量和运行时间.

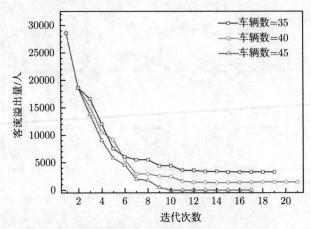

图 5-30　北京二环网络客流溢出量的迭代

表 5-9　列生成计算结果

车队规模/辆	系统总成本/元	乘客成本/元	溢出乘客量/人	计算时间/s
35	1207951	1172951	3293	89.2
40	1117800	1077800	1481	91.5
45	1039712	994712	0	95.4

下面同样分析不确定性预算对鲁棒模型中最优解的影响. 公交运行时间的波动系数为 0.2 时, 不同车队规模下最优成本与不确定性预算的关系如图 5-31 所示. 显然, 当不确定性预算从 0 增加到 20 时, 公交车队规模为 35, 40, 45 和 50 时的最优成本增加分别为 152066 元、146879 元、141047 元和 89860 元. 表明在不确定性预算相同的情况下, 系统最优成本会随着车队规模的增加而降低.

图 5-32 给出了公交运行时间波动系数、不确定性预算与系统最优成本之间的关系. 结果表明, 在同一不确定性预算下, 系统最优成本会随着公交出行时间波动系数的增长而增加. 图 5-33 和图 5-34 中, 给出了不同车队规模、不同公交运行时间波动系数下, 乘客溢出量与不确定性预算之间的关系. 当公交运行时间波动系数相同时, 客流溢出量是不确定性预算的递增函数. 当不确定性预算相同时, 公交车运行时间波动系数的增大会导致客流溢出量增加. 上述鲁棒模型的求解时间约为 400s, 表明该算法具有较好的计算性能.

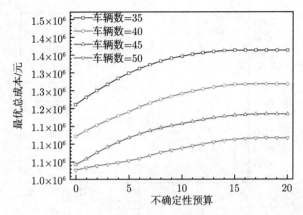

图 5-31 不同车队规模下最优总成本与不确定性预算之间的关系

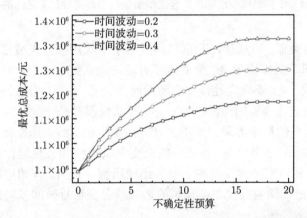

图 5-32 不同时间波动幅度下最优总成本与不确定性预算之间的关系

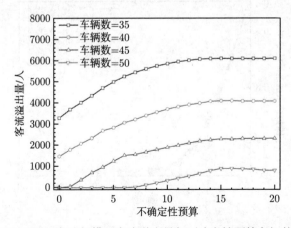

图 5-33 不同车队规模下客流溢出量与不确定性预算之间的关系

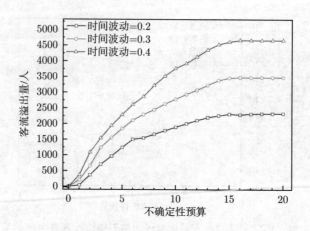

图 5-34　不同时间波动幅度下客流溢出量与不确定性预算之间的关系

　　与示例网络类似, 可估计在北京二环网络中车队规模约束被违反的概率. 图 5-35 给出了不同车队规模 (FS), 公交运行时间波动系数 (TV) 下车队规模约束被违反概率的上界, 以及不确定性预算之间的函数关系. 可以看出, 公交约束违反概率的上界是不确定性预算的递减函数. 公交车队规模和公交运行时间波动幅度对公交车队约束违反的概率界限影响不大. 图 5-36 给出了约束违反概率和最优总成本之间的函数关系. 结果表明, 在相同的公交车队规模和公交运行时间波动系数下, 最优总成本是约束被违反概率上界的递减函数. 此外, 在相同的约束被违反概率下, 最优总成本随着公交车队规模的增加或公交运行时间波动幅度的降低而减小.

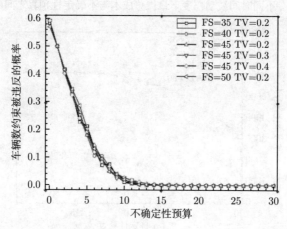

图 5-35　不同车队规模下客流溢出量与不确定性预算之间的关系

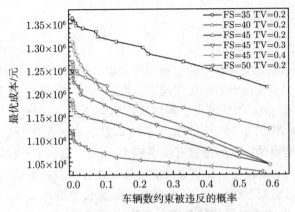

图 5-36 车辆数被违反概率与最优成本之间的函数关系

表 5-10 中列出了不同不确定性预算下的最优总成本、溢出客流量、公交车队违反约束的概率上界和运行时间. 结果表明, 在相同的不确定性预算下, 通过增加车队规模可以降低最优成本. 此外, 在相同的公交车队规模和不确定性预算下, 最优总成本是公交运行时间变化幅度 (TV) 的增函数.

表 5-10 北京二环网络中鲁棒优化模型的最优解

不确定性预算	参数	最优成本/元	客流溢出量/人	概率上界	运行时间/s
0	FS=35, TV=0.2	1210928	3293	0.5841	473
	FS=40, TV=0.2	1121157	1466	0.5927	408
	FS=45, TV=0.2	1042949	0	0.5927	341
	FS=45, TV=0.3	1042949	0	0.5927	402
	FS=45, TV=0.4	1042949	0	0.5927	424
	FS=50, TV=0.2	1027254	0	0.5699	564
10	FS=35, TV=0.2	1346532	5867	0.0106	329
	FS=40, TV=0.2	1241280	3710	0.0154	400
	FS=45, TV=0.2	1157101	1900	0.0106	283
	FS=45, TV=0.3	1205270	2788	0.0262	472
	FS=45, TV=0.4	1260960	3772	0.0262	480
	FS=50, TV=0.2	1087916	333	0.0206	433
20	FS=35, TV=0.2	1362995	6103	0.0001	307
	FS=40, TV=0.2	1268036	4080	0.0001	408
	FS=45, TV=0.2	1183997	2327	0.001	351
	FS=45, TV=0.3	1248658	3475	0.0001	581
	FS=45, TV=0.4	1311771	4657	0.0001	524
	FS=50, TV=0.2	1117114	809	0.0001	343

5.5 小　　结

　　本章结合城市轨道交通和公共交通实际需求, 首先研究了城市轨道交通与地面公交接驳的城市轨道交通首班车优化问题, 建立了两种模式衔接下的混合整数规划模型, 采用北京市 2014 年轨道交通网络进行实例验证, 并对优化后系统性能进行评价; 其次, 建立了城市轨道交通与地面公交接驳的城市轨道交通末班列车时刻表优化模型, 选取维也纳地铁网络展开实证研究; 最后, 提出了一种城市轨道交通系统突发故障条件下, 接驳地面公交设计的鲁棒优化方法. 并设计了列生成算法对模型进行求解, 可得出如下结论: ①提出的接驳地面公交设计方法, 可显著降低城市轨道交通系统发生故障时系统的总成本和滞留乘客数; ②模型能够灵活处理鲁棒性与最优性的权衡, 通过得到最优成本与约束违反概率界之间的函数, 为决策者提供相应的决策参考; ③采用列生成算法来求解接驳地面公交设计模型, 可以获得较好的计算结果和性能.

参 考 文 献

Bertsimas D, Sim M. 2004. The price of robustness. Operations Research, 52(1): 35-53.

Carotenuto P, Giordani S, Ricciardelli S. 2007. Finding minimum and equitable risk routes for hazmat shipments. Computers & Operations Research, 34(5): 1304-1327.

Castelli L, Pesenti R, Ukovich W. 2004. Scheduling multimodal transportation systems. European Journal of Operational Research, 155(3): 603-615.

Chandra C, Liu Z, He J, et al. 2014. A binary branch and bound algorithm to minimize maximum scheduling cost. Omega, 42(1): 9-15.

Chang S C, Chung Y C. 2005. From timetabling to train regulation-a new train operation model. Information & Software Technology, 47(9): 575-585.

Daduna J R, Voß S. 1995. Practical Experiences in Schedule Synchronization. Computer-Aided Transit Scheduling. Berlin, Heidelberg: Springer: 39-55.

Dou X, Meng Q, Guo X. 2015. Bus schedule coordination for the last train service in an intermodal bus-and-train transport network. Transportation Research Part C: Emerging Technologies, 60(34): 360-376.

Gallo M, Montella B, D'Acierno L. 2011. The transit network design problem with elastic demand and internalisation of external costs: An application to rail frequency optimisation. Transportation Research Part C: Emerging Technologies, 19(6): 1276-1305.

Guo X, Sun H, Wu J, et al. 2017. Multiperiod-based timetable optimization for metro transit networks. Transportation Research Part B Methodological, 96: 46-67.

Guo X, Wu J, Sun H, et al. 2016. Timetable coordination of first trains in urban subway network: A case study of Beijing. Applied Mathematical Modelling, 40(17): 8048-8066.

Guo X, Wu J, Zhou J, et al. 2018. First-train timing synchronization using multi-objective optimization in urban transit networks. International Journal of Production Research, DOI:10.1080/00207543.2018.1542177.

Hadas Y, Ceder A. 2010. Optimal coordination of public-transit vehicles using operational tactics examined by simulation. Transportation Research Part C: Emerging Technologies, 18(6): 879-895.

Ibarra-Rojas O J, Rios-Solis Y A. 2012. Synchronization of bus timetabling. Transportation Research Part B: Methodological, 46(5): 599-614.

Jin J, Tang L, Sun L, et al. 2014. Enhancing metro network resilience via localized integration with bus services. Transportation Research Part E, 63(2): 17-30.

Jin J, Teo K M, Odoni A R. 2016. Optimizing bus bridging services in response to disruptions of urban rransit rail networks. Transportation Science, 50(3): 790-804.

Kang L, Wu J, Sun H, et al. 2015a. A case study on the coordination of last trains for the Beijing subway network. Transportation Research Part B: Methodological, 72(72): 112-127.

Kang L, Wu J, Sun H, et al. 2015b. A practical model for last train rescheduling with train delay in urban railway transit networks. Omega: The International Journal of Management Science, 50: 29-42.

Kang L, Zhu X. 2016. A simulated annealing algorithm for first train transfer problem in urban railway networks. Applied Mathematical Modelling, 40(1): 419-435.

Kou C, He S, He B. 2014. Study on connection optimization of last train departure time on urban mass transit network. Advanced Materials Research, 1030-1032: 2211-2214.

Liang J , Wu J , Gao Z, et al. 2018. A robust optimization approach to bus-bridging service design under rail transit system disruptions. Technical Report.

Liebchen C. 2008. The first optimized railway timetable in practice. Transportation Science, 42(4): 420-435.

Lin C, Chen S. 2008. An integral constrained generalized hub-and-spoke network design problem. Transportation Research Part E, 44(6): 986-1003.

Nachtigall K, Voget S. 1997. Minimizing waiting times in integrated fixed interval timetables by upgrading railway tracks. European Journal of Operational Research, 103(3): 610-627.

Odijk M A. 1996. A constraint generation algorithm for the construction of periodic railway timetables. Transportation Research Part B Methodological, 30(6): 455-464.

Pender B, Currie G, Delbosc A, et al. 2012. Planning for the unplanned: an international review of current approaches to service disruption management of railways. Australasian Transport Research Forum, 30: 1-17.

Sels P, Dewilde T, Cattrysse D, et al. 2016. Reducing the passenger travel time in practice by the automated construction of a robust railway timetable. Transportation Research Part B, 84: 124-156.

Shafahi Y, Khani A. 2010. A practical model for transfer optimization in a transit network: Model formulations and solutions. Transportation Research Part A: Policy & Practice, 44(6): 377-389.

Shrivastava P, Dhingra S L, Gundaliya P J. 2002. Application of genetic algorithm for scheduling and schedule coordination problems. Journal of Advanced Transportation, 36(1): 23-41.

Vaughan R. 1986. Optimum polar networks for an urban bus system with a many-to-many travel demand. Transportation Research Part B Methodological, 20(3): 215-224.

Wang Y, Guo J, Ceder A, et al. 2014. Waiting for public transport services: queueing analysis with balking and reneging behaviors of impatient passengers. Transportation Research Part B Methodological, 63(2): 53-76.

Wong R C W, Yuen T W Y, Fung K W, et al. 2008. Optimizing timetable synchronization for rail mass transit. Transportation Science, 42(1): 57-69.

Wu J, Liu M, Sun H, et al. 2015. Equity-based timetable synchronization optimization in urban subway network. Transportation Research Part C: Emerging Technologies, 51: 1-18.

Yan S, Chen H. 2002. A scheduling model and a solution algorithm for inter-city bus carriers. Transportation Research Part A: Policy & Practice, 36(9): 805-825.

Yang X, Chen A, Li X, et al. 2015. An energy-efficient scheduling approach to improve the utilization of regenerative energy for metro systems. Transportation Research Part C: Emerging Technologies, 57: 13-29.

Yang X, Ning B, Li X, et al. 2014. A two-objective timetable optimization model in subway systems. IEEE Transactions on Intelligent Transportation Systems, 15(5): 1913-1921.

Yin H, Wu J, Sun H, et al. 2018. Optimal bus-bridging service under a metro station disruption. Journal of Advanced Transportation, DOI:10.1155/2018/2758652.

第 6 章　城市轨道交通列车运行图调整策略

6.1　概　　述

不确定因素往往会造成部分或全部车次的晚点. 根据对计划运行图破坏的程度, 不确定因素造成的影响可以简单地分为扰动 (disturbance) 和中断 (disruption). 前者的影响范围较小, 车次的延误时间短, 一般通过改变停站时间和折返时间, 即可恢复计划运行图; 后者的影响较大, 通常需要采取改变停站方案、折返点、甚至限流等措施, 恢复计划运行图并缓解站内乘客的拥堵. 本章旨在研究中断情况下, 城市轨道交通列车运行图的调整策略, 而不涉及扰动的情况.

一般来说, 造成中断的往往是关键设备 (信号、机车等) 的故障, 其处理时间通常在 15 分钟以上. 城市轨道交通具有站间距离短、发车频率高、乘客数量大的特点, 设备的故障通常造成系统通行能力急剧降低, 进而导致大量客流滞留于站台和站厅. 近年来, 我国大中城市的轨道交通系统逐渐成网, 故障造成的影响会随着乘客的滞留迅速传播到其他线路, 甚至造成地面交通的拥堵. 因此, 针对故障导致的中断, 如何高效调整城市轨道交通列车运行图, 在理论和实践方面具有重要的意义.

中断情况下的运行图调整可分为两部分, 即故障处理过程中的应急策略和故障排除后的恢复策略. 目前, 针对前者的文献相对较少. 例如, D'Ariano 等 (2008)、D'Ariano & Pranzo (2009) 和 Corman 等 (2010, 2014) 从微观角度出发, 考虑信号、闭塞、径路等细节, 制定了基于选择图模型的运行图实时调整策略, 并设计了一套轨道交通管理系统 ROMA (railway traffic optimization by means of alternative graphs). 针对故障处理时间的不确定性, Meng & Zhou(2011) 构建了随机规划模型优化列车调整策略, 并为模型设计了有效的分支定界法. Narayanaswami & Rangaraj(2013) 研究了故障处理过程中单线双向运行条件下的调整策略, 该策略不允许停运受中断影响的车次. Albrecht 等 (2013) 考虑了维修时间延长的场景, 针对轨道维修情况下的运行图调整进行了建模, 并设计了一类基于空间搜索的元启发式算法. Veelenturf 等 (2016) 充分考虑站线设备和车辆容量约束, 以最小化停运和延误车次的数量为目标, 建立了整数规划模型对调整策略进行优化. 该模型不仅包含故障处理过程中的调整策略, 还包括运行图的恢复策略.

实际运营中, 故障发生后通常采用的措施是停扣受影响列车或降低运行等级, 待故障排除后才允许列车恢复至正常运行等级. 因此, 大量的文献集中于研究故障排除后的运行图恢复问题. 针对故障造成的晚点, Törnquist & Persson (2007) 提出了以改变车次的发车顺序和路径为基本措施的调整模型. 同时, 为快速求解模型, 又提出了四种基于经验的策略, 但这些策略无法保证解的质量. 为此, Törnquist (2012) 设计了一类基于深度优先搜索的贪婪算法, 并验证了该算法的有效性. Louwerse & Huisman (2014) 提出了混合整数规划模型, 优化故障结束后的运行图. 另外, 针对京沪高铁的中断场景, Zhan 等 (2015) 研究了运行图恢复策略, 即在故障处理过程中安排受影响车次的合理停站; 在故障排除后, 优化各车次出发时间和出发顺序, 以尽快恢复计划运行图.

近年来, 列车运行图的恢复问题通常与客流联系在一起, 因而引发了延迟管理问题 (delay management problem) 的研究. Schöbel 等 (2007) 基于 activity-on-arc 网络, 构造了基于路径和弧的混合整数规划模型, 以确定车次之间的衔接, 进而极小化乘客的延误时间. Schöbel (2009), Schachtebeck & Schöbel (2010) 拓展了之前的模型, 进一步将轨道容量约束考虑进去, 并设计了基于启发式规则的分支定界法. 实际上, 当故障发生后, 一部分乘客将会改变计划路径, 甚至离开轨道交通系统; 此外, 车站的容量对于运行图恢复也是一个重要的约束. 为此, Dollevoet 等 (2012) 和 Dollevoet 等 (2015) 分别将客流的路径选择和车站的容量约束集成到延迟管理问题的模型中. Kanai 等 (2011) 提出了乘客不满意度概念, 构建了最小化乘客不满意度的运行图恢复模型. 为求解模型, 设计了模拟和优化相结合的算法, 其中模拟部分处理客流的路径选择, 优化部分为基于禁忌搜索的启发式算法. Cadarso 等 (2013) 提出了两阶段方法处理中断情况下运行图和车辆调整问题, 其中第一阶段计算乘客的需求, 第二阶段调整运行图和车辆.

注意到, 上述文献多数是关于城际铁路在中断情况下运行图的调整, 相比之下, 目前关于城市轨道交通调整策略的研究较少, 尤其缺少以我国地铁为背景的调整策略研究. 因此, 本章将基于当前的研究方法, 结合我国城市轨道交通运营特征, 分别研究故障处理过程中的运行图应急调整策略和故障排除后的运行图恢复策略 (见 Xu et al., 2016; Gao et al., 2016).

6.2　故障处理过程中的列车运行图应急调整策略

6.2.1　问题描述

在城市轨道交通系统中, 除了供列车营运使用的主轨道, 还存在辅助系统运营的渡线和侧轨. 在无事故发生时, 列车按照既定运行图在主轨道上运行. 一旦线路出现故障, 主轨道通行能力下降, 这时利用辅助线, 特别是渡线, 可在一定程度上保障地铁系统的通行能力. 现实操作中, 需根据线路故障的情况, 采取不同的应急管理措施. 具体来说, ①当整条线路瘫痪时, 线上的所有列车将被迫中止运行, 相应的客运服务也会中断, 直到线路得以恢复; ②当部分线路出现问题时, 可借助渡线, 实时调度列车运行, 最大程度地保障线路的通行能力. 因此, 完善场景 ② 下列车应急调整策略, 并在实践中指导和辅助调度员进行有效调度, 是迫切而必要的工作.

如图 6-1 所示, 该地铁线路由 n 个车站, $n-1$ 个物理区间以及一系列渡线构成, 圆角阴影部分代表车站站台, 其中各区间轨道和站台在应急情况下均可双向使用. 例如, 假设下行方向的区间 $k-1$ 发生故障, 则下行车次可以借助渡线 (如渡线 $c+1$) 由下行线路转向上行线路, 之后再经过另外一个渡线 (如渡线 c) 从上行线路返回至下行路线. 这样的调度方式可使受影响的列车继续其后继程, 保持下行线路的全线贯通, 因而也保证了轨道交通系统双方向服务的平衡性. 然而, 与列车运行调整相关的文献中, 渡线的作用较少被提及, 一般受故障影响的下行车次需等到下行线路全部恢复才可继续运行 (即调度员方法). 显然, 这种方法不仅会导致轨道交通系统运营效率的降低, 且会破坏系统双方向服务的平衡性. 下面, 将给出具体示例比较上述两种列车运行调整方式.

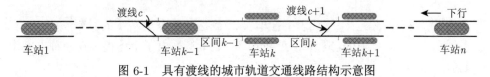

图 6-1　具有渡线的城市轨道交通线路结构示意图

图 6-2 给出了一条由 6 个车站, 5 个区间以及两条渡线组成的城市轨道交通线路, 其中车站 1, 2, 3, 6 各有一个岛式站台, 车站 4, 5 各有两个侧式站台. 上行和下行线路分别开行 5 个车次. 图 6-3 给出了对应于图 6-2 中 10 个车次的计划运行图. 在线路未发生故障时, 各车次均要求按照计划运行图运行.

图 6-2 中, 假设下行方向区间 3 在 600 s 时突发故障 (如图中矩形所示), 且该故障预计在 1200 s 时将被排除. 显然, 由线路上渡线分布情况可知, 下行线路区间 3、4 和车站 3、4 受故障影响, 在整个故障持续时间内不能为下行列车提供通行服务. 因此, 由上述两种调度方法, 可得如图 6-4 所示的两个列车调整运行方案. 其中, 图 6-4(a) (即运行图 (I)) 为考虑使用渡线的列车运行调整方案; 图 6-4(b)(即运行图 (II)) 为调度员方法得到的列车运行调整方案. 为从量化的角度比较两种方案, 下面

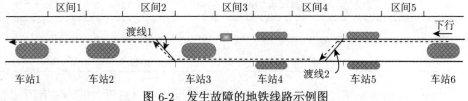

图 6-2　发生故障的地铁线路示例图

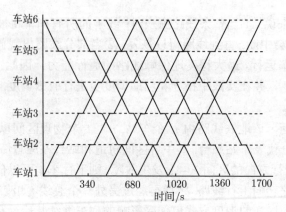

图 6-3   计划运行图

定义如下四个指标, 包括下行车次延迟时间 d_I, 上行车次延迟时间 d_O, 列车总延迟时间 d_T 以及系统双向列车服务平衡性 κ, 其中 κ 的计算方法为

$$\kappa = \frac{2}{N} \sum_{i=1}^{N/2} |a_{2i,1} - a_{2i-1,K}|$$

符号 N 代表列车数量, $a_{2i,1}$ 代表下行车次 $2i$ 到达其终点车站 1 的时刻, $a_{2i-1,K}$ 代表上行车次 $2i-1$ 到达其终点站 K 的时刻. 表 6-1 列出了上述指标在两种方案中的取值.

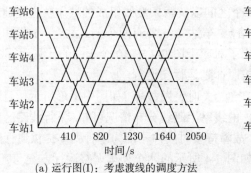

(a) 运行图(I): 考虑渡线的调度方法

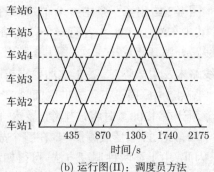

(b) 运行图(II): 调度员方法

图 6-4   基于不同调度方法的列车运行图

表 6-1   两种方案的统计信息   (单位: s)

运行图	d_I	d_O	d_T	κ
(I)	1680	570	2250	222
(II)	2040	0	2040	408

由表 6-1 可知, 相比运行图 (II), 尽管运行图 (I) 中总延迟时间 d_T 有所增加

(大约增加 10%), 但从服务平衡性的角度来看, 运行图 (I) 则更具平衡性 (指标提升约 50%). 因此, 考虑渡线作用的调度方法很大程度上缓解了下行方向的延迟情况, 但也增加了上行方向的列车延迟. 事实上, 为保证服务的平衡性, 小幅度增加列车总延迟在实际运营中是完全可以接受的. 此外, 在故障持续时间内, 由于仍能保持列车全线运营, 因而有效保障了远距离乘客 (需要越过故障区间) 的出行需求.

在下面章节中, 我们将着重讨论线路突发故障情形下列车运行调整模型的构建以及高效求解算法, 并将设计数值算例验证相关方法的有效性.

6.2.2 模型的建立

为便于构建模型, 表 6-2 列出了该问题涉及的所有参数和符号. 另外, 我们给出如下假设.

(**A1**) 故障地点为线路下行方向的某个区间. 故障持续时间内仅该故障点处的下行区间轨道不能使用, 其他下行区间的轨道和车站以及线路上行方向均正常.

(**A2**) 任意上下行区间轨道和车站均可实现双方向运行.

(**A3**) 除首末站点外, 各车站仅有两个站台且与上行轨道和下行轨道相连.

(**A4**) 故障场景下, 城市轨道交通系统可及时调度列车从下行方向轨道转至向上行方向轨道, 反之亦然.

表 6-2   本模型中使用的符号和参数标识

符号标识	意义	符号标识	意义
O	上行 (outbound) 车次集合	$\bar{a}_{ik}$	计划运行图中车次 i 到达车站 k 的时间
I	下行 (inbound) 车次集合	$\bar{d}_{ik}$	计划运行图中车次 i 离开车站 k 的时间
W	受故障影响的区间集合	$\bar{t}_{ik}$	车次 i 在区间 k 的计划运行时间
C	渡线集合	t_c	列车在渡线上的运行时间
i, j	车次标识	k^*	下行方向第一个受故障影响的车站标识
k	车站/区间标识	l^*	下行方向最后一个受故障影响的车站标识
n	车站总数	M	一个极大值
E	区间集合, $E = \{1, 2, \cdots, n-1\}$	t_s	故障发生时刻
V	车站集合, $V = \{1, 2, \cdots, n\}$	t_r	预计故障修复时刻
h_0	同向车次之间最小的安全距离	h_{ij,l^*+1}^{ad}	车次 i 进入和车次 j 离开车站 l^*+1 的安全时距, $i \in O, j \in I$
R	故障持续时间段中被重新调度的列车集合	$h_{jik^*}^{da}$	车次 j 离开和车次 i 进入车站 k^* 的安全时距, $i \in O, j \in I$
G	困在故障区间内的车次集合	B	进入恢复使用的故障车站的车次集合

下面, 将构建模型的约束条件和目标函数. 为此, 首先介绍模型的决策变量, 如下所示:

a_{ik}: 车次 i 到达车站 k 的时刻.

d_{ik}: 车次 i 离开车站 k 的时刻.

q_{ijk}: 0-1 变量, 代表同向两车次进入区间 k 的顺序, $i,j \in O$ 或者 $i,j \in I$. 如果车次 i 在车次 j 之前驶入区间 k, 该变量取值为 1; 反之, 取值为 0.

p_{ijk}: 0-1 变量, 代表对向两车次进入区间 k 的顺序, $i \in O$, $j \in I$ 或者 $i \in I$, $j \in O$. 等于 1, 如果车次 i 在车次 j 之前驶入区间 k, 该变量取值为 1; 反之, 取值为 0.

基于上述决策变量, 下面进一步构建模型的系统约束条件, 包括安全时距约束, 渡线使用约束, 服务平衡性约束等.

(1) 计划运行图耦合约束

如果车次 i 在车站 k 的到达或出发时刻早于故障发生时刻, 则该列车在该站的到达或出发时刻不受故障影响, 即车次 i 仍按计划运行图运行. 相关约束条件构建如下:

$$a_{ik} = \bar{a}_{ik}, \quad \text{如果 } \bar{a}_{ik} \leqslant t_s, \ i \in O, \ k \in \{2,3,\cdots,k^*\} \tag{6-1}$$

$$d_{ik} = \bar{d}_{ik}, \quad \text{如果 } \bar{d}_{ik} \leqslant t_s, \ i \in O, \ k \in \{1,2,3,\cdots,k^*-1\} \tag{6-2}$$

$$a_{ik} = \bar{a}_{ik}, \quad \text{如果 } \bar{a}_{ik} \leqslant t_s, \ i \in O, \ k \in \{l^*+1,\cdots,m-1\} \tag{6-3}$$

$$d_{ik} = \bar{d}_{ik}, \quad \text{如果 } \bar{d}_{ik} \leqslant t_s, \ i \in O, \ k \in \{l^*+1,\cdots,m\} \tag{6-4}$$

(2) 安全时距约束

为保证运行调整策略的安全性, 需要考虑列车之间的安全时距. 下面, 将对该类约束进行详细分析.

1) 上行方向车次之间的安全时距约束

为确保同向车次相继离开区间 k 时的最小安全时距 h_0, 构建如下约束:

$$a_{i,k+1} + h_0 \leqslant a_{j,k+1} + M(1 - q_{ijk}), \quad i,j \in O, k \in E \tag{6-5}$$

$$a_{j,k+1} + h_0 \leqslant a_{i,k+1} + M(1 - q_{jik}), \quad i,j \in O, k \in E \tag{6-6}$$

同样地, 为保证同向车次相继进入同一区间 k 的安全时距, 需考虑如下约束条件:

$$d_{ik} + h_0 \leqslant d_{jk} + M(1 - q_{ijk}), \quad i,j \in O, k \in E \tag{6-7}$$

$$d_{jk} + h_0 \leqslant d_{ik} + M(1 - q_{jik}), \quad i,j \in O, k \in E \tag{6-8}$$

2) 下行方向车次之间的安全时距约束

与上行方向车次之间的安全时距约束类似, 针对下行方向的列车, 构建如下约束:

$$a_{ik} + h_0 \leqslant a_{jk} + M(1 - q_{ijk}), \quad i,j \in I, k \in E \tag{6-9}$$

$$a_{jk} + h_0 \leqslant a_{ik} + M(1 - q_{jik}), \quad i,j \in I, k \in E \tag{6-10}$$

$$d_{i,k+1} + h_0 \leqslant d_{j,k+1} + M(1 - q_{ijk}), \quad i, j \in I, k \in E \tag{6-11}$$

$$d_{j,k+1} + h_0 \leqslant d_{i,k+1} + M(1 - q_{jik}), \quad i, j \in I, k \in E \tag{6-12}$$

其中, 前两个约束和后两个约束分别保证了下行方向车次 i 和 j 相继离开和到达区间 k 的安全时距.

3) 对向车次之间的安全时距约束

如图 6-2 所示. 在列车运行调整过程中, 若车站 3 被下行车次占用, 则即将驶向车站 3 的上行车次需在车站 2 等待下行车次驶离车站 3. 为确保相邻车次之间的安全, 在此需要考虑两车的安全时距 $h_{jik^*}^{da}$. 值得注意的是, 由于渡线位置的不同, 对向车次之间的安全操作可能存在差异. 例如, 若上行车次 i 停靠车站 4, 则等待使用该车站的下行车次 j 需等待列车 i 进入上行车站 5, 才可驶离下行车站 5, 同时还需考虑安全时距 h_{ij,l^*+1}^{ad}. 因此, 针对列车进行调整时, 需构建如下安全时距约束:

$$d_{jk^*} + h_{jik^*}^{da} \leqslant a_{ik^*} + M(1 - p_{jik^*}), \quad i \in O \cap R, j \in I \cap R \tag{6-13}$$

$$a_{i,l^*+1} + h_{ij,l^*+1}^{ad} \leqslant d_{j,l^*+1} + M(1 - p_{ij,l^*+1}), \quad i \in O \cap R, j \in I \cap R \tag{6-14}$$

(3) 停站时间约束

在城市轨道交通系统中, 运营列车需在各站点停靠以方便乘客的乘降. 设列车的最小停站时间为 $\bar{t}_{ik}$, 则有如下停站时间约束:

$$d_{ik} - a_{ik} \geqslant \bar{t}_{ik}, \quad i \in O \cup I, k \in V \tag{6-15}$$

(4) 到达时间约束

由于受故障影响, 在列车运行调整策略的优化过程中, 同一车次到达或驶离指定车站的时刻不能早于计划运行图确定的时刻, 因而有如下约束:

$$a_{in} \geqslant \bar{a}_{in}, \quad i \in O \tag{6-16}$$

$$a_{j1} \geqslant \bar{a}_{j1}, \quad j \in I \tag{6-17}$$

(5) 故障线路恢复使用约束

显然, 在运行调整策略中, 下行车次在故障修复时间之前禁止使用受影响的轨道线路, 因此有如下约束:

$$a_{ik} \geqslant t_r, \quad i \in B \cap I, k \in W \tag{6-18}$$

其中, 故障修复时间是指线路故障排除, 受影响的车站和区间可被重新使用的时刻. 此外, 还需注意到, 某些车次 i 可能受困于故障影响的车站直至故障修复才可运行.

为确保故障修复后将要进入车站 k^* 的车次 j 与车次 i 之间的安全, 需要考虑如下约束:

$$d_{ik^*} + h_0 \leqslant d_{jk^*} + M(1 - q_{ijk}), \quad i \in I \cap G, j \in I \cap B \tag{6-19}$$

$$d_{jk^*} + h_0 \leqslant d_{ik^*} + M(1 - q_{jik}), \quad i \in I \cap G, j \in I \cap B \tag{6-20}$$

(6) 渡线使用约束

如上所述, 列车由下行方向轨道转至上行方向轨道时需要借助渡线, 因而增加了额外操作. 相比计划运行图, 这类列车在同一区间的运行时间将有所增加, 其中增加的运行时间即为渡线上的行驶时间, 记为 t_c. 因此, 需构建如下渡线使用约束:

$$\bar{a}_{i,k^*-1} - \bar{d}_{ik^*} + t_c \leqslant a_{i,k^*-1} - d_{ik^*}, \quad i \in I \cap R \tag{6-21}$$

$$\bar{a}_{il^*} - \bar{d}_{i,l^*+1} + t_c \leqslant a_{il^*} - d_{i,l^*+1}, \quad i \in I \cap R \tag{6-22}$$

此外, 各车站在同一时间仅允许一列列车停靠, 除去受困于故障影响车站的车次, 车次 $i, j \in O - G$ 或 $i, j \in I - G$ 禁止出现越行现象. 因此, 列车运行调整过程中的决策变量 $q_{ijk} \in \{0,1\}$ 应与计划运行图保持一致. 鉴于车次的编号根据出发顺序依次递增, 若 $i < j$(即车次 i 是车次 j 的前车), 则对任意区间 k, $q_{ijk} = 1$ 均成立. 故有如下约束:

$$q_{ijk} = 1, \quad \text{如果 } i < j, i, j \in O - G \text{ 或 } i, j \in I - G \tag{6-23}$$

(7) 服务平衡性约束

由 6.2.1 节的分析可知, 城市轨道交通系统的双方向服务平衡也是极其重要的评价指标. 在此, 我们给出如下约束保证下行和上行方向服务的均衡性:

$$\kappa < \Gamma \tag{6-24}$$

这里 Γ 为一个预设参数, 可由管理人员根据运营经验设定.

在此需要指出的是, 决策变量 $p_{ijk} \in \{0,1\}$ 确定了故障持续时间内对向车次在共享区间和车站的使用顺序. 因此, 针对决策变量 $p_{ijk}(i \in I, j \in O,$ 或 $i \in O, j \in I)$ 的优化是保障双方向服务平衡性的关键所在.

下面构建问题的目标函数. 注意到, 在考虑系统服务平衡性的同时, 为进一步提高系统的运行效率, 还需极小化列车总延迟时间 T_d. 因此, 下面的分析将列车总延迟时间 T_d 处理为该问题的目标函数, 其计算方法为:

$$T_d = \sum_{i \in O} (a_{in} - \bar{a}_{in}) + \sum_{i \in I} (a_{i1} - \bar{a}_{i1}) \tag{6-25}$$

基于上述约束条件和目标函数, 可将该问题的数学优化模型构建如下:

$$
\begin{cases}
\min & \displaystyle\sum_{i\in O}(a_{in}-\bar{a}_{in})+\sum_{i\in I}(a_{i1}-\bar{a}_{i1})\\
\text{s.t.} & q_{ijk}+q_{jik}=1,\ i,j\in R\cap I,\text{或 } i,j\in R\cap O,k\in V\\
& p_{ijk}+p_{jik}=1,\ i\in R\cap I,\ j\in R\cap O,\text{或 } i\in R\cap O,\ j\in R\cap I,k\in V\\
& \text{约束 (6-1)—(6-24)}
\end{cases}
$$

$$(6\text{-}26)$$

6.2.3　求解算法

由于城市轨道交通列车运行图应急调整对求解算法的时间效率有极高要求, 下面将基于离散事件模型, 设计一类高效的列车运行调整算法 (Efficient Train Rescheduling Strategy, ETRS).

首先, 介绍轨道交通系统中的三种列车位置状态 (train position states, TPS). 如图 6-5 所示, 为简便起见, 三种 TPS 被分别赋值 1, 2, 3, 具体定义如下:

TPS = 1: 列车停靠车站作业, 该车次在站停留时间少于计划停站作业时间. 在该状态下, 车次到达当前车站的时间可以确定, 但尚不能确定离开当前车站的时间.

TPS = 2: 列车停靠在车站且等待出发, 该车次在站已停靠的时间大于或等于计划停站作业时间. 此时, 一旦允许驶离车站, 离开该站的时间即可确定, 否则, 列车将继续在车站停靠, 如图 6-5 所示. 事实上, 如果车次在当前车站不存在延迟, 则图中状态点 $s1'$ 和 $s1''$ 是重合的.

TPS = 3: 列车处于区间内. 该状态表明当前车次离开车站但没有到达下一个车站. 一旦到达下一车站, 列车的位置状态将变更为 1.

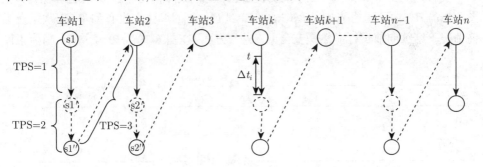

　→ 停站时间　-→ 区间运行时间或延迟时间　　TPS即为列车状态

图 6-5　列车位置状态 (TPS) 转移示意图

从图 6-5 可以看出列车位置状态转移遵循 $1\to 2\to 3\to 1$ 这一规律. 当列车的当前位置状态为 1 时, 下一个位置状态为 2, 以此类推. 进一步, 我们将列车相邻位置状态转移过程定义为一个离散事件.

根据位置状态的定义可以看出, 当列车位置状态为 1 时, 该列车保持当前状态是安全的. 同样, 由于禁止列车停靠在区间内, 因此当某列车的位置状态为 3 时, 其可继续运行至下一车站. 在此, 需要考虑列车的位置状态为 2 时, 在何种情况下变更其状态才能满足安全运行的要求. 为此, 本节针对位置状态为 2 的列车, 设计了相应的能力检测算法, 该算法也是 ETRS 算法的核心内容.

在介绍能力检测算法之前, 首先给出如下示例详细说明列车的安全运行过程. 图 6-6 给出了几种避免冲突的运行场景. 如图 6-6(a) 所示, 当车次 i 停靠在车站 l^*-1 时, 车次 j 正在上行区间 l^* 运行. 为避免潜在冲突, 车次 i 需停靠在当前车站以等候车次 j 离开车站 l^*. 当车次 j 离开车站 l^* 并进入渡线时, 车次 i 即可驶离车站 l^*-1, 如图 6-6(b) 所示. 同样地, 在图 6-6(c) 中, 车次 j 需停靠在车站 k^*+1, 直到车次 i 离开区间 k^*, 如图 6-6(d) 所示. 针对图 6-6(a) 的车次 i 和图 6-6(c) 的车次 j, 我们将设计能力检测算法 1 来确定安全的离站时间以避免潜在冲突.

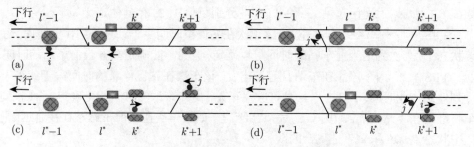

图 6-6　单侧线路故障情形下两列车的会让操作

类似地, 图 6-7 刻画了四列车次在局部线路故障情形下的安全运行操作. 在图 6-7(a) 中, 由于上行方向从车站 l^*-2 到 l^*-1 的线路上没有列车, 车次 i 在当前情况下继续向前运行显然是安全的. 另一方面, 在图 6-7(a) 中, 车次 j^f 当前正停

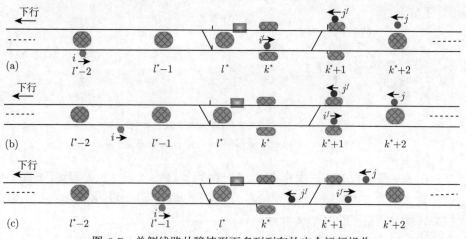

图 6-7　单侧线路故障情形下多列列车的安全运行操作

靠在下行车站 $k^* + 1$ 并等待车次 i^f 离开上行区间 k^*, 如果车次 j 继续向前运行, 则将与车次 j^f 在车站 $k^* + 1$ 处发生冲突. 图 6-7(b) 和图 6-7(c) 展示了图 6-7(a) 中所涉车次的后续安全操作. 针对上述的车次 i 和 j, 我们设计了能力检测算法 2.

下面将详细介绍能力检测算法的设计. 为描述方便, 我们首先给出能力检测算法中用到的符号及其意义. 以上行车次 i 为例, 其 TPS 值为 2. 假设车次 i 当前所处的车站为 r, 将要运行的下一区间和车站分别为 s 和 r'. 用二元参数 b_i 表示车次是否能通过相应的能力检测算法, 其值设置为: 若 $b_i = 1$, 则通过; 若 $b_i = 0$, 则不通过.

在设计能力检测算法之前, 先定义如下变量:

N^O: 在指定线路上行驶的上行车次的数量, 包括当前考虑的车次 i;

N^I: 在指定线路上行驶的下行车次的数量;

$Ofirst$: 上述 N^O 车次中首车次的 ID;

$Ifirst$: 上述 N^I 车次中首车次的 ID;

Iid: 某列指定的下行车次的 ID;

S^O: 上行车次可以停靠的车站计数;

$OptOI$: $Ofirst$ 与 $Ifirst$ 车次运行优先权. 其值为 1 表明 $Ofirst$ 车次有优先权; 反之, 其值为 0.

能力检测算法 1 (Capacity Check Algorithm 1, CCA1)

步骤 1 (初始化)　　$N^I = 0, Iid = -1$.

步骤 2　　搜索上行线路自车站 l^*(包括) 到 $k^* + 1$(不包括) 之间的所有车站和区间, 如果存在 m_1 列下行车次, 更新 $N^I \leftarrow N^I + m_1$; 如果下行车站 $k^* + 1$ 上存在一列下行车次, 更新 Iid 为该车次的 ID.

步骤 3　　能力检测过程:

　　步骤 3.1　　如果 $N^I > 0$, 车次 i 不能通过能力检测算法, 否则, 转入步骤 3.2;

　　步骤 3.2　　如果 $Iid = -1$, 车次 i 通过能力检测算法, 否则, 转入步骤 3.3;

　　步骤 3.3　　如果 $a_{i(l^*-1)} < a_{Iid(k^*+1)}$, 车次 i 通过能力检测算法, 否则, 车次 i 不能通过能力检测算法.

下面, 我们对能力检测算法 1(CCA1) 进行详细的阐述. 特别需要说明的是, CCA1 适用于检测停靠在车站 $l^* - 1$ 和 $k^* + 1$ 上的车次 (如图 6-6(a) 中的车次 i 和图 6-6(c) 中的车次 j). 以车次 i 为例. 由于故障的影响, 一些下行方向的车次 (步骤 2 记录了车次数目 N^I) 会与上行方向的车次共享部分线路 (从车站 l^*(包括) 到车站 $k^* + 1$(不包括)). 于是, 两个方向的车次就会存在潜在的冲突. 步骤 3.1 表明如果存在下行车次运行在共享的车站和区间内, 即 $N^I > 0$, 那么, 为避免潜在

的冲突, 车次 i 在这种情形下, 不能继续运行. 否则, 如果 $N^I = 0$, 车次 i 是否可行取决于如下步骤. 如果没有车次停靠在下行车站 $k^* + 1$, 车次 i 可以离开车站 $l^* - 1$ 继续向前运行, 如步骤 3.2 所述. 反之, 如果存在车次 Iid 停靠在下行车站 $k^* + 1$, 并且该车次到达车站 $k^* + 1$ 的时间晚于车次 i 到达车站 $l^* - 1$ 的时间, 即 $a_{Iid(k^*+1)} > a_{i(l^*-1)}$, 车次 i 仍然可以继续向前运行. 否则, 车次 i 需要停靠在车站 $l^* - 1$, 具体见步骤 3.3. 需要指出的是, 步骤 3.3 中两列车次在不同车站到达时间的比较, 本质上是考虑两个方向的服务平衡性.

能力检测算法 2 (Capacity Check Algorithm 2, CCA2)

步骤 1 (初始化)　　$N^O = 1$(包括当前车次), $N^I = 0$, $S^O = 0$, 并且 $OptOI = -1$.

步骤 2　　搜索自车次 i 的当前车站 r (不包括) 到车站 $l^* - 1$(包括) 之间的所有车站和区间, 如果存在 m_1 列上行车次, 更新 $N^O \leftarrow N^O + m_1$.

步骤 3　　搜索自车站 l^*(包括) 到车站 $k^* + 1$ 之间的所有区间和车站, 如果存在 m_2 列下行车次, 更新 $N^I \leftarrow N^I + m_2$.

步骤 4　　确定自车站 r (不包括) 到车站 l^*(不包括) 之间的所有车站的数目 S^O.

步骤 5　　能力检测过程:

　　步骤 5.1　　如果 $N^O > 1$ 并且 $N^I > 0$, 转到步骤 5.2, 否则, 转到步骤 5.3;

　　步骤 5.2　　如果车次 $Ifirst$ 存在于自车站 l^* (包括) 至车站 $k^* + 1$ (不包括) 的路径上, 或车次 i 的前车已被安排停靠在某个车站, 或者 $a_{Ifirst(k^*+1)} < a_{Ofirst(l^*-1)}$, 更新 $OptOI = 0$, 否则, $OptOI = 1$; 如果判据 1 或判据 2 为真, 车次 i 可以通过能力检测算法, 否则, 不能通过;

　　步骤 5.3　　如果 $N^O = 1$, 车次 i 通过能力检测算法, 否则, 转到步骤 5.4;

　　步骤 5.4　　如果判据 3 或者判据 4 为真, 车次 i 通过能力检测算法, 否则, 不通过.

能力检测算法 2(CCA2) 步骤 5.2 和步骤 5.4 中的判据定义如下:

判据 1　　$OptOI = 1$ 并且 $N^O - 1 \leqslant S^O$;

判据 2　　$OptOI = 0$ 并且 $N^O \leqslant S^O$;

判据 3　　$N^O - 1 \leqslant S^O$ 并且车次 i 的前车通过了能力检测算法;

判据 4　　在区间 s 和车站 r' 上不存在任何上行车次.

需要指出的是, 能力检测算法 2(CCA2) 适用于判定停靠在车站 $l^* - 1$ 之前的各个车站上的车次, 如车站 $l^* - 2$. 以图 6-7(a) 中的车次 i 为例对算法进行解释. 在步骤 1 中, 初始化相关的参数. 步骤 2 和步骤 3 分别记录了在指定路径上上行车次和下行车次的数目. 步骤 4 确定自车站 r' 到车站 $l^* - 1$ 这条路径上的车站数目. 基于步骤 1 — 步骤 4 的准备工作, 步骤 5 进一步确定当前考虑的车次是否能够通过能力检测算法.

具体来讲, 如果在指定的路径上同时存在下行和上行车次 (见步骤 2 和步骤 3), 则转入步骤 5.2. 在步骤 5.2 中, 考虑了如下三种情况: ① 车次 $Ifirst$ 存在于自车站 l^*(包括) 到车站 k^*+1(不包括) 的路径上; ② 车次 i 的前车已被安排停靠在某个车站上; 以及 ③ 车次 $Ifirst$ 停靠在车站 k^*+1 并且车次 $Ifirst$ 到达车站 k^*+1 的时间要早于车次 $Ofirst$ 到达车站 l^*-1 的时间. 如果上述三种情况中的任何一个成立, 则赋予车次 $Ifirst$ 使用共享线路的优先权, 更新 $OptOI=0$; 否则, 车次 $Ofirst$ 享有优先权, 更新 $OptOI=1$. 基于更新的信息, 给出两个判据. 判据 1: $OptOI=1$ 并且 $N^O-1 \leqslant S^O$ 和判据 2: $OptOI=0$ 并且 $N^O \leqslant S^O$. 如果判据 1 或判据 2 成立, 说明前方有足够的站台能力供车次 i 停靠. 与 CCA1 中步骤 3.3 类似, 步骤 5.2 也同样考虑了两个方向的服务平衡性. 步骤 5.3 指出如果在车站 r 和 l^*-1 之间仅存在车次 i, 则车次 i 通过能力检测算法. 在步骤 5.4 中, 考虑了如下两种情形: ①$N^O-1 \leqslant S^O$ 并且车次 i 的前车通过了能力检测算法; 和 ②在区间 s 和车站 r' 上不存在任何上行车次. 同样地, 如果上述两个情形之一成立, 则车次 i 通过能力检测算法, 否则, 不能通过.

图 6-8 所示为在某故障发生时, 对系统内某列车次进行能力检测算法的流程, 从图中可以更加清楚地理解上述能力检测算法的适用范围. 需要说明的是, 图中 CCA3 表示能力检测算法 3. 当故障排除, 受影响的区间可以恢复使用时, 我们采用 CCA3 确定车次的顺序. 该算法表述如下:

能力检测算法 3 (Capacity Check Algorithm 3, CCA3)

在一般情况下, 车次以先进先出的规则运行. 如果两个方向的线路上均存在下行方向车次, 将指定上行线路的车次有运行优先权, 以减少对上行车次的影响.

这里简单介绍如何确定系统中下一个离散事件的发生时刻. 以 t 作为系统的当前时间, r_i 为车次 i 到达下一个位置状态所需要的时间. 假设车次 i 当前所在的车站为 k. 如果车次 i 的当前位置状态为 1, 即 TPS=1, 根据 6.2.3 节中的分析可知 $b_i=1$, 如图 6-5 所示, 此时 $\Delta t_i = \bar{t}_{ik} - (t-a_{ik})$. 当 TPS=2 时, 车次在下一时刻运行操作由能力检测算法决定. 当车次 i 通过能力检测算法, 即 $b_i=1$, 根据列车位置状态的定义, 列车当前的位置状态 TPS 可立即从 2 变更为 3, 并且 $r_i=0$. 否则, 若车次 i 不能通过能力检测算法, 车次 i 需要继续停靠在当前车站直到系统下一个离散事件发生, 并且 $r_i=M(1-b_i)$. 如果车次 i 当前运行在区间 k 上, 其位置状态为 3, 显然, $b_i=1$. 如果车次 i 在进入当前区间时没有使用渡线, 则列车在当前区间的运行时间与计划运行时间是一致的, 此时 $\Delta t_i = (\bar{a}_{i(k+1)} - \bar{d}_{ik}) - (t-d_{ik})$. 否则, 若车次 i 进入当前区间使用了渡线, 那么列车在当前区间的运行时间必然要大

于计划运行时间, 且二者之间的差值为 t_c, 则 $\Delta t_i = (\bar{a}_{i(k+1)} - \bar{d}_{ik} + t_c) - (t - d_{ik})$.

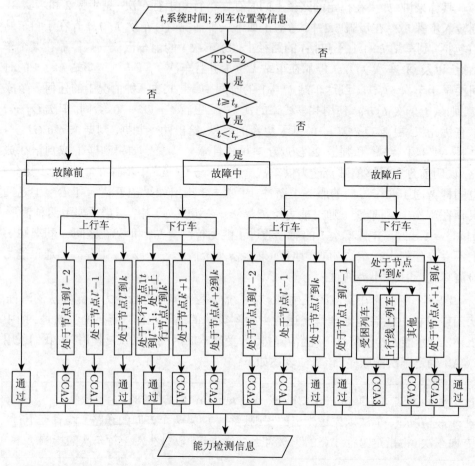

图 6-8　能力检测算法流程

最后基于上面的分析, r_i 的计算方法可总结为

$$
\Delta t_i = \begin{cases}
\bar{t}_{ik} - (t - a_{ik}), & \text{TPS} = 1 \\
M(1 - b_i), & \text{TPS} = 2 \\
a_{i(k+1)} - \bar{d}_{ik} - (t - d_{ik}), & \text{TPS} = 3 \text{ 且不使用渡线} \\
(\bar{a}_{i(k+1)} - \bar{d}_{ik} + t_c) - (t - d_{ik}), & \text{TPS} = 3 \text{ 且使用渡线}
\end{cases}
$$

同样地, 给定向量 $\Delta t = \{r_1, r_2, \cdots, r_N\}$, 表达式 $[t_{\min}, i_{\min}] = \min(\Delta t)$ 表示车次 $i_{\min}$(可能并不唯一) 到达其下一个位置状态的时间间隔的最小值 $t_{\min}$. 显然, 当前时刻 t 距离系统中下一个离散事件发生的时间间隔为 $dnext = t_{\min}$.

确定了 $dnext$, 就可以对系统状态进行更新. 根据各车次距其自身下个位置状

态的时间间隔 Δt_i 与 $dnext$ 的关系, 车次可被分为两类: ① $\Delta t_i > dnext$ 和 ② $\Delta t_i = dnext$. 由于第一类车次不能在 $dnext$ 时间内到达其下一个位置状态, 因而, 其当前位置状态可以保持不变. 而对于第二类车次, 由于触发了系统下一个事件的发生, 其位置状态必将发生改变, 并且同时能够确定车次在某个车站的到达或者出发时刻. 以下列出了第二类车次状态更新的详细规则:

当 TPS=1 时, 在时刻 $t + dnext$, 位置状态 TPS 变更为 2;

当 TPS=2 时, 在时刻 $t + dnext$, 位置状态 TPS 由 2 更新为 3, 并且可以确定车次离开当前车站的时刻为 $t + dnext$;

当 TPS=3 时, 在时刻 $t + dnext$, 位置状态 TPS 由 3 变更为 1, 同时确定车次到达下一个车站的时刻为 $t + dnext$.

显然, 由于不用记录车次在每个离散事件发生时刻所处的位置、速度等信息, 因而在算法实现中可以节约计算机内存. 最后, 图 6-9 给出了本节提出的列车运行调整算法 (ETRS) 的流程图.

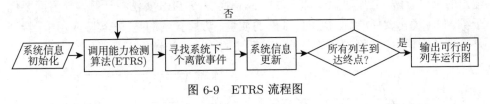

图 6-9　ETRS 流程图

6.2.4　数值算例

本节将设计三组数值实验以验证上述算法的效率和有效性. 首先将 ETRS 算法应用于图 6-2 所示的简单算例上. 假设下行区间 3 在时刻 120 s 发生故障, 且已知线路的恢复时刻为 20000 s. 为计算方便, 假设列车在渡线上的运行时间为 $t_c = 30$ s; 上下行方向上各有 5 个车次, 发车间隔为 180 s; 列车的停站时间均为 30 s, 区间运行时间均为 120 s. 表 6-3 列出了第一列上行车次的运行图. 为保证运行图的服务平衡, 在该算例中, 假设两个方向的车次可轮流占用共用的车站和区间.

表 6-3　第一列上行车次的既定时刻　　　　　　　　　　　　(单位: s)

车站	1	2	3	4	5	6
到达时刻	0	120	270	420	570	720
站内作业时间	0	30	30	30	30	0
出发时刻	0	150	300	450	600	720

注意到, 通过调用 GAMS 优化软件里的 COINCBC 求解器, 即可得到上述问题的近似最优解. 在本算例中, 我们应用 GAMS 优化软件求解两个算例. 第一个算例中, 要求返回问题的任一可行解, 运算过程中的对偶间隔参数 OPTCR 设为 1.0.

实验所用电脑的配置为: 4 GB 内存、Core i5 处理器、4 个 CPU、Windows 8 平台. 经过 535 s 运算, 返回了问题的可行解, 其最优对偶间隔为 27.5%. 第二个算例中, 对偶间隔 OPTCR 设为 0.1, 经过 774 s 运算, 得到了近似最优解, 其最优对偶间隔为 6.5%.

图 6-10 展示了 GAMS 优化软件 (近似最优解) 和 ETRS 算法得到的运行图. 详细统计信息如表 6-4 所示, 包括总延迟时间 T_d、最大延迟时间 M_d、线路清空时间延迟率 φ、服务平衡指数 κ 以及 CPU 时间, 其中 "fea" 和 "n-opt" 分别表示可行解 (feasible) 和近似最优解 (near-optimal). 为便于比较, 表 6-4 同时给出了 ETRS 算法与 GAMS 求解软件得到的解之间的差距 $\varepsilon (\varepsilon = ((Z_{ETRS} - Z_{GAMS})/Z_{GAMS}) \times 100\%)$. 依据表中的结果, 可以得出如下结论: ①与 GAMS 优化软件求得的近似最优解相比, 尽管 ETRS 算法所得解的最优性差距为 8% 左右, 但这一差距仍在可接受范围; ②ETRS 算法所得解的各项指标远优于 GAMS 返回的可行解; ③从算法时间效率角度来看, ETRS 算法可在毫秒级的计算时间内求得次优解, 而即使 GAMS 输出的是可行解, 其用时也长达 535 s. 总体而言, ETRS 算法在计算性能方面要优于 GAMS 优化软件, 并且也可保证解的质量. 毋庸置疑的是, 在实际应用中, 特别是在应急管理中, 计算时间效率是极其重要的一项算法评价指标.

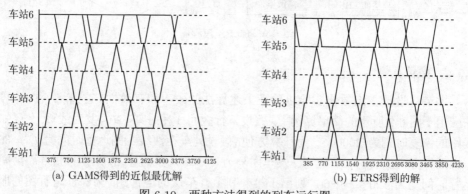

(a) GAMS得到的近似最优解　　　　　　　　(b) ETRS得到的解

图 6-10　两种方法得到的列车运行图

表 6-4　简单算例的统计信息

算法	指标				
	T_d/s	M_d/s	φ	κ/s	CT/s
ETRS	13800	2760	1.91	480	< 0.01
GAMS(fea)	15300	3750	2.60	720	535
GAMS(n-opt)	12780	2640	1.83	564	774
ε (fea)	−9.80%	−26.40%	−26.53%	−33.33%	< −99.99%
ε (n-opt)	7.98%	4.55%	4.37%	−14.89%	< −99.99%

此外, 为研究 ETRS 算法在大规模问题中的计算效率与有效性, 下面将以北

京地铁亦庄线的运营数据为基础, 开展算法性能研究. 该算例的代码编译环境为 Microsoft Visual Studio 2010 C#, Windows XP 系统. 北京地铁亦庄线由 14 个车站、13 个区间及一系列渡线组成, 其结构如图 6-11 所示.

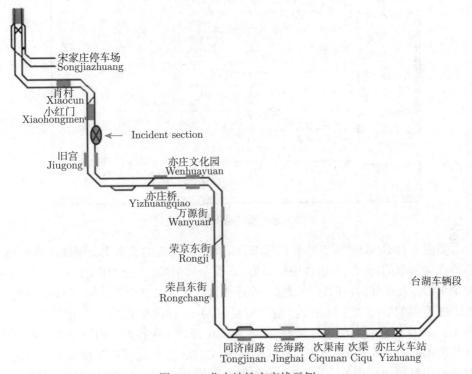

图 6-11　北京地铁亦庄线示例

表 6-5 给出了地铁列车在各区间的运行时间及各站点的作业时间. 此外, 列车在渡线的运行时间 t_c 设为 10 s. 图 6-12 展示了在没有故障情况下, 预先设定的计划列车运行图. 本例中, 考虑了 40 个车次, 其中下行方向和上行方向的车次各占一半, 且各车次之间的发车间隔 T_{int} 是均匀的.

表 6-5　北京地铁亦庄线的列车区间运行及停站作业时间　　　(单位: s)

车站	宋家庄	肖村	小红门	旧宫	亦庄桥	文化园	万园
到达时刻	0	220	358	545	710	835	979
站内作业时间	30	30	30	35	30	30	30
出发时刻	30	250	388	575	745	865	1009
车站	荣京	荣昌	同济南	经海	次渠南	次渠	亦庄
到达时刻	1112	1246	1440	1620	1790	1927	2077
站内作业时间	30	30	30	30	35	45	30
出发时刻	1142	1276	1470	1650	1825	1972	2107

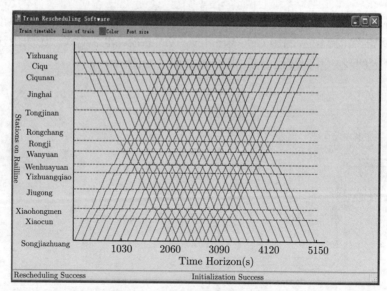

图 6-12　无故障情况下的计划运行图

如图 6-11 所示, 假设在小红门和旧宫之间下行方向的轨道上出现线路故障, 影响该方向列车的通行. 分析线路可以看出, 受故障影响, 下行方向的小红门和旧宫两个车站以及小红门—旧宫和旧宫—亦庄桥两个区间会被中断使用. 下面, 我们将考虑在不同的故障发生时刻 t_s, 故障修复时刻 t_r 和发车间隔 T_{int} 的情形下, 应用 ETRS 算法求解列车运行调整方案. 表 6-6 列出了调整方案的数值指标及算法运行的 CPU 时间 (CT). 显然, 对每一算例, ETRS 算法均可在毫秒级的时间内获得相应的列车运行调整方案. 此外, 值得说明的是, 对每一组固定的 t_s 和 t_r, 发车间隔 T_{int} 越大, 所得列车运行调整策略的性能指标就越好. 以算例 $t_s = 1000$ s 和 $t_r = 2500$ s 为例. 可以看出, 近似最优解对应的总延迟时间 T_d、最大延迟时间 M_d 以及线路清空时间延迟率 φ 会随着发车间隔 T_{int} 的增加而逐渐减少.

为对比方便, 表 6-6 列出了调度员方法 (见 6.2.1 节的描述) 所求的列车运行方案及相关数值指标. 显然, 在所有实验中, ETRS 解的服务平衡性指标 κ 和最大延迟指标 M_d 均远优于调度员方法得到的结果. 此外, 可以看到, 与调度员方法相比, ETRS 算法得到的列车总延迟时间会有所增加. 这是因为在 ETRS 算法中, 上行方向的部分轨道被对向车次占用, 从而导致本方向的车次产生了延迟. 然而, 在实际运营中, 为达到双方向服务的均衡性, 适度增加总延迟时间是可以接受的.

下面, 我们重点分析 ETRS 算法得到的列车运行图的各项指标特征. 图 6-13(a) 给出了在 $t_s = 1000$ s, $t_r = 2500$ s 以及 $T_{int} = 160$ s 的条件下, 生成的列车应急运行图. 可以看出, 在该运行图中, 下行和上行方向的车次将交替使用共享的线路 (即, 从小红门到旧宫和亦庄桥之间的区间), 并且列车的总延迟时间较少. 此外, 考虑不同故障开始和结束时刻对列车运行图的影响, 我们给出了在 $t_s = 1500\,\mathrm{s}$, $t_r = 2800\,\mathrm{s}$ 以及 $T_{int} = 160\,\mathrm{s}$ 条件下的列车应急运行图, 如图 6-13(b) 所示. 图中显示, 由于区间故障因素, 在整个故障时间内, 车次 2 被迫停靠在旧宫车站, 而车次 4 则可以借助渡线从下行方向转到上行方向继续运行. 这和图 6-13(a) 中的调度方案存在较大差异.

表 6-6 不同算法的计算结果 *

t_s	t_r	T_{int}	ETRS 算法					调度员方法				
			T_d	M_d	φ	κ	CT	T_d	M_d	φ	κ	CT
1000	2500	120	10.028	1725	0.392	807	13	8.303	1882	0.430	1492	10
		160	8.026	965	0.187	411	9	6.192	1125	0.218	1112	5
		200	6.668	907	0.149	458	8	4.474	1107	0.114	803	8
1500	2800	120	*—	—	—	—	—	—	—	—	—	—
		160	8.943	1242	0.213	526	14	6.964	1265	0.245	1251	8
		200	7.403	1242	0.165	532	10	5.247	1242	0.131	925	6
2000	3000	120	—	—	—	—	—	—	—	—	—	—
		160	5.676	962	0.159	431	12	5.216	981	0.190	919	7
		200	3.694	884	0.097	408	6	3.108	920	0.063	558	6

* 各指标单位如下: T_d [h]; M_d [s]; κ [s]; CT [ms].

※ 符号 "—" 表示在当前运营参数下, 由于车站能力的限制, 列车运行调整过程中会出现列车在区间停靠情况, 如图 6-14(b) 所示, 并参见该图的具体分析.

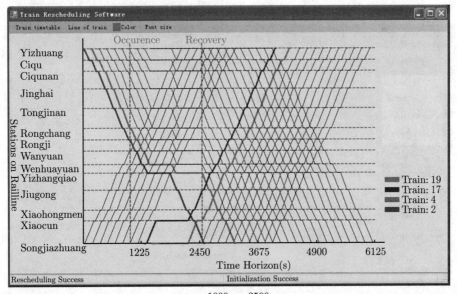

(a) t_s=1000, t_r=2500

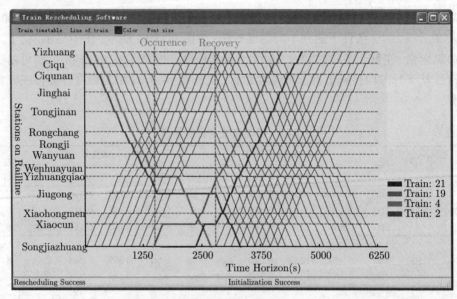

(b)t_s=1500, t_r=2800

图 6-13　不同故障时间下的应急运行图, 并且 $T_{int} = 160$ (单位: s)(后附彩图)

此外, 注意到 T_{int} 也是影响列车运行调整方案的重要因素. 在以下的算例中, 将考虑不同发车间隔条件下生成的列车应急运行图. 图 6-14(a) 给出了在参数为 $t_s = 2000$ s, $t_r = 3000$ s 和 $T_{int} = 160$ s 时生成的应急运行图. 可以看出, 图中车次 6 和车次 8 分别停靠在小红门站和旧宫站, 直到下行线路恢复通行, 而车次 10 类似于如图 6-13(b) 中的车次 4, 可通过渡线转至上行线路继续运行.

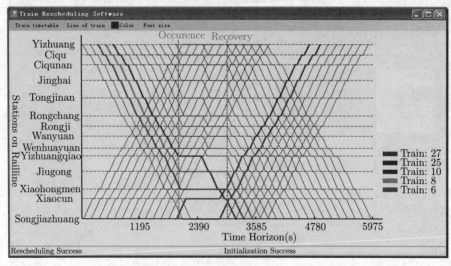

(a)T_{int}=160

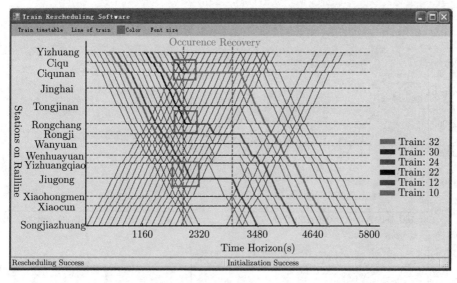

(b) T_{int}=120

图 6-14 不同发车间隔条件下的应急运行图, 且 $t_s = 2000$, $t_r = 3000$ (单位: s)(后附彩图)

实际运营中, 如果发车间隔过小, 可能出现两列列车同时运行在同一个区间的场景. 此时, 若列车将要运行的下一区间突发故障, 由于前方车站仅供一列列车停靠, 则上述的某列车需停靠在轨道或轨旁的侧线上. 图 6-14(b) 给出了当 $t_s = 2000$ s, $t_r = 3000$ s 和 $T_{int} = 120$ s 时的列车运行图. 可以发现, 由于发车间隔较小, 运行图中车次 12, 24 和 32 和前车共同停靠于同一车站. 这是因为在 ETRS 算法中, 我们通常只允许列车停靠在站台, 而实际运行时, 上述情况可将列车停靠在区间的轨道上. 因此, 为避免上述情形的发生, 建议列车的实际发车间隔不小于最大的区间运行时间和最大的站内作业时间之和, 从而确保在任意时刻有且仅有一列列车占据各区间.

最后, 考虑不同运营参数对列车运行图应急调整的影响. 具体来说, 将研究在 ① 不同发车间隔和 ② 不同线路恢复时间参数下利用 ETRS 算法得到的应急运行图的数值指标. 首先, 在如下两个故障时间段内, 即 ① $t_s = 1500$ s, $t_r = 2800$ s 和 ② $t_s = 2000$ s, $t_r = 4000$ s, 通过调整发车间隔 T_{int} 的值, 观察 ETRS 算法生成的列车应急运行图的各项数值指标变化趋势. 为避免列车在轨道停靠情况的发生, 这里假定 T_{int} 可在 160 s 和 300 s 之间变动. 图 6-15 给出了各个算例的统计结果. 显然, 随着 T_{int} 的增加, 列车总延迟和线路清空时间延迟率近似呈现线性减少的趋势. 然而, 最大延迟指标并没有呈现出显著的变化趋势. 具体来说, 在图 6-15(a) 中, 尽管 T_{int} 的取值在不同算例中存在差异, 但列车最大延迟时间却保持不变. 相比之下, 在图 6-15(b) 中, 随着 T_{int} 的变动, 列车最大延迟时间与服务平衡性在一定程度上呈现相似的变化趋势.

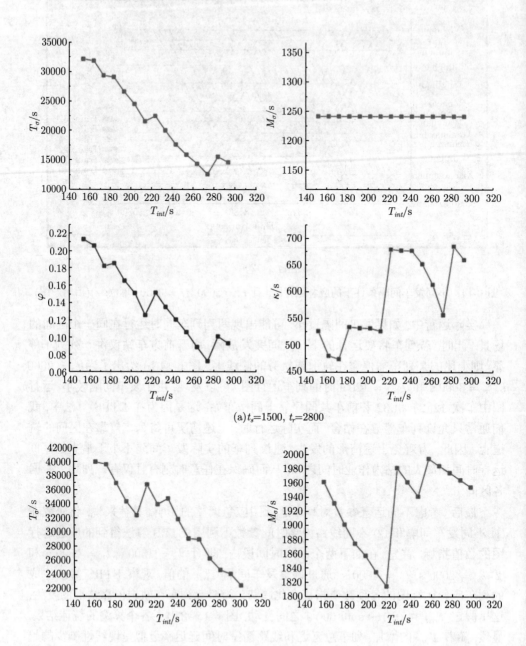

(a) $t_s = 1500$, $t_r = 2800$

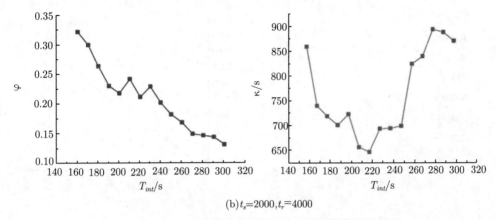

(b) t_s=2000, t_r=4000

图 6-15 不同 T_{int} 参数条件下的列车运行图指标统计结果

下面, 将考虑故障延续时间对列车运行调整方案指标的影响. 为此, 在如下两组实验中, 我们将故障发生时刻 t_s 设为固定值 (分别在 1500 s 和 2000 s 处), 列车的发车间隔 T_{int} 均设为 160 s, 在故障结束时间 t_r 取不同值的条件下图 6-16

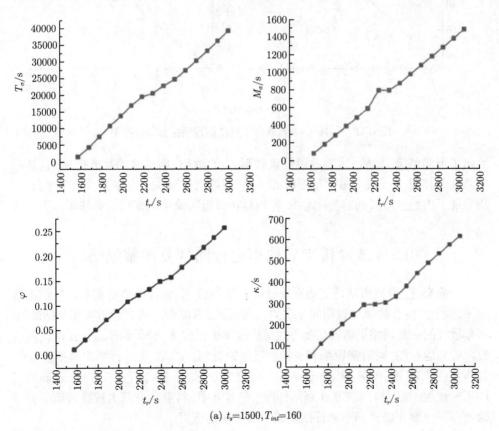

(a) t_s=1500, T_{int}=160

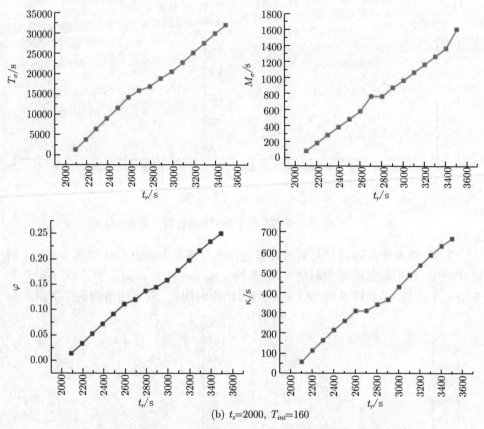

(b) t_s=2000, T_{int}=160

图 6-16　不同 t_r 参数条件下列车运行图指标统计结果

给出了不同结果. 显然, 随着故障结束时刻 t_r 的增加, 所考察的数值指标 (包括列车总延迟时间 T_d、列车最大延迟时间 M_d、线路清空时间延迟率以及服务平衡性) 均呈现了出线性增长的趋势. 此外, 各指标在两组实验中的变化趋势基本一致.

6.3　故障排除后列车运行图恢复调整策略

一般来说, 当城市轨道交通系统故障被排除后, 其通行能力将基本恢复至正常水平. 然而, 由于故障处理期间车次的大幅延误, 可能会造成大量乘客在车站滞留. 列车运行图恢复调整策略就是要寻找最优列车运行方案, 使得列车运行图能快速恢复至计划运行图, 同时滞留乘客也能被迅速输送到目的站. 在运行图的调整过程中, 调度员往往采用跨站停车 (skip stop)、取消部分车次、提前折返等方式, 提高列车的周转速度, 进而快速恢复计划运行图. 在本节中, 将着重介绍大规模客流条件下跨站停车方案在城轨列车运行恢复调整策略中的应用.

6.3.1 跨站停车方案的特点

不同于站站停车 (standard stop) 方案, 跨站停车方案将为各车次制定不同的停站方式, 其目的是在保持一定服务水平下, 尽可能加快车底周转速度, 进而减少乘客总等待时间和总出行时间, 缓解站台拥堵.

图 6-17 给出了故障排除后, 采用跨站停车方案的城市轨道交通列车运行图. 其中, H 为故障结束时间, 蓝线表示上行车次的运行图, 红线表示下行车次的运行图, 绿线表示列车在线路两端的折返. 为描述方便, 所有车次将分为两类, 即**既有车次**和**未发车次**. 前者表示在 H 时刻已经上线运营的车次, 例如上行车次 u_1, u_2 和下行车次 d_1, d_2, 后者表示 H 时刻之后才开始运营的车次, 例如图 6-17 中的其他车次.

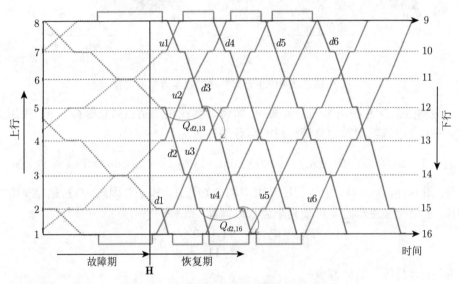

图 6-17 跨站停车方案示意图 (后附彩图)

在图 6-17 中, 既有车次在故障处理阶段按照较低级别运行, 该部分运行图在图中采用虚线表示. 在此情况下, 既有车次的调整将在 H 时刻之后开始, 例如上行车次 u_2 在到达车站 4 之后再采用新的运行图. 在 H 时刻之后, 站内乘客可通过广播系统得知进站车次的停站方案. 同时, 假设站内乘客只可乘坐在其目的车站停靠的车次, 即不允许站内乘客换乘. 而对于既有车次上的乘客, 由于在新的停站方案实施后, 所乘列车在其目的车站可能不停, 因而允许该部分乘客换乘. 假设该部分乘客将在尽可能接近其目的车站的前方车站下车, 并换乘在其目的车站停站的车次. 例如图 6-17 中的下行既有车次 d_2, 如果车上乘客的目的车站为 13, 则该部分乘客将在车站 12 下车, 并换乘下行车次 d_3.

　　图 6-18 的示例表明, 合理采用跨站停车方案, 可有效缩短乘客的总等待时间. 在该图中的数据设置如下: 在 H 时刻, 车站 1 有 100 名乘客, 车站 2 有 600 名乘客, 同时在 H 时刻之后, 各站均没有新到乘客. 假设所有乘客的目的车站均为车站 3, 而且列车容量为 600. 图 6-18(a) 和 (b) 分别采用了站站停车方案和跨站停车方案.

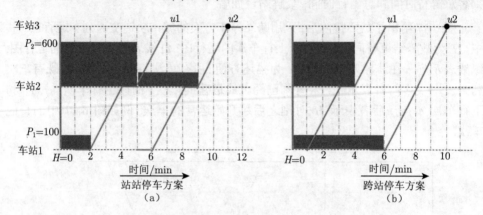

图 6-18　站站停车方案和跨站停车方案的比较

　　显然, 图 6-18 中阴影部分的面积, 即为乘客在相应站点的总等待时间. 采用上述两种停站方案, 乘客的总等待时间可分别计算为

$$W_{std} = 100 \times 2 + 600 \times 5 + 100 \times 4 = 3600 (\text{min}) \text{ 和 } W_{skp} = 100 \times 6 + 600 \times 4 = 3000 (\text{min})$$

另外, 图 6-18(a) 和 (b) 中运行图结束时间分别为 11 和 10. 因此, 与站站停车方案相比, 采用跨站停车方案可使列车运行时间减少:

$$\frac{T_{std} - T_{skp}}{T_{std}} = \frac{11 - 10}{11} = 9.1\%$$

同时, 乘客总等待时间减少:

$$\frac{W_{std} - W_{skp}}{W_{std}} = \frac{3600 - 3000}{3600} = 16.7\%$$

上述结果表明, 在故障处理完毕后, 在各站滞留乘客数量不均匀的情况下, 采用合理的跨站停车方案, 可极大降低乘客的总等待时间.

　　下面的章节中, 我们将建立基于跨站停车方案的列车运行图恢复调整模型, 并设计优化–模拟相结合的迭代算法, 实现对该模型的快速求解.

6.3.2　列车运行相关约束

　　本节中, 我们将为该问题构建关于列车运行的约束条件; 下一节中, 我们将构建关于客流演化的相关约束条件. 为方便起见, 表 6-7 首先给出了相关的参数和决策变量.

表 6-7 列车运行相关参数和决策变量

符号标识	意义
$S_E^{(u)}/S_E^{(d)}$	上/下行既有车次集合
$S_F^{(u)}/S_F^{(d)}$	上/下行未发车次集合
S_E/S_F	既有/未发车次集合, $S_E = S_E^{(u)} \cup S_E^{(d)}$, $S_F = S_F^{(u)} \cup S_F^{(d)}$
k	车次下标
$\sigma(k)$	和车次 k 共用同一车底的前一个车次的下标
N_k	车次 k 经过的车站集合
i, j	车站下标
s_k	车次 k 能跨站的最大数量
h_s	相邻车次间的最小运行间隔时间
τ_a/τ_d	加/减速附加时间
Bt	列车在折返站的最小折返时间
Rt_i	从车站 i 到车站 $i+1$ 的无加减速纯运行时间
$x_{k,i}$	=1, 如果车次 k 在车站 i 停车; =0, 不停车
$a_{k,i}$	车次 k 在车站 i 的到达时间
$d_{k,i}$	车次 k 在车站 i 的离开时间

下面, 我们给出模型中与列车运行有关的系统约束.

(1) 站间运行时间约束

通常来说, 列车站间运行时间 $(a_{k,i+1} - d_{k,i})$ 可分解为三个部分, 即纯运行时间 Rt_i、加速附加时间 τ_a 和减速附加时间 τ_d. 换言之, 站间运行时间需满足如下约束:

$$a_{k,i+1} - d_{k,i} = Rt_i + x_{k,i} \cdot \tau_a + x_{k,i+1} \cdot \tau_d, \text{ 对于 } k \in S_E \cup S_F, \text{ 以及 } i, i+1 \in N_k \quad (6\text{-}27)$$

该约束表明, 若某车次在某一车站不停车, 则其节省的时间既包括停站时间, 也包括相应的加减速附加时间.

(2) 停站时间约束

在跨站停车方案下, 如果车次 k 在车站 i 停车, 则停站时间须大于最小停站时间, 以实现乘客的上下车; 否则, 车次 k 在车站 i 的停站时间为 0. 因此, 停站时间 $(d_{k,i} - a_{k,i})$ 须满足如下约束:

$$\begin{cases} d_{k,i} - a_{k,i} = 0, & \text{如果 } x_{k,i} = 0 \\ d_{k,i} - a_{k,i} \geqslant Dt_i, & \text{如果 } x_{k,i} = 1 \end{cases}$$

上述约束可等价地转换为以下线性约束:

$$x_{k,i} \cdot M \geqslant d_{k,i} - a_{k,i} \geqslant x_{k,i} \cdot Dt_i, \text{对于 } k \in S_E \cup S_F, \text{以及 } i \in N_k \quad (6\text{-}28)$$

(3) 运行间隔约束

由于城市轨道交通列车不允许越行, 因此车次的顺序不会发生改变. 为确保列车的安全运行, 本节只关注车次的发车–到达间隔. 在车站 i, 车次 $k+1$ 的到达时间和车次 k 的离开时间须满足下面约束:

$$a_{k+1,i} - d_{k,i} \geq h_s, \text{ 对于 } k, k+1 \in S_E \cup S_F, \text{ 以及 } i \in N_k$$

其中, h_s 表示列车的最小发车–到达间隔.

(4) 折返时间约束

对于上行车次 k, 其折返时间约束应当满足:

$$a_{k,1} - d_{\sigma(k),2N} \geq Bt, \text{ 对于 } k \in S_F^{(u)} \tag{6-29}$$

其中, Bt 表示车底的最小折返时间, $\sigma(k)$ 表示在承担上行车次 k 前, 该车底所承担的下行车次. 同理, 对于下行车次 k, 其折返时间约束应满足:

$$a_{k,N+1} - d_{\sigma(k),N} \geq Bt, \text{ 对于 } k \in S_F^{(d)} \tag{6-30}$$

需要指出的是, 最小折返时间在很大程度上决定了该线路的最大发车频率.

(5) 跨站约束

在此规定, 车次 k 可以跨站的最大个数为 s_k, 因而下面约束成立:

$$\sum_{i \in N_k} x_{k,i} \geq |N_k| - s_k, \quad \text{对于 } k \in S_E \cup S_F \tag{6-31}$$

实际运营中, 如果列车跨站个数过多, 可能会造成满意度下降, 因此该约束在一定程度上确保了服务质量. 需要指出的是, 最大跨站个数 s_k 是事先设定的.

此外, 如果跨站停车方案设计不合理, 部分乘客可能等待很长时间才可上车. 因此, 为避免该类情况, 本节要求跨站停车方案还应满足以下约束:

$$x_{k,i} \cdot x_{k,j} + x_{k+1,i} \cdot x_{k+1,j} + x_{k+2,i} \cdot x_{k+2,j} \geq 1, \text{ 对于 } k, k+1, k+2 \in S_E \cup S_F, \text{ 以及 } i, j \in N_k$$

$$(*)$$

上述约束表明, 对任意车站 i 和 j, 每 3 个连续车次中至少有一个在上述两个车站停车. 换言之, 在无拥挤的条件下, 行为 $i \to j$ 的乘客最多等待两个车次. 注意到, 由于该约束为二次约束, 我们给出下面的线性约束替换此约束:

$$x_{k,i} + x_{k+1,i} + x_{k+2,i} \geq 2, \text{ 对于 } k, k+1, k+2 \in S_E \cup S_F, \text{ 以及 } i \in N_k \tag{6-32}$$

定理 6.1 约束 (6-32) 蕴含约束 (∗).

证明 为了简便, 在此只考虑上行车次 $i, j \in N_k$ 和 $k \in S_E^{(u)} \cup S_F^{(u)}$. 下面将用反证法证明该定理.

假设约束 (6-32) 成立且存在车站 i' 和 j', 使得

$$x_{k,i'} \cdot x_{k,j'} + x_{k+1,i'} \cdot x_{k+1,j'} + x_{k+2,i'} \cdot x_{k+2,j'} = 0$$

于是, 我们有 $x_{k,i'} \cdot x_{k,j'} = 0, x_{k+1,i'} \cdot x_{k+1,j'} = 0, x_{k+2,i'} \cdot x_{k+2,j'} = 0$.

根据约束 (6-32), 下面的不等式成立:

$$x_{k,i'} + x_{k+1,i'} + x_{k+2,i'} \geqslant 2, \quad x_{k,j'} + x_{k+1,j'} + x_{k+2,j'} \geqslant 2$$

一方面, 若 $x_{k,i'} = 0$, 则根据上面的不等式, 可得 $x_{k+1,i'} = 1$, $x_{k+2,i'} = 1$, $x_{k+1,j'} = 0$ 和 $x_{k+2,j'} = 0$. 这显然与不等式 $x_{k,j'} + x_{k+1,j'} + x_{k+2,j'} \geqslant 2$ 相矛盾.

另一方面, 若 $x_{k,i'} = 1$, 则等式 $x_{k,j'} = 0$ 必然成立. 类似于 $x_{k,i'} = 0$ 的讨论, 在 $x_{k,j'} = 0$ 时, 同样存在矛盾.

综上所述, 如果决策变量满足约束 (6-32), 必然满足约束 (∗).

实际上, 约束 (6-32) 比约束 (∗) 更为严格. 因此, 若用约束 (6-32) 替代约束 (∗), 问题的可行域将会缩小. 然而, 下面的定理表明, 如果每个车次都采用跨站停车方案, 约束 (∗) 将蕴含约束 (6-32).

定理 6.2 如果对于任意车次 k, 总存在 $i_0 \in N_k$ 使得 $x_{k,i_0} = 0$, 则约束 (∗) 蕴含约束 (6-32).

证明 采用反证法. 假设存在车站 i', 使得车次 k 满足:

$$x_{k,i'} + x_{k+1,i'} + x_{k+2,i'} \leqslant 1$$

由于 $x_{k,i}$ 为一个布尔变量, 上述不等式只在下列三类条件下成立 (i) $x_{k,i'} \leqslant 1$, $x_{k+1,i'} = x_{k+2,i'} = 0$; (ii) $x_{k+1,i'} \leqslant 1$, $x_{k,i'} = x_{k+2,i'} = 0$ 以及 (iii) $x_{k+2,i'} \leqslant 1$, $x_{k,i'} = x_{k+1,i'} = 0$.

根据约束 (∗), 对于 $j \neq i'$, 我们有 $x_{k,i'} \cdot x_{k,j} + x_{k+1,i'} \cdot x_{k+1,j} + x_{k+2,i'} \cdot x_{k+2,j} \geqslant 1$. 当条件 (i) 成立, 则必然有 $x_{k,i'} = 1$, 以及对于 $j \neq i'$, $x_{k,j} = 1$. 也就是说, 对于所有 $i \in N_k$, 必然有 $x_{k,i} = 1$. 显然, 这与定理条件存在矛盾.

对于条件 (ii) 和 (iii), 可以导出类似矛盾, 证明结束.

在此, 需要说明的是, 由于定理 6.2 的条件在该问题中显然成立, 因而约束 (6-32) 替换约束 (∗) 不会影响解的质量.

6.3.3　客流演化相关约束

本节将刻画跨站停车方案下, 客流在车站及列车上的演化特征, 这些特征也构成了与客流相关的约束条件. 为此, 表 6-8 首先给出了客流演化的相关参数.

表 6-8　客流演化相关的参数

符号标识	意义
C	列车的容量
$\lambda_i[t]$	t 时刻车站 i 的乘客到达率
$OD[t]$	t 时刻的 OD 矩阵 $OD[t] = (OD_{i,j}[t])$
$P_{i,j}$	H 时刻在车站 i 且以车站 j 为目的车站的乘客数量
$Q_{k,j}$	H 时刻在既有车次 k 上且以车站 j 为目的车站的乘客数量

需要指出的是, OD 矩阵的第 i 行描述了在车站 i 的乘客中, 以车站 j 为目的车站的乘客比例. 因此, 对于任意车站 i 和时刻 t, 有 $\sum\limits_j OD_{i,j}[t] = 1$. 容易看出, 在车站 i 中, 处于 t 时刻且以车站 j 为目的车站的乘客到达率为 $\lambda_i[t] \cdot OD_{i,j}[t]$.

表 6-9 给出了客流演化的相关变量及其含义.

表 6-9　客流演化相关变量

符号标识	意义
$w_{k,i}$	车次 k 离开之前, 车站 i 中乘客数量
$w_{k,i,j}$	车次 k 离开之前, 车站 i 中以 j 为目的车站的乘客数量
$w_{k,i}^b$	车站 i 中希望乘坐车次 k 的乘客数量
$w_{k,i,j}^b$	车站 i 中希望乘坐车次 k 且以车站 j 为目的车站的乘客数量
$n_{k,i}^b$	车站 i 中能够乘坐车次 k 的乘客数量
$n_{k,i,j}^b$	车站 i 中能够乘坐车次 k 且以车站 j 为目的车站的乘客数量
$n_{k,j}^a$	车次 k 中在车站 j 下车的乘客数量
$n_{k,i}$	当车次 k 离开车站 i 时车上的乘客数量
$w_{k,i,j}^r$	车次 k 离开车站 i 后, 站台上剩余的以车站 j 为目的车站的乘客数量

下面, 我们首先讨论未发车次上客流的演化特征, 即 $k \in S_F$. 根据变量 $w_{k,i}$ 和 $w_{k,i,j}$ 的定义, 有下面等式成立:

$$w_{k,i} = \sum_{j \in N_k, j > i} w_{k,i,j}, \quad \text{对于 } k \in S_F, \text{以及 } i \in N_k \tag{6-33}$$

注意到, 对于未发车次, 乘客仅乘坐在其目的车站停车的车次. 因此, 对于变量 $w_{k,i}^b$, $w_{k,i,j}^b$, $n_{k,i}^b$ 以及 $n_{k,i,j}^b$, 下面等式成立:

$$w_{k,i}^b = \sum_{j \in N_k, j > i} w_{k,i,j}^b, \quad n_{k,i}^b = \sum_{j \in N_k, j > i} n_{k,i,j}^b, \quad \text{对于 } k \in S_F, \text{以及 } i \in N_k \tag{6-34}$$

此外, 由于 $\lambda_i[t]$ 是关于时刻 t 的函数, 变量 $w_{k,i,j}$ 应按下面积分公式计算:

$$
w_{k,i,j} = \begin{cases}
w^r_{k-1,i,j} + \displaystyle\int_{d_{k-1,i}}^{d_{k,i}} \lambda_i[t] \cdot OD_{i,j}[t]\mathrm{d}t, & \begin{array}{l} \text{如果 } k-1 \in S_E \cup S_F, k \in S_F \\ \text{以及 } i,j \in N_{k-1} \cap N_k, i < j \end{array} \\[4mm]
P_{i,j} + \displaystyle\int_H^{d_{k,i}} \lambda_i[t] \cdot OD_{i,j}[t]\mathrm{d}t, & \begin{array}{l} \text{如果 } k \in S_F \text{ 以及 } i \in N_k \setminus N_{k-1}, \\ j \in N_k, i < j \end{array}
\end{cases}
$$

上述公式尤其强调车次 k 为第一列未发车次的情况. 显然, 如果车次 k 是未发车次中的第一列, 则车次 $k-1$ 是最后一列既有车次, 即 $k-1 \in S_E$. 进一步如果车站 $i \in N_{k-1}$, 则用第一个公式计算 $w_{k,i,j}$; 如果 $i \notin N_{k-1}$, 则用第二个公式计算 $w_{k,i,j}$. 如果车次 k 不是第一列未发车次, 那么车次 $k-1$ 也是未发车次, 即 $k-1 \in S_F$. 在这种情况下, 使用第一个公式计算 $w_{k,i,j}$.

在多数情况下, $(d_{k,i} - d_{k-1,i})$ 和 $(d_{k,i} - H)$ 小于 5 分钟, 因而可认为该段时间的乘客到达率 $\lambda_i[t]$ 和 OD 矩阵波动不大. 为计算方便, 本节将该时间内乘客到达率和 OD 矩阵处理为常量, 且分别取值 $\lambda_i[d_{k-1,i}]$ 和 $OD_{i,j}[d_{k-1,i}]$ 或 $\lambda_i[H]$ 和 $OD_{i,j}[H]$. 因此, 变量 $w_{k,i,j}$ 的计算公式可简化为

$$
w_{k,i,j} = \begin{cases}
w^r_{k-1,i,j} + \lambda_i[d_{k-1,i}] \cdot OD_{i,j}[d_{k-1,i}] \cdot (d_{k,i} - d_{k-1,i}), \\
\quad \text{如果 } k-1 \in S_E \cup S_F, k \in S_F, \text{ 以及 } i,j \in N_{k-1} \cap N_k, i < j \\
P_{i,j} + \lambda_i[H] \cdot OD_{i,j}[H] \cdot (d_{k,i} - H), \\
\quad \text{如果 } k-1 \in S_E \cup S_F, k \in S_F, \text{ 以及 } i,j \in N_{k-1} \cap N_k, i < j
\end{cases}
\tag{6-35}
$$

根据假设, 乘客仅乘坐在其目的车站停靠的车次. 所以, 变量 $w^b_{k,i,j}$ 和 $w_{k,i,j}$ 须满足:

$$
w^b_{k,i,j} = x_{k,i} \cdot x_{k,j} \cdot w_{k,i,j}, \quad \text{对于 } k \in S_F, \text{ 以及 } i,j \in N_k, i < j \tag{6-36}
$$

上述约束表明, 只有当车次 k 在车站 i 和 j 均不跨站, 车站 i 到车站 j 的乘客才可乘坐该车次. 显然, 约束 (6-36) 是非线性的.

当车次 k 驶离车站 i, 车载乘客数量 $n_{k,i}$ 由约束 (6-37) 确定:

$$
n_{k,i} = n_{k,i-1} - n^a_{k,i} + n^b_{k,i}, \quad \text{对于 } k \in S_F, \text{ 以及 } i \in N_k \tag{6-37}
$$

注意到, 由于列车容量限制, 在大规模客流条件下, 并非所有乘客都能上车. 换言之, 车站 i 内能够乘坐车次 k 的乘客数量 $n^b_{k,i}$ 须满足:

$$
n^b_{k,i} = \min\{w^b_{k,i}, C - n_{k,i-1} + n^a_{k,i}\}, \quad \text{对于 } k \in S_F, \text{ 以及 } i \in N_k \tag{6-38}
$$

显然, 该约束也为非线性约束. 在约束 (6-37) 中, $n^a_{k,i}$ 表示在车站 i 从车次 k 下车的乘客数量, 容易验证 $n^a_{k,i}$ 满足:

$$
n^a_{k,i} = \sum_{j \in N_k, j < i} n^b_{k,j,i}, \quad \text{对于 } k \in S_F, \text{ 以及 } i \in N_k \tag{6-39}
$$

下面, 将计算车站 i 内以车站 j 为目的车站且能够乘坐车次 k 的乘客数量 $n^b_{k,i,j}$. 如果 $n^b_{k,i} = w^b_{k,i}$, 此时车内空间充足, 所有乘客均可上车, 因而有 $n^b_{k,i,j} = w^b_{k,i,j}$. 如果 $n^b_{k,i} < w^b_{k,i}$, 则需要给出 $n^b_{k,i,j}$ 的合理估计. 在此, 假设各车站内, 不同目的车站的乘客是均匀混合的, 则 $n^b_{k,i,j}$ 和 $n^b_{k,i}$ 满足如下约束条件:

$$\frac{n^b_{k,i,j}}{n^b_{k,i}} = \frac{w^b_{k,i,j}}{w^b_{k,i}}$$

或等价地

$$n^b_{k,i,j} = \frac{w^b_{k,i,j}}{w^b_{k,i}} \cdot n^b_{k,i}, \quad \text{对于 } k \in S_F, \text{ 以及 } i,j \in N_k, i < j \tag{6-40}$$

本节将采用约束 (6-40) 估计 $n^b_{k,i,j}$. 显然, 该约束也是非线性约束.

当车次 k 驶离车站 i, 剩余的以车站 j 为目的车站的乘客数量 $w^r_{k,i,j}$ 满足以下的约束条件:

$$w^r_{k,i,j} = w_{k,i,j} - n^b_{k,i,j}, \quad \text{对于 } k \in S_F, \text{ 以及 } i,j \in N_k, i < j \tag{6-41}$$

另外, 由于采用跨站停车方案, 既有车次内的部分乘客须提前下车, 并换乘其他合适的车次到达其目的车站. 例如, 假设既有车次 k 在车站 $i-2$ 停车, 但将跨过车站 $i-1$ 和 i, 则车次 k 上以车站 $i-1$ 和 i 为目的车站的乘客需在车站 $i-2$ 下车, 并需换乘后续在其目的车站停车的车次. 因此, 针对既有车次 $k \in S_E$, 在车站 i 从车次 k 下车的乘客数量 $n^a_{k,i}$ 的计算方式就不同于未发车次, 其计算公式为

$$n^a_{k,i} = \sum_{\substack{j<i \\ j \in N_k}} n^b_{k,j,i} + x_{k,i} \cdot Q_{k,i} + \sum_{\substack{i<j\leqslant i+s_k \\ j \in N_k}} z_{k,i,j} \cdot Q_{k,j}, \quad \text{对于 } k \in S_E, \text{ 以及 } i \in N_k \tag{6-42}$$

其中对于 $i < j$, $z_{k,i,j}$ 的定义为 $z_{k,i,j} = x_{k,i}(1 - x_{k,i+1}) \cdot (1 - x_{k,i+2}) \cdots (1 - x_{k,j})$. 约束 (6-42) 的第一项表示 H 时刻之后乘坐车次 k 并以车站 i 为目的车站的乘客数量, 第二项表示 H 时刻已经乘坐车次 k 并以车站 i 为目的车站的乘客数量, 第三项表示 H 时刻已经乘坐车次 k 并在车站 i 提前下车的乘客数量.

对于既有车次 $k \in S_E$, 变量 $w_{k,i,j}$ 的计算公式如下:

$$w_{k,i,j} = \begin{cases} w^r_{k-1,i,j} + \lambda_i[d_{k-1,i}] \cdot OD_{i,j}[d_{k-1,i}] \cdot (d_{k,i} - d_{k-1,i}), \\ \quad \text{如果 } k-1, k \in S_E, \text{ 以及 } i,j \in N_{k-1} \cap N_k, i < j \\ P_{i,j} + \lambda_i[H] \cdot OD_{i,j}[H] \cdot (d_{k,i} - H), \\ \quad \text{如果 } k \in S_E, \text{ 以及 } i \in N_k \setminus N_{k-1}, j \in N_k, i < j \end{cases} \tag{6-43}$$

对于既有车次 $k \in S_E$ 以及 $j \leqslant i + s_k$, 变量 $w^r_{k,i,j}$ 的计算公式如下:

$$w^r_{k,i,j} = w_{k,i,j} - n^b_{k,i,j} + z_{k,i,j} \cdot Q_{k,j}, \quad \text{对于 } k \in S_E, \text{ 以及 } i,j \in N_k, i < j \tag{6-44}$$

6.3.4 目标函数

该问题将考虑两个目标函数. 其中, 第一个目标函数刻画车次的开行时间, 记为 f_T, 第二个目标函数刻画客流的演化特征, 记为 f_P. 模型的目标为最小化 (f_T, f_P).

定义向量 $x = (x_{k,i})$, $a = (a_{k,i})$, $d = (d_{k,i})$, 则大规模客流条件下, 城市轨道交通列车运行调整问题的初始模型构建如下:

$$（初始模型）\begin{cases} \min\limits_{x,a,d}(f_T, f_P) \\ \text{s.t.} \\ \qquad 约束条件\ (6\text{-}27)—(6\text{-}44) \end{cases}$$

该模型中, 第一个目标函数 f_T 表示为

$$f_T = \sum_{k \in S^E \cup S^F} f_T^{(k)}$$

其中 $f_T^{(k)}$ 是车次 k 的开行时间. 结合车次的上/下行和既有/未发特征, $f_T^{(k)}$ 的计算公式如下:

$$f_T^{(k)} = \begin{cases} d_{k,N} - H, & 如果\ k \in S_E^{(u)} \\ d_{k,N} - d_{\sigma(k),2N}, & 如果\ k \in S_F^{(u)} \\ d_{k,2N} - H, & 如果\ k \in S_E^{(d)} \\ d_{k,2N} - d_{\sigma(k),N}, & 如果\ k \in S_F^{(d)} \end{cases}$$

第二个目标函数 f_P 表示为

$$f_P = \sum_{k \in S_E \cup S_F} f_P^{(k)}$$

其中 $f_P^{(k)}$ 为无法乘坐车次 k 的乘客人数, 即 $f_P^{(k)} = \sum\limits_{i \in N_k} \sum\limits_{j \in N_k, j > i} w_{k,i,j}^r$. 乘客无法乘坐车次 k 的原因存在两种情况: (i) 车次 k 已经满员, (ii) 车次 k 不在该乘客的出发车站或目的车站停车. 因此, 上述定义的 f_P 与乘客总等待时间密切相关.

可以看出, 上述模型具有以下特征: 模型中含有大量的非线性约束; 该模型为双目标优化模型, 在求解之前须对其进行转化; 该模型的规模较大, 但模型的求解时间要求很短. 为此, 下面的讨论中, 我们将介绍一些处理非线性约束的线性化技术, 并引入启发式分解方法对初始模型进行分解和简化.

6.3.5 线性化处理

定理 6.3 对于车次 $k \in S_E \cup S_F$ 和车站 $i, j \in N_k, i < j$, 非线性约束 (6-36)

可由以下线性约束等价替换:

$$0 \leqslant w_{k,i,j}^b \leqslant w_{k,i,j}$$
$$w_{k,i,j}^b \leqslant M \cdot x_{k,i}$$
$$w_{k,i,j}^b \leqslant M \cdot x_{k,j}$$
$$w_{k,i,j}^b \geqslant w_{k,i,j} - M \cdot (2 - x_{k,i} - x_{k,j})$$

其中 M 为一个充分大的整数.

定理 6.4　对于车次 $k \in S_E \cup S_F$ 和车站 $i \in N_k$, 约束 (6-38) 可被等价地替换为下面的约束:

$$n_{k,i}^b \leqslant w_{k,i}^b$$
$$n_{k,i}^b \leqslant C - n_{k,i-1} + n_{k,i}^a$$
$$n_{k,i}^b \geqslant w_{k,i}^b - M \cdot (1 - \mu_{k,i})$$
$$n_{k,i}^b \geqslant C - n_{k,i-1} + n_{k,i}^a - M \cdot \mu_{k,i}$$

其中 $\mu_{k,i}$ 为布尔变量, 表示变量 $w_{k,i}^b$ 和 $(C - n_{k,i-1} + n_{k,i}^a)$ 之间的大小, 即

$$\mu_{k,i} = \begin{cases} 0, & \text{如果 } w_{k,i}^b > C - n_{k,i-1} + n_{k,i}^a \\ 1, & \text{如果 } w_{k,i}^b \leqslant C - n_{k,i-1} + n_{k,i}^a \end{cases}$$

进一步, 布尔变量 $\mu_{k,i}$ 的取值可由如下线性约束确定:

$$\mu_{k,i} > \frac{(C - n_{k,i-1} + n_{k,i}^a) - w_{k,i}^b}{M}, \quad \mu_{k,i} \leqslant 1 + \frac{(C - n_{k,i-1} + n_{k,i}^a) - w_{k,i}^b}{M}$$

类似地, 非线性约束 (6-42) 可根据定理 6.5 进行线性替换.

定理 6.5　若 x_i 为布尔变量且 $i < j$, 则布尔变量 $z_{i,j} = x_i \cdot \prod_{i < h \leqslant j} (1 - x_h)$ 的取值可由以下线性约束确定:

$$z_{i,j} \geqslant \frac{x_i - \sum_{i < h \leqslant j} x_h - 0.5}{j - i + 1}, \quad z_{i,j} \leqslant 1 + \frac{x_i - \sum_{i < h \leqslant j} x_h - 0.5}{j - i + 1}$$

定理 6.3, 6.4 和 6.5 的证明比较简单, 在此不详细讨论. 此外, 注意到约束 (6-40) 可等价转化为

$$n_{k,i,j}^b = \frac{n_{k,i}^b}{w_{k,i}^b} \cdot w_{k,i,j}^b = \frac{w_{k,i,j}^b}{w_{k,i}^b} \cdot n_{k,i}^b \tag{6-45}$$

我们将采用几个线性约束近似表示该非线性约束. 对车次 $k \in S_E \cup S_F$ 和车站 $i, j \in N_k, i < j$, 要求 $n_{k,i,j}^b$ 满足如下约束:

$$n_{k,i,j}^b \leqslant w_{k,i,j}^b \tag{6-46}$$

$$n_{k,i,j}^b \geqslant \min\{w_{k,i,j}^b, \beta_{k,i,j} \cdot n_{k,i}^b\} \tag{6-47}$$

其中, 系数 $\beta_{k,i,j}$ 定义为

$$\beta_{k,i,j} = \frac{Std\_w_{k,i,j}}{Std\_w_{k,i}} \tag{6-48}$$

约束 (6-46) 表明能够上车的乘客数量 $n_{k,i,j}^b$ 不能大于乘客需求 $w_{k,i,j}^b$, 约束 (6-47) 右端的第二项 $\beta_{k,i,j} \cdot n_{k,i}^b$ 是对等式 (6-40) 中 $\frac{w_{k,i,j}^b}{w_{k,i}^b} \cdot n_{k,i}^b$ 的近似. 等式 (6-48) 中, $Std\_w_{k,i,j}$ 和 $Std\_w_{k,i}$ 分别为变量 $w_{k,i,j}$ 和 $w_{k,i}$ 在站站停车方案下对应的值. 显然, 约束 (6-46) 和 (6-47) 是对 $n_{k,i,j}^b$ 上下界的控制. 虽然约束 (6-47) 依然为非线性约束, 但根据定理 6.4, 通过引入中间变量, 该约束可由线性约束等价替换.

6.3.6 优化策略

需要说明的是, 尽管采用线性化技术对初始模型中的非线性约束进行了转化, 初始模型依然难以求解. 首先, 模型中的乘客到达率 $\lambda_i[t]$ 和 OD 矩阵仍是与时间 t 相关的函数. 其次, 线性化过程中引入了大量约束条件和中间变量, 因而进一步增大了模型的规模. 鉴于列车运行调整问题对求解速度有极高要求, 本节将提出基于分解的迭代算法, 以快速搜索调整后的列车运行图.

对于初始模型, 可按车次将其分解成一系列的规模较小的子模型, 其中各子模型确定一个车次的运行图. 首先, 注意到上下行车次在运行过程中相对独立, 仅在折返段存在接续关系. 因此, 当调整上行车次 k 时, 只需要知道下行车次 $\sigma(k)$ 离开车站 $2N$ 进入折返段的时间即可. 换言之, 在调整上行车次 k 时, 只需要确保 $2N \to 1$ 的最小折返时间约束得以满足, 即 $d_{k,1} - d_{\sigma(k),2N} \geqslant Bt$. 其次, 原始模型的解与子模型的解互为可行. 显然, 原始模型求得车次 k 的运行图, 在相应的子模型中必然可行. 采用基于车次分解的方法, 当求解关于车次 k 的子模型时, 车次 $k-1$ 和车次 $\sigma(k)$ 的运行图已经确定. 如果车次 k 和车次 $k-1$ 之间的发车间隔约束以及车次 k 和车次 $\sigma(k)$ 之间的最小折返时间约束得以满足, 则这些子模型的解即可构成原始模型的一个可行解. 最后, 原始模型的目标函数具有可分性. 由于 f_T 和 f_P 都是关于车次的求和, 因此很容易实现对目标函数的分解.

原始模型分解之后, 关于车次 k 的子模型可构建为:

$$(\text{子模型 } k) \begin{cases} \min\limits_{x_k, a_k, d_k} (f_T^{(k)}, f_P^{(k)}) \\ \text{s.t.} \quad \text{约束 (6-27)—(6-44) 中关于车次 } k \text{ 的约束} \end{cases}$$

注意, 子模型 k 中的约束均是线性化之后的约束. 当求解子模型 k 时, 之前车次的运行图已经确定, 此时约束 (6-35) 中的变量 $\lambda[d_{k-1,i}]$ 和 $OD_{i,j}[d_{k-1,i}]$ 退化为常量, 因而实现了约束 (6-35) 的线性化. 换言之, 所有的子模型都是双目标线性优化模型.

此外, 为有效处理子模型中的双目标, 我们将子模型进一步转化为下面的单目标线性优化模型:

$$
\begin{cases}
\min\limits_{x_k, a_k, d_k} f_P^{(k)} \\
\text{s.t.} f_T^{(k)} \leqslant f_T^{(k^*)} + \Delta^{(k)} \\
\text{约束 (6-27)—(6-44) 中关于车次 } k \text{ 的约束}
\end{cases}
$$

其中参数 $f_T^{(k^*)} = \min\limits_{x_k, a_k, d_k} f_T^{(k)}$ 表示车次 k 的最小可能开行时间, 参数 $\Delta^{(k)} \geqslant 0$ 控制车次 k 的开行时间 $f_T^{(k)}$ 不宜过大. 当给定之前车次的运行图和车次 k 的停站方案, 最小可能开行时间 $f_T^{(k^*)}$ 较容易确定. 显然, 上述模型的思想是: 将第一个目标控制在一定范围内, 进而最小化第二个目标.

需要说明的是, 在列车运行调整过程中, 不必在 H 时刻确定需要调整的未发车次的数量、以及这些车次的运行图. 将原始模型按车次分解为一系列子模型后, 即可灵活地选择调整的车次数量, 而且可在列车的折返过程中, 计算未发车次的运行图. 换言之, 调整过程可分为两部分: 首先, 在 H 时刻确定所有既有车次的运行图; 之后, 在车次 $\sigma(k) \to k$ 的折返过程中, 计算未发车次 k 的运行图. 由于第一部分只包含既有车次, 而且既有车次涉及的车站数量较少, 因此计算时间很短. 而第二部分的计算时间完全分散在列车的折返过程中 (折返通常为 2 分钟), 在折返结束之前, 未发车次的运行图已经得到, 即计算过程不影响未发车次的正常运行.

不失一般性, 下面仅给出上行方向的迭代算法, 下行方向的算法类似. 引入符号 SKP_k 表示采用跨站停车方案时车次 k 的运行图, STD_k 表示采用站站停车方案时车次 k 的运行图. 按照既有列车和未发列车, 该算法可分为两个阶段.

阶段一　既有列车

步骤 1　初始化. 按照发车顺序为上行既有车次编号; 接收 H 时刻的信息, 如车次位置、车上乘客数量以及车站乘客数量. 设 $k_u = 1$, 转入步骤 2.

步骤 2　采用跨站停车方案, 调整上行车次 k_u 的运行图:

步骤 2.1　不考虑客流, 计算车次 k_u 最小可能运行时间 $f_T^{(k_u^*)}$;

步骤 2.2　如果 $k_u > 1$ 且 $i \in N_{k_u-1}$, 则根据第 $(k_u - 1)$ 次迭代中客流模拟系统得到 $w_{k_u-1,i,j}^r$, 并设 $\lambda_i[t] = \lambda_i[d_{k_u-1,i}]$ 和 $OD_{i,j}[t] = OD_{i,j}[d_{k_u-1,i}]$, 构造约束 (6-43).

步骤 2.3　计算车次 k_u 采用站站停车方案时的运行图 STD_{k_u}.

步骤 2.4　根据运行图 STD_{k_u}, 模拟车次 k_u 的车载客流, 得到 $Std\_w_{k,i,j}$ 和 $Std\_w_{k,i}$. 之后, 计算 $\beta_{k,i,j}$, 进而构造约束 (6-46) 和 (6-47).

步骤 2.5　求解子模型, 得到车次 k_u 的运行图 SKP_{k_u}.

步骤 2.6　根据运行图 SKP_{k_u}, 模拟车次 k_u 的车载客流. 转入步骤 3.

步骤 3　如果 $k_u = |S_E^{(u)}|$, 迭代停止; 否则, 设 $k_u = k_u + 1$ 并转入步骤 2.

上述步骤 2.4 和 2.6 中对客流的模拟是基于 6.3.3 节给出的耦合关系. 在优化模型中, 由于非线性约束 (6-40) 并非被等价地替代为线性约束, 因而求得的变量值 $w_{k,i,j}^r$ 可能并不准确. 为此, 在每次迭代得到运行图之后, 将采用模拟的方法为下一次迭代计算准确的 $w_{k_u,i,j}^r$. 图 6-19 给出了求解上行既有列车运行图的流程.

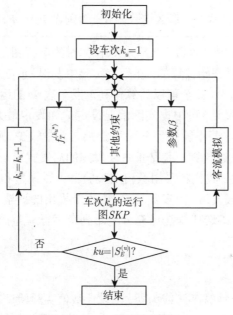

图 6-19　算法流程图

第二阶段迭代求解未发车次 k 的运行图, 其过程类似于第一阶段.

阶段二　未发车次

步骤 1　设 $k_u = |S_E^{(u)}| + 1$, 转入步骤 2.

步骤 2　采用跨站停车方案, 调整上行车次 k_u 的运行图:

步骤 2.1　根据下行车次 $\sigma(k_u)$ 离开车站 $2N$ 的时间 $d_{\sigma(k_u),2N}$, 构造车次 k_u 的折返时间约束, $a_{k_u,1} - d_{\sigma(k_u),2N} \geqslant Bt$.

步骤 2.2　不考虑客流, 计算车次 k_u 最小可能运行时间 $f_T^{(k_u^*)}$; 之后, 构造运行时间约束 $f_T^{(k_u)} \leqslant f_T^{(k_u^*)} + \Delta^{(k_u)}$.

步骤 2.3　根据运行图 SKP_{k_u-1}, 模拟车次 (k_u-1) 的车载客流, 得到 $w^r_{k_u-1,i,j}$, 并设置客流到达率和 OD 矩阵分别为 $\lambda_i[d_{k_u-1,i}]$ 和 $OD_{i,j}[d_{k_u-1,i}]$ 或 $\lambda_i[H]$ 和 $OD_{i,j}[H]$.

步骤 2.4　假设车次 k_u 采用站站停车方案, 得到相应的运行图 STD_{k_u}.

步骤 2.5　将运行图 STD_{k_u} 输入客流模拟系统, 得到 k_u 车次对应的 $Std\_w_{k,i,j}$ 和 $Std\_w_{k,i}$; 之后, 根据公式 (6-48) 计算 $\beta_{k,i,j}$, 进而构造约束 (6-46) 和 (6-47).

步骤 2.6　求解子模型, 得到车次 k_u 的运行图 SKP_{k_u}.

步骤 2.7　将运行图 SKP_{k_u} 输入客流模拟系统, 得到 k_u 车次对应的 $w^r_{k_u,i,j}$. 转步骤 3.

步骤 3　如果满足终止条件, 那么迭代停止; 否则设 $k_u = k_u + 1$, 并转步骤 2.

需要指出的是, 在第二阶段, 上行未发车次 k 的运行图是在下行车次 $\sigma(k)$ 进入折返区间 $2N \to 1$ 时开始计算的. 在数值实验中发现, 单次迭代所需的计算时间很短, 因而在折返过程中, 完全可以计算得到未发车次 k 的运行图. 第二阶段迭代算法的终止条件较为灵活, 可根据实际情况设定 (如设定最大迭代次数). 在本节中, 采用的终止条件为: 若不能乘坐车次 k 的乘客数量较少, 则终止算法.

值得注意的是, 该迭代算法是基于贪婪思想的启发式分解算法, 因而无法保证解的最优性. 下一节中, 我们将采用数值实验验证上述模型和算法的有效性. 通过与站站停车方案的比较发现, 大多数场景下, 本节提出的调整策略可有效减少乘客的总等待时间. 此外, 该迭代算法可充分满足列车运行调整的实时性要求, 计算效率较高.

6.3.7　数值算例

下面, 依然以北京地铁亦庄线为背景, 设计数值实验验证本节模型和算法的性能. 实验采用 Python 2.7 编程, 以 Gurobi 6.0.5 作为整数规划的求解器. 实验平台为具有 Microsoft Windows 7(64 位) 操作系统的个人电脑, 其中内存为 4.00GB, CPU 为 Intel(R) Core(TM) i5-3337U@1.80GHz.

正常情况下, 北京地铁亦庄线采用站站停车方案. 该线有 13 座车站, 站间运行时间和折返时间数据列于图 6-20. 实验假设列车在所有站间的加速和减速附加时间分别为 $\tau_a = 25$ s 和 $\tau_d = 25$ s, 最小发车间隔为 $h_s = 90$ s, 各站的最小停车时间 Dt_i 列于表 6-10 中.

假设在时刻 $H = 0$ 故障被排除, 之后开始执行恢复调整策略, 计算各车次的运行图. 实验中, 假设 H 时刻上下行方向各有 10 个既有车次. 对于未发车次 $k \in S_F$, 其最大跨站数量设为 $s_k = 3$; 对于上行既有车次 $k \in S_E^{(u)}$, 如果在 H 时刻车次 k 已经过车站 7, 设 $s_k = 1$, 否则设 $s_k = 2$; 对于下行既有车次 $k \in S_E^{(d)}$, 如果在 H 时刻

车次 k 已经过车站 20, 设 $s_k = 1$, 否则设 $s_k = 2$. 列车的容量设为 $C = 1200$, 且在正常条件下, 所有乘客都可以上车. 在实验中, 我们首先设计了模拟系统用以模拟故障排除之前的客流演化过程, 进而得到在 H 时刻, 既有列车所在的位置以及站台和车载的乘客数量 $P_{i,j}$ 和 $Q_{k,j}$. (该系统原理并不复杂, 这里不做赘述.)

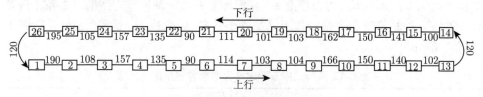

图 6-20　地铁列车周转示意图

表 6-10　最小停站时间

车站	1,26	2,25	3,24	4,23	5,22	6,21	7,20	8,19	9,18	10,17	11,16	12,15	13,14
Dt_i	30	30	30	35	30	30	30	30	30	30	30	35	40

在早高峰 7:00 到 10:00 期间, 乘客到达率随时间呈现出先升后降的动态特征. 本实验分别在乘客到达率的上升期和下降期验证模型的有效性. 具体而言, 在上升期, 假设故障在 7:30 排除; 在下降期, 假设故障在 8:30 排除. 对于故障持续时间, 将考察长 (45 分钟)、中 (30 分钟)、短 (15 分钟) 三种情况. 对于 OD 矩阵, 将选择两种类型, 即均匀型和非均匀型. 对于前者, 同一车站内, 前往其他各车站的乘客比例相当; 对于后者, 前往其他各车站的乘客比例差别较大. 因此, 根据 (i) 乘客到达率的上升期/下降期、(ii) 故障持续时间的长/中/短、(iii)OD 矩阵的均匀/非均匀特性, 本节实验共设计了 12 种场景, 以验证基于跨站停车方案的调整策略.

表 6-11 列出了 12 个场景下的实验结果. 场景标号中, "In/De" 分别表示上升期/下降期的乘客到达率, "L/M/S" 分别表示长/中/短故障持续时间, "Homo/Heter" 分别表示均匀/非均匀 OD 矩阵. 因此, "Heter-In-S" 表示 OD 矩阵非均匀、故障发生在 7:30 之前且持续时间为 15 分钟的场景. 为了便于比较, 在本实验中, 将从故障排除时刻 $H = 0$ 开始, 每隔十分钟设置一个观察点 T; 每个观察点处将统计从 $H = 0$ 时刻到 T 时刻的乘客总等车时间. 表 6-11 给出了采用跨站停车方案时, 位于每个观察点处的乘客总等车时间与采用站站停车方案对应的乘客总等车时间的比值. 在此说明的是, 表中并未列出所有观察点处的比值数据 (例如, 场景 "Heter-In-S" 只列出了前四个). 这是因为在后续的观察点处, 该比值会持续增加, 而比值的上升意味着采用跨站停车方案将增加乘客的等车时间, 因而此时站站停车方案优于跨站停车方案.

表 6-11 中的结果显示, 在场景 "Heter-In-S" 和 "Homo-In-S" 中, 如果采用站站

停车方案, 乘客的总等车时间小于采用跨站停车方案时对应的乘客总等车时间. 即, 在这两个场景中, 站站停车方案优于跨站停车方案; 而在其他 10 个场景中, 跨站停车方案都优于站站停车方案. 需要指出的是, 如果采用跨站停车方案, 一部分乘客的等车时间会因为列车周转的加速而减少, 另一部分乘客的等车时间则会因为需要等待合适的车次而延长. 为方便起见, 我们称前者为跨站停车方案的 "优势", 后者为 "劣势". 跨站停车方案是否优于站站停车方案, 就取决于 "优势" 部分是否强于 "劣势" 部分.

表 6-11　跨站停车和站站停车乘客等车时间比值

场景	时刻 T								
	10 分钟	20 分钟	30 分钟	40 分钟	50 分钟	60 分钟	70 分钟	80 分钟	90 分钟
Heter-In-S	115.50%	111.70%	122.70%	124.50%	—*	—	—	—	—
Heter-In-M	97.20%	89.10%	82.30%	83.00%	82.80%	85.50%	—	—	—
Heter-In-L	96.30%	89.70%	84.90%	83.90%	81.20%	78.60%	77.30%	76.80%	76.50%
Heter-De-S	99.20%	90.20%	84.40%	86.60%	—	—	—	—	—
Heter-De-M	96.40%	92.10%	88.60%	86.20%	84.00%	82.30%	84.50%	—	—
Heter-De-L	97.20%	95.90%	93.40%	91.70%	89.60%	87.10%	84.10%	83.30%	85.70%
Homo-In-S	122.50%	123.30%	127.40%	132.40%	—	—	—	—	—
Homo-In-M	104.20%	91.50%	95.70%	105.90%	—	—	—	—	—
Homo-In-L	100.00%	92.20%	89.20%	87.30%	87.10%	89.30%	—	—	—
Homo-De-S	107.60%	93.90%	98.60%	107.90%	—	—	—	—	—
Homo-De-M	100.60%	94.80%	90.10%	86.70%	85.60%	87.80%	—	—	—
Homo-De-L	98.60%	97.60%	95.60%	94.60%	92.50%	89.20%	86.50%	87.30%	88.10%

* 表示此时算法已经停止, 无对应数据.

在场景 "Heter-In-S" 和 "Homo-In-S" 中, 故障持续时间较短, $H = 0$ 时刻各车站聚集的乘客数量较少. 在站站停车方案下, 列车有足够容量运送乘客; 而跨站停车方案虽然能够加快列车周转速度, 但因为上车乘客数量不多, 造成了列车运力的浪费, 其效果反而不如站站停车方案. 相比之下, 在其他场景中, $H = 0$ 时刻各车站聚集的乘客数量较大, 如果采用跨站停车方案, 虽然部分乘客不能上车, 但上车乘客的数量足够大, 因而不会造成运力浪费. 此外, 由于列车周转速度加快, 相同时间内会有更多车次提供服务, 故减少了部分乘客的等待时间. 显然, 针对乘客数量较大的场景, 跨站停车方案会优于站站停车方案.

除场景 "Heter-In-L" 外, 表中其他场景的比值均呈现出先降后升的趋势. 事实上, 在 $T = 100$ 时, 场景 "Heter-In-L" 中的比值同样开始上升. 这是因为经过一段时间的运行, 聚集在车站的乘客数量逐渐下降, 跨站停车方案的 "优势" 部分弱于 "劣势" 部分, 导致跨站停车方案整体上劣于站站停车方案, 即此时应停止使用跨站停车方案. 事实上, 这也是迭代算法的终止条件. 假设上行方向的客流大于下行方向, 可根据下述条件终止迭代算法: 如果对于所有的上行车站 i, 上行车次 k 满足 $n_{k,i}^b = w_{k,i}^b$. 该终止条件对应了所有客流需求均可满足的情形.

在均匀 OD 场景下 (即 "Homo"), 表 6-11 中的比值大于相应的非均匀 OD 场景, 这表明跨站停车方案在非均匀 OD 场景中效果更好. 在非均匀 OD 场景中, 多数乘客集中于少数车站, 因此跨越乘客较少的车站对大多数乘客而言是有利的; 而在均匀 OD 场景中, 乘客前往各站的比例相近, 跨站停车方案的 "优势" 部分和 "劣势" 部分的差别相对较小.

注意到, 在设计迭代算法时, 非线性约束 (6-40) 会被线性约束 (6-46) 和 (6-47) 近似替换. 为此, 下面将验证上述替换约束的有效性和必要性. 本组实验采用场景 "Heter-In-M" 中的相关数据. 首先, 在不考虑约束 (6-40) 的情况下, 可以发现实验结果和实际情形并不相符. 以上行车次 u_{10} 为例. 表 6-12 列出了以车站 4 为出发车站、以车站 j 为目的车站且希望乘坐车次 u_{10} 的乘客数量 $w_{k,i,j}^b$, 以及可以乘坐车次 u_{10} 的乘客数量 $n_{k,i,j}^b$. 由于上行车次 u_{10} 在车站 7 跨站不停, 因此该表未列出 $j = 7$ 的数据.

表 6-12　不考虑约束 (6-40) 时 $n_{k,i,j}^b$ 和 $w_{k,i,j}^b$ 的值

$k = u_{10}, i = 4$	j							
	5	6	8	9	10	11	12	13
$n_{k,i,j}^b$	29	140	65	37	0	0	0	0
$w_{k,i,j}^b$	29	140	65	65	258	258	258	65

在未考虑约束 (6-40) 的实验结果中, 所有近途乘客均可上车, 但远途乘客没有上车. 近途乘客占用列车的时间较短, 在后续车站可以留出更多空间接纳其余等待的乘客. 所建模型中, 子问题的目标是最小化 $f_P^{(k)}$, 即不能乘坐车次 k 的乘客数量, 因此如果尽量让近途乘客上车, 即可降低 $f_P^{(k)}$. 但这与实际情况显然不符, 因此约束 (6-40) 应保留在所建的模型中.

由于约束 (6-40) 为非线性约束, 因而导致模型求解困难. 在此采用线性约束 (6-46) 和 (6-47) 近似替代约束 (6-40). 其中, 约束 (6-46) 和 (6-47) 分别设置了变量 $n_{k,i,j}^b$ 的上界和下界. 表 6-13 给出了添加约束 (6-46) 和 (6-47) 后, $w_{k,i,j}^b$ 和 $n_{k,i,j}^b$ 在 $k = u_{10}, i = 4$ 时的数值. 显然, 二者的比值 $n_{k,i,j}^b / w_{k,i,j}^b$ 较为合理.

当 $k = u_{10}, i = 4$ 时, 可以计算:

$$\frac{n_{k,i,j}^b}{w_{k,i,j}^b} \doteq \frac{n_{k,i}^b}{w_{k,i}^b} = \frac{\sum\limits_{j>i} n_{k,i,j}^b}{\sum\limits_{j>i} w_{k,i,j}^b} = 0.238$$

在表 6-13 中, 除了 $j = 5$, 其他比值 $n_{k,i,j}^b / w_{k,i,j}^b$ 均能接近 0.238. 需要指出的是, 当 $j = 5$ 时, $w_{k,i,j}^b$ 的数值较小, 在 $w_{k,i}^b$ 中占很低的比例, 对结果影响不大. 对于其他车次和车站, 可以得到类似结果. 由此可以认为, 针对非线性约束 (6-40) 的近似线性替换具有较好效果. 此外, 为进一步消除偏差, 在每次迭代获得车次 k 的运行图后, 可调用客流模拟系统, 为下次迭代获得更精确的 $n_{k,i,j}^b$ 值.

表 6-13　添加约束 (6-46) 和 (6-47) 时 $n_{k,i,j}^b$ 和 $w_{k,i,j}^b$ 的值

$k = u_{10}, i = 4$	j							
	5	6	8	9	10	11	12	13
$n_{k,i,j}^b$	22	30	15	15	58	58	58	15
$w_{k,i,j}^b$	29	140	65	65	258	258	258	65
$n_{k,i,j}^b/w_{k,i,j}^b$	0.759	0.214	0.231	0.231	0.225	0.225	0.225	0.231

6.4　小　　结

本章考虑了线路故障对城市轨道交通列车运营的影响, 分别研究了故障处理过程中的列车运行图应急调整策略和故障排除后的运行图恢复调整策略. 针对前者, 基于渡线的使用, 建立了一类新的列车运行调整模型以恢复双向列车的运行, 并采用离散事件模型, 设计了高效的列车调度模拟 (ETRS) 算法. 以北京地铁亦庄线为背景的实验结果表明, 该算法可在毫秒级的计算时间内完成对大规模列车群的调度. 此外, 针对故障排除后的运行图恢复调整问题, 通过引入跨站停车方案, 建立了以提高列车周转速度和降低乘客等车时间为目标的整数规划模型. 进一步, 引入线性化方法将模型的非线性约束转化为线性约束, 并设计了优化-模拟相结合的迭代算法, 可快速求解各车次的运行图. 最后, 以北京地铁亦庄线为例, 验证了运行图恢复调整策略的有效性.

参 考 文 献

Albrecht A R, Panton D M, Lee D H. 2013. Rescheduling rail networks with maintenance disruptions using problem space search. Computers & Operations Research, 40: 703-712.

Cadarso L, Marin Á, Maróti G. 2013. Recovery of disruptions in rapid transit networks. Transportation Research Part E: Logistics and Transportation Review, 53: 15-33.

Corman F, D'Ariano A, Pacciarelli D, et al. 2010. A tabu search algorithm for rerouting trains during rail operations. Transportation Research Part B: Methodological, 44(1): 175-192.

Corman F, D'Ariano A, Pacciarelli D, et al. 2014. Dispatching and coordination in multi-area railway traffic management. Computers & Operations Research, 44: 146-160.

D'Ariano A, Corman F, Pacciarelli D, et al. 2008. Reordering and local rerouting strategies to manage train traffic in real time. Transportation Science, 42(4): 405-419.

D'Ariano A, Pranzo M. 2009. An advanced real-time train dispatching system for minimizing the propagation of delays in a dispatching area under severe disturbances. Networks and Spatial Economics, 9(1): 63-84.

Dollevoet T, Huisman D, Kroon L, et al. 2015. Delay management including capacities of stations. Transportation Science, 49(2): 185-203.

Dollevoet T, Huisman D, Schmidt M, et al. 2012. Delay management with rerouting of passengers. Transportation Science, 46(1): 74-89.

Gao Y, Kroon L, Schmidt M, et al. 2016. Rescheduling a metro line in an over-crowded situation after disruptions. Transportation Research Part B: Methodological, 93: 425-449.

Kanai S, Shiina K, Harada S, et al. 2011. An optimal delay management algorithm from passengers' viewpoints considering the whole railway network. Journal of Rail Transport Planning & Management, 1: 25-37.

Louwerse I, Huisman D. 2014. Adjusting a railway timetable in case of partial or complete blockades. European Journal of Operational Research, 235: 583-593.

Meng L, Zhou X. 2011. Robust single-track train dispatching model under a dynamic and stochastic environment: A scenario based rolling horizon solution approach. Transportation Research Part B: Methodological, 45: 1080-1102.

Narayanaswami S, Rangaraj N. 2013. Modelling disruptions and resolving conflicts optimally in a railway schedule. Computers & Industrial Engineering, 64(1): 469-481.

Schöbel A. 2007. Integer programming approaches for solving the delay management problem.//Geraets F, Kroon L, Schoebel A, et al. Algorithmic Methods for Railway Optimization. Lecture Notes in Computer Science, vol 4359. Berlin, Heidelberg: Springer.

Schöbel A. 2009. Capacity constraints in delay management. Public Transport, 1(2): 135-154.

Schachtebeck M, Schöbel A. 2010. To wait or not to wait and who goes first? Delay management with priority decisions. Transportation Science, 44: 307-321.

Törnquist J, Persson J A. 2007. N-tracked railway traffic re-scheduling during disturbances. Transportation Research Part B: Methodlogical, 41(3): 342-362.

Törnquist J. 2012. Design of an effective algorithm for fast response to the rescheduling of railway traffic during disturbances. Transportation Research Part C: Emerging Technologies, 20: 62-78.

Veelenturf L P, Kidd M P, Cacchiani V, et al. 2016. A railway timetable rescheduling approach for handling large-scale disruptions. Transportation Science, 50(3): 841-862.

Xu X, Li K, Yang L. 2016. Rescheduling subway trains by a discrete event model considering service balance performance. Applied Mathematical Modelling, 40(2): 1446-1466.

Zhan S, Kroon L, Veelenturf L, et al. 2015. Real-time high-speed train rescheduling in case of a complete blockage. Transportation Research Part B: Methodological, 78: 182-201.

第7章 城市轨道交通列车节能优化方法

7.1 概　　述

城市轨道交通因其运量大、安全高效、快速准时等优点在全世界范围内得到了快速发展. 同等运力条件下, 城市轨道交通人均每公里能源消耗约相当于公共汽车的三分之一、小汽车的九分之一, 因而是各种交通方式中最节能、最绿色的. 然而, 随着运营里程的快速增长、运营规模的不断扩大, 城市轨道交通的能耗总量巨大且在快速攀升. 高能耗带来了高运行成本和高碳排放量, 给运营部门带来一定的压力. 因此, 研究有效降低城市轨道交通系统能耗的方法, 尤其是降低城市轨道交通列车牵引能耗的方法, 已经成为运营单位目前关注的焦点, 对保持我国城市轨道交通可持续发展具有重要的现实意义.

目前, 优化列车运行速度曲线和列车运行图, 是降低城市轨道交通列车牵引能耗的两种有效方法. 前者通过优化单列车在各站间的速度曲线以直接降低列车牵引能耗, 后者则通过协同多列车的牵引制动时间以提高再生能量的直接利用率, 从而降低城市轨道交通系统的牵引能耗. 两种方法的研究对象虽不同, 但彼此并不完全孤立, 而是存在相互依赖关系. 具体来说, 优化列车速度曲线是在列车运行图提供各站间运行时间约束下进行, 而优化运行图时也应受列车速度曲线的牵引时间和制动时间的限制. 如图 7-1 所示, 依据供电数据、线路数据、运营数据及车辆数据, 通过优化列车速度曲线和列车运行图的方法, 即可得到节能列车速度曲线和列车运行图.

面向节能的列车速度曲线优化方面, Ishikawa (1968) 首先提出使用最优控制理论优化列车的速度曲线, 其研究成果既可应用到干线铁路列车也可应用到城市轨道交通列车. Milroy (1980) 以连续变化的牵引力、制动力作为控制变量将此问题构建为优化模型, 奠定了研究速度曲线优化的最优控制理论基础. 需要说明的是, Milroy 的工作是针对干线铁路列车的研究. 之后, 南澳大学的 Howlett 团队 (Howlett et al., 1994; Howlett & Pudney, 1995) 对该问题进行了深入研究及验证, 证明了上述模型同样适用于城市轨道交通列车. 近年来, Wong & Ho (2004a, 2004b) 研究了求解惰性控制优化的解析方法和遗传算法. 此外, 在遗传算法求解列车速度曲线方面, 我国学者也进行了大量研究. 李玉生和侯忠生 (2007) 利用惩罚函数法建立了该问题的无约束节能优化模型, 并设计了基于二进制编码的遗传算法以减少列车手柄级位变化次数, 从而达到节能效果. Ke & Chen (2005) 针对台湾的捷运系统, 采用遗传算法优化列车在各站间运行的速度序列. 付印平等 (2009)、马超云等 (2011)、丁勇等 (2011) 也采用遗传算法针对此问题进行了深入研究, 并得到了较好的节能效果. Ke 等 (2012) 针对台湾的捷运系统研究了固定闭塞条件下的列车速度曲线优化问题, 并设计了蚁群算法. Lu 等 (2013) 基于线路数据、运行图数据、车辆数据构建了列车节能操纵模型, 设计了遗传算法、蚁群算法、动态规划算法求解最优速度曲线, 并比较了各算法的优缺点.

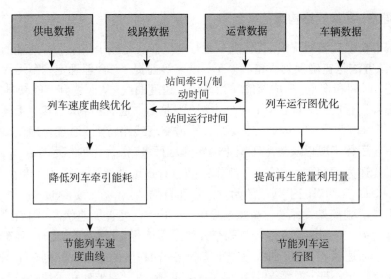

图 7-1　列车速度曲线和运行图优化

在面向节能的列车运行图优化方面, Ramos 等 (2007) 建立了整数规划模型协调非高峰期同一供电区间内所有列车的牵引和制动时间, 从而提高再生能量的利用量, 该研究首次采用重叠时间度量再生能量的利用. Nasri 等 (2010) 提出了以最大化再生能量利用量为目标的列车运行图优化模型, 并分析了发车间隔及冗余时间对再生能量利用量的影响. Peña-Alcaraz 等 (2012) 基于能量流动模型提出以最大化再生能量利用率为目标的列车运行图优化方法, 基于马德里地铁 3 号线的测试显示: 所提出的优化方法可有效节能 3.52%. 胡文斌等 (2013) 以降低列车制动电阻的总能耗为目标, 对列车在各车站停站时间进行了优化, 并基于南京地铁 1 号线进行了仿真分析, 结果显示在发车间隔为 4 分钟的情况下, 优化后的运行图可有效节能 16.1%. Yang 等 (2013) 提出了一种基于协同调度规则的列车运行图优化模型, 通过调整发车间隔与停站时间以最大化相邻列车的牵引/制动重叠时间. Zhao 等 (2015) 提出了非线性整数规划模型优化再生能量的利用效率, 数值结果表明随着发车间隔的变化, 该模型可提升再生能量利用量 4% 至 12% 不等. Yang 等 (2016) 对节能列车运行图方面的研究做了系统的回顾与总结, 对比了各种研究方法的优缺点.

7.2　列车运行速度曲线优化模型与算法

本节提出了一种列车运行速度曲线的优化方法. 具体地, 将列车运行时间和能耗作为两个评价指标, 构建站间速度–距离网络, 并建立随机约束最短路模型. 在此基础上, 设计基于拉格朗日松弛和动态规划的启发式搜索算法.

7.2.1　速度–距离网络构建

在城市轨道交通系统中, 优化列车运行速度曲线是减少列车运行能耗的主要方法之一. 该方法是在确保列车精确停车、准点等前提下, 合理确定列车运行工况的转换顺序、时间和地点, 形成节能的列车运行速度曲线, 从而达到节能减排的目的. 列车在实际运行时, 行车工况主要分为牵引、惰行、巡航和制动, 其中不同运行工况对应不同的能量消耗. 因此, 需要结合轨道交通线路特点, 通过合理调整列车运行过程中各运行工况以及对应工况下的实际运行策略, 优化列车运行.

为了描述方便, 图 7-2 给出了列车站间运行速度曲线的示意图. 其中, 横坐标位置 x_0 和 x_6 分别对应于列车的始发站点和目的站点. 在初始区间 $[x_0, x_1]$, 列车采用牵引工况驶离始发站点. 在此过程中, 列车一直处于加速状态, 因而速度曲线呈现上升趋势. 当到达位置点 x_1, 列车开始采用惰行工况运行. 此时, 列车在阻力作用下处于减速状态, 速度曲线呈现下降趋势. 而在区间 $[x_2, x_3]$, 列车采用巡航工况保持速度恒定不变. 之后, 在区间 $[x_3, x_4]$ 和 $[x_4, x_5]$, 列车分别采用牵引和惰行工况. 当到达位置点 x_5 时, 列车采用制动工况, 直到在目标站点 x_6 停车为止. 从该图可以看出, 根据列车在站间的工况转换顺序和转换时间点的选择即可确定列车的运行速度曲线. 其中, 牵引、巡航和制动工况为能耗工况, 惰行工况为非能耗工况. 因而该问题即为: 在站间限速的前提下, 合理确定列车工况转换顺序及转换位置, 从而得到能耗最低的列车运行速度曲线.

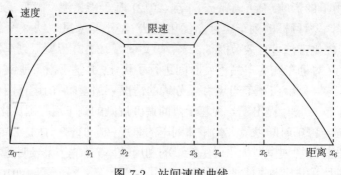

图 7-2　站间速度曲线

从文献上看, 针对列车运行速度曲线优化问题的研究多数是在确定环境下进行, 即相关参数均假定为确定的量. 在此假设下, 生成的运行速度曲线通常不具有鲁棒性, 即在一些不确定因素干扰下, 这种曲线并非是最优运行速度曲线. 在城市轨道交通的实际运营中, 存在各种复杂因素可导致能量消耗的不确定性, 如旅客装载量、列车运行性能等. 因此, 在考虑不确定参数影响的情况下, 研究鲁棒列车运行速度曲线的优化方法对于列车节能具有至关重要的作用. 本节旨在探讨如何利用随机约束最短路径优化方法, 生成鲁棒列车运行速度曲线.

为了便于建模, 下面将简要介绍列车速度曲线优化问题的离散化方法. 首先, 按照预先给定的精度要求, 将站间距离离散为间隔相同的一系列子区间. 采用该方法, 各离散点构成的集合即可看作站间距离的近似集合. 之后, 在各离散点的位置上, 进一步按精度要求将速度进行离散化处理. 如图 7-3 所示, 经上述过程, 所涉及的距离–速度空间即可采用一系列距离–速度离散点表示, 这些离散点即构成了速度曲线网络中的节点集合. 进一步, 考虑不同距离子区间内速度的变化过程, 将所有可能的速度变化均表示为不同速度之间的连接弧. 经上述处理, 最终建立了始发站点与目的站点之间的速度–距离网络, 如图 7-3 所示.

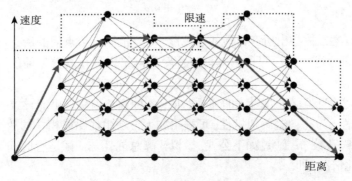

图 7-3　站间速度–距离网络示意图

这里需要说明的是, 距离–速度离散化过程与预设的精度要求密切相关. 在构建网络的过程中, 需进一步权衡其表示的准确性和复杂性. 理论上, 若采用较大的间隔对速度距离区域进行离散化, 虽会大大降低计算复杂度, 但不能充分保证所生成的最优速度曲线的精度; 反之, 若采用较小的离散区间, 虽可以提升表示精度, 但同时也增加了计算复杂度. 因此, 在生成速度–距离网络的过程中, 需要综合考虑计算复杂性和精度之间的关系, 使其达到较好的平衡.

实际运营中, 上述网络可近似看作是原列车运行速度曲线空间 (即站间限速线以下的区域). 其中, 每条速度曲线均可表示为该网络中从始发站点到目的站点的一条路径. 注意到, 网络中的各弧段具有两个性能指标, 即通行时间和能量消耗. 在列车运行过程中, 若采用适当的加速度, 则可保证列车在各弧段上的运行时间. 但是,由于列车性能、司机驾驶习惯和载客量的不同, 弧段上的能耗可能会有所不同, 从而呈现出一定的不确定性. 在此情况下, 可采用随机变量刻画各弧段上的能耗属性. 下面, 将给出计算弧段通行时间和能耗的详细过程.

在数据准备过程中, 首先将加速度离散化, 记为 $a_1, a_2, \cdots, a_K$. 采用上述离散加速度可确定各距离间隔上的速度连接弧. 例如, 假设节点 A 具有速度 v_1, 根据牛顿运动定律, 基于上述加速度可推导出下一阶段的所有可能速度. 为不失一般性, 假定采用加速度 a_k, 则可获得下一阶段速度 v_2. 根据如下公式:

$$\delta = v_1 t + \frac{1}{2} a_k t^2 \tag{7-1}$$

可推导出加速度 a_k 下相邻距离节点间的通行时间:

$$t = \frac{-v_1 + \sqrt{v_1^2 + 2a_k \delta}}{a_k} \tag{7-2}$$

接下来, 根据牛顿运动定律, 即可求得下一阶段的列车运行速度:

$$v_2 = v_1 + a_k t \tag{7-3}$$

通过该方法, 枚举出所有可能的加速度, 即可推导出节点间的所有可能的弧段及其通行时间. 进一步, 可通过构建速度–距离网络来寻找高效节能的列车运行速度曲线.

如上所述, 为了保证弧段上的通行时间, 各种复杂因素均可能导致相应弧段上能耗的随机性. 为有效刻画随机性, 可采用如下方法生成路段相关的随机数据. 假设列车质量为常数 m. 通过如下公式, 模拟计算总能耗 $\bar{E}_{ij}$ 随运行时间 T_{ij} 和加速度 a_k 的变化情况, 即

$$\bar{E}_{ij} = \theta \int_0^{T_{ij}} F v(t) \mathrm{d}t \tag{7-4}$$

在该公式中, 参数 θ 是机械能和电能之间的转换系数. 若 $a_k \geqslant 0$, $F = ma_k + F_b$; 若 $a_k < 0$, $F = |ma_k| - F_b$, 其中 $F_b = mg(A_1 v(t)^2 + A_2 v(t) + A_3)$ 表示阻力 (详见 Ghoseiri 等 (2004)). 根据上述信息, 我们可将弧段 (i, j) 上的随机能耗 E_{ij} 表示为如下形式:

$$E_{ij} = \bar{E}_{ij} + \xi \tag{7-5}$$

其中, ξ 表示由不确定因素引起的能耗波动的随机变量.

在实际列车运行中, 时间效率是评价列车运营服务质量的一个重要指标. 对于速度曲线优化问题, 为了保证服务质量, 站间运行时间通常限定在一个预设的时间阈值内, 因而该问题最终可以被刻画为约束最短路径问题.

7.2.2 数学模型

数学模型建立的核心问题是采用何种方式刻画各弧段上的随机能耗. 理论上, 我们可采用两种离散化方法来刻画该类随机性. 一种方法是利用与不同弧段相关的独立离散随机变量来表示能量消耗的随机性; 另一种方法则是在整个速度-距离网络层面上采用具有相关性的基于样本的离散随机变量来刻画. 在此, 我们将选用第二种方法. 本节的重点是以极小化能量消耗的期望值为目标, 利用给定的随机样本数据, 在速度-距离网络中生成鲁棒的列车运行速度曲线. 首先给出建模过程中涉及的符号和参数:

N: 速度-距离网络中节点的集合;

A: 速度-距离网络中弧段的集合;

(N, A): 速度-距离网络;

i, j: 节点;

(i, j): 从 i 到 j 的有向弧段;

t_{ij}: 弧段 (i, j) 的通行时间;

ω: 样本 ω;

e_{ij}^{ω}: 在样本 ω 的弧段 (i, j) 上的能耗;

p_{ω}: 样本 ω 发生的概率;

Ω: 样本集合, $\Omega = \{1, 2, \cdots, |\Omega|\}$.

在上述构建的距离-速度网络中, 为了生成最小期望能耗列车运行速度曲线, 可将该问题看作该网络中的路径优化问题. 在此, 可采用类似于 Wang 等 (2016) 提出的方法, 将该问题描述为一个随机约束最短路径问题. 为了建立数学优化模型, 首先引入如下决策变量:

y_{ij}^{ω}: 表示样本 ω 下是否选择弧段 (i, j) 的二进制决策变量. 如果 $y_{ij}^{\omega} = 1$, 表明弧段 (i, j) 在样本 ω 下被选择; 否则, $y_{ij}^{\omega} = 0$.

下面, 将基于上述决策变量, 介绍最优速度曲线生成过程中涉及的系统约束条件. 如图 7-3 所示, 该问题的本质是: 在速度-距离网络内, 搜索基于不同样本的路径, 从而生成鲁棒列车运行曲线. 因此, 考虑基于样本的路径, 模型需满足如下的流量平衡约束:

$$\sum_{(i,j) \in A} y_{ij}^{\omega} - \sum_{(j,i) \in A} y_{ji}^{\omega} = \begin{cases} 1, & \text{如果 } i = O \\ -1, & \text{如果 } i = D, \ \omega \in \Omega \\ 0, & \text{否则} \end{cases} \tag{7-6}$$

注意到, 上述约束条件只能生成基于不同样本的速度曲线. 然而, 实际列车运行需要唯一鲁棒速度曲线, 因此需进一步将上述各速度曲线进行有效耦合. 为生成唯一列车运行曲线, 在此引入如下速度曲线耦合约束:

$$y_{ij}^{\omega'} = y_{ij}^{\omega''}, \quad \omega', \omega'' \in \Omega \tag{7-7}$$

需要注意的是约束 (7-7) 可被进一步分解为 $|\Omega|$ 个不等式约束, 如下所示:

$$y_{ij}^1 \leqslant y_{ij}^2, y_{ij}^2 \leqslant y_{ij}^3, \cdots, y_{ij}^{|\Omega|-1} \leqslant y_{ij}^{|\Omega|}, y_{ij}^{|\Omega|} \leqslant y_{ij}^1 \tag{7-8}$$

此外, 在实际运营中, 为尽快输送乘客, 提高轨道交通系统的运输效率, 站间速度曲线优化过程中均需预设运行时间阈值 (由运行图确定). 在此, 假设预设站间运行时间阈值为 T. 在优化速度曲线时, 需确保与其相关的站间运行时间不超过该时间阈值. 因此, 我们引入如下时间阈值约束:

$$\sum_{(i,j) \in A} y_{ij}^{\omega} \cdot t_{ij} \leqslant T, \quad \omega \in \Omega \tag{7-9}$$

在优化过程中, 可采用不同的指标来评价运行速度曲线的选择策略. 当以能耗作为评价指标, 则可计算出如下基于样本的总能耗:

$$Energy[Y_\omega] = \sum_{(i,j) \in A} e_{ij}^{\omega} \cdot y_{ij}^{\omega}, \quad \omega \in \Omega$$

实际运营中, 鉴于列车运行速度曲线将作为长期的运行决策方案, 因此生成具有最小期望能耗的速度曲线来指导实际运营具有很好的实际意义. 通过考虑各样本的概率, 期望总能耗可表述如下:

$$E[Y] = \sum_{\omega \in \Omega} \sum_{(i,j) \in A} p_\omega \cdot e_{ij}^{\omega} \cdot y_{ij}^{\omega} \tag{7-10}$$

综上所述, 可为鲁棒列车运行速度曲线优化问题建立如下的 0-1 随机整数规划模型:

$$\min \quad E[Y]$$

$$\text{s.t.} \quad \sum_{(i,j) \in A} y_{ij}^{\omega} - \sum_{(j,i) \in A} y_{ji}^{\omega} = \begin{cases} 1, & \text{如果 } i = O \\ -1, & \text{如果 } i = D \\ 0, & \text{否则} \end{cases}$$

$$y_{ij}^1 \leqslant y_{ij}^2, y_{ij}^2 \leqslant y_{ij}^3, \cdots, y_{ij}^{|\Omega|-1} \leqslant y_{ij}^{|\Omega|}, y_{ij}^{|\Omega|} \leqslant y_{ij}^1$$

$$\sum_{(i,j) \in A} y_{ij}^{\omega} \cdot t_{ij} \leqslant T \tag{7-11}$$

$$y_{ij}^{\omega} \in \{0,1\}, \omega \in \Omega, \quad (i,j) \in A$$

显然, 该模型为一类典型的随机约束最短路问题. 其中, 决策目标为生成期望能耗最小的鲁棒运行速度曲线; 第一组约束确保生成一系列基于样本的速度曲线; 第二组约束确保生成速度曲线的唯一性; 第三组约束要求站间运行时间不超过预设的时间阈值.

7.2.3 求解算法

由于随机约束最短路模型是典型的 NP-hard 问题, 因此需设计有效算法对该模型进行求解. 一般来说, 当组合优化问题是 NP-hard 问题时, 通常可设计启发式算法求解其近似最优解. 例如, 禁忌搜索、模拟退火、遗传算法、蚁群算法及人工神经网络等启发式算法均可为目标函数提供有效上界. 理论上, 评价算法质量的常用标准是比较其所得到的目标值与最优目标之间的差距. 因此, 通过寻找 NP-hard 问题的下界, 并采用上下界之间的对偶间隔来评价解的质量是求解该类问题行之有效的方法. 拉格朗日松弛算法可通过松弛约束的方式寻找组合优化问题的下界, 该算法在实际应用中容易实施且具有良好的收敛性质. 下面, 我们将采用拉格朗日松弛算法求解所构建的随机约束最短路模型.

注意到模型中的唯一速度曲线约束和边际约束是求解该问题的困难约束. 在拉格朗日算法中, 我们将对这两类约束进行松弛. 为此, 分别为唯一速度曲线约束及边际约束引入如下拉格朗日乘子

$$\lambda_{ij}^{\omega} \geqslant 0, \quad \forall (i,j) \in A, \omega \in \Omega \tag{7-12}$$

$$\mu^{\omega} \geqslant 0, \quad \omega \in \Omega \tag{7-13}$$

则模型 (7-11) 可松弛为如下模型:

$$
\begin{cases}
R(\lambda, \mu) = \min \sum_{\omega \in \Omega} \sum_{(i,j) \in A} p_{\omega} \cdot e_{ij}^{\omega} \cdot y_{ij}^{\omega} \\
+ \sum_{(i,j) \in A} \left(\sum_{\omega \in \Omega \setminus \{|\Omega|\}} \lambda_{ij}^{\omega} (y_{ij}^{\omega} - y_{ij}^{\omega+1}) + \lambda_{ij}^{|\Omega|} (y_{ij}^{|\Omega|} - y_{ij}^{1}) \right) + \sum_{\omega \in \Omega} \mu^{\omega} \left(\sum_{(i,j) \in A} y_{ij}^{\omega} \cdot t_{ij} - T \right) \\
\text{s.t.} \quad \sum_{(i,j) \in A} y_{ij}^{\omega} - \sum_{(j,i) \in A} y_{ji}^{\omega} = \begin{cases} 1, & \text{如果 } i = O \\ -1, & \text{如果 } i = D, \ \omega \in \Omega \\ 0, & \text{否则} \end{cases} \\
y_{ij}^{\omega} \in \{0,1\}, \quad (i,j) \in A, \ \omega \in \Omega
\end{cases}
\tag{7-14}
$$

通过合并同类项, 松弛模型 (7-14) 可重新构建为如下模型:

$$
\begin{cases}
R(\lambda, \mu) = \min \sum_{\omega \in \Omega} \sum_{(i,j) \in A} (p_{\omega} \cdot e_{ij}^{\omega} + \mu^{\omega} \cdot t_{ij} + \gamma_{ij}^{\omega}) \cdot y_{ij}^{\omega} - \sum_{\omega \in \Omega} \mu^{\omega} \cdot T \\
\text{s.t.} \quad \sum_{(i,j) \in A} y_{ij}^{\omega} - \sum_{(j,i) \in A} y_{ji}^{\omega} = \begin{cases} 1, & \text{如果 } i = O \\ -1, & \text{如果 } i = D, \ \omega \in \Omega \\ 0, & \text{否则} \end{cases} \\
y_{ij}^{\omega} \in \{0,1\}, \quad (i,j) \in A, \ \omega \in \Omega
\end{cases}
\tag{7-15}
$$

其中, $\gamma_{ij}^1 = \lambda_{ij}^1 - \lambda_{ij}^{|\Omega|}, \gamma_{ij}^\omega = \lambda_{ij}^\omega - \lambda_{ij}^{\omega-1}, \omega = 2, 3, \cdots, |\Omega|,\ (i,j) \in A.$

根据给定的拉格朗日乘子 $\lambda_{ij}^\omega \geqslant 0,\ \forall(i,j) \in A, \omega \in \Omega,\ \mu^\omega \geqslant 0,\ \omega \in \Omega$, 松弛模型 (7-15) 可被进一步分解为 $|\Omega|$ 个基于样本且具有如下广义费用

$$c_{ij}^\omega = p_\omega \cdot t_{ij}^\omega + \mu^\omega \cdot t_{ij} + \gamma_{ij}^\omega, \quad \forall(i,j) \in A,\ \omega \in \Omega \tag{7-16}$$

的经典最短路问题. 具体地, 分解后的经典最短路问题可表述如下:

$$SP(\omega): \begin{cases} R_\omega(\lambda, \mu) = \min \sum_{(i,j) \in A} (p_\omega \cdot e_{ij}^\omega + \mu^\omega \cdot t_{ij} + \gamma_{ij}^\omega) \cdot y_{ij}^\omega \\ \text{s.t.} \sum_{(i,j) \in A} y_{ij}^\omega - \sum_{(j,i) \in A} y_{ji}^\omega = \begin{cases} 1, & \text{如果 } i = O \\ -1, & \text{如果 } i = D \\ 0, & \text{否则} \end{cases} \\ y_{ij}^\omega \in \{0, 1\}, \quad (i,j) \in A \end{cases} \tag{7-17}$$

对于松弛模型与子问题之间的最优目标函数, 可以推导出如下关系式. 具体地, 对于给定的拉格朗日乘子向量 (λ, μ), 可表述为

$$R(\lambda, \mu) = \sum_{\omega \in \Omega} R_\omega(\lambda,\ \mu) - \sum_{\omega \in \Omega} \mu^\omega \cdot T \tag{7-18}$$

拉格朗日对偶问题可表述如下:

$$L = \max_{\lambda, \mu \geqslant 0} R(\lambda,\ \mu) \tag{7-19}$$

注意到, 对于给定的拉格朗日乘子向量 (λ, μ), 松弛问题的最优目标 $R(\lambda, \mu)$ 为原问题的下界. 因此, 求解拉格朗日对偶问题的过程即为搜索最优下界的过程. 下面将设计基于次梯度和动态规划算法相结合的启发式搜索算法更新原问题的上下界. 具体地, 将利用次梯度算法极小化上下界之间的对偶间隔, 其中最优上界被视为近似最优目标值. 理论上, 小的对偶间隔对应于高质量的近似最优解. 当上下界重合时, 即得到了原问题的精确最优解.

在求解过程中, 次梯度算法可以看作是求解拉格朗日对偶问题的算法框架, 其目的是在逐步迭代过程中改进原问题的下界. 在每次迭代中, 基于给定的拉格朗日乘子, 求解松弛模型以得到其最优目标值. 根据分解的模型, 需要求解不同样本下的最短路径问题. 由于速度–距离网络是一个有向且单向的网络, 因此可采用动态规划算法在速度–距离网络中搜索最短路径. 此外, 在求解基于样本的最短路问题的同时, 可生成一系列运行速度曲线. 如果生成的运行速度曲线是原模型的可行解 (即满足时间阈值约束), 则可用于更新原问题的上界.

次梯度算法是点到点的搜索过程, 其中次梯度方向作为当前点的搜索方向. 当迭代次数达到预定的阈值, 或对偶间隔低于预设水平时, 搜索过程即可终止. 其中, 搜索过程中的最佳上界即可作为原问题的近似最优解. 下面将详细介绍该算法的具体步骤.

算法　求解模型 (7-11) 的拉格朗日松弛算法

步骤 1　初始化

设定初始迭代次数 $\eta = 1$.

初始化拉格朗日乘子 $\lambda_{ij}^{\omega} \geqslant 0, \forall(i,j) \in A, \omega \in \Omega$ 和 $\mu^{\omega} \geqslant 0, \omega \in \Omega$.

步骤 2　求解松弛模型

采用动态规划算法求解子问题, 生成基于样本的优化速度曲线, 采用当前迭代的目标值更新下界.

步骤 3　更新上界

若子问题求得的速度曲线不是原问题 (7-11) 的可行解, 则通过 K 最短路算法将其调整为可行解. 将已搜索到原问题可行解的最小目标值设为当前迭代的上界, 并根据上下界之差计算两者之间的对偶间隔.

步骤 4　更新拉格朗日乘子

根据次梯度方向更新拉格朗日乘子 λ_{ij}^{ω} 和 μ^{ω}.

步骤 5　终止条件

如果 η 大于预设的最大迭代次数, 或对偶误差小于预设值, 则终止该算法; 否则, 令 $\eta = \eta + 1$, 转至步骤 2.

7.2.4　数值算例

本节将给出一系列数值实验以验证所提模型及算法的可行性和有效性. 在实验设计中, 假设站间距长度为 1000 m. 为了构建速度–距离网络, 我们将该站间距离散为 100 个长度相同的间隔, 即相邻离散点间的间距为 10 m. 根据实际条件, 假定在区段 [0, 200] 和 [800, 1000] 内限速为 55 km/h (约 15 m/s), 在区段 [200, 800] 内的限速为 80 km/h (约 22 m/s). 在求解过程中, 如果迭代总数超过 15 次或对偶间隔小于 0.001%, 则算法终止. 迭代过程中搜索到的最优解即为模型的近似最优解.

在每个离散位置点上, 根据加速度的不同进一步将速度离散为多个可能的行驶速度. 首先, 假设加速度具有以下 5 种情况, 即 1, 0.5, 0, −0.5 和 −1 (单位: m/s²). 其次, 在加速阶段, 即在距离区段为 [0, 200] 时, 假设加速度为 1 m/s², 0.5 m/s² 和 0 m/s²; 在减速阶段, 即在距离区段为 [800, 1000] 时, 假设加速度分别为 0 m/s², −0.5 m/s² 和 −1 m/s². 在本实验中, 我们假定在加速过程中每个阶段的最大速度由上一阶段某速度通过加速度 1 m/s² 得到, 同理最小速度对应的加速度为

-1 m/s^2. 例如, 在初始阶段列车运行速度为 0 m/s 时, 当加速度为 1 m/s^2 时, 下一阶段速度将增加到约 4.5 m/s, 我们将这一速度表示为该阶段的最大速度. 此外, 假设在每一阶段存在 5 个不同速度, 通过将最大速度逐渐降低 0.5 得到. 例如, 当列车行驶至第 10 m (即第一阶段) 时, 5 种不同的离散速度则设置为 4.5 m/s、4.0 m/s、3.5 m/s、3.0 m/s 和 2.5 m/s. 实际运营中, 每一阶段均会产生 5 种以上的速度, 为简便起见, 我们将每一阶段的速度修正为 5 种; 同时将相邻阶段的速度用弧段相连接, 建立起不同阶段间的联系, 弧段的权重为从某一阶段到下一阶段所需的行驶时间和能源消耗.

在所构建的模型中, 每条弧段的行驶时间及随机能耗的样本数量可能对最优解有较大的影响. 下面将详细讨论这两个参数对模型最优解的影响.

采用不同通行时间阈值的实验结果　在本组实验中, 首先讨论在设置不同通行时间阈值情况下的近似最优解的灵敏度. 假设弧段随机能耗具有 10 个样本. 表 7-1 给出了总通行时间阈值在 80 到 89 之间变化时的计算结果. 显然, 目标函数上界和下界间的相对差值均小于 15.00%, 其中 8 组实验的相对差值均在 10.00% 内, 这表明该算法可得到较高质量的解, 且上下界之间存在可接受的相对差值.

$$相对差值 = \frac{目标函数值上界 - 目标函数值下界}{目标函数值上界} \times 100\%$$

表 7-1　基于不同时间阈值的计算结果

上限/s	上界/(kW·h)	下界/(kW·h)	相对差值/%
80	30.9875	28.1129	9.27
81	30.9710	29.1205	5.97
82	30.9913	27.5204	11.20
83	30.9980	26.5900	14.19
84	30.9575	29.3766	5.10
85	30.9577	28.8425	6.83
86	30.9659	28.4730	8.05
87	30.9766	28.7174	7.29
88	30.9487	28.6147	7.54
89	30.9729	28.3621	8.42

为进一步说明通行时间阈值对近似最优解的影响, 图 7-4 采用不同颜色曲线描绘了具有不同时间阈值的列车运行速度曲线. 由图 7-4 可知, 当改变总通行时间阈值时, 速度曲线将彼此不同. 具体地, 在加速过程中, 当列车运行速度从 12 m/s 增加至 15 m/s 时, 在惰行过程中, 速度从 15 m/s 下降至 10 m/s 时, 随通行时间上限的不同, 速度曲线将发生显著变化.

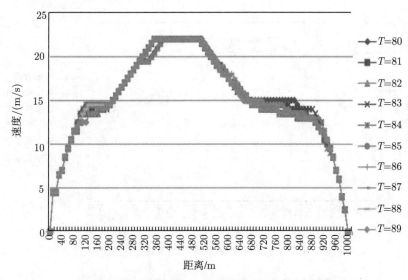

图 7-4　基于不同时间阈值的速度曲线 (后附彩图)

不同的样本数量下的计算结果　为了验证该算法的计算效率, 下面给出了 6 组不同能耗样本数量的实验, 即样本数量分别为 5, 10, 15, 20, 25 和 30. 此外, 假定总通行时间阈值为 84s. 图 7-5 表明模型求解时间随样本量的增大呈线性增长趋势. 这表明能耗样本大小对所设计的启发式算法的计算效率具有较大的影响. 特别是在算法的每次迭代中, 最耗时的计算步骤是生成各样本数量下的最优运行速度曲线. 此外, 由图 7-6 可知, 随样本数量的不同, 列车运行速度将呈现出不同的曲线, 尤其是当列车达到最高速度时的巡航过程, 列车运行曲线有明显差异. 例如, 当样本数量为 30 时的最高速度 (约 20.5 m/s) 小于其他几种样本数量情况下的最高速度 (约 22 m/s).

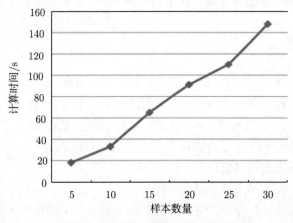

图 7-5　不同样本数量下的计算时间

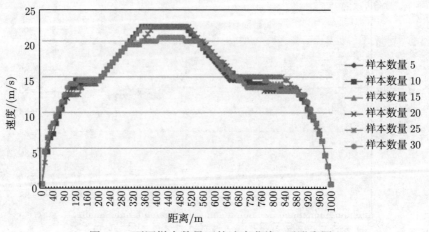

图 7-6　不同样本数量下的速度曲线 (后附彩图)

7.3　考虑再生制动的列车节能优化

在城市轨道交通系统中, 列车制动时, 若其所在供电区间内相邻列车处于牵引耗能状态, 该制动列车所产生的再生能量将通过接触网 (或第三轨) 直接传递给牵引列车使用; 若在该列车制动时间段内, 同一供电区间内没有其他列车处于牵引状态, 该列车产生的再生能量将被线路上的保护电阻以发热形式消耗掉. 本节研究的问题是通过优化运行图, 最大化同一供电区间内相邻列车牵引、制动工况的重叠时间, 从而提高再生能量的直接利用率, 降低系统能耗.

7.3.1　相邻列车协同优化模型

为了便于建模, 下面首先给出本节所用到的符号、参数、变量及它们的含义.

参数

N: 车站数量;

I: 列车数量;

t_n: 列车在车站 n 与车站 $n+1$ 之间的站间运行时间;

t_a^n: 列车在车站 n 与车站 $n+1$ 之间的站间牵引工况时间;

t_b^n: 列车在车站 n 与车站 $n+1$ 之间的站间制动工况时间;

$[l_T, u_T]$: 列车全程 (从起始站到终点站) 运行时间窗口;

$[l_h, u_h]$: 列车发车间隔窗口;

$[l_n, u_n]$: 列车在车站 n 的停站时间窗口;

$\lambda(j, k)$: 若车站 j 与 $j+1$ 的站间与车站 k 与 $k+1$ 的站间处于同一个供电区间, 则 $\lambda(j, k) = 1$; 反之, 则 $\lambda(j, k) = 0$.

决策变量

h: 发车间隔;

d_n^i: 列车 i 在车站 n 的离开时刻;

a_n^i: 列车 i 到达车站 n 的时刻;

x_n: 列车 i 在车站 n 的停站时间.

中间变量

d_n^{i+}: 列车 i 在离开车站 n 之后牵引工况结束的时刻, 即 $d_n^{i+} = d_n^i + t_a^n$;

a_n^{i-}: 列车 i 在到达车站 n 之前制动工况开始的时刻, 即 $a_n^{i-} = a_n^i - t_b^{n-1}$.

为简化模型求解过程, 本节模型中所涉及的参数和变量均为整数, 这与实际城市轨道交通系统的工程要求保持了一致性. 根据城市轨道交通系统的特点, 首先给出如下假设:

(I) 再生能量反馈到接触网 (或第三轨) 上, 即可被其同一供电区间内相邻牵引列车吸收利用. 由于相邻列车间距离较短, 因而可忽略再生能量在列车间的传输损耗.

(II) 上行和下行方向的接触网 (或第三轨) 是物理隔绝的, 即再生能量不能在上下行方向的列车间直接传输. 如图 7-7 所示, 列车 2 产生的再生能量只能被列车 1 利用, 而不能被列车 4 所利用.

(III) 再生能量只能被同一供电区间内的相邻列车利用, 而不能被其他供电区间内的列车利用. 如图 7-7 所示, 列车 2 产生的再生能量只能被列车 1 利用, 而不能被列车 3 所利用.

(IV) 城市轨道交通列车运行图是周期的, 即所有列车在某特定车站的停站时间相同, 在某特定站间的运行时间也相同, 前后列车的运行轨迹只在时间轴上相差一个发车间隔.

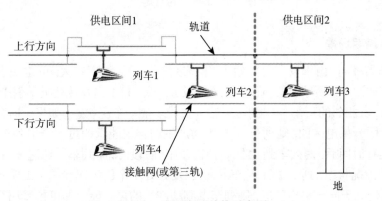

图 7-7　牵引电网结构示意图

(V) 列车在各站间的牵引时间和制动时间均为已知参数, 其数值可从实际系统的列车速度曲线内提取.

在实际城市轨道交通系统中, 根据客流量的不同, 将全天的运营时间划分为高峰期和非高峰期. 为满足客流要求, 一般在高峰期列车的发车间隔较小, 在非高峰期列车发车间隔相对较大. 以北京地铁亦庄线为例, 列车在非高峰期的发车间隔为 300 秒, 在高峰期可缩减到 150 秒. 接下来, 本节将列车运营场景划分为高峰期场景和非高峰期场景, 分别研究多列车运行之间的关系.

高峰期场景

在高峰期, 发车间隔较小, 相邻列车之间的距离较短, 本节定义多列车的调度规则如图 7-8 所示. 具体来说, 在 (a) 阶段, 列车 i 从车站 n 出发并处于牵引工况状态, 与此同时, 后车 $i+1$ 到达车站 n 并处于制动工况状态. 如果此时列车 i 和 $i+1$ 处于同一供电区间, 则列车 $i+1$ 制动产生的再生能量即可被牵引列车 i 吸收. 经过一定运行时间后, 两列车均到达图 7-8 中的 (b) 阶段, 此时列车 i 到达车站 $n+1$ 且处于制动工况状态, 列车 $i+1$ 从车站 n 出发并处于牵引工况状态. 如果此时列车 i 和 $i+1$ 仍处于同一供电区间, 则列车 i 制动产生的再生能量即可被牵引列车 $i+1$ 吸收.

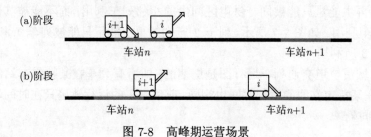

图 7-8　高峰期运营场景

非高峰期场景

在非高峰期, 由于发车间隔增大, 相邻列车之间的距离较大, 可定义多列车的调度规则如图 7-9 所示. 在 (a) 阶段, 列车 i 从车站 $n+1$ 出发并处于牵引工况状态, 与此同时, 其相邻的后车 $i+1$ 到达车站 n 并处于制动工况状态. 如果此时列车 i 和 $i+1$ 处于同一供电区间, 则列车 $i+1$ 制动产生的再生能量即可被牵引列车 i 吸收. 经一定运行时间后, 两列车到达图 7-9 中的 (b) 阶段, 此时列车 i 到达车站 $n+2$ 且处于制动工况状态, 列车 $i+1$ 从车站 n 出发并处于牵引工况状态. 如果此时列车 i 和 $i+1$ 仍处于同一供电区间, 则列车 i 制动产生的再生能量即可被牵引列车 $i+1$ 吸收.

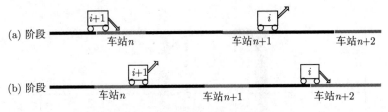

图 7-9 非高峰期运营场景

如上所述, 本节模型的目标为最大化同一供电区间内相邻列车牵引工况时间区间与制动工况时间区间的重叠时间. 为描述方便, 定义 $\boldsymbol{a} = \{a_n^i, 1 \leqslant i \leqslant I, 1 \leqslant n \leqslant N\}$, $\boldsymbol{d} = \{d_n^i, 1 \leqslant i \leqslant I, 1 \leqslant n \leqslant N-1\}$, 并用 $F(\boldsymbol{a}, \boldsymbol{d})$ 来表示重叠时间. 接下来, 将分别构建高峰期场景和非高峰期场景下的目标函数.

高峰期场景下

如图 7-10 所示, 同一供电区间内的相邻列车 i 和 $i+1$ 的运行状态及重叠时间的描述如下:

• 时间段 $[d_n^i, a_{n+1}^i]$ 表示列车 i 在车站 n 和车站 $n+1$ 之间整个运行过程, 可划分为三个阶段, 即牵引工况时间段 $[d_n^i, d_n^{i+}]$, 惰行工况时间段 $[d_n^{i+}, a_{n+1}^{i-}]$ 和制动工况时间段 $[a_{n+1}^{i-}, a_{n+1}^i]$.

• 时间段 $[d_{n-1}^{i+1}, a_n^{i+1}]$ 表示列车 $i+1$ 在车站 $n-1$ 和车站 n 之间的整个运行过程, 时间段 $[d_n^{i+1}, a_{n+1}^{i+1}]$ 表示列车 $i+1$ 在车站 n 和车站 $n+1$ 之间的整个运行过程.

• 时间段 $[a_n^{i+1}, d_n^{i+1}]$ 表示列车 $i+1$ 在车站 n 的停站时间.

• 点线隔开的区域 (a) 和区域 (b) 分别对应图 7-8 中的 (a) 阶段和 (b) 阶段. 在区域 (a) 内, 列车 i 从车站 n 出发并处于牵引工况状态, 与此同时, 其相邻的后车 $i+1$ 到达车站 n 并处于制动工况状态. 在区域 (b) 内, 列车 i 到达车站 $n+1$ 且处于制动工况状态, 列车 $i+1$ 从车站 n 出发并处于牵引工况状态.

• 实线矩形框表示牵引工况时间段, 虚线矩形框表示制动工况时间段, 灰色区域则表示重叠时间.

对所有的 $1 \leqslant i \leqslant I-1$ 以及 $1 \leqslant n \leqslant N-1$ 来说, 区域 (a) 内的重叠时间 $F_1(\boldsymbol{a}, \boldsymbol{d}, i, n)$ 可表述为

$$
\begin{cases}
0, & \text{如果 } d_n^{i+} < a_n^{(i+1)-} \\
\min\{t_a^n, d_n^{i+} - a_n^{(i+1)-}\}, & \text{如果 } a_n^{(i+1)-} \leqslant d_n^{i+} \leqslant a_n^{i+1} \\
\min\{t_b^{n-1}, a_n^{i+1} - d_n^i\}, & \text{如果 } d_n^i \leqslant a_n^{i+1} < d_n^{i+} \\
0, & \text{如果 } a_n^{i+1} < d_n^i
\end{cases}
\tag{7-20}
$$

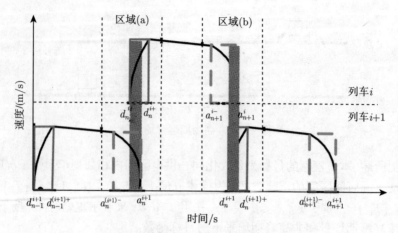

图 7-10　高峰期场景下的重叠时间

区域 (b) 内的重叠时间 $F_2(\boldsymbol{a}, \boldsymbol{d}, i, n)$ 可表述为

$$
\begin{cases}
0, & \text{如果 } d_n^{(i+1)+} < a_n^{i-} \\
\min\{t_a^n, d_n^{(i+1)+} - a_{n+1}^{i-}\}, & \text{如果 } a_n^{i-} \leqslant d_n^{(i+1)+} \leqslant a_{n+1}^i \\
\min\{t_b^{n-1}, a_{n+1}^i - d_n^{i+1}\}, & \text{如果 } d_{n+1}^i \leqslant a_{n+1}^i < d_n^{(i+1)+} \\
0, & \text{如果 } a_{n+1}^i < d_n^{i+1}
\end{cases}
\tag{7-21}
$$

因此, 高峰期所有列车在所有车站的重叠时间可以表述为

$$
F(\boldsymbol{a}, \boldsymbol{d}) = \sum_{i=1}^{I-1} \sum_{n=1}^{N-1} \left(F_1(\boldsymbol{a}, \boldsymbol{d}, i, n)\lambda(n-1, n) + F_2(\boldsymbol{a}, \boldsymbol{d}, i, n) \right)
\tag{7-22}
$$

式中的 (a) 阶段, 列车 i 在车站 $n-1$ 与车站 n 之间运行, 列车 $i+1$ 在车站 n 与车站 $n+1$ 之间运行. 在此引入二进制参数 $\lambda(n-1, n)$ 表示上述两个站间是否处于同一供电区间. 即, 若两个站间在同一个供电区间, 则 $\lambda(n-1, n) = 1$; 反之, $\lambda(n-1, n) = 0$.

非高峰期场景下

与高峰期场景下类似, 如图 7-11 所示, 可将同一供电区间内相邻列车 i 和 $i+1$ 的运行状态及重叠时间描述如下:

- 时间段 $[d_{n+1}^i, a_{n+2}^i]$ 表示列车 i 在车站 $n+1$ 和车站 $n+2$ 之间整个运行过程, 可划分为三个阶段, 即牵引工况时间段 $[d_{n+1}^i, d_{n+1}^{i+}]$, 惰行工况时间段 $[d_{n+1}^{i+}, a_{n+2}^{i-}]$, 以及制动工况时间段 $[a_{n+2}^{i-}, a_{n+2}^i]$.

- 时间段 $[d_{n-1}^{i+1}, a_n^{i+1}]$ 表示列车 $i+1$ 在车站 $n-1$ 和车站 n 之间的整个运行过程, 时间段 $[d_n^{i+1}, a_{n+1}^{i+1}]$ 表示列车 $i+1$ 在车站 n 和车站 $n+1$ 之间的整个运行过程.

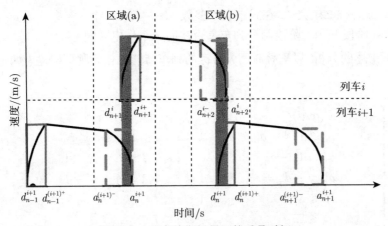

图 7-11 非高峰期场景下的重叠时间

- 时间段 $[a_n^{i+1}, d_n^{i+1}]$ 表示列车 $i+1$ 在车站 n 的停站时间.
- 点线隔开的区域 (a) 和区域 (b) 分别对应着图 7-9 中的 (a) 阶段和 (b) 阶段. 在区域 (a) 内, 列车 i 从车站 $n+1$ 出发并处于牵引工况状态, 与此同时, 其相邻的后车 $i+1$ 到达车站 n 并处于制动工况状态. 在区域 (b) 内, 列车 i 到达车站 $n+2$ 且处于制动工况状态, 列车 $i+1$ 从车站 n 出发并处于牵引工况状态.
- 实线矩形框表示牵引工况时间段, 虚线矩形框表示制动工况时间段, 灰色区域则表示重叠时间.

对所有的 $1 \leqslant i \leqslant I-1$ 以及 $1 \leqslant n \leqslant N-1$ 来说, 区域 (a) 内的重叠时间 $F_1(\boldsymbol{a}, \boldsymbol{d}, i, n)$ 可表述为

$$
\begin{cases}
0, & \text{如果 } d_{n+1}^{i+} < a_n^{(i+1)-} \\
\min\{t_a^n, d_{n+1}^{i+} - a_n^{(i+1)-}\}, & \text{如果 } a_n^{(i+1)-} \leqslant d_{n+1}^{i+} \leqslant a_n^{i+1} \\
\min\{t_b^{n-1}, a_n^{i+1} - d_n^i\}, & \text{如果 } d_{n+1}^{i+1} \leqslant a_n^{i+1} < d_{n+1}^{i+} \\
0, & \text{如果 } a_n^{i+1} < d_{n+1}^i
\end{cases}
\tag{7-23}
$$

区域 (b) 内的重叠时间 $F_2(\boldsymbol{a}, \boldsymbol{d}, i, n)$ 可表述为

$$
\begin{cases}
0, & \text{如果 } d_n^{(i+1)+} < a_{n+2}^{i-} \\
\min\{t_a^n, d_n^{(i+1)+} - a_{n+2}^{i-}\}, & \text{如果 } a_{n+2}^{i-} \leqslant d_n^{(i+1)+} \leqslant a_{n+2}^i \\
\min\{t_b^{n-1}, a_{n+2}^i - d_n^{i+1}\}, & \text{如果 } d_n^{i+1} \leqslant a_{n+2}^i < d_n^{(i+1)+} \\
0, & \text{如果 } a_{n+2}^i < d_n^{i+1}
\end{cases}
\tag{7-24}
$$

因此, 非高峰期所有列车在所有车站的重叠时间可以表述为

$$
F(\boldsymbol{a}, \boldsymbol{d}) = \sum_{i=1}^{I-1} \sum_{n=1}^{N-1} \left(F_1(\boldsymbol{a}, \boldsymbol{d}, i, n) \lambda(n-1, n+1) + F_2(\boldsymbol{a}, \boldsymbol{d}, i, n) \lambda(n, n+1) \right)
\tag{7-25}
$$

同高峰期公式 (7-22) 类似, 在式中引入参数 $\lambda(n-1, n+1)$ 和参数 $\lambda(n, n+1)$ 分别表示在 (a) 阶段和 (b) 阶段两个列车是否在同一个供电区间.

根据上述的分析, 以重叠时间为目标的列车节能优化问题可构建为如下整数规划模型:

$$
\begin{cases}
\max & F(\boldsymbol{a}, \boldsymbol{d}) \\
\text{s.t.} & l_h \leqslant d_n^{i+1} - d_n^i \leqslant u_h, & 1 \leqslant i \leqslant I-1, 1 \leqslant n \leqslant N-1 \\
& l_n \leqslant d_n^i - a_n^i \leqslant u_n, & 1 \leqslant i \leqslant I, 1 \leqslant n \leqslant N-1 \\
& a_{n+1}^i - d_n^i = t_n, & 1 \leqslant i \leqslant I, 1 \leqslant n \leqslant N-1 \\
& l_T \leqslant a_N^i - a_1^i \leqslant u_T, & 1 \leqslant i \leqslant I \\
& a_n^i \in \mathbb{Z}, & 1 \leqslant i \leqslant I, 1 \leqslant n \leqslant N \\
& d_n^i \in \mathbb{Z}, & 1 \leqslant i \leqslant I, 1 \leqslant n \leqslant N-1
\end{cases}
\tag{7-26}
$$

该模型中, 第一行约束为列车安全间隔约束, 用以确保列车发车间隔在合理预设范围内, 从而保证列车安全运行; 第二行约束为列车停站时间约束, 其中停站时间的上下界是基于各车站的客流量确定的; 第三行约束为列车站间运行时间约束; 第四行约束为列车全程运行时间约束; 第五行和第六行确保各变量均为整数.

可以看出, 模型 (7-26) 存在较多约束. 为了简化模型, 下面将采用图论方法对模型 (7-26) 进行分析. 以高峰期的运营场景 (图 7-8) 为例, 列车运行过程可被描述为一个有向图, 如图 7-12 所示.

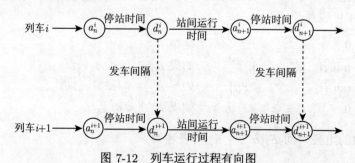

图 7-12　列车运行过程有向图

图中节点 a_n^i 和 d_n^i 之间的弧表示列车 i 在车站 n 的停站时间, 即 $x_n = d_n^i - a_{n+1}^i$; 节点 d_n^i 和 a_{n+1}^i 之间的弧表示列车 i 在车站 n 和车站 $n+1$ 的站间运行时间, 即 $t_n = a_{n+1}^i - d_n^i$; 节点 d_n^i 和 d_n^{i+1} 之间的弧表示列车的发车间隔. 为方便起见, 定义 $\boldsymbol{x} = (x_1, x_2, \cdots, x_{N-1})$, 高峰期场景下的目标函数可被更新为

$$
F(h, \boldsymbol{x}) = \sum_{i=1}^{I-1} \sum_{n=1}^{N-1} \left(F_1(h, \boldsymbol{x}, i, n) \lambda(n-1, n) + F_2(h, \boldsymbol{x}, i, n) \right)
\tag{7-27}
$$

式中 $F_1(h, \boldsymbol{x}, i, n)$ 和 $F_2(h, \boldsymbol{x}, i, n)$ 分别被定义为

$$
\begin{cases}
0, & \text{如果 } h - x_n > t_a^n + t_b^{n-1} \\
\min\{t_a^n, t_a^n + t_b^{n-1} - (h - x_n)\}, & \text{如果 } t_a^n \leqslant h - x_n \leqslant t_a^n + t_b^{n-1} \\
\min\{t_b^{n-1}, h - x_n\}, & \text{如果 } 0 \leqslant h - x_n < t_a^n \\
0, & \text{如果 } h - x_n < 0
\end{cases}
\tag{7-28}
$$

$$
\begin{cases}
0, & \text{如果 } t_n - h > t_a^n + t_b^{n-1} \\
\min\{t_a^n, t_a^n + t_b^{n-1} - (t_n - h)\}, & \text{如果 } t_a^n \leqslant t_n - h \leqslant t_a^n + t_b^{n-1} \\
\min\{t_b^{n-1}, t_n - h\}, & \text{如果 } 0 \leqslant t_n - h < t_a^n \\
0, & \text{如果 } t_n - h < 0
\end{cases}
\tag{7-29}
$$

同理, 非高峰期下的目标函数也可用此方法得到简化. 模型 (7-26) 可简化为

$$
\begin{cases}
\max & F(h, \boldsymbol{x}) \\
\text{s.t.} & l_h \leqslant h \leqslant u_h \\
& l_n \leqslant x_n \leqslant u_n, \ \forall\, n \in \{1, 2, 3, \cdots, N-1\} \\
& h, x_n \in \mathbb{Z}, \quad \forall\, n \in \{1, 2, 3, \cdots, N-1\} \\
& l_T \leqslant \displaystyle\sum_{n=1}^{N-1} (x_n + r_n) \leqslant u_T
\end{cases}
\tag{7-30}
$$

通过分析可知, 模型 (7-26) 中包含了 $2I(N-1)$ 个决策变量. 相比之下, 简化后的模型 (7-30) 仅包含了 N 个决策变量, 因而有效降低了原模型的复杂性, 利于求解该问题.

7.3.2 求解算法

遗传算法 (Genetic Algorithm, GA) 是一种模拟自然界中生物进化规律的随机搜索方法, 由 Holland (Holland, 1975) 首先提出, 之后得到不断扩展. 由于遗传算法具有高效、稳定、通用性强等优点, 常被用来求解整数规划问题, 及交通领域内的其他问题. 本节将设计一类有效的遗传算法求解 7.3.1 节所提出的整数规划模型.

遗传算法通常将随机产生的一组染色体作为初始种群, 种群中各染色体根据其在评估函数中的取值被分配生存概率. 在算法运行过程中, 将根据生存概率选择染色体, 再通过交叉、变异产生下一代种群. 重复上述过程直到得到满意的结果, 算法终止.

在此采用二进制编码方法表示模型中的解, 具体地, 将解 $(h, x_1, \cdots, x_{N-1})$ 用一个染色体 $\boldsymbol{C} = (c_1, c_2, \cdots, c_N)$ 来表示, 其中 c_i 表示二进制形式的第 i 个决策变量. 以可行解 $\boldsymbol{X} = (90, 30, \cdots, 30)$ 为例, 对应的染色体如图 7-13 所示.

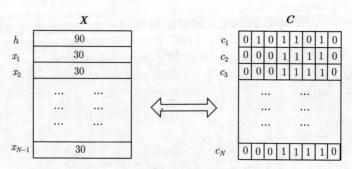

图 7-13　可行解 X 被表示为染色体 C

(1) 初始化过程

随机产生 pop_size 个可行染色体, 其中可行染色体的判断依据为其对应的解是否满足模型 (7-30) 中所有约束条件. 初始化算法的步骤如下:

步骤 1　令 $i = 1$.

步骤 2　依据图 7-13 中的表示结构, 随机产生一组规模为 N 的二进制向量 $(c_1, c_2, \cdots, c_N)$, 若满足模型 (7-30) 中所有约束条件, 则 $C_i = (c_1, c_2, \cdots, c_N)$ 即为一个可行的染色体; 若不满足, 则重新生成新的染色体.

步骤 3　如果 $i = pop\_size$, 终止; 否则, 令 $i = i + 1$ 并返回步骤 2.

(2) 评估函数

评估函数是用来计算每个染色体被选中并繁衍下一代的可能性, 我们使用模型 (7-30) 中的目标函数来作为评估函数, 即

$$Eval(C) = F(h, \boldsymbol{x}) \tag{7-31}$$

值得注意的是 $Eval(C)$ 的最大值对应最优染色体.

(3) 选择操作

使用轮盘赌方法选择染色体. 首先, 将种群中的 pop_size 个染色体按照所对应的评估值排序, 令 $p_0 = 0$ 以及:

$$p_i = \sum_{j=1}^{i} Eval(\boldsymbol{C}_j) \Big/ \sum_{k=1}^{pop\_size} Eval(\boldsymbol{C}_k), \quad i = 1, 2, \cdots, pop\_size \tag{7-32}$$

则选择算法的步骤表述如下:

步骤 1　令 $j = 1$.

步骤 2　产生一个随机数 $r \in (0, p_{pop\_size})$.

步骤 3　若 $r \in (p_{i-1}, p_i]$, 则选择染色体 C_i.

步骤 4　若 $j \geqslant pop\_size$, 选择终止; 否则令 $j = j + 1$ 并返回步骤 2.

(4) 交叉操作

令交叉概率为 P_c, 随机选出两个父代染色体 C_i 和 C_j, 并随机产生一个实数 $r \in [0, 1]$. 如果 $r < P_c$, 则 C_i 和 C_j 通过交叉产生两个子代染色体 X 和 Y. 例如, 如果染色体 C_i 中的第 k 个基因 c_{ik} 和染色体 C_j 中的第 k 个基因 c_{jk} 分别表示为二进制变量 $c_{ik} = (a, b, c, d, e, f, g, h)$ 和 $c_{jk} = (a', b', c', d', e', f', g', h')$, 则交叉之后生成的子代染色体相应的基因为 $x_k = (a', b', c', d', e, f, g, h)$ 和 $y_k = (a, b, c, d, e', f', g', h')$. 交叉过程如图 7-14 所示. 若新产生的子代染色体 X 和 Y 可行, 则令其取代父代; 否则保留父代.

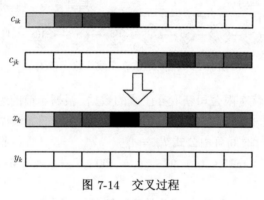

图 7-14　交叉过程

(5) 变异操作

变异概率标记为 P_m, 随机选出一个父代染色体 C_i, 并产生一个随机数 $s \in [0, 1]$. 如果 $s < P_m$, 则随机选择一个基因并随机选择这个基因上的一个字节. 若此字节是 1, 则将其改为 0; 若为 0, 则将其改为 1, 从而产生了新的染色体. 若新产生的染色体可行, 则用其取代父代; 否则, 保留父代.

(6) 算法流程

通过以上描述, 将遗传算法流程归纳如下:

步骤 1　初始化种群规模 pop_size, 给出最大迭代次数 $max\_generation$, 标记 $i = 1$;

步骤 2　产生 pop_size 个染色体作为初始种群;

步骤 3　计算所有染色体的适应度函数值;

步骤 4　通过选择、交叉、变异产生下一代;

步骤 5　如果 $i = max\_generation$, 算法终止, 并输出最优解; 否则, 令 $i = i+1$, 返回步骤 3.

7.3.3　数值算例

本节将基于北京地铁亦庄线的实测数据进行数值算例分析, 用以验证上述所提模型和算法的可行性与有效性. 如图 7-15 所示, 北京地铁亦庄线包括 14 个车站、13 个站间及 6 个供电区间. 通常情况下, 一个供电区间的范围为 2~4 km, 正好覆盖 2~3 个站间的距离. 在数值算例中, 运行程序的电脑配置为: CPU 计算速率 2.4 GHz、内存 2 GB.

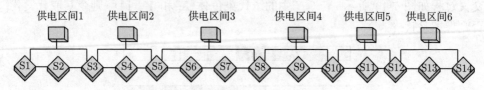

图 7-15　北京地铁亦庄线线路示意图

从北京地铁运营有限公司获取亦庄线的数据, 根据当前的运行图, 既有列车的全程运行时间为 2087 s, 其在各站的到达时刻和停站时间如表 7-2 所示. 列车在第 n 个站间的当前运行时间可由公式 $t_n = a_{n+1}^i - a_n^i - x_n$ 计算得到. 其他参数的赋值如下: $t_a^n = 25$ s, $t_b^{n-1} = 35$ s, $l_h = 90$ s, $u_h = 360$ s, $l_n = (x_n - 5)$ s, $u_n = (x_n + 5)$ s.

表 7-2　北京地铁亦庄线现行运行图

车站	宋家庄	肖村	小红门	旧宫	亦庄桥	文化园	万源街
到达时刻/s	0	220	358	545	710	835	979
停站时间/s	30	30	30	30	35	30	30
车站	荣京东街	荣昌东街	同济南路	经海路	次渠南	次渠	亦庄火车站
到达时刻/s	1112	1246	1440	1620	1790	1927	2087
停站时间/s	30	30	30	30	35	45	—

本节的数值算例主要包括如下内容: 算例 1, 计算高峰期场景下的节能运行图, 并与当前高峰期的运行图做对比; 算例 2, 计算非高峰期场景下的节能运行图, 并与当前非高峰期的运行图做对比; 算例 3, 对模型中的牵引工况时间段和制动工况时间段两个参数做敏感性分析; 算例 4, 验证遗传算法的可行性、收敛性及其计算大规模算例的能力.

(1) 与当前高峰期运行图的对比

本算例中, 将采用遗传算法搜索高峰期场景下的最优列车运行图. 算法中的相关参数设置如下: $l_T = u_T = 2087$ s, $pop\_size = 1000$, $P_c = 0.8$, $P_m = 0.5$, $max\_generation = 30$. 算法运行 1.38 s 后, 即可得到优化的发车间隔 ($h = 90$ s) 以

及优化的运行图, 如表 7-3 所示. 其中, 最优解对应的总重叠时间为 166 s. 需要说明的是, 对于亦庄线当前的运行图而言, 当发车间隔也为 90 s 时, 其对应的总重叠时间为 136 s. 因此, 本节提出的优化方法可使总重叠时间增加 $(166-136)/136 \times 100\% = 22.06\%$.

表 7-3 北京地铁亦庄线优化后的运行图

车站	宋家庄	肖村	小红门	旧宫	亦庄桥	文化园	万源街
到达时刻/s	0	215	358	540	710	835	974
停站时间/s	25	35	25	35	35	25	35
车站	荣京东街	荣昌东街	同济南路	经海路	次渠南	次渠	亦庄火车站
到达时刻/s	1112	1241	1440	1615	1790	1922	2087
停站时间/s	25	35	25	35	30	50	—

此外, 为进一步增大牵引–制动重叠时间, 将列车全程运行时间约束进行松弛, 即令 $l_T = (T-10)$ s, $u_T = (T+10)$ s, 而其他的参数取值保持不变. 运行上述算法, 即可搜索到最优发车间隔 ($h = 90$ s) 以及最优运行图, 如表 7-4 所示, 其中对应的总重叠时间为 171 s. 因此, 本节所提出的优化方法可使总重叠时间增加 $(171-136)/136 = 25.74\%$.

表 7-4 列车全程运行时间松弛后北京地铁亦庄线的优化运行图

车站	宋家庄	肖村	小红门	旧宫	亦庄桥	文化园	万源街
到达时刻/s	0	215	348	530	700	820	969
停站时间/s	25	25	25	35	30	35	35
车站	荣京东街	荣昌东街	同济南路	经海路	次渠南	次渠	亦庄火车站
到达时刻/s	1107	1236	1435	1610	1785	1917	2082
停站时间/s	25	35	25	35	30	50	—

(2) 与当前非高峰期运行图的对比

本算例中, 将计算非高峰期场景下的优化运行图. 其中, 算法的参数设置为: $l_T = u_T = 2087$ s, $pop\_size = 1000$, $P_c = 0.8$, $P_m = 0.5$, $max\_generation = 30$. 运行上述遗传算法, 即得到优化后的发车间隔为 $h = 213$ s, 且优化后的运行图如表 7-5 所示, 其中最优总重叠时间为 91 s. 对于亦庄线当前的运行图而言, 当发车间隔也设定为 213 s 时, 总重叠时间为 79 s. 由此可见, 本节提出的优化方法可使总重叠时间增加 $(91-79)/79 = 15.19\%$.

表 7-5　北京地铁亦庄线的优化运行图

车站	宋家庄	肖村	小红门	旧宫	亦庄桥	文化园	万源街
到达时刻/s	0	217	352	535	699	820	967
停站时间/s	27	27	26	29	31	33	33
车站	荣京东街	荣昌东街	同济南路	经海路	次渠南	次渠	亦庄火车站
到达时刻/s	1103	1239	1436	1618	1788	1928	2087
停站时间/s	32	33	32	30	38	44	—

(3) 相关参数的敏感性分析

在本算例中, 将对牵引工况时间段 t_a^n 和制动工况时间段 t_b^{n-1} 两个参数做敏感性分析. 首先, 分别令 t_b^{n-1} 取值 25 s, 30 s, 35 s 以及 40 s, 并同时令 t_a^n 从 20 s 变化到 30 s, 计算结果如图 7-16 所示, 其中横坐标为 t_a^n 的不同取值, 纵坐标为求解得到的最优重叠时间. 之后, 分别令 t_a^n 取值为 20 s, 25 s, 30 s 以及 35 s, 并同时令 t_b^{n-1} 从 30 s 变化到 40 s, 计算结果如图 7-17 所示, 其中横坐标为 t_b^{n-1} 的不同取值, 纵坐标为求解得到的最优重叠时间. 通过图 7-16 和图 7-17 可以看出, 随着牵引工

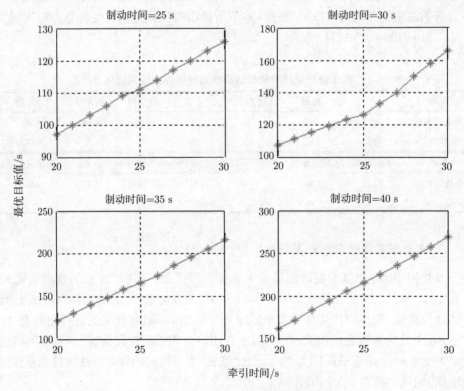

图 7-16　参数 t_a^n 的敏感性分析

况时间段 t_a^n 和制动工况时间段 t_b^{n-1} 两个参数的变化, 求解模型得到的最优值均可平滑变化, 说明了本节所提模型对牵引工况时间段和制动工况时间段的取值是不敏感的.

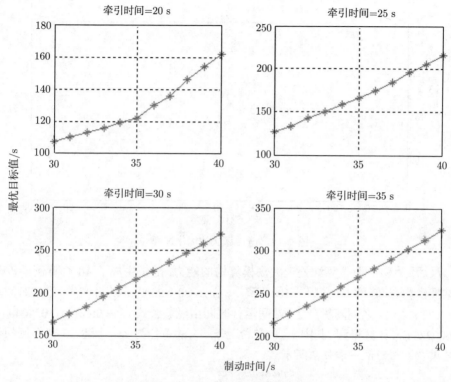

图 7-17 参数 t_b^{n-1} 的敏感性分析

(4) 求解算法的性质验证

首先, 为验证遗传算法的有效性, 将相关参数设置为: $l_T = u_T = 2087$ s, $pop\_size = 1000$, $P_c = 0.8$, $P_m = 0.5$, $max\_generation = 30$. 经多次运行遗传算法, 计算结果如表 7-6 所示. 与用 MATLAB 7.11 计算得到的最优目标 (即 166 s) 相比, 平均计算误差仅为 0.54%, 说明了本节所设计的遗传算法是有效的.

表 7-6 遗传算法计算的最优目标值

计算次序	1	2	3	4	5	6	7	8	9	10
重叠时间/s	165	166	165	166	166	161	166	166	166	164

此外, 为验证遗传算法的收敛性, 令最大迭代次数 $max\_generation = 100$. 在每一次迭代过程中, 记录了当前迭代过程中搜索到的最优目标, 如图 7-18 所示. 从

目标函数值的变化趋势可以看出, 该算法在第 30 代左右开始收敛, 且在后续搜索中最优目标值保持稳定.

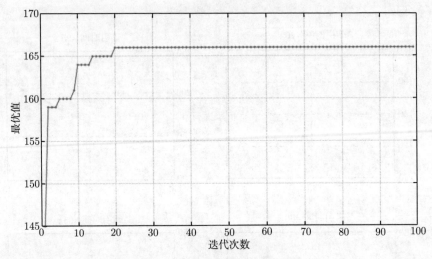

图 7-18　遗传算法的优化过程

最后, 为验证遗传算法处理大规模算例的能力, 随机生成了 10 个算例. 其中, 车站规模均在 30 到 50 之间, 站间距离 s_n 在 1000 ~ 2000 m 随机产生, 停站时间在 $\{30\ s, 35\ s, 45\ s\}$ 之间随机产生, 站间运行时间由经验公式 $t_n = 99.37 - 0.02664 s_n + 0.00002254 s_n^2$ 计算得到, 其中 t_n 的单位为 s, s_n 的单位为 m. 上述 10 个算例的计算结果及计算时间如表 7-7 所示.

表 7-7　大规模算例计算结果

计算次序	1	2	3	4	5	6	7	8	9	10
车站数	45	35	40	43	47	49	40	32	32	35
计算时间/s	6.36	7.21	6.85	6.83	6.57	6.59	7.10	7.93	8.47	7.94
最优值/s	1045	834	915	997	1109	1123	872	694	703	737
GA 计算结果/s	1040	829	915	997	1105	1118	872	694	703	732
相对误差	0.48%	0.60%	0	0	0.36%	0.45%	0	0	0	0.68%

从表中结果可知, 针对上述大规模算例, 本章设计的遗传算法在可接受的计算时间 (最长计算时间 8.47 s) 内也能得到较好的结果 (平均误差仅为 0.26%).

7.4　供电区间内列车协同运行节能优化

为使研究结果贴近城市轨道交通系统的实际运营, 下面将在上一节的基础上, 提出基于同一供电区间内所有列车协同运行的节能优化方法. 相比上一节, 本节将仅考虑相邻列车间再生能量的匹配, 扩展为考虑同一供电区间内所有列车之间再生能量的匹配, 保证列车全程运行时间及线路上列车总数量在优化前后保持不变. 该方法的优势在于: 有效避免了列车全程运行时间的改变对乘客满意度的影响, 也可避免列车总数量的增加对城市轨道交通运营商带来的额外成本, 同时该方法更易于应用到城市轨道交通系统的实际运营.

7.4.1 供电区间内列车协同优化模型

本节将城市轨道交通线路处理为一个有向图 $G = (N, E)$, 其中 N 表示车站的集合, E 表示相邻车站之间轨道的集合, $(n, n+1) \in E$ 表示车站 n 与车站 $n+1$ 之间的区间. 如图 7-19 所示, 如果 AB 段与 CD 段分别表示车站 n 与车站 $n+1$, 则 BC 段表示站间 $(n, n+1)$.

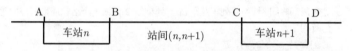

图 7-19 城市轨道交通车站和站间示意图

如图 7-20 所示, 根据城市轨道交通行车特点, 列车通常要求从车站 1 出发并沿下行方向到达终点站 N. 之后于折返线进行折返操作后, 再从车站 $N+1$ 沿上行方向返回车站 $2N$. 此后, 列车在车站 $2N$ 再次折返至车站 1, 准备进入下一个运行周期 (即列车在下行方向和上行方向总的运行时间形成了一个列车运行周期).

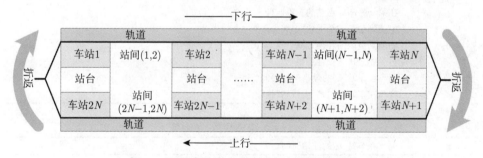

图 7-20 城市轨道交通列车运行周期示意图

为便于建立数学模型, 下面将列出相关参数、变量以及它们的物理含义. 同时要说明的是, 为满足工程要求和简化计算过程, 本节假定所有参数与变量均为整数.

根据城市轨道交通系统的运营特点, 下面将基于以下假设构建模型.

(I) 实际运营中, 为管理方便见, 地铁运营公司通常在一条线路中使用同一类型的列车. 因此, 列车长度与车站长度对列车运行能耗的影响很小, 列车与车站均被视为质点.

索引和参数

I	服务列车数
i	列车索引, $i = 1, 2, \cdots, I$
N	同一方向的车站数
n	车站索引, $n = 1, 2, \cdots, 2N$
N_s	供电区间数
s	供电区间索引, $s = 1, 2, \cdots, N_s$
p_s^b	供电区间 s 的开始位置
p_s^e	供电区间 s 的终止位置
m	列车质量
h	时间间隔
G	梯度
g	重力加速度
T	日常运营时间, 例如从第一列车投入运营到最后一列车返回车辆段之间的时间周期
C	循环周期时间, 例如某列车从车站 1 到车站 $2N$ 或一个运行周期所需的时间
N_C	运行周期数
t	时刻索引, $t = 1, 2, \cdots, T$
c	周期索引, $c = 1, 2, \cdots, N_c$
$s_{(n,n+1)}$	站间 $(n, n+1)$ 的长度
$t_{(n,n+1)}$	在站间 $(n, n+1)$ 的运行时间
$v_{(n,n+1)}(t)$	列车在站间 $(n, n+1)$ 的速度曲线, $t \in (0, t_{(n,n+1)})$
$t_{(n,n+1)}^a$	在站间 $(n, n+1)$ 的加速时间
$t_{(n,n+1)}^c$	在站间 $(n, n+1)$ 的惰行时间
$t_{(n,n+1)}^b$	在站间 $(n, n+1)$ 的制动时间
t_t	在第一站和终点站的折返时间
η_1	电能到动能的牵引效率
η_2	动能到电能的转换效率
β	再生能量传输损耗系数
l_n	列车在车站 n 的最小停站时间
u_n	列车在车站 n 的最大停站时间

决策变量

x_n	列车在车站 n 的停站时间

中间变量

$v_{ic(n,n+1)}(t)$	第 c 个周期中, 列车 i 于 t 时刻在站间 $(n, n+1)$ 的速度
$p_{ic(n,n+1)}(t)$	第 c 个周期中, 列车 i 于 t 时刻在站间 $(n, n+1)$ 的位置
$\lambda(i, t, s)$	若列车 i 在时刻 t 时位于供电区间, 其值为 1; 否则, 为 0
$t_{ic(n,n+1)}^1$	列车 i 在第 c 个周期中离开车站 n 的时刻
$t_{ic(n,n+1)}^2$	第 c 个周期中, 列车 i 在站间 $(n, n+1)$ 从牵引到惰行的转换时刻
$t_{ic(n,n+1)}^3$	第 c 个周期中, 列车 i 在站间 $(n, n+1)$ 从惰行到制动的转换时刻
$t_{ic(n,n+1)}^4$	列车 i 在第 c 个周期中到达站 $n+1$ 的时刻

(II) 城市轨道交通运行图为周期性的. 周期性体现在以下两个方面: 在不同周期中, 同一列车在某指定车站的停站时间和某指定站间的驾驶策略均相同; 其次, 不同的列车在固定的发车间隔时间下相互跟随, 且在某指定车站的停站时间相同, 在某指定站间的驾驶策略相同.

(III) 根据实际系统中的速度曲线 (如图 7-21 所示, 由北京地铁亦庄线提供的次渠南站到经海路站的速度序列为例), 如图 7-22 所示, 列车在各站间的运行过程一般可分为三个工况: 牵引、惰行与制动, 并且在站间的运行策略已知.

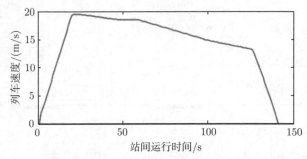

图 7-21　列车在次渠南站与经海路站之间的实际运行速度曲线

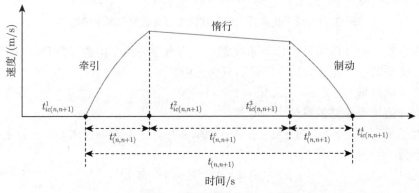

图 7-22　列车在站间的运行过程

(IV) 再生能量反馈到接触网 (或第三轨) 上后, 可直接用于牵引列车. 如果反馈的再生能量不能被及时利用, 将由接触网 (或第三轨) 中的发热电阻所消耗.

(V) 电能到动能的牵引效率, 动能到电能的转换效率与再生能量的传输损耗系数均视为常数. 从实际工程经验中获得牵引效率、转换效率和传输损耗系数的相应取值.

为分析列车运行图对再生能量利用率的影响, 在此将讨论列车具体的调度规则. 通过协调同一供电区间内不同列车的进出站时刻, 使得制动列车产生的再生能量可最大限度地被牵引列车利用. 如图 7-23 所示, 两个连续变电站之间的区域表示一个供电区间, 实线箭头表示从变电站流出的电流, 虚线箭头表示再生能量流动方向. 制动列车 $i-1$ 与 j 产生再生能量并反馈到接触网 (或第三轨) 上, 从而被牵引列车 i 与 $j+1$ 吸收. 因此, 可以通过调整列车 i 在车站 $n-1$ 的离开时刻、列车 $i-1$ 到达车站 $n+1$ 的时刻、列车 $j+1$ 离开车站 $2N-n$ 的时刻、列车 j 到达站 $2N-n+2$ 的时刻, 来增大牵引列车 i 和 $j+1$ 与制动列车 $i-1$ 和 j 之间的重叠时间, 从而提高再生能量的直接利用量.

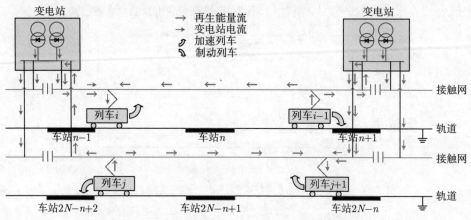

图 7-23　基于提高再生能量直接利用量的列车调度规则

　　本节模型的目标为最小化整条线路上的所有服务列车的总净能耗 (即所有列车牵引所需的总能耗减去再生能量的直接利用量).

　　为简化起见, 定义 $x = \{x_n | n = 2, 3, \cdots, N-1, N+2, \cdots, 2N-1\}$. 令第一辆列车离开第 1 个车站的时刻为零时刻.

　　对于所有 $1 \leqslant i \leqslant I$ 与 $1 \leqslant c \leqslant N_c$, 列车 i 在第 c 个周期中离开第一站的时刻可表示为:

$$t^1_{ic(1,2)}(x) = (c-1)C + (i-1)h \tag{7-33}$$

对于所有 $2 \leqslant n \leqslant N-1$, 列车 i 在第 c 个周期中离开车站 n 的时刻可表示为

$$t^1_{ic(n,n+1)}(x) = (c-1)C + (i-1)h + \sum_{k=1}^{n-1} t_{(k,k+1)} + \sum_{k=2}^{n} x_k \tag{7-34}$$

在运行过程中, 列车 i 到达终点站 N 之后, 需要一定的时间进行折返 (图 7-24(a)). 折返过程如图 7-24 所示, 具体描述如下:

- 阶段 (b), 列车 i 缓慢驶入折返线;
- 阶段 (c), 列车 i 停在折返线并改变运行方向;
- 阶段 (d), 列车 i 缓慢驶入车站 $N+1$ 完成折返.

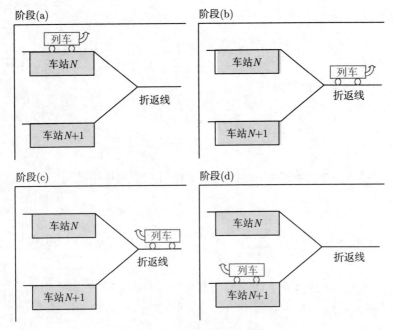

图 7-24　列车折返示意图

整个折返过程由列车自动驾驶系统完成, 折返时间通常设为常数 t_t, 则列车 i 在第 c 个周期中离开车站 $N+1$ 的时刻可表示为

$$t_{ic(N+1,N+2)}^1(x) = (c-1)C + (i-1)h + \sum_{k=1}^{N-1} t_{(k,k+1)} + \sum_{k=2}^{N-1} x_k + t_t \qquad (7\text{-}35)$$

对于所有 $N+2 \leqslant n \leqslant 2N-1$, 列车 i 在第 c 个周期中离开车站 n 的时刻可表示为

$$t_{ic(n,n+1)}^1(x) = (c-1)C + (i-1)h + \sum_{k=1}^{N-1} t_{(k,k+1)} + \sum_{k=2}^{N-1} x_k + t_t + \sum_{k=N+1}^{n-1} t_{(k,k+1)} + \sum_{k=N+2}^{n} x_k$$
$$(7\text{-}36)$$

对于所有 $1 \leqslant i \leqslant I$, $1 \leqslant c \leqslant N_c$, $1 \leqslant n \leqslant N-1$ 与 $N+1 \leqslant n \leqslant 2N-1$, 牵引工况状态到惰行工况状态的转换点时刻、惰行工况状态到制动工况状态转换点的时刻与列车到达车站 $n+1$ 的时刻分别用公式 (7-37) 表示:

$$\begin{cases} t_{ic(n,n+1)}^2(x) = t_{ic(n,n+1)}^1(x) + t_{(n,n+1)}^a \\ t_{ic(n,n+1)}^3(x) = t_{ic(n,n+1)}^2(x) + t_{(n,n+1)}^c \\ t_{ic(n,n+1)}^4(x) = t_{ic(n,n+1)}^3(x) + t_{(n,n+1)}^b \end{cases} \qquad (7\text{-}37)$$

对于所有 $1 \leqslant i \leqslant I$, $1 \leqslant c \leqslant N_c$, $1 \leqslant n \leqslant N-1$ 与 $N+1 \leqslant n \leqslant 2N-1$, **根据**实际运行中站间 $(n,n+1)$ 的速度曲线, 列车 i 在第 c 个周期中站间 $(n, n+1)$, t 时

刻的速度为

$$v_{ic(n,n+1)}(x,t) = v_{(n,n+1)}(t - t^1_{ic(n,n+1)}) \tag{7-38}$$

对于所有 $1 \leqslant i \leqslant I, 1 \leqslant c \leqslant N_c$ 与 $1 \leqslant n \leqslant N-1$, 列车 i 在第 c 个周期中站间 $(n, n+1)$, t 时刻的位置为

$$p_{ic(n,n+1)}(x,t) = \sum_{o=t^1_{ic(1,2)}}^{t} v_{ic(n,n+1)}(x,o) \tag{7-39}$$

对于所有 $N+2 \leqslant n \leqslant 2N-1$, 列车 i 在第 c 个周期中站间 $(n, n+1)$, t 时刻的位置为

$$p_{ic(n,n+1)}(x,t) = \sum_{n=1}^{N-1} s_{(n,n+1)} - \sum_{o=t^1_{ic(N+1,N+2)}}^{t} v_{ic(n,n+1)}(x,o) \tag{7-40}$$

对于所有 $t^1_{ic(n,n+1)} \leqslant t \leqslant t^2_{ic(n,n+1)}$(其中 $1 \leqslant i \leqslant I, 1 \leqslant c \leqslant N_c, 1 \leqslant n \leqslant N-1$ 与 $N+1 \leqslant n \leqslant 2N-1$), 加速列车 i 在时间单元 $[t, t+1]$ 所需能量为

$$
\begin{aligned}
f_{ic(n,n+1)}(x,t) = & \left[\left(v^2_{ic(n,n+1)}(x,t+1) - v^2_{ic(n,n+1)}(x,t) \right)/2 \right. \\
& \left. + gG(p_{ic(n,n+1)}(x,t))v_{ic(n,n+1)}(x,t) \right] m/\eta_1
\end{aligned}
\tag{7-41}
$$

注意到, 任意时间单元内牵引一辆列车所需的能量虽是变量, 但站间的列车驾驶策略是固定的, 因而一辆列车在某站间完成牵引所需的总能量是固定的. 即列车 i 在第 c 个周期中在站间 $(n, n+1)$ 完成牵引所需要的能量为

$$
\begin{aligned}
e_{ic(n,n+1)} = & \sum_{t=1}^{t^a_{(n,n+1)}} \left[\left(v^2_{(n,n+1)}(t+1) - v^2_{(n,n+1)}(t) \right) \big/ 2 \right. \\
& \left. + gG(p_{(n,n+1)}(t))v_{(n,n+1)}(t) \right] m/\eta_1
\end{aligned}
\tag{7-42}
$$

基于上述分析, 整个运营时间内列车所需总电能可表示如下:

$$E_f = \sum_{i=1}^{I} \sum_{c=1}^{N_c} \left(\sum_{n=1}^{N-1} e_{ic(n,n+1)} + \sum_{n=N+1}^{2N-1} e_{ic(n,n+1)} \right) \tag{7-43}$$

此外, 对于所有 $t^3_{ic(n,n+1)} \leqslant t \leqslant t^4_{ic(n,n+1)}$($1 \leqslant i \leqslant I, 1 \leqslant c \leqslant N_c, 1 \leqslant n \leqslant N-1$ 与 $N+1 \leqslant n \leqslant 2N-1$), 制动列车 i 在时间单元 $[t, t+1]$ 产生的再生能量为

$$
\begin{aligned}
w_{ic(n,n+1)}(x,t) = & [(v^2_{ic(n,n+1)}(x,t) - v^2_{ic(n,n+1)}(x,t+1))/2 \\
& + gG(p_{ic(n,n+1)}(x,t))v_{ic(n,n+1)}(x,t)] m\eta_2(1-\beta)
\end{aligned}
\tag{7-44}
$$

若此时同一供电区间内有列车处于牵引工况, 上述再生能量将被吸收利用; 否则, 将由安装在接触网 (或第三轨) 上的发热电阻消耗掉. 因此, 在轨道交通线路上, 贯穿整个运营时间的再生能量总直接利用量可表示如下:

$$E_r(x) = \sum_{t=1}^{T} \sum_{s=1}^{N_s} \min \left\{ \sum_{i=1}^{I} w_{ic(n,n+1)}(x,t)\lambda(i,t,s), \sum_{i=1}^{I} f_{ic(n,n+1)}(x,t)\lambda(i,t,s) \right\}$$
$$(7\text{-}45)$$

其中, $\lambda(i,t,s)$ 表示列车 i 在 t 时刻是否位于供电区间 s, 具体如下:

$$\lambda(i,t,s) = \begin{cases} 1, & \text{如果 } p_s^b \leqslant p_{ic(n,n+1)}(x,t) < p_s^e \\ 0, & \text{其他} \end{cases} \qquad (7\text{-}46)$$

综上所述, 所有列车总净能耗可表示为所有列车牵引总能耗 E_f 减去再生能量总直接利用量 E_r, 即

$$E(x) = E_f - E_r(x) \qquad (7\text{-}47)$$

事实上, 根据实际的列车运行速度曲线, 可精确计算出制动列车动能的变化, 将其乘以转换效率即可求得再生能量. 因此, 本节考虑的节能优化问题可构建为以下的整数规划模型:

$$\begin{cases} \min & E(x_2, x_3, \cdots, x_{N-1}, x_{N+2}, x_{N+3}, \cdots, x_{2N-1}) \\ \text{s.t.} & C = \sum_{n=2}^{N-1} x_n + \sum_{n=N+2}^{2N-1} x_n + \sum_{n=1}^{N-1} t_{(n,n+1)} + \sum_{n=N+1}^{2N-1} t_{(n,n+1)} + 2t_t \\ & l_n \leqslant x_n \leqslant u_n, \ n = 2, 3, \cdots, N-1, N+2, \cdots, 2N-1 \\ & x_n \in \mathbb{Z}, \ n = 2, 3, \cdots, N-1, N+2, \cdots, 2N-1 \end{cases} \qquad (7\text{-}48)$$

第一个约束条件确保了列车运行周期时间是固定的, 从而可满足运行图的周期性; 第二个约束条件保证决策变量的停站时间始终在停站时间的上下界之间变化, 且停站时间上下界的取值取决于各站的客流量和实际系统中旅客在站内的上下车时间. 上述模型很大程度地简化了列车运行图优化的复杂性, 增强了在实际系统中的实用性.

7.4.2 求解算法

由于本节所建模型的目标函数既不是凸函数, 也不具有连续性 (即非线性且非光滑), 传统的优化算法可能无法找到最优解. 因此, 本节设计了遗传算法与分配算法相结合的方法来求解非线性整数规划问题. 注意到, 虽然遗传算法比较适合求解较为复杂的优化问题, 但模型 (7-48) 中的等式约束条件较难处理. 为提高遗传算法的计算效率, 将首先忽略等式约束, 从而快速找到原问题的近似解. 基于此, 再通过分配算法得到原问题的近似最优解.

(1) **遗传算法模块**

首先采用遗传算法求解以下没有等式约束的优化模型:

$$
\begin{cases}
\min & E(x_2, x_3, \cdots, x_{N-1}, x_{N+2}, x_{N+3}, \cdots, x_{2N-1}) \\
\text{s.t.} & l_n \leqslant x_n \leqslant u_n, \ n = 2, 3, \cdots, N-1, N+2, \cdots, 2N-1 \\
& x_n \in \mathbb{Z}, \ n = 2, 3, \cdots, N-1, N+2, \cdots, 2N-1
\end{cases}
\tag{7-49}
$$

图 7-25 为遗传算法的流程图. 以下将简要总结该算法的主要计算步骤:

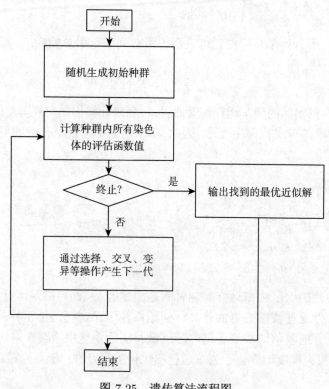

图 7-25　遗传算法流程图

步骤 1　初始化参数: 种群大小 pop_size、交叉概率 P_c、变异概率 P_m、最大迭代次数 $max\_generation$. 令迭代次数 $i = 1$.

步骤 2　随机生成 pop_size 个染色体作为初始种群.

步骤 3　计算所有染色体的评估函数值.

步骤 4　通过轮盘赌方法选择染色体.

步骤 5　通过交叉和变异产生下一代.

步骤 6 若 $i = max\_generation$, 停止并返回找到的最优近似解. 否则令 $i = i + 1$, 返回步骤 3.

(2) **分配算法模块**

注意到, 由遗传算法求得的近似解可能无法满足模型 (7-48) 的第一个等式约束. 为此, 首先定义

$$\Delta T = C - \left(\sum_{n=2}^{N-1} x_n + \sum_{n=N+2}^{2N-1} x_n + \sum_{n=1}^{N-1} t_{(n,n+1)} + \sum_{n=N+1}^{2N-1} t_{(n,n+1)} + 2t_t \right) \quad (7\text{-}50)$$

其中 ΔT 为代入近似解求出的循环周期时间与原始运行图 (优化前) 的循环周期时间 C 的之间的差值 (下文用 "相差时间" 表述此差值). 分配算法模块将设计启发式算法来分配此相差时间 ΔT, 从而生成满足所有约束条件的最优解. 为简单起见, 定义:

$$\begin{cases} \{y_k^g \mid k = 1, 2, \cdots, 2N-4\} = \{x_n \mid n = 2, 3, \cdots, N-1, N+2, \cdots, 2N-1\} \\ \{l_k^g \mid k = 1, 2, \cdots, 2N-4\} = \{l_n \mid n = 2, 3, \cdots, N-1, N+2, \cdots, 2N-1\} \\ \{u_k^g \mid k = 1, 2, \cdots, 2N-4\} = \{u_n \mid n = 2, 3, \cdots, N-1, N+2, \cdots, 2N-1\} \end{cases}$$
$$(7\text{-}51)$$

定义近似解为 $y^a = \{y_k^a | k = 1, 2, \cdots, 2N-4\}$, 最优解为 $x^a = \{y_k^g | k = 1, 2, \cdots, 2N-4\}$.

分配算法的流程如图 7-26 所示, 总结如下:

步骤 1 初始化一个足够大的正数 δ 与一个实数 $\varepsilon = 0$.

步骤 2 输入近似解 y^a, 并计算相差时间 ΔT.

步骤 3 令 $\Delta T = \Delta T - \varepsilon$.

步骤 4 若 $\Delta T = 0$, 停止并返回较好的解 $x = y^a$.

步骤 5 若 $\Delta T > 0$, 令 $\varepsilon = 1$; 否则 $\varepsilon = -1$.

步骤 6 令 $k = 1$, $i = 1$ 且 $f_i = \delta$.

步骤 7 令 $y_k^a = y_k^a + \varepsilon$.

步骤 8 若 $y_k^a \leqslant u_k^g$ 或 $y_k^a \geqslant l_k^g$, 计算 $f_k = E(y^a)$; 否则, 令 $f_k = \delta$ 与 $k = k + 1$ 且返回步骤 7.

步骤 9 若 $f_k < f_i$, 更新 $i = k$ 与 $f_i = f_k$; 否则, 保持 f_i.

步骤 10 令 $y_k^a = y_k^a - \varepsilon$ 与 $k = k + 1$.

步骤 11 若 $k > 2N - 4$, 令 $y_i^a = y_i^a + \varepsilon$ 且返回步骤 3; 否则, 返回步骤 7.

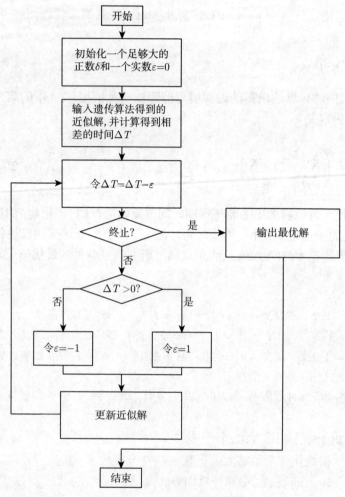

图 7-26　分配算法流程图

7.4.3　数值算例

本小节将通过两个数值算例来验证所提模型与算法的有效性. 基于北京地铁亦庄线的实际线路数据和运营数据构造算例. 北京地铁亦庄线的所有数据均由北京地铁运营有限公司提供, 其中各站间长度、运行时间、加速时间与制动时间如表 7-8 所示; 列车在各车站的停站时间、最小停站时间与最大停站时间如表 7-9 所示; 其余参数如表 7-10 所示. 对于坡度较大的线路, 能源消耗的计算过程中应考虑具体的实验环境特征. 由于城市轨道交通系统采用周期列车运行图, 为简化起见, 本节考虑的运营时间仅为列车完成两个周期的时间, 即 $T = 2C = 9144$ s. 该运营时间段近似等于亦庄线的早高峰时间 (早 7:00 到 9:30).

表 7-8　北京地铁亦庄线站间长度、站间运行时间、加速时间与制动时间

离开站—到达站	站间距离/m	站间运行时间/s	加速时间/s	制动时间/s
宋家庄—肖村	2631	190	17	16
肖村—小红门	1275	108	14	14
小红门—旧宫	2366	157	14	20
旧宫—亦庄桥	1982	135	18	18
亦庄桥—文化园	993	90	14	14
文化园—万源街	1538	114	16	17
万源街—荣京	1280	103	15	16
荣京—荣昌	1354	104	16	17
荣昌—同济南路	2338	164	17	17
同济南路—经海路	2265	150	18	18
经海路—次渠南	2086	140	21	16
次渠南—次渠	1286	102	15	16
次渠—亦火	1334	105	16	17
亦火—次渠	1334	110	14	15
次渠—次渠南	1286	100	16	17
次渠南—经海路	2086	141	20	15
经海路—同济南路	2265	150	18	20
同济南路—荣昌	2338	162	17	17
荣昌—荣京	1354	103	16	17
荣京—万源街	1280	101	15	16
万源街—亦庄桥	1538	111	17	18
亦庄桥—文化园	993	90	14	15
文化园—旧宫	1982	135	18	18
旧宫—小红门	2366	157	17	22
小红门—肖村	1275	105	15	15
肖村—宋家庄	2631	195	16	15

注: 亦火即亦庄火车站简称, 下同.

表 7-9　北京地铁亦庄线各车站的当前停站时间、最小停站时间与最大停站时间

车站	宋家庄	肖村	小红门	旧宫	亦庄桥	文化园	万源街
当前停站时间/s	—	30	30	30	35	30	30
最小停站时间/s	—	20	20	20	25	20	20
最大停站时间/s	—	40	40	40	45	40	40
车站	荣京东街	荣昌东街	同济南	经海路	次渠南	次渠	亦火
当前停站时间/s	30	30	30	30	35	45	—
最小停站时间/s	20	20	20	20	25	35	—
最大停站时间/s	40	40	40	40	45	55	—
车站	亦火	次渠	次渠南	经海路	同济南	荣昌东街	荣京东街
当前停站时间/s	—	45	35	30	30	30	30
最小停站时间/s	—	35	25	20	20	20	20
最大停站时间/s	—	55	45	40	40	40	40
车站	万源街	文化园	亦庄桥	旧宫	小红门	肖村	宋家庄
当前停站时间/s	30	30	35	30	30	30	—
最小停站时间/s	20	20	25	20	20	20	—
最大停站时间/s	40	40	45	40	40	40	—

表 7-10　　其他一些参数的取值和单位

参数	I	N	N_s	m	h	C	N_c	t_t	η_1	η_2	β
取值	18	14	5	311800	254	4572	2	240	0.7	0.8	0.05
单位	—	—	—	kg	s	s	—	s	—	—	—

在下述的算例中, 算例 1 将针对模型 (7-48) 进行求解, 并得到北京地铁亦庄线的最优运行图, 算例 2 将在再生能量利用及净能耗节能方面与上节的优化方法进行比较. 所有算法程序在处理器频率为 2.4 GHz、存储容量为 2 GB 的个人电脑上运行.

(1) 与优化前运行图的对比

在遗传算法中, 参数设置如下: $pop\_size = 200$, $max\_generation = 60$, $P_c = 0.6$ 和 $P_m = 0.15$. 在求解过程中, 首先运行遗传算法获得原问题的近似解. 之后, 基于上述近似解, 运用分配算法求解满足所有约束条件的最优解 (近似解与最优解见表 7-11). 结果显示, 近似解的总停站时间为 748 s, 比优化前运行图的总停站时间 770 s 少 22 s. 因此, 需采用分配算法将 22 s 分配至适当的车站 (即车站 2、车站 6 与车站 27), 即生成总停站时间为 770 s 的最优解.

表 7-11　　算法求解的近似解和最优解

车站 n	1	2	3	4	5	6	7	8	9	10	11	12	13	14
近似解/s	—	31	29	20	35	23	38	26	31	23	24	30	48	
最优解/s	—	40	29	20	35	26	38	26	31	23	24	30	48	

车站 n	15	16	17	18	19	20	21	22	23	24	25	26	27	28
近似解/s	—	49	40	29	21	30	22	36	36	39	23	35	30	
最优解/s	—	49	40	29	21	30	22	36	36	39	23	35	40	

上述最优解对应的列车运行图如表 7-12 所示. 为清晰起见, 图 7-27 给出了最优运行图与现行运行图的对比. 最优运行图中, 列车的运行总能耗为 13089 kW·h, 而现行运行图的运行总能耗为 14069 kW·h, 因而最优运行图节能效率为 (14069 − 13089)/14069 = 6.97%. 根据北京市地铁运营有限公司提供的统计数据, 北京地铁亦庄线全年消耗电能为 18675955 kW·h. 北京平均工业用电价格以 0.81 元计, 因此应用本节提出的优化方法每年可节省大约 $18675955 \times 6.97\% \times 0.81 = 1054388$ 元. 详细计算结果如表 7-13 所示. 此外, 现行运行图与最优运行图中针对总能耗的比较如图 7-28 所示.

表 7-12　北京地铁亦庄线最优运行图

车站	宋家庄	肖村	小红门	旧宫	亦庄桥	文化园	万源街
停站时间/s	—	40	29	20	35	26	38
发车时刻/s	0	230	367	544	714	830	982
车站	荣京东街	荣昌东街	同济南	经海路	次渠南	次渠	亦火
停站时间/s	26	31	23	24	30	48	—
发车时刻/s	1111	1246	1433	1607	1777	1927	—
车站	亦火	次渠	次渠南	经海路	同济南	荣昌东街	荣京东街
停站时间/s	—	49	40	29	21	30	22
发车时刻/s	2272	2431	2571	2741	2912	3104	3229
车站	万源街	文化园	亦庄桥	旧宫	小红门	肖村	宋家庄
停站时间/s	36	36	39	23	35	40	—
发车时刻/s	3366	3513	3642	3800	3992	4137	4572

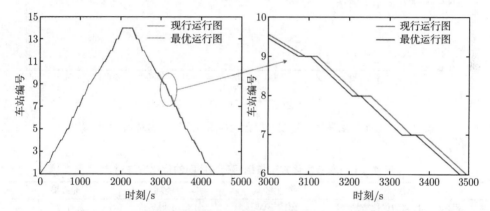

图 7-27　一个周期的最优运行图和现行运行图对比 (后附彩图)

表 7-13　最优运行图和现行运行图对应的能耗

	需要的能量	产生的再生能量	总能耗
现行运行图	15292 kW·h	1223 kW·h	14069 kW·h
最优运行图	15292 kW·h	2203 kW·h	13089 kW·h
	每日	每月	每年
节约的能量	3566 kW·h	106990 kW·h	1301714 kW·h
节约的成本	2888 元	86662 元	1054388 元

(2) 与相邻列车协同运行的优化结果对比

在上一节的研究中, 我们假定再生能量只能在同一供电区间相邻列车间进行传递, 而本节考虑了位于同一供电区间内的所有列车, 并提出了一种更加高效的节能优化方法以更好地利用再生能量. 本算例将比较这两种节能优化方法在提高再生能量的利用量与减少总能量消耗上的性能. 如表 7-14 所示, 相比于只考虑相邻列车协同运行的优化方法, 本节所提方法可使再生能量总利用量提高 $(2203 - 1618)/1618 = 36.16\%$, 且进一步使总能量消耗减少 $(13674 - 13089)/13674 = 4.28\%$.

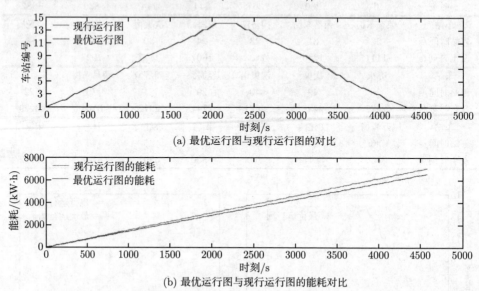

(a) 最优运行图与现行运行图的对比

(b) 最优运行图与现行运行图的能耗对比

图 7-28　一个周期最优运行图和现行运行图对应能耗的对比 (后附彩图)

表 7-14　本节优化方法与相邻列车协同的优化方法对比

方法	再生能量	总能耗	节能效果
相邻列车协同的优化方法	1618 kW·h	13674 kW·h	2.81%
本节优化方法	2203 kW·h	13089 kW·h	6.97%

7.5　小　　结

　　本章以速度曲线和列车运行图为研究对象, 提出了面向节能的城市轨道交通列车运行优化方法. 具体地, 提出了一种随机约束条件下的最短路模型优化列车站间运行速度曲线, 并设计了基于拉格朗日松弛和动态规划的搜索算法; 提出了一种最大化同一供电区间内相邻列车牵引、制动工况重叠时间的整数规划模型, 提高了再生能量的直接利用率, 降低了列车运行能耗; 在此基础上, 提出了基于同一供电区间内所有列车协同运行的节能优化模型与算法, 将仅考虑相邻列车间再生能量的匹配扩展到同一供电区间内的所有列车, 进一步提升了再生能量的利用效率; 最后, 基于北京地铁亦庄线真实数据的数值算例表明, 本章所提出的模型与算法可有效降低列车运行的净能耗.

参 考 文 献

丁勇, 刘海东, 栢赞, 等. 2011. 地铁列车节能运行的两阶段优化模型算法研究. 交通运输系统
　　工程与信息, 11(1): 96-101.

付印平, 高自友, 李克平. 2009. 路网中的列车节能操纵优化方法研究. 交通运输系统工程与
　　信息, 9(4): 90-96.

胡文斌, 王勇博, 吕建国, 等. 2013. 优化地铁时刻表减少列车制动电阻能耗. 城市轨道交通研
　　究, 16(11): 90-94.

李玉生, 侯忠生. 2007. 基于遗传算法的列车节能控制研究. 系统仿真学报, 19(2): 384-387.

马超云, 丁勇, 杜鹏, 等. 2011. 基于遗传算法的列车节能运行惰行控制研究. 铁路计算机应
　　用, 19(6): 4-8.

Ghoseiri K, Szidarovszky F, Asgharpour M J. 2004. A multi-objective train scheduling
　　model and solution. Transportation Research Part B: Methodological, 38(10): 927-
　　952.

Holland J H. 1975. Adaptation in Natural and Artificial Systems: An Introductory Analysis
　　with Applications to Biology, Control, and Artificial Intelligence. Michigan: University
　　of Michigan Press.

Howlett P G, Milroy I P, Pudney P J. 1994. Energy-efficient train control. Control Engi-
　　neering Practice, 2(2): 193-200.

Howlett P G, Pudney P J. 1995. Energy-Efficient Train Control. New York: Springer-
　　Verlag.

Ichikawa K. 1968. Application of optimization theory for bounded state variable problems
　　to the operation of train. Bulletin of JSME, 11(47): 857-865.

Ke B, Chen N. 2005. Signalling blocklayout and strategy of train operation for saving
　　energy in mass rapid transit systems. IEE Proceedings-Electric Power Applications,
　　152(2): 129-140.

Ke B, Lin C, Yang C. 2012. Optimisation of train energy-efficient operation for mass rapid
　　transit systems. IET Intelligent Transport Systems, 6(1): 58-66.

Lee D H, Milroy I P, Tyler K. 1982. Application of Pontryagin's maximum principle to the
　　semi-automatic control of rail vehicles. Second Conference on Control Engineering.

Li X, Lo H K. 2014. An energy-efficient scheduling and speed control approach for metro
　　rail operations. Transportation Research Part B: Methodological, 64: 73-89.

Lu S, Hillmansen S, Ho T K, et al. 2013. Single-train trajectory optimization. IEEE
　　Transactions on Intelligent Transportation Systems, 14(2): 743-750.

Milroy I P. 1980. Aspects of Automatic Train Control. Leicestershire: Loughborough
　　University.

Nasri A, Moghadam M F, Mokhtari H, et al. 2010. Timetable optimization for maximum
　　usage of regenerative energy of braking in electrical railway systems. Pisa: International

Symposium on Power Electronics Electrical Drives Automation and Motion: 1218-1221.

Peña-Alcaraz M, Fernández A, Cucala A P, et al. 2012. Optimal underground timetable design based on power flow for maximizing the use of regenerative-braking energy. Proceedings of the Institution of Mechanical Engineers, Part F: Journal of Rail and Rapid Transit, 226(4): 397-408.

Ramos A, Pena M T, Fernández A, et al. 2007. Mathematical programming approach to underground timetabling problem for maximizing time synchronization. International Conference on Industrial Engineering & Industrial Management: 1395-1405.

Wang L, Yang L, Gao Z, et al. 2017. Robust train speed trajectory optimization: A stochastic constrained shortest path approach. Frontiers of Engineering Management, 4(4): 408-417.

Wang L, Yang L, Gao Z. 2016. The constrained shortest path problem with stochastic correlated link travel times. European Journal of Operational Research, 255(1): 43-57.

Wong K K, Ho T K. 2004a. Coast control for mass rapid transit railways with searching methods. IEE Proceedings-Electric Power Applications, 151(3): 365-376.

Wong K K, Ho T K. 2004b. Dynamic coast control of train movement with genetic algorithm. International journal of systems science, 35(13/14): 835-846.

Yang X, Li X, Gao Z, et al. 2013. A cooperative scheduling model for timetable optimization in subway systems. IEEE Transactions on Intelligent Transportation Systems, 14(1): 438-447.

Yang X, Li X, Ning B, et al. 2016. A survey on energy-efficient train operation for urban rail transit. IEEE Transactions on Intelligent Transportation Systems, 17(1): 2-13.

Zhao L, Li K, Ye J, et al. 2015. Optimizing the train timetable for a subway system. Proceedings of the Institution of Mechanical Engineers, Part F: Journal of Rail & Rapid Transit, 229(8): 2532-2542.

第 8 章 城市轨道交通列车运行控制建模与方法

8.1 概 述

城市轨道交通列车 ATO 节能曲线生成后, 需要设计精确的列车运行控制算法, 控制列车按照预设的 ATO 曲线运行, 从而完成列车的整个自动运行过程. 列车运行控制可以说是列车自动驾驶系统的中枢神经部分.

本章将具体介绍城市轨道交通列车运行控制建模与方法. 城市轨道交通列车运行控制建模部分, 主要分为单列车运行控制建模和多列车协同运行控制建模. 单列车模型主要分为单质点模型和多质点模型, 其中单质点模型假设列车为一个刚体运动, 该模型可以直观描述整个列车位移和速度的动态运行规律, 然而该模型忽略了列车不同车厢间的相互作用力, 容易造成列车运行控制的不精确性. 另外, 多质点模型通过将列车每个车厢看作一个质点, 有效描述了列车不同车厢间的相互作用力, 为实际单列车运行中的多牵引/制动控制模式提供了有效的建模支持. 随着基于通信的列车运行控制 (CBTC) 技术的应用, 多列车的协同运行控制成为现实. 城市轨道交通多列车协同运行控制也成为相应的研究热点. 已有文献基于多智能体系统建模研究了多列车协同运行建模方法. 通过将每个列车抽象为一个多智能体, 列车间的信息传递抽象为多智能体之间的通信, 从而建立多列车协同运行的多智能体模型. 该模型可准确描述多列车运行中不同列车信息传输的拓扑结构, 为多列车协同运行控制方法的设计提供有效建模基础.

城市轨道交通列车运行控制模型的建立是实现列车运行控制算法设计的基础. 基于列车运行控制模型, 可设计相应的城市轨道交通列车运行控制方法. 列车运行控制方法部分主要介绍基于多质点单列车模型的运行控制方法和多列车协同运行控制方法. 基于多质点单列车模型的运行控制方法可分为传统的 PID 控制方法和现代控制理论方法. 这里主要介绍现代控制理论方法. 多列车协同运行控制方法主要介绍目前最新的基于多智能体系统建模的协同运行控制方法.

8.1.1 单列车运行控制研究

为保证城市轨道交通列车运行的安全性和舒适性, 列车运行控制理论和方法已成为一个重要的研究课题, 并得到国内外学者的广泛研究 (Howlett, 1996; Yang & Sun, 1999; Khmelnitsky, 2000; Dong et al., 2010, 2013; Zhuan & Xia, 2010; Ciccarelli et al., 2012). 在现有的列车运行控制方法中, 一些研究人员将多节车厢组成的整列列车看作一个单质点模型, 并用牛顿方程近似描述其运动过程 (Howlett, 1996; Khmelnitsky, 2000; Liu & Golovitcher, 2003). 该模型可方便地用于设计整列车的节能运行曲线, 为整列车的控制设计提供参考.

设计列车运行控制方法时, 单质点模型忽略了相邻车厢之间的相互作用力, 容易造成列车运行控制的不稳定性. 通过考虑列车不同车厢之间的相互作用力, Yang & Sun(1999) 提出了列车动态运行的多质点模型, 该模型能够更符合实际地描述列车的动力学特性, 并为列车运行控制方法的设计提供了模型基础. Yang & Sun(2001) 基于多质点模型, 研究了列车的鲁棒运行控制方法, 以提高列车运行追踪精度. Astolfi & Menini(2002) 基于多质点模型研究了列车不同输入/输出的解耦问题. Zhuan & Xia(2006) 介绍了一种列车最佳开环运行控制方法, 最小化列车运行中的能耗, 提高列车运行的舒适性. Chou & Xia(2007) 提出了一种列车闭环运行控制方法, 提高运行追踪精度并减小控制成本. Zhuan & Xia(2008) 提出了基于输出反馈的列车运行控制方法, 使得列车能够按照既定运行曲线运行. Song & Song(2011) 研究了列车的位置和速度跟踪控制问题, 并设计了容错控制算法. Song 等 (2011) 通过考虑列车运行中阻力参数的不确定性, 设计了列车鲁棒自适应控制算法, 以实现牵引/制动非线性及饱和输入限制下的速度和位置跟踪.

现有的列车运行控制方法主要局限于连续时间控制设计. 由于数字传感器和控制器的广泛应用, 采样数据控制方法 (采样控制信号在采样周期内保持不变并仅在采样瞬间发生变化) 比连续时间控制方法更为重要和实用 (Fridman et al., 2004; Gao et al., 2010; Wen et al., 2013). 然而, 现有文献很少处理列车自动控制系统的采样数据控制方法. Li 等 (2014) 基于采样数据控制方法研究了列车的鲁棒巡航控制问题. 通过采用将采样周期转化为有界时变时滞的方法, 将该问题转化为一个关于时变时滞系统的控制问题. 基于 Lyapunov 稳定性理论和线性矩阵不等式技术, 验证并给出了采样数据巡航控制存在的充分性条件, 保证列车能快速跟踪既定运行曲线. 此外, 列车运行中经常受到不确定阻力的干扰, 其影响了列车运行的稳定性. Li 等 (2014) 进一步设计了基于采样数据的列车鲁棒巡航控制方法, 保证在不确定阻力干扰下具有较小的 H_∞ 干扰衰减水平, 提高列车运行的安全性和舒适性.

8.1.2　多列车运行控制研究

考虑到列车之间的连续通信, 为保证列车运行的安全性和舒适性, 多列车之间的协调运行控制显得尤为重要. Gordon & Lehrer(1998) 研究了列车群的协调控制以及能耗管理控制策略, 结果表明列车自动控制运行系统可以实现列车群的精确控制以及列车间的协同运行. Li & Guan(2009) 建立了列车群动态运行跟驰模型, 并模拟铁路线路上多个列车动态运行规律, 仿真结果表明所提模型可成功模拟列车动态运行规律. Yang 等 (2011) 考虑到列车运行中不规则事件的影响, 提出了关于列车群的运行模拟控制模型, 并研究了不规则事件下列车群的动态运行规律. 基于模型预测控制, Zhou & Wang(2011) 研究了列车之间的协调控制, 以提高列车的安全性及运行效率. Yang 等 (2012) 设计了基于启发式算法的列车协同控制策略, 保证相邻列车的安全行车距离, 并有效降低列车运行消耗和运行时间.

特别地, 多智能体系统通常被用来研究各类复杂系统的协调控制, 例如无人机的编队控制、移动机器人的协同控制以及道路交通车辆的协同控制等 (Reynolds, 1987; Toner & Tu, 1998; Toneret et al., 2005; Olfati-Saber, 2006; De Oliveira & Camponogara, 2010; Kammoun et al., 2014). Böcker 等 (2001) 使用多智能体方法研究了轨道交通列车时刻表问题. El-Kebbe & Gotz(2005) 利用多智能体方法研究了铁路系统列车分布式实时控制问题. 针对轨道交通多列车协同运行, 每列列车可视为一个智能体, 相邻列车之间的信息交换为智能体之间的联系. 相应地, 轨道交通多列车协同运行控制方法可借助多智能体协调控制框架来进行研究. 在多智能体系统框架下, Li 等 (2015) 建立了多列车动态运行控制模型, 并设计了基于邻车信息的列车动态运行控制算法, 保障各列车按照既定运行曲线运行, 同时相邻列车之间始终保持安全行车距离. 通过数值算例发现, 所提出的控制算法可有效追踪多个列车的期望速度, 并使列车之间保持安全车间距. 此外, 仿真结果表明所提出的控制算法可保证列车在不确定阻力干扰下的鲁棒性. 进一步, 考虑列车运行中的控制输入饱和, Li 等 (2016) 设计了多列车自适应协调运行控制算法, 保障列车在不确定参数和控制输入饱和的情况下, 可按照既定运行曲线安全协同运行.

8.2 城市轨道交通单列车运行控制建模与方法

城市轨道交通列车运行控制模型的建立是实现列车运行控制算法设计的基础. 对于城市轨道交通列车运行控制建模部分, 主要分为单列车运行控制建模和多列车协同运行控制建模. 单列车模型主要分为单质点模型和多质点模型, 其中单质点模型假设列车为一个刚体运动, 该模型可以直观描述整个列车位移和速度的动态运行规律, 然而忽略了列车不同车厢间的相互作用力, 容易造成列车运行控制的不精确性. 进一步, 通过将列车每个车厢看作一个质点, 可建立城市轨道交通列车多质点控制模型, 该模型可有效描述列车不同车厢间的相互作用力, 为实际单列车运行中的多牵引/制动控制模式提供了有效的建模支持.

8.2.1 符号说明

下面将给出本节中所用的一些数学符号及相应的说明.

$i = 1, 2, \cdots, n$: 列车各车厢的编号;

$x_i(t)$: 车厢 i 和 $i+1$ 在时刻 t 的相对位移;

$v_i(t)$: 车厢 i 在时刻 t 的速度状态;

$u_i(t)$: 车厢 i 在时刻 t 的控制力;

m_i: 车厢 i 的质量;

c_0, c_1, c_2: 摩擦阻力系数;

f: 其他阻力;

k: 弹性系数.

8.2.2　列车运行的单质点模型

单质点模型将整个列车运行过程抽象为一个刚体, 该模型可以非常方便地用于设计列车整体节能运行曲线, 为整列车的控制设计提供有效参考. 列车运行中受到各种阻力的影响, 如空气阻力、轮轨阻力、弯道阻力、坡度阻力等, 其中空气阻力和轮轨阻力由 Davis 公式 (Davis, 1926) 给出:

$$R = c_0 + c_1 v + c_2 v^2 \tag{8-1}$$

式中, v 表示列车运行速度, c_0, c_1, c_2 为阻力系数, 前两项 $c_0 + c_1 v$ 代表轮轨阻力, 第三项 $c_2 v^2$ 代表空气阻力.

通过对列车的受力情况进行分析, 其动力学方程可表示如下:

$$\begin{cases} \dot{x}(t) = v(t) \\ m\dot{v}(t) = u(t) - m(c_0 + c_1 v(t) + c_2 v^2(t)) - f \end{cases} \tag{8-2}$$

其中 $u(t)$ 表示列车运行中的牵引力或制动力, f 代表其他阻力, 包括弯道和坡度产生的阻力等.

8.2.3　列车运行的多质点模型

考虑到城市轨道交通列车均采用动力分散模式进行牵引和制动. 各动力单元分别包含若干个车厢, 且车厢之间通过弹簧阻尼结构实现连接. 因此, 各动力单元在位移、运行速度及振动特性方面均有各自不同的微观表现形式. 这使得单质点模型很难精确描述实际列车不同动力单元的状态变化. 多质点模型充分考虑了列车不同车厢间的相互作用力, 采用分布式建模思想刻画列车运行控制过程中的动力学状态变化. 基于多质点模型的列车动态运行示意图见图 8-1.

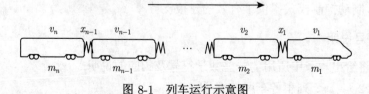

图 8-1　列车运行示意图

对于列车运行过程, 耦合器在连接车厢中起着重要的作用, 并沿纵向传递牵引力/制动力. 耦合器的行为可以通过弹簧模型来描述, 其中耦合器的恢复力是关于连接两车厢弹簧间相对位移 ε 的函数. 当 $\varepsilon > 0$ 时, 表示弹簧拉伸, 产生牵引力; 否则, 弹簧被压缩, 产生制动力. 这里假设恢复力是关于相对位移 ε 的线性函数, 如下所示:

$$f(\varepsilon) = k\varepsilon \tag{8-3}$$

其中 $k > 0$ 是弹性系数.

在此, 考虑空气阻力仅作用于头车, 每个车厢都受到摩擦阻力, 则具有 n 个车厢的列车运行控制模型可构建如下:

$$\begin{cases} \dot{x}_i(t) = v_i - v_{i+1}, \quad i = 1, 2, \cdots, n-1 \\ m_1 \dot{v}_1(t) = u_1 - f_1 - (c_0 + c_1 v_1) m_1 - c_2 \left(\sum_{i=1}^{n} m_i \right) v_1^2 + w \\ m_i \dot{v}_i(t) = u_i + f_{i-1} - f_i - (c_0 + c_1 v_i) m_i, \quad i = 2, 3, \cdots, n-1 \\ m_n \dot{v}_n(t) = u_n + f_{n-1} - (c_0 + c_1 v_n) m_n \end{cases} \tag{8-4}$$

其中 x_i 为相邻车厢 i 和 $i+1$ 之间的相对位移, m_i 为第 i 辆车厢的质量, v_i 为第 i 辆车厢的速度. 不失一般性, 该模型假设每个车厢都为动力单元, 其中 u_i 为第 i 辆车厢的牵引/制动力, f_i 为第 i 辆车厢和第 $i+1$ 辆车厢之间的相互作用力, w 代表不确定风阻力.

8.2.4 基于连续线性反馈的列车运行控制方法

基于列车运行控制模型, 可为城市轨道交通列车运行设计相应的控制方法. 下面将主要介绍基于多质点单列车模型的运行控制方法. 基于多质点单列车模型的运行控制方法可分为传统的 PID 控制方法和现代控制理论方法. 这里主要介绍现代控制理论方法.

线性连续反馈控制作为现代控制理论中的一个经典方法, 为城市轨道交通单列车运行控制的设计提供了理论支持. 下面将首先介绍基于线性连续反馈控制的单列车运行控制方法. 将式 (8-3) 代入式 (8-4) 中, 则可得到如下的列车运行控制方程:

$$\begin{cases} \dot{x}_i(t) = v_i - v_{i+1}, \quad i = 1, 2, \cdots, n-1 \\ m_1 \dot{v}_1(t) = u_1 - k x_1 - (c_0 + c_1 v_1) m_1 - c_2 \left(\sum_{i=1}^{n} m_i \right) v_1^2 + w \\ m_i \dot{v}_i(t) = u_i + k x_{i-1} - k x_i - (c_0 + c_1 v_i) m_i, \quad i = 2, 3, \cdots, n-1 \\ m_n \dot{v}_n(t) = u_n + k x_{n-1} - (c_0 + c_1 v_n) m_n \end{cases} \tag{8-5}$$

列车运行过程包括加速、减速、巡航、制动、惰性等运行模式, 考虑到列车实际运行控制设计是按照离散时间进行的反馈控制, 把列车动态运行过程按时间采样进行离散化处理, 一般取 0.3 s. 在每个采样时间段里, 假定追踪速度为一个常数 v_r, 设计控制方法去追踪既定速度 v_r, 并在不同的采样时间段对追踪速度进行更新.

对于每个采样时间段的追踪速度 v_r, 每个车厢的速度平衡状态可表示为 $\bar{v}_1 = \bar{v}_2 = \cdots = \bar{v}_n = v_r$, 此时相邻车厢之间的相对弹簧位移在平衡状态下为 0, 即 $\bar{x}_1 = \bar{x}_2 = \cdots = \bar{x}_{n-1} = 0$. 同时, 在平衡状态下的控制力, 如下所示:

$$
\begin{cases}
\bar{u}_1 = c_0 m_1 + c_1 m_1 v_r + c_2 \left(\sum_{i=1}^{n} m_i \right) v_r^2 \\
\bar{u}_i = c_0 m_i + c_1 m_i v_r, \quad i = 2, 3, \cdots, n
\end{cases}
\tag{8-6}
$$

进一步, 令 $\hat{x}_i = x_i - \bar{x}_i$, $\hat{v}_i(t) = v_i - \bar{v}_r$, $\hat{u}_i(t) = u_i - \bar{u}_i$. 根据式 (8-5) 和式 (8-6), 可得到关于平衡状态的线性偏差动态方程, 如下所示:

$$
\begin{cases}
\dot{\hat{x}}_i(t) = \hat{v}_i - \hat{v}_{i+1}, \quad i = 1, 2, \cdots, n-1 \\
m_1 \dot{\hat{v}}_1(t) = \hat{u}_1 - k\hat{x}_1 - c_1 \hat{v}_1 m_1 - 2c_2 \left(\sum_{i=1}^{n} m_i \right) \hat{v}_1 v_r + w \\
m_i \dot{\hat{v}}_i(t) = \hat{u}_i + k\hat{x}_{i-1} - k\hat{x}_i - c_1 \hat{v}_i m_i, \quad i = 2, 3, \cdots, n-1 \\
m_n \dot{\hat{v}}_n(t) = \hat{u}_n + k\hat{x}_{n-1} - c_1 \hat{v}_n m_n
\end{cases}
\tag{8-7}
$$

为计算方便起见, 令 $e(t) = [\hat{x}_1(t), \hat{x}_2(t), \cdots, \hat{x}_{n-1}(t), \hat{v}_1(t), \hat{v}_2(t), \cdots, \hat{v}_n(t)]^{\mathrm{T}}$, $u(t) = \left[\dfrac{\hat{u}_1(t)}{m_1}, \dfrac{\hat{u}_2(t)}{m_2}, \cdots, \dfrac{\hat{u}_n(t)}{m_n} \right]^{\mathrm{T}}$, 上述偏差动态方程 (8-7) 可表示为如下关于向量和矩阵的形式

$$
\dot{e}(t) = \begin{bmatrix} 0 & A \\ B & C \end{bmatrix} e(t) + \begin{bmatrix} 0 \\ I \end{bmatrix} u(t) + Dw(t)
\tag{8-8}
$$

其中系数矩阵

$$
A = \begin{bmatrix}
1 & -1 & 0 & 0 & \cdots & 0 \\
0 & 1 & -1 & 0 & \cdots & 0 \\
\vdots & \vdots & \vdots & \vdots & & \vdots \\
0 & 0 & 0 & 1 & & -1
\end{bmatrix}_{(n-1) \times n},
$$

$$
B = \begin{bmatrix}
-\dfrac{k}{m_1} & 0 & 0 & 0 & \cdots & 0 & 0 \\
\dfrac{k}{m_2} & -\dfrac{k}{m_2} & 0 & 0 & \cdots & 0 & 0 \\
0 & 0 & 0 & 0 & \cdots & \dfrac{k}{m_{n-1}} & -\dfrac{k}{m_{n-1}} \\
\vdots & \vdots & \vdots & \vdots & & \vdots & \vdots \\
0 & 0 & 0 & 0 & \cdots & 0 & \dfrac{k}{m_n}
\end{bmatrix}_{n \times (n-1)},
$$

$$C = \begin{bmatrix} -c_1 - \dfrac{2c_2\left(\sum\limits_{i=1}^{n} m_i\right)v_r}{m_1} & 0 & 0 & \cdots & 0 & 0 \\ 0 & -c_1 & 0 & \cdots & 0 & 0 \\ \vdots & \vdots & \vdots & & \vdots & \vdots \\ 0 & 0 & 0 & \cdots & 0 & -c_1 \end{bmatrix}_{n \times n}, \quad I \text{ 为 } n \text{ 阶单位矩阵}$$

显然, 如果偏差动态方程 (8-8) 的解收敛到 0, 那么列车将跟踪到既定速度 v_r, 并且两相邻车厢之间的相对弹簧位移将稳定到平衡状态.

为保障列车按照既定运行曲线运行, 设计如下的连续线性反馈控制

$$u(t) = Ke(t) \tag{8-9}$$

其中 K 表示连续反馈控制增益. 关于连续反馈控制增益 K 的设计可以参考文献 (Yang & Sun, 2001) 的结论, 此处不做详细介绍.

8.2.5 基于采样数据的列车运行控制方法

考虑数字传感器和控制器的广泛应用, 采样数据控制方法比连续时间控制方法更为重要和实用. 为实现列车的追踪控制目标, 本节将重点介绍基于采样数据的列车运行控制方法.

首先, 给出基于采样数据的状态反馈控制形式如下:

$$u(t) = K_1\hat{x}(t) + K_2\hat{v}(t) \tag{8-10}$$

其中 $\hat{x}(t) = [\hat{x}_1(t), \hat{x}_2(t), \cdots, \hat{x}_{n-1}(t)]^{\mathrm{T}}$, $\hat{v}(t) = [\hat{v}_1(t), \hat{v}_2(t), \cdots, \hat{v}_n(t)]^{\mathrm{T}}$, $K_1 \in R^{n \times (n-1)}$, $K_2 \in R^{n \times n}$ 为待确定的控制参数.

采样控制输入 $u(t)$ 由一系列按时间序列 $0 = t_0 < t_1 < t_2 < \cdots < t_k < \cdots$ 构成的零阶保持函数生成, 其形式如下:

$$u(t) = u(t_k) = K_1\hat{x}(t_k) + K_2\hat{v}(t_k), \quad t_k \leqslant t < t_{k+1} \tag{8-11}$$

其中 t_k 表示采样时间点. 此外, 假设采样周期为一个已知的常数 q, 即对于 $k \geqslant 0$ 时, 有 $t_k - t_{k-1} \leqslant q$.

在此, 定义锯齿函数为 $d(t) = t - t_k, t_k \leqslant t < t_{k+1}$. 根据 (8-11), 可以容易得到, $0 \leqslant d(t) \leqslant q$, 且控制输入 $u(t)$ 可进一步写为

$$u(t) = K_1\hat{x}(t - d(t)) + K_2\hat{v}(t - d(t)) \tag{8-12}$$

由此, 偏差动力学模型可构建如下:

$$\dot{e}(t) = \begin{bmatrix} 0 & A \\ B & C \end{bmatrix} e(t) + \begin{bmatrix} 0 \\ I \end{bmatrix} Ke(t - d(t)) + Dw(t) \tag{8-13}$$

其中 $K = [\ K_1 \quad K_2\ ]$ 为待设计的控制参数.

对于列车运行控制方法的设计, 首先给出以下引理.

引理 8.1(Jensen 不等式)(Gu et al., 2003)　对于任何常数矩阵 $R > 0$、标量 $b > 0$ 和向量函数 $x : [0, b] \to R^n$, 则有

$$b \int_0^b x^{\mathrm{T}}(s)Rx(s)\mathrm{d}s \geqslant \left(\int_0^b x(s)\mathrm{d}s \right)^{\mathrm{T}} R \left(\int_0^b x(s)\mathrm{d}s \right) \tag{8-14}$$

基于 Lyapunov 稳定性理论, 对于列车偏差动力学模型 (8-13), 下面将设计基于采样数据的列车运行控制方法. 首先, 在不考虑不确定风阻力干扰下, 即 $w(t) = 0$ 时, 下面定理将给出列车采样数据控制存在的充分条件 (Li et al., 2014).

定理 8.1　考虑具有 n 个动力车厢的列车运行控制模型, 令 $H = [\ 0 \quad I\ ]^{\mathrm{T}}$, 对于给定的采样周期 $q > 0$, 如果存在正定矩阵 $\bar{P}, \bar{Q}, \bar{R}$ 和具有适当维度的任意矩阵 Y, 使得以下线性矩阵不等式成立:

$$\begin{bmatrix} \Omega_1 & 0 & HY + \dfrac{1}{q}\bar{R} & \Omega_2 \\ 0 & -\bar{Q} - \dfrac{1}{q}\bar{R} & \dfrac{1}{q}\bar{R} & 0 \\ Y^{\mathrm{T}}H^{\mathrm{T}} + \dfrac{1}{q}\bar{R} & \dfrac{1}{q}\bar{R} & -\dfrac{2}{q}\bar{R} & \sqrt{q}Y^{\mathrm{T}}H^{\mathrm{T}} \\ \Omega_2^{\mathrm{T}} & 0 & \sqrt{q}HY & -2\bar{P} + \bar{R} \end{bmatrix} < 0 \tag{8-15}$$

其中 $\Omega_1 = \begin{bmatrix} 0 & A \\ B & C \end{bmatrix} \bar{P} + \bar{P} \begin{bmatrix} 0 & A \\ B & C \end{bmatrix}^{\mathrm{T}} + \bar{Q} - \dfrac{1}{q}\bar{R}$, $\Omega_2 = \sqrt{q}\bar{P} \begin{bmatrix} 0 & A \\ B & C \end{bmatrix}^{\mathrm{T}}$, 则可以得到采样数据控制增益 $K = Y\bar{P}^{-1}$ 和采样周期 q, 保证列车跟踪到既定速度运行曲线, 并且相邻车厢之间的位移稳定到平衡状态.

证明　对于列车偏差动态运行模型, 构造如下的 Lyapunov 函数:

$$V(t) = e^{\mathrm{T}}(t)Pe(t) + \int_{t-q}^t e^{\mathrm{T}}(s)Qe(s)\mathrm{d}s + \int_{-q}^0 \int_{t+\theta}^t \dot{e}^{\mathrm{T}}(s)R\dot{e}(s)\mathrm{d}s\mathrm{d}\theta \tag{8-16}$$

其中 $P > 0, Q > 0, R > 0$.

对 $V(t)$ 求导, 可得如下等式:

$$\frac{\mathrm{d}V(t)}{\mathrm{d}t} = 2e^{\mathrm{T}}(t)P\left\{\begin{bmatrix} 0 & A \\ B & C \end{bmatrix} e(t) + HKe(t-d(t))\right\} + e^{\mathrm{T}}(t)Qe(t)$$

$$- e^{\mathrm{T}}(t-q)Qe(t-q) + q\dot{e}^{\mathrm{T}}(t)R\dot{e}(t) - \int_{t-q}^{t} \dot{e}^{\mathrm{T}}(s)R\dot{e}(s)\mathrm{d}s \qquad (8\text{-}17)$$

由引理 8.1 可得

$$-\int_{t-q}^{t} \dot{e}^{\mathrm{T}}(s)R\dot{e}(s)\mathrm{d}s = -\int_{t-q}^{t-d(t)} \dot{e}^{\mathrm{T}}(s)R\dot{e}(s)\mathrm{d}s - \int_{t-d(t)}^{t} \dot{e}^{\mathrm{T}}(s)R\dot{e}(s)\mathrm{d}s$$

$$\leqslant -\frac{1}{q}(e(t-d(t)) - e(t-q))^{\mathrm{T}}R(e(t-d(t)) - e(t-q))$$

$$-\frac{1}{q}(e(t) - e(t-d(t)))^{\mathrm{T}}R(e(t) - e(t-d(t))) \qquad (8\text{-}18)$$

基于式 (8-17) 和 (8-18), 可推导出如下不等式:

$$\frac{\mathrm{d}V(t)}{\mathrm{d}t} \leqslant \begin{bmatrix} e(t) \\ e(t-q) \\ e(t-d(t)) \end{bmatrix}^{\mathrm{T}} \begin{bmatrix} \Phi & 0 & PHK + \frac{1}{q}R \\ 0 & -Q - \frac{1}{q}R & \frac{1}{q}R \\ K^{\mathrm{T}}H^{\mathrm{T}}P^{\mathrm{T}} + \frac{1}{q}R & \frac{1}{q}R & -\frac{2}{q}R \end{bmatrix} \begin{bmatrix} e(t) \\ e(t-q) \\ e(t-d(t)) \end{bmatrix}$$

$$+ q\begin{bmatrix} e(t) \\ e(t-q) \\ e(t-d(t)) \end{bmatrix}^{\mathrm{T}} \begin{bmatrix} \Psi & 0 & HK \end{bmatrix}^{\mathrm{T}} R \begin{bmatrix} \Psi & 0 & HK \end{bmatrix} \begin{bmatrix} e(t) \\ e(t-q) \\ e(t-d(t)) \end{bmatrix}$$

$$(8\text{-}19)$$

其中 $\Phi = P\begin{bmatrix} 0 & A \\ B & C \end{bmatrix} + \begin{bmatrix} 0 & A \\ B & C \end{bmatrix}^{\mathrm{T}} P + Q - \frac{1}{q}R, \Psi = \begin{bmatrix} 0 & A \\ B & C \end{bmatrix}.$

另一方面, 令 $P = \bar{P}^{-1}, Q = \bar{P}^{-1}\bar{Q}\bar{P}^{-1}, R = \bar{P}^{-1}\bar{R}\bar{P}^{-1}, K = Y\bar{P}^{-1}$, 对不等式 (8-15) 的左右两边各乘对角矩阵 $\{\bar{P}^{-1}, \bar{P}^{-1}, \bar{P}^{-1}, \bar{P}^{-1}\}$, 则该不等式可用如下不等式来描述:

$$\begin{bmatrix} \Phi & 0 & PHK + \frac{1}{q}R & \sqrt{q}\Psi^{\mathrm{T}}P \\ 0 & -Q - \frac{1}{q}R & \frac{1}{q}R & 0 \\ K^{\mathrm{T}}H^{\mathrm{T}}P + \frac{1}{q}R & \frac{1}{q}R & -\frac{2}{q}R & \sqrt{q}K^{\mathrm{T}}H^{\mathrm{T}}P \\ \sqrt{q}P\Psi & 0 & \sqrt{q}PHK & -2P + R \end{bmatrix} < 0 \qquad (8\text{-}20)$$

根据 $-PR^{-1}P \leqslant -2P + R$ 和不等式 (8-15), 可得如下结论:

$$
\begin{bmatrix}
\Phi & 0 & PHK + \dfrac{1}{q}R & \sqrt{q}\Psi^{\mathrm{T}}P \\[2mm]
0 & -Q - \dfrac{1}{q}R & \dfrac{1}{q}R & 0 \\[2mm]
K^{\mathrm{T}}H^{\mathrm{T}}P + \dfrac{1}{q}R & \dfrac{1}{q}R & -\dfrac{2}{q}R & \sqrt{q}K^{\mathrm{T}}H^{\mathrm{T}}P \\[2mm]
\sqrt{q}P\Psi & 0 & \sqrt{q}PHK & -PR^{-1}P
\end{bmatrix} < 0 \tag{8-21}
$$

对上式左边乘以对角矩阵 $\{I, I, I, P^{-1}\}$, 则不等式 (8-21) 可等价于:

$$
\begin{bmatrix}
\Phi & 0 & PHK + \dfrac{1}{q}R & \sqrt{q}\Psi^{\mathrm{T}} \\[2mm]
0 & -Q - \dfrac{1}{q}R & \dfrac{1}{q}R & 0 \\[2mm]
K^{\mathrm{T}}H^{\mathrm{T}}P + \dfrac{1}{q}R & \dfrac{1}{q}R & -\dfrac{2}{q}R & \sqrt{q}K^{\mathrm{T}}H^{\mathrm{T}} \\[2mm]
\sqrt{q}\Psi & 0 & \sqrt{q}HK & -R^{-1}
\end{bmatrix} < 0 \tag{8-22}
$$

通过 Schur 补引理 (Boyd et al., 1994) 和不等式 (8-19), 可以得到 $\dfrac{\mathrm{d}V(t)}{\mathrm{d}t} < 0$. 基于 Lyapunov 稳定性理论, 可推出偏差动态系统 (8-7) 是稳定的, 即在采样数据控制增益 $K = Y\bar{P}^{-1}$ 和采样周期 q 下, 列车可追踪到既定运行速度曲线, 并且相邻车厢之间位移稳定到平衡状态. 证明完毕.

注 8.1　定理 8.1 给出了列车采样数据控制增益 K 和采样周期 q 存在的充分条件, 使得列车按照既定运行速度 v_r 运行, 其中定理 8.1 中的条件 (8-15) 采用线性矩阵不等式的形式, 其可通过 MATLAB 的工具箱很容易确定. 由于求解线性矩阵不等式问题为一个凸优化问题, 因此基于线性矩阵不等式的采样控制设计方法可更好地满足列车在线控制的要求.

此外, 列车在实际运行中不可避免地受到不确定风阻力的影响. 因此, 非常有必要研究列车鲁棒采样数据控制策略, 以抑制不确定风阻力对列车运行的影响. 鲁棒采样数据控制策略包括确定采样控制增益 K 和采样周期界限 q, 使得在给定的 H_∞ 干扰衰减水平 $\gamma > 0$, 对于任意非零扰动项 $w(t) \in L_2[0, +\infty)$, 有下面的条件成立:

$$
\left(\int_0^{+\infty} \|e(t)\|^2 \mathrm{d}t \right)^{1/2} \leqslant \gamma \left(\int_0^{+\infty} \|w(t)\|^2 \mathrm{d}t \right)^{1/2} \tag{8-23}
$$

基于上述定义, 下面的定理将给出在不确定风阻力扰动下的列车鲁棒采样数据控制存在的充分条件.

定理 8.2　对于给定 H_∞ 干扰衰减水平 $\gamma > 0$ 和采样周期 $q > 0$, 如果存在正定矩阵 $\bar{P}, \bar{Q}, \bar{R}$ 和任意矩阵 Y, 使得以下线性矩阵不等式成立:

$$
\begin{bmatrix}
\Omega_1 & 0 & HY + \dfrac{1}{q}\bar{R} & D & \Omega_2 & \bar{P} \\[2mm]
0 & -\bar{Q} - \dfrac{1}{q}\bar{R} & \dfrac{1}{q}\bar{R} & 0 & 0 & 0 \\[2mm]
Y^{\mathrm{T}}H^{\mathrm{T}} + \dfrac{1}{q}\bar{R} & \dfrac{1}{q}\bar{R} & -\dfrac{2}{q}\bar{R} & 0 & \sqrt{q}Y^{\mathrm{T}}H^{\mathrm{T}} & 0 \\[2mm]
D^{\mathrm{T}} & 0 & 0 & -\gamma^2 I & \sqrt{q}D^{\mathrm{T}} & 0 \\[2mm]
\Omega_2^{\mathrm{T}} & 0 & \sqrt{q}HY & \sqrt{q}D & -2\bar{P} + \bar{R} & 0 \\[2mm]
\bar{P} & 0 & 0 & 0 & 0 & -I
\end{bmatrix} < 0 \qquad (8\text{-}24)
$$

则可得到鲁棒采样数据控制增益 $K = Y\bar{P}^{-1}$ 和采样周期 q, 保证列车跟踪既定运行曲线, 相邻车厢之间的位移在平衡状态下是稳定的, 并且具有不确定风阻力下的 H_∞ 干扰衰减水平 γ.

证明　首先, 基于 Schur 补引理, 可由不等式 (8-24) 导出条件 (8-15) 成立, 因此, 由定理 8.1 可推出, 在 $w(t) = 0$ 时偏差动态方程 (8-7) 是稳定的. 进一步, 对于任意非零扰动项 $w(t) \in L_2[0, +\infty)$, 根据偏差动态方程 (8-7), 计算 $V(t)$ 的导数如下:

$$
\dfrac{\mathrm{d}V(t)}{\mathrm{d}t} \leqslant
\begin{bmatrix} e(t) \\ e(t-q) \\ e(t-d(t)) \\ w(t) \end{bmatrix}^{\mathrm{T}}
\begin{bmatrix}
\Phi & 0 & PHK + \dfrac{1}{q}R & PD \\[2mm]
0 & -Q - \dfrac{1}{q}R & \dfrac{1}{q}R & 0 \\[2mm]
K^{\mathrm{T}}H^{\mathrm{T}}P + \dfrac{1}{q}R & \dfrac{1}{q}R & -\dfrac{2}{q}R & 0 \\[2mm]
D^{\mathrm{T}}P & 0 & 0 & 0
\end{bmatrix}
\begin{bmatrix} e(t) \\ e(t-q) \\ e(t-d(t)) \\ w(t) \end{bmatrix}
$$

$$
+ q
\begin{bmatrix} e(t) \\ e(t-q) \\ e(t-d(t)) \\ w(t) \end{bmatrix}^{\mathrm{T}}
\begin{bmatrix} \Psi & 0 & HK & 0 \end{bmatrix}^{\mathrm{T}} R \begin{bmatrix} \Psi & 0 & HK & 0 \end{bmatrix}
\begin{bmatrix} e(t) \\ e(t-q) \\ e(t-d(t)) \\ w(t) \end{bmatrix}
$$

$$
(8\text{-}25)
$$

令 $P = \bar{P}^{-1}, Q = \bar{P}^{-1}\overline{Q}\bar{P}^{-1}, R = \bar{P}^{-1}\overline{R}\bar{P}^{-1}, K = Y\bar{P}^{-1}$. 通过 Schur 补引理 (Boyd et al., 1994), 类似于定理 8.1 中的证明方法, 可得到条件 (8-24) 等价于:

$$
\begin{bmatrix}
\Phi + I & 0 & PHK + \dfrac{1}{q}R & PD \\[2mm]
0 & -Q - \dfrac{1}{q}R & \dfrac{1}{q}R & 0 \\[2mm]
K^{\mathrm{T}}H^{\mathrm{T}}P + \dfrac{1}{q}R & \dfrac{1}{q}R & -\dfrac{2}{q}R & 0 \\[2mm]
D^{\mathrm{T}}P & 0 & 0 & -\gamma^2 I
\end{bmatrix}
$$

$$
+ q \begin{bmatrix} \Psi & 0 & HK & 0 \end{bmatrix}^{\mathrm{T}} R \begin{bmatrix} \Psi & 0 & HK & 0 \end{bmatrix} < 0 \tag{8-26}
$$

从 (8-25) 和 (8-26) 中可以看出:

$$
\frac{\mathrm{d}V(t)}{\mathrm{d}t} + e^{\mathrm{T}}(t)e(t) - \gamma^2 w^{\mathrm{T}}(t)w(t) < 0 \tag{8-27}
$$

在零初始条件下, 将 (8-27) 的两边从 0 到 $+\infty$ 计算积分, 可得到

$$
\left(\int_0^{+\infty} \|e(t)\|^2 \mathrm{d}t \right)^{1/2} \leqslant \gamma \left(\int_0^{+\infty} \|w(t)\|^2 \mathrm{d}t \right)^{1/2} \tag{8-28}
$$

因此, 在鲁棒采样数据控制下, 列车可跟踪到既定运行曲线, 相邻车厢之间的位移在平衡状态下是稳定的, 并且具有不确定风阻力下的 H_∞ 干扰衰减水平 γ.

注 8.2 根据定理 8.2 的条件 (8-24), 可以得到鲁棒采样数据控制增益 K 和采样周期 q, 使得列车以期望的速度运行, 并具有 H_∞ 干扰衰减水平 γ. 定理 8.2 中的条件 (8-24) 以线性矩阵不等式的形式给出, 可利用 MATLAB 工具箱进行有效求解. 线性矩阵不等式技术为列车的鲁棒采样数据控制设计提供了有效的工具. 此外, 在 (8-24) 条件下, 以 H_∞ 干扰衰减水平 γ 为决策变量, 可形成一个凸优化问题, 以保证较小的干扰衰减水平 γ.

8.2.6 数值算例

本节将给出两个数值算例验证基于采样数据列车运行控制方法的有效性. 在数值算例中, 考虑列车具有 6 节动力车厢, 并采用动力分散模式运行. 表 8-1 给出了列车运行的阻力参数.

表 8-1 列车运行的阻力参数

符号	取值	单位
$m_1, \cdots, m_6$	80000	kg
c_0	0.01176	kg
c_1	0.00077616	Ns/mkg
c_2	0.000016	Ns^2/m^{2}kg
k	80000	N/m

例 8.1　在该例中, 不考虑不确定风阻力干扰, 设计基于采样数据的列车运行控制方法. 列车运行的期望速度如下所示:

$$v_r = \begin{cases} 80 \text{ km/h}, & 50 \text{ s} \leqslant t < 100 \text{ s} \\ 76 \text{ km/h}, & 100 \text{ s} \leqslant t \leqslant 150 \text{ s} \end{cases} \tag{8-29}$$

根据定理 8.1 中的条件 (8-15), 选择一个采样周期 $q = 0.4$ s. 通过用 MATLAB 中的 LMI 工具箱求解条件 (8-15), 可以计算得出采样数据控制增益 $K = Y\bar{P}^{-1}$. 假设列车每节车厢的初始速度为 $v_i = 75$ km/h, $i = 1, 2, \cdots, 6$, $t = 50$ s, 并且两个相邻车厢之间的初始相对位移为 $x_i = 0$, $i = 1, 2, \cdots, 5$. 通过将采样数据控制输入作用于列车的每节车厢, 列车每节车厢的速度曲线见图 8-2. 从图中可以发现, 在采样数据控制下, 列车每节车厢在时间段 [50 s, 60 s] 内可快速跟踪到期望速度 $v_r = 80$ km/h, 并保持期望速度运行. 在时间 $t = 100$ s 时, 由于受到线路速度限制等原因, 列车期望速度变为 76 km/h. 在采样数据控制下, 列车每节车厢在时间段 [100 s, 110 s] 内跟踪到期望速度 $v_r = 76$ km/h, 并按照期望速度 $v_r = 76$ km/h 运行.

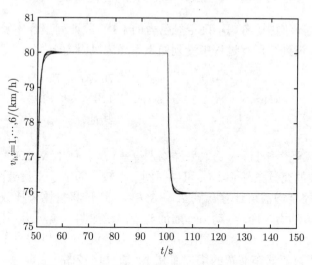

图 8-2　列车每节车厢的实际运行速度曲线

另外, 相邻车厢间的相对弹簧位移曲线如图 8-3 所示. 从图 8-3 可以看出, 在采样数据控制下, 相邻车厢间弹簧位移可被有效地控制在平衡状态 (零点). 在加速和减速阶段, 相邻车厢之间的相对弹簧位移与平衡状态有偏移, 在加速阶段, 弹簧位移与平衡状态的偏差为正 (即沿纵向产生牵引力), 在减速阶段为负 (即沿纵向产生制动力), 这与实际列车运行过程相符. 通过与现有的连续时间控制方法 (Yang & Sun, 1999; Song et al., 2011) 相比较, 采样数据控制方法的控制信号在采样周期内保持恒定, 并且仅在采样时间点发生改变. 因此, 对于实际中广泛应用的数字传感器和控制器, 基于采样数据控制的列车运行控制方法更加实用.

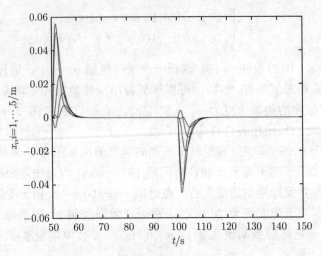

图 8-3　相邻车厢之间相对位移曲线

例 8.2　在该例中, 考虑不确定风阻力的干扰, 验证列车鲁棒采样数据控制算法的有效性. 假设列车运行过程中受到如下不确定风阻力干扰

$$w(t) = \begin{cases} -0.05(1 + \cos(t)), & 70 \leqslant t \leqslant 75 \\ -0.1(1 + \cos(t)), & 120 \leqslant t \leqslant 125 \\ 0, & \text{其他} \end{cases} \qquad (8\text{-}30)$$

在不确定风阻力干扰下, 选取采样周期 $q = 0.1$ s, 使用 MATLAB LMI 工具箱求解定理 8.2 中的充分条件 (8-24), 可以得到一个较小的 H_∞ 干扰衰减水平 $\gamma = 0.6$, 并且采样数据控制增益可计算得到 $K = Y\bar{P}^{-1}$. 通过将鲁棒采样数据控制输入应用于列车的每节动力车厢, 各动力车厢的速度曲线如图 8-4 所示, 其中虚线部分表示头车的速度曲线. 由于不确定风阻力直接作用于头车, 所以对头车的作用要大于其他车厢, 其效果随着车厢数的增加而减小. 通过比较图 8-4(a) 和 8-4(b), 发现较强的阵风扰动会给列车的每节车厢带来较大的速度波动. 从图 8-4 可以看出, 在鲁棒采样数据控制下, 车辆的波动速度有效控制在 0.2 km/h 范围之内, 极大减小了不确定阻力对列车正常运行的干扰, 提高了列车运行控制的追踪精度.

图 8-5 显示了相邻车厢之间相对弹簧位移曲线. 在图 8-5 中, 虚线表示头车厢与第二车厢之间的相对弹簧位移. 如图所示, 不确定风扰动导致了列车的每节车厢与平衡状态的相对位移偏差. 根据图 8-5(a) 和 8-5(b) 可知, 较强的阵风干扰会引起相邻车厢之间相对弹簧位移产生较大波动. 在鲁棒采样数据控制下, 列车车厢间相

对弹簧位移偏离平衡状态可有效控制在 0.03 m 之内, 保证了列车运行的安全性和舒适性.

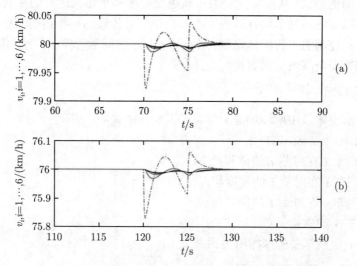

图 8-4　干扰下的列车每节车厢的实际运行速度曲线

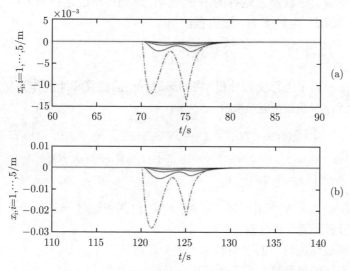

图 8-5　干扰下的相邻车厢之间相对位移曲线

8.3　城市轨道交通多列车协同运行控制建模与方法

随着基于通信的列车运行控制 (CBTC) 技术的广泛应用, 城市轨道交通多列车间的协同运行控制成为现实. 城市轨道交通多列车协同运行控制建模和方法也成为相应的研究热点. 通过将每个列车抽象为一个智能体, 列车间的信息传递抽象为多智能体之间的通信, 从而可建立城市轨道交通多列车协同运行的多智能体模型, 该模型可准确描述多列车运行过程中不同列车信息传输的拓扑结构. 进一步, 基于列车协同运行控制的多智能体模型, 可设计多列车协同运行控制方法, 保障城市轨道交通多列车安全高效协同运行.

8.3.1　符号说明

下面将给出本节中所涉部分数学符号及相应的说明:

$i = 1, 2, \cdots, n$: 列车编号;

$x_i(t)$: 列车 i 在时刻 t 的位置状态;

$v_i(t)$: 列车 i 在时刻 t 的速度状态;

$u_i(t)$: 列车 i 在时刻 t 的控制力;

m_i: 列车 i 的质量;

c_{i0}, c_{i1}, c_{i2}: 列车 i 的摩擦阻力系数.

8.3.2　多列车协同运行控制建模

考虑在轨道交通线路上运行的 n 列列车, 每列列车的运行阻力由空气动力阻力和轮轨阻力组成, 由以下 Davis 方程给出:

$$R = c_0 + c_1 v + c_2 v^2 \tag{8-31}$$

通过对每列列车进行受力分析, 将列车运行中的位移和速度作为状态变量, 则多列车协同运行控制模型建立如下:

$$\begin{cases} \dot{x}_i(t) = v_i(t), \\ m_i \dot{v}_i(t) = u_i(t) - m_i(c_{i0} + c_{i1} v_i(t) + c_{i2} v_i^2(t)), \\ i = 1, 2, \cdots, n \end{cases} \tag{8-32}$$

其中 $x_i(t)$ 和 $v_i(t)$ 分别表示列车 i 在时间 t 的位置和速度, m_i 表示第 i 辆车的质量, $u_i(t)$ 表示第 i 辆车在时间 t 的控制力.

假设列车追踪过程中的平衡状态为期望跟踪速度 $\bar{v}_1 = \bar{v}_2 = \cdots = \bar{v}_n = v_r$, 那么在平衡状态下的每列列车控制力为

$$\bar{u}_i = c_{i0} m_i + c_{i1} m_i v_r + c_{i2} m_i v_r^2, \quad i = 1, 2, \cdots, n \tag{8-33}$$

为研究多列车的协同运行控制问题, 定义每列列车的位置动态偏差为 $\hat{x}_i(t) = x_i(t) - \int_{t_0}^{t} v_r \mathrm{d}t$, 速度动态偏差为 $\hat{v}_i(t) = v_i(t) - v_r$, 控制力偏差为 $\hat{u}_i(t) = u_i(t) - \bar{u}_i$.

根据公式 (8-32) 和 (8-33), 可得到多列车在平衡状态下的线性偏差动态模型为

$$\begin{cases} \dot{\hat{x}}_i(t) = \hat{v}_i(t), \\ m_i\dot{\hat{v}}_i(t) = \hat{u}_i(t) - c_{i1}m_i\hat{v}_i(t) - 2c_{i2}m_i\hat{v}_i(t)v_r \end{cases} \tag{8-34}$$

对于偏差动态模型 (8-34), 每列列车 i 的初始位置给定为 $x_i(t_0)$, 初始速度给定为 $v_i(t_0)$, 运行时域为时间 t_0 到 t_f. 进一步, 多列车运行控制模型可看作由 n 个智能体构成的多智能体系统, 其中每列列车为一个智能体. 在多智能体系统框架下, 为描述智能体之间的关系, 给出如下的代数图理论:

设 $\mathcal{G} = (\mathcal{V}, \mathcal{E}, A)$ 是 n 阶加权图, 其中 $\mathcal{V} = \{1, 2, \cdots, n\}$ 是节点集合, $\mathcal{E} \in \mathcal{V} \times \mathcal{V}$ 是边集合, $A = [a_{ij}]_{n \times n}$ 是由非负元素构成的加权邻接矩阵. 如果存在从节点 i 到节点 j 的连接, 则 $a_{ij} > 0$, 否则 $a_{ij} = 0$. 节点 i 的邻居集合由 $\mathcal{N}_i = \{j \in \mathcal{V} : ((j, i) \in \mathcal{E})\}$ 表示. 如果对于所有的 i, $\sum\limits_{j \in \mathcal{N}_i} a_{ij} = \sum\limits_{j \in \mathcal{N}_i} a_{ji}$, 则称图 $\mathcal{G}$ 为平衡图. 加权邻接矩阵对应的拉普拉斯图矩阵为

$$\mathcal{L} = \mathcal{D} - A \tag{8-35}$$

其中 $\mathcal{D} = \text{diag}\{d_1, d_2, \cdots, d_n\}$ 表示 $\mathcal{G}$ 对应的度矩阵, 其中元素 $d_i = \sum\limits_{j \neq i} a_{ij}$. 设 $\lambda_1(\mathcal{L}) \leqslant \lambda_2(\mathcal{L}) \leqslant \cdots \leqslant \lambda_n(\mathcal{L})$ 为 $\mathcal{L}$ 的特征值, 可得到 $\lambda_1(\mathcal{L}) = 0$, 并且 $[1, 1, \cdots, 1]^{\text{T}}$ 是其对应的特征值. 如果 $\mathcal{G}$ 是连通的, 则 $\lambda_2(\mathcal{L}) > 0$.

同样, 对于 n 列列车的动态运行过程, 每列列车视为图的一个节点, 其耦合拓扑结构可用一个简单的图来描述. 令 $A = [a_{ij}]_{n \times n}$ 为列车间通信关系的邻接矩阵. 如果 $(i, j) \in \mathcal{E}$, 则 $a_{ij} = 1$, 否则 $a_{ij} = 0$. 每列列车 i 与其相邻列车进行通信, 其中第一列列车仅与第二列列车通信, 而最后一列列车仅与倒数第二列列车通信, 由此可得列车动态运行的邻接矩阵 A 如下:

$$A = \begin{bmatrix} 0 & 1 & 0 & 0 & \cdots & 0 & 0 & 0 \\ 1 & 0 & 1 & 0 & \cdots & 0 & 0 & 0 \\ \vdots & \vdots & \vdots & \vdots & & \vdots & \vdots & \vdots \\ 0 & 0 & 0 & 0 & \cdots & 1 & 0 & 1 \\ 0 & 0 & 0 & 0 & \cdots & 0 & 1 & 0 \end{bmatrix}$$

其对应的拉普拉斯矩阵为

$$\mathcal{L} = \begin{bmatrix} 1 & -1 & 0 & 0 & \cdots & 0 & 0 & 0 \\ -1 & 2 & -1 & 0 & \cdots & 0 & 0 & 0 \\ \vdots & \vdots & \vdots & \vdots & & \vdots & \vdots & \vdots \\ 0 & 0 & 0 & 0 & \cdots & -1 & 2 & -1 \\ 0 & 0 & 0 & 0 & \cdots & 0 & -1 & 1 \end{bmatrix}$$

因此, 基于上述拉普拉斯矩阵, 一组有序的多列车是在固定连接拓扑关系下动态运行的. 在多智能体系统框架下, 下面将具体给出多列车协同运行控制方法, 使所有列车的速度能够跟踪既定运行速度曲线, 同时各列列车与其相邻列车的车间距离稳定在安全范围内.

8.3.3　多列车协同运行控制方法

本节将基于 LaSalles 不变原理, 给出多列车的协同运行控制方法. 首先, 通过考虑相邻列车间的信息传递, 针对多列车在平衡状态下的线性偏差动态模型 (8-34), 设计各列车协同运行控制策略如下:

$$\hat{u}_i(t) = u_i(t) - \bar{u}_i = u_{1i}(t) + u_{2i}(t) + u_{3i}(t), \quad i = 1, 2, \cdots, n \tag{8-36}$$

其中 $u_{1i}(t) = m_i \alpha \sum_{j=1}^{n} a_{ij}(v_j(t) - v_i(t))$, 其目的是用于列车间的速度协同; $u_{2i}(t) = -m_i \beta \sum_{j=1}^{n} a_{ij} \nabla_{x_i} U_{ij}$, 其中 U_{ij} 为人工势能函数 (Tanner et al., 2007), 其表达式如下

$$U_{ij}(x_{ij}) = \frac{1}{\|x_{ij}\|_2^2 - r_1^2} + \frac{1}{r_2^2 - \|x_{ij}\|_2^2}, \quad r_1 < \|x_{ij}\|_2 < r_2 \tag{8-37}$$

其中 $x_{ij} = x_i - x_j$, 人工势能函数 $U_{ij}(x_{ij})$ 用于确保各列车与其相邻列车的车间距离都稳定在一个安全范围内, r_1 是两相邻列车之间的最小安全距离, r_2 是两相邻列车之间允许的最大距离; $u_{3i}(t) = m_i k(v_i(t) - v_r)$, 其目的是实现各列车追踪期望速度. 此外, $\alpha > 0$, $\beta > 0$ 和 $k > 0$ 是待设计的控制参数.

对于人工势能函数 (8-37), 令 $r_1 = 4$ km 和 $r_2 = 9$ km, 图 8-6 给出了人工势能函数的示意图. 在协同运行控制下, 人工势能函数将保持有界. 根据人工势能函数的有界性, 从图 8-6 可以看出, 当相邻列车的距离接近最小安全距离时, 两列车间的距离将扩大 (表示分离), 当相邻列车的距离接近最大允许距离时, 两列车间的距离将减小 (对应于凝聚). 因此, 人工势能函数可有效保证相邻列车间的安全车间距.

根据 (8-36), 每个列车 i 的运行控制形式如下所示:

$$u_i(t) = \bar{u}_i + \hat{u}_i(t) = \bar{u}_i + u_{1i}(t) + u_{2i}(t) + u_{3i}(t) \tag{8-38}$$

将上述控制 $u_i(t)$ 应用于列车 i, 可得到如下基于多智能体系统的多列车运行控制模型:

$$\begin{cases} \dot{x}_i(t) = \hat{v}_i(t), \\ \dot{\hat{v}}_i(t) = \alpha \sum_{j=1}^{n} a_{ij}(\hat{v}_j(t) - \hat{v}_i(t)) - \beta \sum_{j=1}^{n} a_{ij} \nabla_{\hat{x}_i} \hat{U}_{ij} \\ \quad -c_{i1}\hat{v}_i(t) - 2c_{i2}\hat{v}_i(t)v_r - k\hat{v}_i(t) \end{cases} \tag{8-39}$$

进一步, 基于多智能体系统的协同控制框架, 下面的定理将给出轨道交通多列车运行控制的设计方法 (Li et al., 2015).

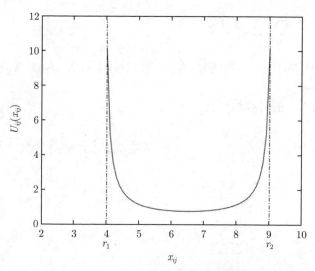

图 8-6 人工势能函数的示意图

定理 8.3 考虑一组有序的列车运行控制模型 (8-32) 和协同运行控制策略 (8-38). 假设在初始位置和速度下, 各相邻列车间的距离保持在安全区间 (r_1, r_2) 内, 则有以下结论成立:

(i) 在运行时间内确保避免相邻列车间的碰撞;

(ii) 相邻列车的车间距离稳定在安全范围 (r_1, r_2) 内;

(iii) 各列车均追踪到期望速度 v_r.

证明 首先, 针对多列车运行控制模型 (8-39), 构造如下的 Lyapunov 函数:

$$V(t) = \sum_{i=1}^{n} \hat{v}_i(t)\hat{v}_i(t) + \beta \sum_{i=1}^{n} \sum_{j=1}^{n} a_{ij}\hat{U}_{ij} \tag{8-40}$$

其中 $V(t)$ 也称为能量函数, 其值为非负 (Tanner et al., 2007).

根据多列车运行控制模型 (8-39) 的轨迹, 计算 $V(t)$ 的导数如下:

$$\frac{\mathrm{d}V(t)}{\mathrm{d}t}$$

$$= 2\sum_{i=1}^{n} \hat{v}_i(t)\left(\alpha\sum_{j=1}^{n} a_{ij}(\hat{v}_j(t)-\hat{v}_i(t)) - \beta\sum_{j=1}^{n} a_{ij}\nabla_{\hat{x}_i}\hat{U}_{ij} - c_{i1}\hat{v}_i(t) - 2c_{i2}\hat{v}_i(t)v_r - k\hat{v}_i(t)\right)$$

$$+ \beta\sum_{i=1}^{n}\sum_{j=1}^{n} a_{ij}\dot{\hat{U}}_{ij}$$

$$= -2\alpha\hat{v}^{\mathrm{T}}(t)\mathcal{L}\hat{v}(t) - 2\beta\sum_{i=1}^{n}\sum_{j=1}^{n}a_{ij}\hat{v}_i(t)\nabla_{\hat{x}_i}\hat{U}_{ij} - 2\hat{v}^{\mathrm{T}}(t)C_1\hat{v}(t) - 2\hat{v}^{\mathrm{T}}(t)C_2\hat{v}(t)$$

$$- 2k\hat{v}^{\mathrm{T}}(t)\hat{v}(t) + \beta\sum_{i=1}^{n}\sum_{j=1}^{n}a_{ij}\dot{\hat{U}}_{ij} \tag{8-41}$$

其中 $\hat{v}(t) = (\hat{v}_1(t), \hat{v}_2(t), \cdots, \hat{v}_n(t))^{\mathrm{T}}$, $C_1 = \mathrm{diag}\{c_{11}, c_{21}, \cdots, c_{n1}\}$, $C_2 = \mathrm{diag}\{2c_{12}v_r, 2c_{22}v_r, \cdots, 2c_{n2}v_r\}$.

此外, 根据 $\hat{U}_{ij}$ 的对称性可得到

$$\sum_{i=1}^{n}\sum_{j=1}^{n}a_{ij}\dot{\hat{U}}_{ij} = \sum_{i=1}^{n}\sum_{j=1}^{n}a_{ij}\dot{\hat{x}}_{ij}\nabla_{\hat{x}_{ij}}\hat{U}_{ij} = \sum_{i=1}^{n}\sum_{j=1}^{n}a_{ij}(\dot{\hat{x}}_i - \dot{\hat{x}}_j)\nabla_{\hat{x}_{ij}}\hat{U}_{ij}$$

$$= \sum_{i=1}^{n}\sum_{j=1}^{n}a_{ij}(\hat{v}_i\nabla_{\hat{x}_i}\hat{U}_{ij} + \hat{v}_j\nabla_{\hat{x}_j}\hat{U}_{ij})$$

$$= 2\sum_{i=1}^{n}\sum_{j=1}^{n}a_{ij}\hat{v}_i(t)\nabla_{\hat{x}_i}\hat{U}_{ij} \tag{8-42}$$

结合 (8-41) 和 (8-42), 下面式子成立:

$$\frac{\mathrm{d}V(t)}{\mathrm{d}t} = -2\alpha\hat{v}^{\mathrm{T}}(t)\mathcal{L}\hat{v}(t) - 2\hat{v}^{\mathrm{T}}(t)C_1\hat{v}(t) - 2\hat{v}^{\mathrm{T}}(t)C_2\hat{v}(t) - 2k\hat{v}^{\mathrm{T}}(t)\hat{v}(t) \tag{8-43}$$

基于代数图理论, 有 $\mathcal{L} \geqslant 0$ 成立. 由 $C_1 > 0$, $C_2 > 0$, $\alpha > 0$, $k > 0$, 可得到 $\dfrac{\mathrm{d}V(t)}{\mathrm{d}t} \leqslant 0$. 进一步, 通过对 (8-43) 的两边从 0 到 t 计算积分, 有 $V(t) - V(0) \leqslant 0$, $\forall t \geqslant 0$ 成立. 因此, 可以得出 $V(t)$, $\forall t \geqslant 0$ 是有界的. 对于所有的 $(i,j) \in \mathcal{E}$, 有 $\hat{U}_{ij} \leqslant V(t) \leqslant V(0)$ 成立, 即 $\hat{U}_{ij}$ 是有界的. 然而对于某些 $(i,j) \in \mathcal{E}$, 如果 $x_{ij} \to r_1$ 或者 $x_{ij} \to r_2$, 可推出 $\hat{U}_{ij} \to \infty$. 因而, 根据 $\hat{U}_{ij}$ 的连续性和有界性, 可得出 $r_1 < \|x_{ij}\| < r_2$, $\forall t \geqslant 0$, 即相邻列车的车间距全部保持在安全范围 (r_1, r_2) 内, 在整个运行时间内避免了相邻列车的碰撞.

此外, 从 (8-43) 可得出, 当且仅当 $\hat{v}(t) = 0$ 时, 有 $\dfrac{\mathrm{d}V(t)}{\mathrm{d}t} = 0$ 成立. 因此集合 $\mathcal{D}\{(\hat{x}_i(t), \hat{v}_i(t)) | \hat{v}_i(t) = 0\}$ 是包含在集合 $\mathcal{B} = \left\{(\hat{x}_i(t), \hat{v}_i(t)) \left| \dfrac{\mathrm{d}V(t)}{\mathrm{d}t} = 0 \right.\right\}$ 中的最大不变集. 根据 LaSalles 不变原理 (Khalilal & Grizzle, 2002), 从任何初始条件开始的解将渐近收敛于 $\left\{(\hat{x}_i, \hat{v}_i) \left| \dfrac{\mathrm{d}V(t)}{\mathrm{d}t} = 0 \right.\right\}$ 中的最大不变集. 显然, 由 $\dfrac{\mathrm{d}V(t)}{\mathrm{d}t} = 0$ 可推出 $\hat{v}(t) = 0$, 即 $v_1(t) = v_2(t) = \cdots = v_n(t) = v_r$. 因此, 每列列车的速度都将收敛到期望速度 v_r. 证明完毕.

注 8.3 列车实际运行过程中将受到牵引和制动器的物理限制. 定理 8.3 的结论提供了灵活的列车协同运行控制策略. 对于牵引和制动器的实际物理限制, 可以

通过调整自由控制参数 (α, β, k) 来选择合适的控制器, 以满足实际物理限制. 如果控制输入的幅度过大, 则可选择一组取值较小的自由控制参数 (α, β, k) 来减小控制输入值, 从而降低控制成本.

8.3.4 多列车自适应协同运行控制方法

考虑列车运行中阻力参数的不确定性和时变性, 本节将进一步设计具有饱和控制输入和不确定参数的多列车自适应协同运行控制方法. 基于相邻列车间的信息传递, 列车自适应协同控制策略 $u_i(t)$ 设计如下:

$$u_i(t) = u_{1i}(t) + u_{2i}(t) + u_{3i}(t), \quad i = 1, 2, \cdots, n \tag{8-44}$$

其中 $u_{1i}(t) = m_i \sum\limits_{j=1}^{n} a_{ij}(v_j(t) - v_i(t))$ 对应于各列车的速度协同, $u_{2i}(t)$ 为自适应控制中用于辨识列车未知参数的部分, 其表示如下:

$$u_{2i}(t) = m_i \left(\hat{f}_i + \hat{c}_{i1} v_i(t) + \hat{c}_{i2} v_i^2(t) - k_i \hat{v}_i(t) \right) \tag{8-45}$$

其中 $\dot{\hat{f}}_i = -\eta_{i0} \hat{v}_i(t)$, $\dot{\hat{c}}_{i1} = -\eta_{i1} \hat{v}_i(t) v_i(t)$, $\dot{\hat{c}}_{i2} = -\eta_{i2} \hat{v}_i(t) v_i^2(t)$, $\hat{k}_i = \eta_{i3} \hat{v}_i(t) \hat{v}_i(t)$, 且 $\eta_{i0} > 0$, $\eta_{i1} > 0$, $\eta_{i2} > 0$, $\eta_{i3} > 0$. 不同的 η_{i0}, η_{i1}, η_{i2} 取值会带来不同的参数辨识率, 不同的 η_{i3} 取值会带来不同的速度追踪率. 第三部分 $u_{3i}(t) = -m_i \sum\limits_{j=1}^{n} a_{ij} \nabla_{x_i} U_{ij}$ 用于保持每列车与其相邻列车的安全间距.

基于自适应协同控制 $u_i(t)$, 令 f_i 代表其他阻力, 多列车运行控制的偏差动态模型建立如下:

$$\begin{cases} \dot{\hat{x}}_i(t) = \hat{v}_i(t) \\ \dot{\hat{v}}_i(t) = \sum\limits_{j=1}^{n} a_{ij}(\hat{v}_j(t) - \hat{v}_i(t)) - \sum\limits_{j=1}^{n} a_{ij} \nabla_{\hat{x}_i} \hat{U}_{ij} \\ \quad + \hat{f}_i - f_i + (\hat{c}_{i1} - c_{i1}) v_i(t) + (\hat{c}_{i2} - c_{i2}) v_i^2(t) - k_i \hat{v}_i(t) \end{cases} \tag{8-46}$$

根据 LaSalles 不变性原理, 下面将给出考虑饱和控制输入和不确定参数的多列车自适应协同控制设计方法 (Li et al., 2016).

定理 8.4 当未出现饱和控制输入时, 假设在初始时刻, 相邻两列车的车间距保持在区间 (r_1, r_2) 内, 在自适应协同控制策略 (8-44) 下, 则有以下结论成立.

(i) 在运行时间内确保避免相邻列车间的碰撞.

(ii) 相邻列车的车间距稳定在安全范围 (r_1, r_2) 内.

(iii) 各列车均追踪到期望速度 v_r.

证明　首先令 $\bar{f}_i = \hat{f}_i - f_i$, $\bar{c}_{i1} = \hat{c}_{i1} - c_{i1}$, $\bar{c}_{i2} = \hat{c}_{i2} - c_{i2}$, 则偏差动态模型 (8-46) 等价为

$$
\begin{cases}
\dot{\hat{x}}_i(t) = \hat{v}_i(t) \\
\dot{\hat{v}}_i(t) = \displaystyle\sum_{j=1}^{n} a_{ij}(\hat{v}_j(t) - \hat{v}_i(t)) - \sum_{j=1}^{n} a_{ij}\nabla_{\hat{x}_i}\hat{U}_{ij} \\
\qquad\quad + \bar{f}_i + \bar{c}_{i1}v_i(t) + \bar{c}_{i2}v_i^2(t) - k_i\hat{v}_i(t).
\end{cases}
\tag{8-47}
$$

对于列车运行控制的偏差动态模型 (8-47), 建立如下 Lyapunov 函数:

$$
V(t) = \sum_{i=1}^{n} \hat{v}_i(t)\hat{v}_i(t) + \sum_{i=1}^{n}\sum_{j=1}^{n} a_{ij}\hat{U}_{ij} + \sum_{i=1}^{n}\left(\frac{\bar{f}_i^2}{\eta_{i0}} + \frac{\bar{c}_{i1}^2}{\eta_{i1}} + \frac{\bar{c}_{i2}^2}{\eta_{i2}}\right) + \sum_{i=1}^{n}\frac{(k_i - p)^2}{\eta_{i3}} \tag{8-48}
$$

其中 p 是待定的正常数.

沿偏差动态模型 (8-47) 的轨迹, 计算 $V(t)$ 的导数如下:

$$
\begin{aligned}
\frac{\mathrm{d}V(t)}{\mathrm{d}t} &= 2\sum_{i=1}^{n}\hat{v}_i(t)\left[\sum_{j=1}^{n} a_{ij}(\hat{v}_j(t) - \hat{v}_i(t)) - \sum_{j=1}^{n} a_{ij}\nabla_{\hat{x}_i}\hat{U}_{ij} + \bar{f}_i\right. \\
&\quad \left. + \bar{c}_{i1}v_i(t) + \bar{c}_{i2}v_i^2(t) - k_i\hat{v}_i(t)\right] + \sum_{i=1}^{n}\sum_{j=1}^{n} a_{ij}\dot{\hat{U}}_{ij} \\
&\quad - 2\sum_{i=1}^{n}\hat{v}_i(t)(\bar{f}_i + \bar{c}_{i1}v_i(t) + \bar{c}_{i2}v_i^2(t)) + 2\sum_{i=1}^{n}(k_i - p)\hat{v}_i^2(t) \\
&= -2\hat{v}^{\mathrm{T}}(t)\mathcal{L}\hat{v}(t) - 2\sum_{i=1}^{n}\sum_{j=1}^{n} a_{ij}\hat{v}_i(t)\nabla_{\hat{x}_i}\hat{U}_{ij} \\
&\quad + \sum_{i=1}^{n}\sum_{j=1}^{n} a_{ij}\dot{\hat{U}}_{ij} - 2p\hat{v}^{\mathrm{T}}(t)\hat{v}(t)
\end{aligned}
\tag{8-49}
$$

其中 $\hat{v}(t) = (\hat{v}_1(t),\ \hat{v}_2(t),\cdots,\ \hat{v}_n(t))^{\mathrm{T}}$.

根据 $\hat{U}_{ij}$ 的对称性, 可推出:

$$
\begin{aligned}
\sum_{i=1}^{n}\sum_{j=1}^{n} a_{ij}\dot{\hat{U}}_{ij} &= \sum_{i=1}^{n}\sum_{j=1}^{n} a_{ij}\dot{\hat{x}}_{ij}\nabla_{\hat{x}_{ij}}\hat{U}_{ij} \\
&= \sum_{i=1}^{n}\sum_{j=1}^{n} a_{ij}(\dot{\hat{x}}_i - \dot{\hat{x}}_j)\nabla_{\hat{x}_{ij}}\hat{U}_{ij} \\
&= \sum_{i=1}^{n}\sum_{j=1}^{n} a_{ij}(\hat{v}_i\nabla_{\hat{x}_i}\hat{U}_{ij} + \hat{v}_j\nabla_{\hat{x}_j}\hat{U}_{ij})
\end{aligned}
$$

$$= 2\sum_{i=1}^{n}\sum_{j=1}^{n} a_{ij}\hat{v}_i(t)\nabla_{\hat{x}_i}\hat{U}_{ij} \tag{8-50}$$

结合 (8-49) 与 (8-50), 可推出

$$\frac{\mathrm{d}V(t)}{\mathrm{d}t} = -2\hat{v}^{\mathrm{T}}(t)\mathcal{L}\hat{v}(t) - 2p\hat{v}^{\mathrm{T}}(t)\hat{v}(t) \tag{8-51}$$

因此, 根据拉普拉斯矩阵 $\mathcal{L} \geqslant 0$ 和 $p > 0$, 有 $\frac{\mathrm{d}V(t)}{\mathrm{d}t} \leqslant 0$ 成立. 通过将 (8-51) 两边从 0 到 t 计算积分, 可得到 $V(t) - V(0) \leqslant 0, \forall t \geqslant 0$. 因此, $V(t)$ 在 $t \geqslant 0$ 时是有界的. 由 (8-48) 可知, 对于任意 $(i,j) \in \varepsilon$, $\hat{U}_{ij} \leqslant V(t) \leqslant V(0)$, 即 $\hat{U}_{ij}$ 是有界的. 因此, 根据 $\hat{U}_{ij}$ 的连续性和有界性, 可得 $r_1 < \|x_{ij}\| < r_2, \forall t \geqslant 0$, 即相邻列车的车间距保持在安全范围 (r_1, r_2) 内. 另外, 根据 (8-51) 可得, 当且仅当 $\hat{v}(t) = 0$ 时, $\frac{\mathrm{d}V(t)}{\mathrm{d}t} = 0$ 成立. 因此对于偏差动态模型 (8-47), 集合 $\mathcal{D}\{(\hat{x}_i(t), \hat{v}_i(t))|\hat{v}_i(t) = 0\}$ 是包含在集合 $\mathcal{B} = \left\{(\hat{x}_i(t), \hat{v}_i(t))\left|\frac{\mathrm{d}V(t)}{\mathrm{d}t} = 0\right.\right\}$ 中最大不变集. 基于 LaSalles 不变性原理, 模型 (8-47) 的解渐进收敛于最大的不变集 $\left\{(\hat{x}_i, \hat{v}_i)\left|\frac{\mathrm{d}V(t)}{\mathrm{d}t} = 0\right.\right\}$. 由 $\frac{\mathrm{d}V(t)}{\mathrm{d}t} = 0$ 可推出 $\hat{v}(t) = 0$, 即 $v_1(t) = v_2(t) = \cdots = v_n(t) = v_r$. 因而, 在自适应协同控制下, 各列车的速度均收敛到期望速度 v_r. 证明完毕.

在列车实际运行控制过程中, 列车控制输入饱和频繁出现, 其降低了列车控制系统的稳定性能. 为解决列车控制输入饱和的情况, 可采用一个抗饱和补偿器以修正控制系统. 本节中的抗饱和补偿器为每列列车生成一个信号 $\varepsilon_i(t)$, 如下所示:

$$\dot{\varepsilon}_i(t) = -\beta_i\varepsilon_i(t) + \frac{1}{m_i}(u_i(t) - u_{i0}(t)) \tag{8-52}$$

令 $e_i(t) = \hat{v}_i(t) - \varepsilon_i(t)$, 可得到如下偏差动态系统:

$$\begin{cases} \dot{\hat{x}}_i(t) = e_i(t) \\ \dot{e}_i(t) = \frac{1}{m_i}u_i(t) - f_i - c_{i1}v_i - c_{i2}v_i^2 + \beta_i\varepsilon_i(t) - \frac{1}{m_i}(u_i(t) - u_{i0}(t)) \end{cases} \tag{8-53}$$

考虑列车的控制输入饱和, 每列列车 i 修正的自适应协同控制 $u_i(t)$ 可设计为如下形式:

$$u_i(t) = \mathrm{sat}(u_{\min}, u_{i0}(t), u_{\max}) \tag{8-54}$$

$$u_{i0}(t) = m_i\left[\sum_{j=1}^{n} a_{ij}(e_j(t) - e_i(t)) - \sum_{j=1}^{n} a_{ij}\nabla_{\bar{x}_i}\bar{U}_{ij} + \hat{f}_i\right.$$

$$+ \hat{c}_{i1}v_i(t) + \hat{c}_{i2}v_i^2(t) - k_ie_i(t) - \beta_i\varepsilon_i(t) \Big] \tag{8-55}$$

其中 $\bar{U}_{ij} = U_{ij}(\bar{x}_{ij})$, $\dot{\hat{f}}_i = -\eta_{i0}e_i(t)$, $\dot{\hat{c}}_{i1} = -\eta_{i1}e_i(t)v_i(t)$, $\dot{\hat{c}}_{i2} = -\eta_{i2}e_i(t)v_i^2(t)$, $\dot{k}_i = \eta_{i3}e_i^2(t)$.

在输入饱和情况下, 信号 $\varepsilon_i(t)$ 用于减弱自适应协同控制的积分饱和. 当输入饱和发生时, 偏差 $\varepsilon_i(t)$ 将会增加, 同时信号 $\hat{v}_i(t)$ 也会增加, 其保证了追踪偏差 $e_i(t)$ 不会有突然的增加. 当输入饱和停止时, $u_i(t) - u_{i0}$ 等于 0, 信号 $\varepsilon_i(t)$ 也将收敛于 0, 并且偏差动态系统 (8-53) 将退化至原来的系统 (8-47).

另外, 对于信号 $\varepsilon_i(t)$, 有如下结论.

定理 8.5　对于信号 $\varepsilon_i(t)$, 存在一个正标量 δ_i, 当 $t > 0$ 时, 有

$$|\varepsilon_i(t)| \leqslant \left|\frac{u_i - u_{i0}}{m_i\beta_i}\right| + \delta_i \tag{8-56}$$

证明略.

对于饱和控制方法设计, 假设所考虑的饱和是 "有限时间饱和", 即与整个运行时间相比, 饱和发生在一段相对较短的时间范围内. 最大饱和时间设为 t_β. 在饱和输入下, 为保证相邻列车间的距离固定在安全范围 (r_1, r_2) 内, 修正的人工势能函数建立如下:

$$U_{ij}(\bar{x}_{ij}) = \frac{1}{\|\bar{x}_{ij}\|_2^2 - \bar{r}_1^2} + \frac{1}{\bar{r}_2^2 - \|\bar{x}_{ij}\|_2^2} \tag{8-57}$$

其中 $\bar{r}_1^2 = r_1^2 + 2t_\beta^2\varepsilon_{\max}^2$, $\bar{r}_2^2 = r_2^2 - 2t_\beta^2\varepsilon_{\max}^2$, $\varepsilon_{\max} = \max\limits_i \left\{\left|\dfrac{u_i - u_{i0}}{m_i\beta_i}\right| + \delta_i\right\}$.

下面的定理将给出具有饱和输入的城市轨道交通多列车自适应协同运行控制的主要结论.

定理 8.6　考虑列车控制饱和输入情况, 假设在初始时刻相邻列车间的车间距保持在区间 (r_1, r_2) 内, 在自适应协同控制下, 有如下结论成立:

情况 1　当饱和未出现时, 即 $u_i(t) - u_{i0}(t) = 0$, 定理 8.4 中的所有结果自然成立.

情况 2　当饱和出现时, 即 $u_i(t) - u_{i0}(t) \neq 0$, 下列结果成立:

(i) 在运行时间内确保避免相邻列车的碰撞.

(ii) 相邻列车的车间距离稳定在安全范围 (r_1, r_2) 内.

(iii) 每列列车的速度追踪偏差收敛于紧致域 $\left\{\hat{v}_i(t)|\hat{v}_i(t) \leqslant \left|\dfrac{u_i - u_{i0}}{m_i\beta_i}\right|\right\}$.

证明　当执行器未达到饱和时, 即 $u_i(t) - u_{i0}(t) = 0$, 偏差动态系统 (8-53) 将退化至系统 (8-47), 定理 8.4 中的结论自然成立.

当饱和出现时, 对于列车偏差动态系统 (8-53), 建立如下 Lyapunov 函数:

$$V(t) = \sum_{i=1}^{n} e_i(t)e_i(t) + \sum_{i=1}^{n}\sum_{j=1}^{n} a_{ij}\bar{U}_{ij}$$

$$+ \sum_{i=1}^{n}\left(\frac{\bar{f}_i^2}{\eta_{i0}} + \frac{\bar{c}_{i1}^2}{\eta_{i1}} + \frac{\bar{c}_{i2}^2}{\eta_{i2}}\right) + \sum_{i=1}^{n}\frac{(k_i - p)^2}{\eta_{i3}} \tag{8-58}$$

其中 p 是待定的正常数.

进一步, 计算 $V(t)$ 的导数如下:

$$\frac{\mathrm{d}V(t)}{\mathrm{d}t} = 2\sum_{i=1}^{n} e_i(t)\left\{\sum_{j=1}^{n} a_{ij}(e_j(t) - e_i(t)) - \sum_{j=1}^{n} a_{ij}\nabla_{\bar{x}_i}\bar{U}_{ij}\right\}$$

$$+ 2\sum_{i=1}^{n} e_i(t)(\bar{f}_i + \bar{c}_{i1}v_i(t) + \bar{c}_{i2}v_i^2(t) - k_i e_i(t))$$

$$- 2\sum_{i=1}^{n} e_i(t)(\bar{f}_i + \bar{c}_{i1}v_i(t) + \bar{c}_{i2}v_i^2(t))$$

$$+ \sum_{i=1}^{n}\sum_{j=1}^{n} a_{ij}\dot{\bar{U}}_{ij} + 2\sum_{i=1}^{n} k_i e_i(t)e_i(t) - 2\sum_{i=1}^{n} pe_i(t)e_i(t) \tag{8-59}$$

由 $\displaystyle\sum_{i=1}^{n}\sum_{j=1}^{n} a_{ij}\dot{\bar{U}}_{ij} = 2\sum_{i=1}^{n}\sum_{j=1}^{n} a_{ij}\nabla_{\hat{x}_i}\bar{U}_{ij}$, 可得

$$\frac{\mathrm{d}V(t)}{\mathrm{d}t} = -2e^{\mathrm{T}}(t)\mathcal{L}e(t) - 2pe^{\mathrm{T}}(t)e(t) \tag{8-60}$$

其中 $e(t) = (e_1(t), e_2(t), \cdots, e_n(t))^{\mathrm{T}}$. 与定理 8.4 中的分析结果相似, 可推导出 $\bar{U}_{ij}$ 是有界的. 因此根据 $\hat{U}_{ij}$ 的连续性和有界性, 可得 $\bar{r}_1 < \|\bar{x}_{ij}\| < \bar{r}_2, \forall t \geqslant 0$. 根据 $\bar{x}_{ij} = x_{ij} - \left(\displaystyle\int_{t_0}^{t}\varepsilon_i(\alpha)\mathrm{d}\alpha - \int_{t_0}^{t}\varepsilon_j(\alpha)\mathrm{d}\alpha\right)$ 和定理 8.5, 可得到

$$\|\bar{x}_{ij}\|^2 = \left|x_{ij} - \left(\int_{t_0}^{t}\varepsilon_i(\alpha)\mathrm{d}\alpha - \int_{t_0}^{t}\varepsilon_j(\alpha)\mathrm{d}\alpha\right)\right|^2$$

$$\leqslant \|x_{ij}\|^2 + \left|\int_{t_0}^{t}\varepsilon_i(\alpha)\mathrm{d}\alpha - \int_{t_0}^{t}\varepsilon_j(\alpha)\mathrm{d}\alpha\right|^2$$

$$\leqslant \|x_{ij}\|^2 + 2t_\beta^2\varepsilon_{\max}^2 \tag{8-61}$$

结合 $\|\bar{x}_{ij}\| > \bar{r}_1$, 可得 $\|x_{ij}\|^2 > \bar{r}_1^2 - 2t_\beta^2\varepsilon_{\max}^2 = r_1^2$. 类似地, 可推出 $\|x_{ij}\|^2 - 2t_\beta^2\varepsilon_{\max}^2 \leqslant \|\bar{x}_{ij}\|^2 < \bar{r}_2^2$, 即 $\|x_{ij}\|^2 < r_2^2$. 因此, 在饱和输入时, 相邻列车的车间距保持在安全范围 (r_1, r_2) 内, 避免了列车运行过程中碰撞的出现.

另外, 当且仅当 $e(t) = 0$ 时, 有 $\dfrac{\mathrm{d}V(t)}{\mathrm{d}t} = 0$ 成立. 因此, 对于系统 (8-53), 集合 $\mathcal{D}\{(\bar{x}_i(t), e_i(t))|e_i(t) = 0\}$ 是包含在集合 $\mathcal{B} = \left\{(\bar{x}_i(t), e_i(t))\left|\dfrac{\mathrm{d}V(t)}{\mathrm{d}t} = 0\right.\right\}$ 中最大的不变集. 基于 LaSalles 不变性原理, 从任意初始条件开始的解渐进收敛于最大不变集 $\left\{(\bar{x}_i(t), e_i(t))\left|\dfrac{\mathrm{d}V(t)}{\mathrm{d}t} = 0\right.\right\}$. 因而, $\dfrac{\mathrm{d}V(t)}{\mathrm{d}t} = 0$ 成立, 即 $e(t) = 0$, 其意味着当 $t \to \infty$ 时, $\hat{v}_i(t) = \varepsilon_i(t)$. 当 $t \to \infty$ 时, 有 $|\varepsilon_i(t)| \leqslant \left|\dfrac{u_i - u_{i0}}{m_i\beta_i}\right|$ 成立. 进一步, 可知当 $t \to \infty$ 时, 有 $\hat{v}_i(t) \leqslant \left|\dfrac{u_i - u_{i0}}{m_i\beta_i}\right|$ 成立. 因此, 每列列车的速度追踪偏差收敛于紧致域 $\left\{\hat{v}_i(t)|\hat{v}_i(t) \leqslant \left|\dfrac{u_i - u_{i0}}{m_i\beta_i}\right|\right\}$. 证明完毕.

注 8.4　定理 8.6 给出了具有饱和控制输入的多列车自适应协同运行控制算法. 当输入饱和未发生时, 所有列车的速度将追踪到期望速度 v_r, 当输入饱和发生时, 速度追踪偏差将收敛于紧致域 $\left\{\hat{v}_i(t)|\hat{v}_i(t) \leqslant \left|\dfrac{u_i - u_{i0}}{m_i\beta_i}\right|\right\}$. 因此, 当输入饱和发生时, 可通过增加 β_i 的值, 缩小紧致域和减少饱和时间来达到期望速度追踪结果. 另外, 对于可能的输入饱和, 在运行时间内, 相邻列车的车间距总是保持在安全范围 (r_1, r_2) 内, 其保证了具有饱和控制输入的多列车安全协同运行.

8.3.5　数值算例

本节将给出两个数值算例来验证多列车协同运行控制方法的有效性. 在算例中, 考虑有 4 列列车在轨道线路上运行, 并假设它们是同质的, 即每列列车具有相同的系统参数. 列车运行时间范围从 $t_0 = 30$ s 到 $t_f = 150$ s. 表 8-2 给出了每个列车的运行参数.

表 8-2　列车运行参数

符号	值	单位
$m_i, i = 1, 2, 3, 4$	500×10^3	kg
c_{i0}	4.5	N/kg
c_{i1}	0.0146	Ns/mkg
c_{i2}	0.000534	$\mathrm{Ns}^2/\mathrm{m}^2\mathrm{kg}$

例 8.3　在本例中, 列车期望速度在运行时间范围中有两种不同的速度模式, 表示如下

$$v_r = \begin{cases} 70 \text{ km/h}, & 30 \text{ s} \leqslant t < 100 \text{ s} \\ 60 \text{ km/h}, & 100 \text{ s} \leqslant t < 150 \text{ s} \end{cases} \tag{8-62}$$

选择 $r_1 = 0.5$ km 和 $r_2 = 3$ km 作为两个相邻列车之间的最小和最大安全车间距.

在初始时刻, 假设相邻列车的车间距保持在 [0.5 km, 2 km] 范围内, 各列车的初始速度在 10 km/h 到 60 km/h 之间. 对于列车实际运行过程中的最大加减速度限制, 选择一组适当的自由控制参数为: $(\alpha, \beta, k) = (0.01, 0.1, 0.02)$. 在协同运行控制 (8-36) 下, 每列列车的运行速度曲线如图 8-7 所示. 可以看出, 在初始时刻, 每列列车的速度通过控制项 $u_{1i}(t)$ 先达到速度协同的状态. 在 $t = 55$ s 时, 所有的列车追踪到期望速度 $v_r = 70$ km/h, 并从时间 $t = 55$ s 到 $t = 100$ s, 按照期望速度协同运行. 在 $t = 100$ s 之后, 列车期望速度减小至 $v_r = 60$ km/h. 在协同运行控制下, 所有列车开始降速行驶, 在大约 $t = 120$ s 时追踪到期望速度 $v_r = 60$ km/h, 并按照期望速度协同运行.

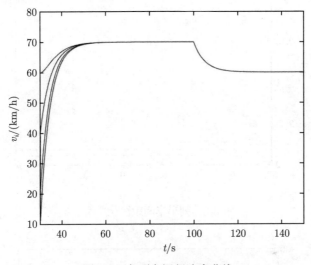

图 8-7 各列车运行速度曲线

同时, 令 $\bar{y}_i(t) = x_i(t) - x_{i+1}(t), i = 1, 2, 3$ 表示相邻列车 i 和 $i+1$ 之间的车间距. 图 8-8 给出了相邻列车的车间距随时间演化曲线. 可以发现, 在协同运行控制下, 列车车间距都稳定在安全距离范围内. 在开始时刻, 由于每列列车的速度不同, 列车车间距随时间而发生变化. 从 $t = 40$ s 开始, 所有列车车间距保持固定不变, 并且保持在安全距离范围 (r_1, r_2) 内.

例 8.4 该算例用来检验多列车自适应协同运行控制方法的有效性. 考虑 4 辆列车以期望速度为 $v_r = 80$ km/h 运行. 列车运行过程中的最小安全距离、最大运行距离、列车初始速度和位移均与例 8.3 相同.

对于多列车运行控制模型, 当不考虑饱和时, 图 8-9 给出了列车在自适应协同控制下的速度曲线. 由图 8-9 可知, 在初始时刻, 各列车的速度趋于协同状态, 并在大约 10 s 后, 各列车快速追踪到期望速度 $v_r = 80$ km/h. 另外, 令 $\bar{y}_i = x_i - x_{i+1}$, $i = 1, 2, 3$ 表示相邻列车 i 与 $i+1$ 的车间距. 图 8-10 显示了在自适应协同控制 (8-44) 下的相邻列车的车间距随时间演化曲线. 由图 8-10 可观察到, 所有列车均保持安全车间距运行. 相应地, 图 8-11 给出了每列车的控制力 $u_i(t)$. 可以发现, 在开始时刻每列车的控制力 $u_i(t)$ 比较大, 用于追踪期望速度并保证安全车间距. 当追踪到目标速度曲线时, 控制力减小并收敛至常数 1.8764×10^4 N. 除此之外, 由图 8-11 可以发现, 每列车最大的控制力为 5.0086×10^6 N, 最小的控制力为 -1.0968×10^6 N. 当控制力 $u(t) > 0$ 时, 它会对列车形成牵引力; 反之, 当 $u(t) < 0$ 时, 形成制动力.

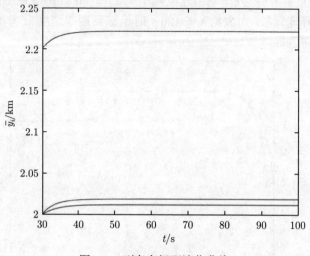

图 8-8　列车车间距演化曲线

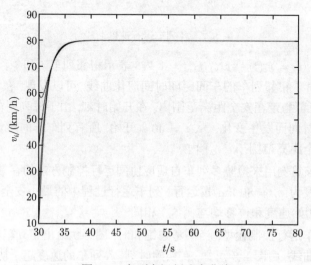

图 8-9　各列车运行速度曲线

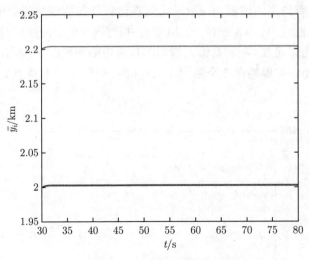

图 8-10 列车车间距演化曲线

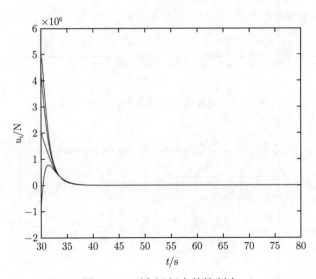

图 8-11 列车运行中的控制力

进一步, 考虑具有饱和控制输入下的列车自适应协同控制. 假设实际列车运行中的最大的牵引力为 0.4×10^6 N, 最大的制动力为 -0.3×10^6 N. 将自适应协同控制 $u_i(t)$ 应用于每列车, 可得到每列车的速度演化曲线如图 8-12 所示. 通过与图 8-8 中没有饱和输入的情况相比, 发现具有饱和输入的各列车追踪期望速度过程变慢, 因此, 控制输入饱和降低了系统性能. 然而, 在时刻 $t = 50$ s 后, 各列车以期望速度运行, 表明了在饱和控制输入下的自适应协同控制的有效性. 同时,

图 8-13 刻画了有约束的控制力 $u_i(t)$, 可知在运行时间内满足最大的牵引力 0.4×10^6 N 及最大的制动力 -0.3×10^6 N. 相应地, 相邻列车的车间距随时间演化曲线如图 8-14 所示. 由图可知, 在具有输入饱和的自适应协同控制下, 所有列车的车间距在整个运行时间中均保持在安全范围 (r_1, r_2) 内, 保障了城市轨道交通多列车的安全协同运行.

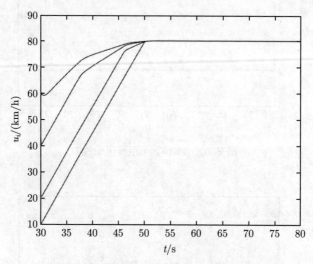

图 8-12　饱和输入下的列车运行速度曲线

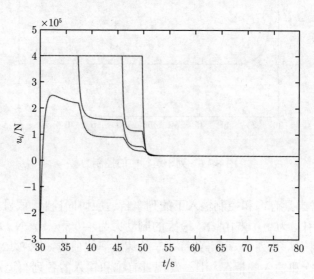

图 8-13　饱和输入下列车运行中的控制力

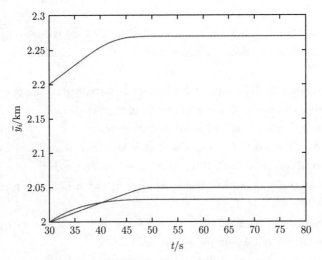

图 8-14 饱和输入下的列车车间距演化曲线

8.4 小 结

本章主要介绍了城市轨道交通列车运行控制建模与方法, 包括单列车运行控制建模与方法以及多列车协同运行控制建模与方法. 在单列车运行控制建模与方法部分, 介绍了基于多质点的列车运行控制模型, 以及基于连续线性反馈和采样数据的列车运行控制方法, 以提高列车运行追踪精度, 并通过数值算法验证了相关模型和方法的有效性. 该部分为实际中具有多牵引/制动控制单元的列车运行控制方法设计提供了理论支撑. 在多列车协同运行控制建模与方法部分, 介绍了基于多智能系统的多列车协同运行控制模型, 以及多列车协同运行和自适应协同运行控制方法, 保障多列车安全高效协同运行, 并通过数值算法验证了相关模型和方法的有效性. 该部分为基于车–车通信的多列车运行控制系统的设计提供了理论参考.

参 考 文 献

Astolfi A, Menini L. 2002. Input/output decoupling problems for high speed trains. American Control Conference, 1: 549-554.

Böcker J, Lind J, Zirkler B. 2001. Using a multi-agent approach to optimise the train coupling and sharing system. European Journal of Operational Research, 131(2): 242-252.

Boyd S, Elghaoui L, Feron E, et al. 1994. Linear Matrix Inequalities in System and Control

Theory. Philadelphia: SIAM.

Chou M, Xia X. 2007. Optimal cruise control of heavy-haul trains equipped with electronically controlled pneumatic brake systems. Control Engineering Practice, 15(5): 511-519.

Ciccarelli F, Iannuzzi D, Tricoli P. 2012. Control of metro-trains equipped with onboard supercapacitors for energy saving and reduction of power peak demand. Transportation Research Part C: Emerging Technologies, 24: 36-49.

Davis W J. 1926. The tractive resistance of electric locomotives and cars. General Electric.

De Oliveira L B, Camponogara E. 2010. Multi-agent model predictive control of signaling split in urban traffic networks. Transportation Research Part C: Emerging Technologies, 18(1): 120-139.

Dong H, Gao S, Ning B, et al. 2013. Extended fuzzy logic controller for high speed train. Neural Computing and Applications, 22(2): 321-328.

Dong H, Ning B, Cai B, et al. 2010. Automatic train control system development and simulation for high-speed railways. IEEE Circuits and Systems Magazine, 10(2): 6-18.

El-kebbe D A, Gotz M. 2005. Distributed Real-Time Control of Railway Crossings Using Multi-Agent Technology. International Conference on Computational Intelligence for Modelling, Control and Automation and International Conference on Intelligent Agents, IEEE Computer Society: 768-772.

Fridman E, Seuret A, Richard J P. 2004. Robust sampled-data stabilization of linear systems: An input delay approach. Automatica, 40(8): 1441-1446.

Gao H, Sun W, Shi P. 2010. Robust sampled-data H_∞ control for vehicle active suspension systems. IEEE Transactions on Control Systems and Technology, 18(1): 238-245.

Gordon S P, Lehrer D G. 1998. Coordinated train control and energy management control strategies. Railroad Conference, 1998. Proceedings of the 1998 ASME/IEEE Joint. IEEE: 165-176.

Gu K, Kharitonov V, Chen J. 2003. Stability of Time-Delay Systems. Boston: Birkhauser.

Howlett P. 1996. Optimal strategies for the control of a train. Automatica, 32(4): 519-532.

Kammoun H M, Kallel I, Casillas J, et al. 2014. Adapt-traf: an adaptive multiagent road traffic management system based on hybrid ant-hierarchical fuzzy model. Transportation Research Part C: Emerging Technologies, 42: 147-167.

Khalil H K, Grizzle J W. 2002. Nonlinear Systems. Upper Saddle River: Prentice Hall.

Khmelnitsky E. 2000. On an optimal control problem of train operation. IEEE Transactions on Automatic Control, 45(7): 1257-1266.

Li K, Guan L. 2009. Simulating train movement in railway traffic using a car-following model. Chinese Physics B, 18(6): 2200-2205.

Li S, Yang L, Gao Z. 2015. Coordinated cruise control for high-speed train movementsbased on a multi-agent model. Transportation Research Part C: Emerging Technologies, 56:

281-292.

Li S, Yang L, Gao Z. 2016. Adaptive coordinated control of multiple high-speed trainswith input saturation. Nonlinear Dynamics, 83: 2157-2169.

Li S, Yang L, Li K, et al. 2014. Robust sampled-data cruise control scheduling of high speed train. Transportation Research Part C: Emerging Technologies, 46: 274-283.

Liu R, Golovitcher I M. 2003. Energy-efficient operation of rail vehicles. Transportation Research Part A: Policy and Practice, 37(10): 917-932.

Olfati-Saber R. 2006. Flocking for multi-agent dynamic systems: algorithms and theory. IEEE Transactions On Automatic Control, 51(3): 401-420.

Reynolds C W. 1987. Flocks, herds and schools: a distributed behavioral model. ACM SIGGRAPH Computer Graphics, 21: 25-34.

Song Q, Song Y, Tang T, et al. 2011. Computationally inexpensive tracking control of high-speed trains with traction/braking saturation. IEEE Transactions on Intelligent Transportation Systems, 12(4): 1116-1125.

Song Q, Song Y. 2011. Data-based fault-tolerant control of high-speed trains with traction/braking notch nonlinearities and actuator failures. IEEE Transactions on Neural Networks, 22(12): 2250-2261.

Tanner H G, Jadbabaie A, Pappas G J. 2007. Flocking in fixed and switching networks. IEEE Transactions on Automatic Control, 52(5): 863-868.

Toner J, Tu Y, Ramaswamy S. 2005. Hydrodynamics and phases of flocks. Annals of Physics, 318(1): 170-244.

Toner J, Tu Y. 1998. Flocks, herds, and schools: a quantitative theory of flocking. Physical Review E, 58(4): 4828.

Wen G, Duan Z, Yu W, et al. 2013. Consensus of multi-agent systems with nonlinear dynamics and sampled-data information: a delayed-input approach. International Journal of Robust and Nonlinear Control, 23(6): 602-619.

Yang C, Sun Y. 1999. Robust cruise control of high speed train with hardening/softening nonlinear coupler. American Control Conference, 3: 2200-2204.

Yang C, Sun Y. 2001. Mixed H_2/H cruise controller design for high speed train. International Journal of Control, 74(9): 905-920.

Yang L, Li K, Gao Z, et al. 2012. Optimizing trains movement on a railway network. Omega, 40(5): 619-633.

Yang L, Li X, Li K. 2011. A control simulation method of high-speed trains on railway network with irregular influence. Communications in Theoretical Physics, 56(3): 411-418.

Zhou Y, Wang Y. 2011. Coordinated control among high-speed trains based on model predictive control. Key Engineering Materials, 467: 2143-2148.

Zhuan X, Xia X. 2006. Cruise control scheduling of heavy haul trains. IEEE Transactions on Control Systems and Technology, 14(4): 757-766.

Zhuan X, Xia X. 2008. Speed regulation with measured output feedback in the control of heavy haul trains. Automatica, 44(1): 242-247.

Zhuan X, Xia X. 2010. Fault-tolerant control of heavy-haul trains. Vehicle System Dynamics, 48(6): 705-735.

第 9 章　城市轨道交通列车运行图与速度曲线
一体化优化方法

9.1　概　　述

在实际运营中,列车运行图的编制方法主要包括人工编制方法、列控系统编制方法、计算机编制方法等. 人工编制方法是依靠人工经验,利用 Excel 与 AutoCAD 等软件完成. 采用这种方法编制一张运行图往往需要花费大量时间且工作量很大,难以适应城轨列车运行图随客流需求、技术设备、运输组织方法的变化而调整的需要, 也难以适应城市轨道交通智能化发展的趋势. 列车运行控制系统 (ATC) 包括列车自动驾驶 (ATO), 列车自动防护 (ATP) 与列车自动监控 (ATS) 等功能, 是当前轨道交通发展的前沿技术. 其中, ATS 系统嵌入了列车运行图编制功能模块, 只需输入特定的线路和车辆信息, 即可生成相应列车运行图. 如图 9-1 所示, 在 ATS 编制运行图的基础上,进一步在每个运行区间嵌入多条 ATO 推荐速度曲线, 每条速度曲线对应不同的区间运行时间, 用于列车在实际运行中的自动驾驶.

目前, 轨道交通列车运行图的优化编制一直是国内外研究的热点 (Cacchiani et al., 2016). 通常情况下, 列车运行图优化问题需要建立相应的数学模型并进行求解,从而实现列车通过能力、运行图鲁棒性等目标函数的最优性 (Cacchiani & Toth, 2012; Cordeau et al., 1998; Kroon et al., 2014). 对于城市轨道交通而言, 由于其首要目标是满足乘客的乘车需求并提高服务质量, 因此近年来的大量研究是在考虑客流动态性的条件下, 将乘客等待时间作为优化目标. 例如, Niu & Zhou(2013) 提出了一种基于动态客流需求的城市轨道交通列车运行图编制方法,通过设计非线性 0-1 规划模型极小化乘客的等待时间, 提出了乘客等待时间窗的概念并设计了遗传算法. Barrena 等 (2014) 提出了两类非线性模型用于求解城市轨道交通列车运行图优化问题, 设计了基于大规模邻域搜索的快速求解算法. Niu 等 (2015) 进一步考虑了列车跳站操作, 提出了若干种非线性模型的线性 (二次) 转化方法.

近年来, 随着能耗问题愈加突出, 许多国内外学者开始关注列车节能运行图的设计, 旨在通过降低列车牵引能耗并提高再生能量吸收利用效率来降低系统的总能耗. 例如, Ramos 等 (2007) 提出了一种上下行列车的协同方法, 通过优化牵引列车和制动列车之间的重叠区域来提高再生能量的利用率. Li & Lo(2014) 也提出了一种列车节能运行图的优化方法, 通过考虑列车在区间的运行状态来提高再生能量的利用率, 并设计了遗传算法进行求解.

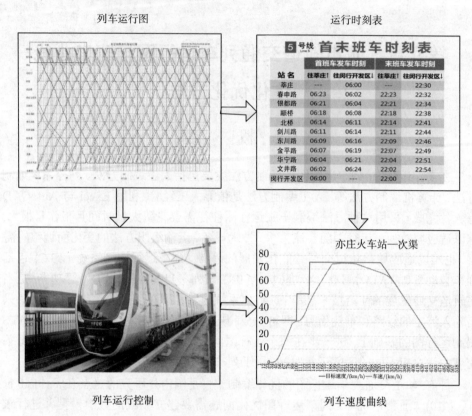

图 9-1　列车运行图编制与速度曲线设计

　　然而, 当前的编图方法只是将轨道交通列车资源尽可能分配到运行线路上, 未能从一体化的层面考虑轨道交通客流的动态特性和列车的运行能耗. 同时, 当前的列车运行图编制方法和 ATO 速度曲线设计尚未实现有机的结合, 忽略了列车运行过程中再生能量的吸收利用问题, 导致部分再生能量需通过热敏电阻损耗释放, 造成不必要的浪费. 本章将针对我国城市轨道交通的特点, 面向时效和能效的提升提出列车运行图与速度曲线一体化的建模方法, 考虑乘客出行需求和系统节能之间的内在关系, 提出了一种基于时空网络的列车运行图与速度曲线一体化优化方法, 以降低列车运行能耗和乘客等待时间, 最大化再生制动能量的利用; 之后进一步给出了列车质量不确定情况下的一体化建模方法. 本章的研究内容主要来源于作者及团队成员近年来的一些研究成果 (Yin et al., 2017; Yang et al., 2016; Huang et al., 2016).

9.2 基于时空网络的列车运行图与速度曲线一体化优化方法

本节将具体阐述基于时空网络的列车运行图和速度曲线一体化建模方法, 并给出模型的变量、约束和目标函数. 之后面向时效和能效的提升, 构建了两种基于线性规划的数学模型, 分别用于不考虑和考虑再生能量的场景.

9.2.1 时空网络表示方法

我国大多数城市轨道交通线路可用图 9-2 所示的双方向轨道线路来表示. 在此, 令 $I = \{1, 2, \cdots, 2I\}$ 表示车站集合, $K = \{1, 2, \cdots, K\}$ 表示所有车次集合. 实际运营中, 任一列车 $k \in K$ 首先从车站 1 出发, 沿上行区间依次经过各车站, 直至折返车站 I; 之后, 列车在车站 I 进行折返作业, 并沿下行区间到达车站 $2I$, 开始下一个运行周期.

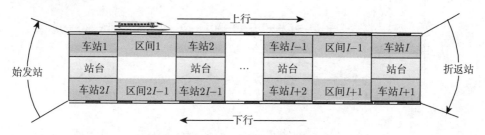

图 9-2 典型双方向城市轨道交通线路

基于上述运营环境, 本节的目的是从一体化角度优化列车运行图和速度曲线, 从而降低轨道交通系统的列车运行成本 (即能耗) 和乘客等待时间. 主要考虑两类影响因素. 首先, 城市轨道交通客流呈现明显的动态特性, 一天内存在明显的早晚高峰和平峰时段, 因此可以根据客流需求改变列车运行间隔. 其次, 列车运行能耗与运营成本直接相关, 合理的列车运行图与速度曲线能很大程度降低轨道交通系统的碳排放量, 带来显著的经济和社会效益. 因此, 在设计列车运行图与速度曲线时, 需要综合考虑动态客流需求和列车运行能耗两类影响因素.

时空网络建模方法在动态交通建模 (Yang & Zhou, 2014)、网络设计 (Tong et al., 2015) 以及车辆路径规划 (Mahmoudi & Zhou, 2016) 等问题中都有着广泛的应用, 其核心思想是通过引入离散的时间维度, 将物理网络扩展至高维度的时间–空间网络, 用以刻画交通网络中的动态时空变化特性. 使用网络 $G(V, S)$ 表示某个轨道交通线路, 其中 V 表示所有的物理节点 (即车站) 集合, S 表示所有的物理路段 (即站间的运行区间) 集合. 为了刻画列车按照计划运行图, 从初始车站发车至终点站折返过程中时间–距离–速度的变化, 首先将整个时间轴 T 离散为一系列的时间点 (timestamp), 即 $T = \{t_0 + n\delta \mid n = 0, 1, \cdots, M\}$. 其中, t_0 表示初始时刻,

δ 为很小的时间增量, 列车在每个离散时间点 $t_0 + n\delta$ 上到达或者离开任意车站. 图 9-3 给出了一个轨道交通物理网络, 包括四个车站 $(\#1, 2, 3, 4)$、三个运行区间 $(\#(1, 2), (2, 3), (3, 4))$, 以及与之对应的离散时空网络. 如图所示, 通过引入离散时间维度, 将该物理网络扩展为动态时空网络, 其中每一条时空弧 (i, j, t, t') 表示一辆列车在时间节点 t 从物理节点 i 出发, 并且在时间节点 t' 到达物理节点 j. 利用这样的方式可以表示列车在时空网络中进入、驶出每个车站的时间点, 将所有列车的时空轨迹在时空网络中依次描出, 即可得到列车运行图.

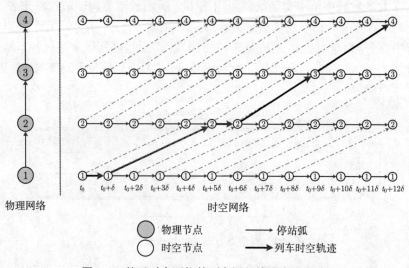

图 9-3　基于时空网络的列车运行轨迹表示方法

　　为了能够从一体化的层面描述列车运行图和运行速度曲线之间的关系, 可在上文构建的时空网络基础上融入列车运行速度曲线, 作为时空网络的 "状态维度". 如图 9-4 所示, 在左图时空网络 G 的每一条时空弧 $(i, j, t, t') \in A(A$ 为时空弧的集合) 上定义相应的列车运行速度曲线 $\{v_{ijtt'}(x) | t \leqslant x < t'\}$ 作为每一条时空弧的状态维度, 即可形成三维坐标系下的列车运行速度曲线. 此外, 列车运行速度曲线 $\{v_{ijtt'}(x) | t \leqslant x < t'\}$ 需满足如下约束:

$$v_{ijtt'}(t) = v_{ijtt'}(t') = 0$$
$$v_{ijtt'}(t_s) \leqslant v_{\lim}, \quad t_s \in [t, t']$$
$$b_{\min} \leqslant \dot{v}_{ijtt'}(x) \leqslant a_{\max}$$
$$\int_t^{t'} v_{ijtt'}(x)\mathrm{d}x = s_{ij}$$

其中, 第一组约束表示列车在发车和停车时的运行速度为零; 第二组约束表示列车的运行速度小于线路限速; 第三组约束表示列车加减速度在最大加速度和最小减速度之间; 第四组约束表示列车在区间运行距离为车站 i 和 j 之间的线路长度. 在此基础上, 可以将列车运行能耗 $E_{ijtt'}$ 作为每条时空弧所对应的运行成本, 在模型的目标函数中予以体现.

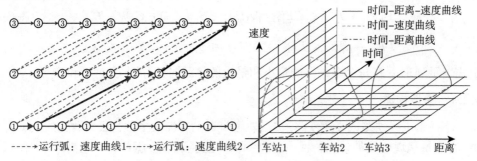

图 9-4 考虑列车速度曲线的时空网络

9.2.2 约束条件

通过将时间轴离散化、引入列车速度状态并建立时空网络, 可以将所有列车的时空轨迹通过定义决策变量 $x_{i,j,t,t'}^k \in \{0,1\}$ 来表示. 如果决策变量 $x_{i,j,t,t'}^k = 1$, 表示列车 k 占用了时空弧 (i,j,t,t'); 如果决策变量 $x_{i,j,t,t'}^k = 0$, 表示列车 k 没有占用时空弧 (i,j,t,t'). 决策变量 $x_{i,j,t,t'}^k$ 需要满足以下约束.

(1) 网络流平衡约束

$$\sum_{(i,j,t,t')\in A} x_{ijtt'}^k - \sum_{(j,i,t',t)\in A} x_{jit't}^k = \begin{cases} 1, & i = O, t = t_0 \\ -1, & i = D, t = t_0 + M\delta, \quad \forall k \in \boldsymbol{K} \\ 0 & \text{其他} \end{cases} \quad (9\text{-}1)$$

其中 (O, t_0) 和 $(D, t_0 + M\delta)$ 分别表示时空网络的虚拟起点和虚拟终点, $\boldsymbol{K}$ 表示所有需要调整列车的集合. 对于每一个 $k \in \boldsymbol{K}$, 以上约束能够唯一地表示列车在时空网络中的时空轨迹, 即列车 k 的运行图与速度曲线.

(2) 列车运行安全间隔约束

$$TE_{ij}^k = \sum_{(i,j,t,t')\in A} t \cdot x_{ijtt'}^k, \quad \forall (i,j) \in S, \ k \in \boldsymbol{K} \quad (9\text{-}2)$$

$$TD_{ij}^k = \sum_{(i,j,t,t')\in A} t' \cdot x_{ijtt'}^k, \quad \forall (i,j) \in S, \ k \in \boldsymbol{K} \quad (9\text{-}3)$$

$$TE_{ij}^{k-1} + h_{ij} \leqslant TE_{ij}^k, \quad \forall (i,j) \in S, \ k \in \boldsymbol{K} \backslash \{1\} \quad (9\text{-}4)$$

$$TD_{ij}^{k-1} + h_{ij} \leqslant TD_{ij}^k, \quad \forall (i,j) \in S, \ k \in \boldsymbol{K} \backslash \{1\} \quad (9\text{-}5)$$

上述表达式中, S 表示物理弧段集合, TE_{ij}^k 表示列车进入物理弧段 (i,j) 的时刻, 即列车离开车站 i 前往车站 j 的时刻; 类似地, TD_{ij}^k 表示列车的到站时分. 不等式

(9-4) 和 (9-5) 分别表示相邻列车 $k-1$ 和 k 离开车站 i 的安全时间间隔和进入车站 j 的安全时间间隔需大于 h_{ij}.

(3) 列车停站时分约束

$$TD_{j'i}^k + d_i^{\min} \leqslant TE_{ij}^k, \quad \forall (i,j) \in S,\ (j',i) \in S,\ k \in \boldsymbol{K} \tag{9-6}$$

$$TE_{ij}^k - d_i^{\max} \leqslant TD_{j'i}^k, \quad \forall (i,j) \in S,\ (j',i) \in S,\ k \in \boldsymbol{K} \tag{9-7}$$

上式表示列车 k 在每个车站 i 的最小和最大的停站时间分别为 $d_i^{\min}$ 和 $d_i^{\max}$.

9.2.3　模型构建

不同于干线铁路或高速铁路, 城市轨道交通的客流大多数为日常通勤的上班人员, 客流量呈现明显的动态特性, 在早晚高峰达到极大值. 据统计, 北京地铁工作日的早高峰时分 (8—9 点) 客流占整个上午 (6—12 点) 客流量的 60% 以上. 图 9-5 给出了北京地铁亦庄线宋家庄、肖村、小红门和旧宫站某一工作日的客流量随时间的变化情况. 可以看出, 这些车站客流量在早晚高峰达到极值, 而在平峰时分客流需求相对较小. 因此, 地铁客流需求具有明显的 "集中" 和 "动态" 特性.

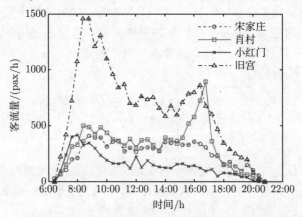

图 9-5　北京地铁亦庄线客流量统计图

为了精确描述城市轨道交通的列车运行建模过程, 我们考虑将动态客流量融入时空网络模型的构建. 首先, 城市轨道交通线路上动态客流量可利用动态 OD 矩阵来表示, 即在每个离散时间点 t 上定义矩阵 $P(t)$, 矩阵 $P(t)$ 的任一元素 $p_{ij}(t)$ 满足:

$$p_{ij}(t): \begin{cases} \geqslant 0, & (1 \leqslant i \leqslant I, 1 \leqslant j \leqslant I, i < j) \cup (I < i \leqslant 2I, I < j \leqslant 2I, i < j) \\ = 0, & \text{其他} \end{cases}$$

$$\tag{9-8}$$

其中, $p_{ij}(t)$ 表示时间点 t 上, 以车站 i 为起点、车站 j 为终点的到达乘客数量. 在给定列车时空轨迹选择变量 $x_{ijtt'}^k$ 后, 可采用下面公式表示时空网络中客流的动态

变化规律:

$$n_t^i = n_{t-\delta}^i + \sum_{i \leqslant j \leqslant 2I} p_{ij}(t) \cdot \delta - b_t^i \tag{9-9}$$

$$b_t^i \leqslant \sum_{k \in \mathbf{K}} x_{iit't}^k b_{\max}^i \tag{9-10}$$

其中, n_t^i 和 b_t^i 分别表示时间点 t 上, 车站 i 的等待乘客数量和上车乘客数量. 公式 (9-9) 表示每个时间点上等待乘客数量的变化等于该时间段内到达乘客的数量减去上车乘客的数量. 公式 (9-10) 表示, 如果列车在时间点 t 停靠车站 i, 即

$$\sum_{k \in \mathbf{K}} x_{iit't}^k = 1 \tag{9-11}$$

则等待的乘客可以上车; 否则, 乘客无法在此时间点上车. 由公式 (9-11) 可知 $b_t^i \leqslant b_{\max}^i$, 其中 $b_{\max}^i$ 表示车站 i 乘客上车速度的最大值, 可根据历史数据和站台布局来确定. 通过上述方式可以将动态客流下乘客的等待时间表示为

$$T_{\text{wait}} = \sum_{i \in \mathbf{I}} \sum_{t \in T} \delta \cdot n_t^i \tag{9-12}$$

其中, 变量 n_t^i 应满足约束 (9-9)—(9-10).

引理 9.1 在构建的离散时空网络中, 乘客等待时间可以采用如下公式计算:

$$T_{\text{wait}} = \sum_{i \in \mathbf{I}} \sum_{t \in T} \delta \cdot \left(n_{t_0}^i + \sum_{\bar{t} \in [t_0,t]} \left(d_{\bar{t}}^i - b_{\bar{t}}^i \right) \right) \tag{9-13}$$

其中, 变量 b_t^i 满足如下约束:

$$\sum_{\bar{t} \in [t_0,t]} b_{\bar{t}}^i \leqslant n_{t_0}^i + \sum_{\bar{t} \in [t_0,t]} d_{\bar{t}}^i, \quad \forall t \in T, i \in \mathbf{I} \tag{9-14}$$

证明 首先, 根据公式 (9-9), 按照离散时间先后顺序列出时空网络中各离散时间点上站台等待乘客数量的动态变化过程:

$$n_{t_0+\delta}^i = n_{t_0}^i + d_{t_0+\delta}^i - b_{t_0+\delta}^i$$
$$n_{t_0+2\delta}^i = n_{t_0+\delta}^i + d_{t_0+2\delta}^i - b_{t_0+2\delta}^i$$
$$\cdots$$
$$n_t^i = n_{t-\delta}^i + d_t^i - b_t^i$$

将以上等式左右两侧分别相加, 并进行约减可得

$$n_t^i = n_{t_0}^i + \sum_{\bar{t} \in (t_0,t]} \left(d_{\bar{t}}^i - b_{\bar{t}}^i \right), \quad \forall t \in T, i \in \mathbf{I} \tag{*}$$

从上述形式可以看出, 在时空网络模型的每个离散时间点 t 上, 站台等待乘客数量 n_t^i, 上车乘客数量 b_t^i 与到达乘客数量 d_t^i 满足一定的加权关系. 此外为了满足站台等待乘客数量非负的限制 (即 $n_t^i \geqslant 0$), 我们需要在上述形式的基础上加入如下约束:

$$\sum_{\bar{t} \in [t_0, t]} b_{\bar{t}}^i \leqslant n_{t_0}^i + \sum_{\bar{t} \in [t_0, t]} d_{\bar{t}}^i, \quad \forall t \in T, \ i \in \boldsymbol{I}$$

将公式 $(*)$ 代入原公式 (9-12) 即可证明引理.

在时空网络的基础上, 可采用线性关系表示运行图和列车速度曲线对应的总能耗和再生能量. 具体来说, 需要根据每一条时空运行弧段 (i, j, t, t') 的列车速度状态, 计算列车在该时空弧段上的牵引和制动能耗. 根据牛顿运动学定律可得如下公式:

$$E_k(i, j, t, t') = \int_t^{t'} m_k F_{ijtt'}^k(y) v_{ijtt'}^k(y) \mathrm{d}y, \quad \forall (i, j, t, t') \in A, k \in \boldsymbol{K}$$

其中 $E_k(i, j, t, t')$ 表示列车 k 在时空弧段 (i, j, t, t') 上所消耗的牵引能量, m_k 表示列车的质量. $F_{ijtt'}^k(y)$ 表示列车 k 在时空弧段 (i, j, t, t') 的牵引力, $v_{ijtt'}^k(y)$ 表示列车 k 在时空弧段 (i, j, t, t') 上的瞬时速度.

基于以上分析, 可将列车运行图和速度曲线一体化问题转化为数学优化问题, 其中决策变量为所有列车在时空网络上时空弧段的选择, 即 $x_{ijtt'}^k \in \{0, 1\}$, 其中 $(i, j, t, t') \in A$; 目标函数包括对应于时效的乘客等待时间和对应于能效的列车运行能耗. 由于该问题为多目标优化, 可采用加权平均的方式构建目标函数, 得到如下面向时效与能效的列车运行图与速度曲线一体化 (ETS) 模型:

$$\text{(ETS)} \min_x Z_1 = w_T \sum_{i \in \boldsymbol{I}} \sum_{t \in T} \delta \cdot \left(n_{t_0}^i + \sum_{\bar{t} \in [t_0, t]} \left(d_{\bar{t}}^i - b_{\bar{t}}^i \right) \right)$$

$$+ w_E \sum_{k \in \boldsymbol{K}} \sum_{(i, j, t, t') \in A} E_k(i, j, t, t') x_{ijtt'}^k$$

$$\text{s.t. 约束条件}(9\text{-}1)\text{—}(9\text{-}10), (9\text{-}14)$$

该模型基于时空网络, 可有效表征列车与线路资源的时空占用关系, 同时能够反应乘客的动态到达率. 由于模型为多目标线性优化模型, 可采用加权平均的方式将目标函数进行归一处理 (即, 引入目标权值 w_T 和 w_E), 并利用商业求解器进行求解, 如 CPLEX, GUROBI, LINGO 等. 注意到, 该模型仅考虑了列车在时空弧上运行所需的牵引能耗, 但并未考虑列车之间再生能量的利用过程. 因此, 下文将进一步考虑多列车再生能量的利用, 构建运行图和速度曲线的一体化模型, 进一步提高列车运行过程中的节能效率.

从节能运行图设计的角度讲, 可通过调整上下行方向列车的发车时刻以及列车运行工况转换点来提高再生能量的利用率. 在一个供电区间内, 当制动列车产生再生能量时, 如果其附近没有列车处于牵引工况, 产生的再生能量就会使网压升高. 当网压升高到一定值时, 系统会启动过压保护, 此时产生的再生能量会被发热电阻消耗掉. 当制动列车与牵引列车匹配成功且两列车相距较近时, 再生能量则可被吸收利用. 下面, 将进一步考虑再生能量利用的影响因素, 构建基于再生制动能量利用的列车运行图与速度曲线一体化模型. 图 9-6 给出了时空网络上, 列车再生制动能量利用的示意图. 该例中, 考虑三列列车分别为 k_1, k_2 和 k_3, 其中 k_1 和 k_2 为上行列车, k_3 为下行列车. 三列列车的时空轨迹如图所示, 包括列车的时空运行弧和时空等待弧. 为简便起见, 假设八个车站均位于同一供电区间, 且列车的区间运行速度曲线由牵引、制动和惰行三个阶段组成. 在每一个离散时间段内, 如果一辆列车处于牵引、另一辆列车处于制动阶段, 则牵引列车可以使用制动列车产生的再生制动能量运行. 例如, 图中的 $[t_3, t_4]$ 时间段中, 列车 k_1 进行制动产生再生制动能量, 与此同时列车 k_2 和 k_3 进行牵引, 因而可吸收 k_1 产生的再生制动能量以补偿一部分牵引能耗. 同理, 图中所示的阴影区域均可通过列车之间的协同运行充分吸收再生能量.

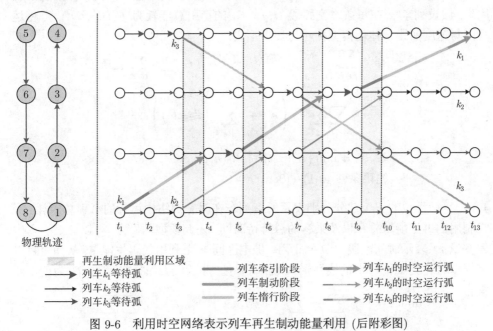

图 9-6　利用时空网络表示列车再生制动能量利用 (后附彩图)

基于以上分析, 下面介绍再生能量利用量的计算方法. 首先引入如下公式:

$$R_a(u,t) = \sum_{k \in \boldsymbol{K}} \sum_{(i,j,\tau,\tau') \in A, \tau \leqslant t, \tau' > t} \left[m_k \phi(i,j,u) x^k_{ij\tau\tau'} \int_{y=t}^{t+\delta} F^k_{ij\tau\tau'}(y) v^k_{ij\tau\tau'}(y) \mathrm{d}y \right]$$

$$R_b(u,t) = \sum_{k \in \boldsymbol{K}} \sum_{(i,j,\tau,\tau') \in A, \tau \leqslant t, \tau' > t} \left[m_k \phi(i,j,u) x_{ij\tau\tau'}^k \int_{y=t}^{t+\delta} B_{ij\tau\tau'}^k(y) v_{ij\tau\tau'}^k(y) \mathrm{d}y \right]$$

其中, $R_a(u,t)$ 和 $R_b(u,t)$ 分别表示所有列车在变电站 u 和时间段 t 内的牵引总能耗和再生制动能的产生量; k 表示列车; A 表示所有时空弧的集合; m_k 表示列车质量; $\phi(i,j,u)$ 表示区间 (i,j) 是否在变电站 u 的范围内; $x_{ij\tau\tau'}^k$ 为决策变量, 表示列车 k 是否选择时空弧 (i,j,τ,τ'); $F_{ij\tau\tau'}^k(y)$ 和 $B_{ij\tau\tau'}^k(y)$ 分别表示列车 k 在时空弧上的牵引力和制动力; $v_{ij\tau\tau'}^k(y)$ 表示列车 k 在时空弧上的瞬时速度. 基于时空网络表示方法, 当列车运行图确定后, 可采用与时空弧段选择变量相关的线性表达式刻画运行图对应的总能耗和产生的再生能量, 如下述公式所示. 由此可知, 在变电站 u 和时间段 t 内, 系统能够吸收利用的再生制动能量可以表示为再生制动能产生量和牵引能耗需求量之间的最小值, 即

$$G_u(t) = \min\{R_a(u,t),\ c_a R_b(u,t)\}$$

其中 $G_u(t)$ 表示变电站 u 和时间段 t 内系统再生能量利用量, c_a 表示再生能量利用率. 假设列车 k 在每条时空弧段 (i,j,t,t') 的牵引总能耗为 $E_k(i,j,t,t')$, 可将运行图与速度曲线一体化模型构建为如下形式:

$$\min_x Z = w_E \sum_{k \in \boldsymbol{K}} \sum_{(i,j,t,t') \in A} E_k(i,j,t,t') x_{ijtt'}^k - w_E \sum_{t \in T} \sum_{u \in U} G_u(t)$$

$$+ w_T \sum_{i \in \boldsymbol{I}} \sum_{t \in T} \delta \cdot \left(n_{t_0}^i + \sum_{\bar{t} \in [t_0, t]} (d_{\bar{t}}^i - b_{\bar{t}}^i) \right)$$

$$\text{s.t.} \quad G_u(t) = \min\{R_a(u,t),\ c_a R_b(u,t)\}, \forall u,t$$

约束条件 (9-1)—(9-10), (9-14)

其中, 目标函数的三个部分分别表示所有列车在时空网络中运行的牵引总能耗、吸收利用的再生能量总和以及乘客的总等待时间. 在此模型基础上, 可以通过引入中间变量 r_t^u 表示时间区段 $[t, t+\delta]$ 内、供电区间 u 上利用的再生能量, 从而可将以上模型转化为如下等价的线性形式 (证明参见 Yin et al., 2017), 其中 U 为变电站集合:

$$\min_x Z = w_E \sum_{k \in \boldsymbol{K}} \sum_{(i,j,t,t') \in A} E_k(i,j,t,t') x_{ijtt'}^k - w_E \sum_{t \in T} \sum_{u \in U} r_t^u$$

$$+ w_T \sum_{i \in \boldsymbol{I}} \sum_{t \in T} \delta \cdot \left(n_{t_0}^i + \sum_{\bar{t} \in [t_0, t]} (d_{\bar{t}}^i - b_{\bar{t}}^i) \right)$$

$$\text{s.t.} \quad r_t^u \leqslant R_a(u,t)\ \forall u,t$$

$$r_t^u \leqslant c_a R_b(u,t)\ \forall u,t$$

约束条件 (9-1)—(9-10), (9-14)

需要注意的是, 该模型包含连续变量、整数变量和 0-1 变量, 属于混合整数线性规划模型. 但对于大规模问题, 由于模型的变量多、约束关系复杂, 因此直接使用商业求解器求解会导致求解速度慢、求解效率低下. 为此, 可采用拉格朗日松弛技术来提高模型的求解效率.

9.2.4　求解算法与数值算例

本节将以 ETS 模型为例, 介绍拉格朗日松弛方法的基本框架和求解过程. 注意到, 约束 (9-10) 限制了变量 x 和变量 b 之间的关系, 属于难约束 (hard constraints). 如果不考虑该约束, 则原问题可以分解为两类子问题, 即列车的时空轨迹选择问题和动态客流量的分配问题. 因此, 首先引入拉格朗日松弛因子 $\rho := \{\rho_t^i \geqslant 0\}_{i \in I, t \in T}$ 将原模型松弛为下面的模型

$$
\Delta(\rho) := \min_{x,b} \left[w_E \sum_{k \in \boldsymbol{K}} \sum_{(i,j,t,t') \in A} E_k(i,j,t,t') x_{ijtt'}^k - \sum_{i \in \boldsymbol{I}} \sum_{t \in T} \rho_t^i \sum_{k \in \boldsymbol{K}} x_{iitt'}^k b_{\max}^i \right]
$$
$$
+ \sum_{i \in \boldsymbol{I}} \sum_{t \in T} \left[w_T \delta n_{t_0}^i + w_T \sum_{\bar{t} \in [t_0, t]} \delta(d_{\bar{t}}^i - b_{\bar{t}}^i) + \rho_t^i b_t^i \right]
$$

　　s.t.　　约束条件 (9-1)—(9-9), (9-14)

值得注意的是, 上述模型中由于不存在变量 x 和变量 b 之间的约束关系, 因此可以分解为如下两个子模型:

$$
\Gamma(\rho) := \min_x \sum_{k \in \boldsymbol{K}} \left[w_E \sum_{(i,j,t,t') \in A} E_k(i,j,t,t') x_{ijtt'}^k - \sum_{i \in \boldsymbol{I}} \sum_{t \in T} \rho_t^i x_{iitt'}^k b_{\max}^i \right]
$$

　　s.t.　　约束条件 (9-1)—(9-7)

以及

$$
\phi(\rho) := \min_b \sum_{i \in \boldsymbol{I}} \sum_{t \in T} w_T \delta \left(n_{t_0}^i + \sum_{\bar{t} \in [t_0, t]} (d_{\bar{t}}^i - b_{\bar{t}}^i) \right) + \sum_{i \in \boldsymbol{I}} \sum_{t \in T} \rho_t^i b_t^i
$$
$$
\text{s.t.}　\sum_{\bar{t} \in [t_0, t]} b_{\bar{t}}^i \leqslant n_{t_0}^i + \sum_{\bar{t} \in [t_0, t]} d_{\bar{t}}^i, \quad \forall i \in \boldsymbol{I}, \ t \in T
$$
$$
b_t^i \in N^+
$$

并且, 模型 $\phi(\rho)$ 可进一步分解为 $|\boldsymbol{I}|$ 个子模型:

$$\phi_i(\rho) := \min_b \sum_{t \in T} w_T \delta \left(n_{t_0}^i + \sum_{\bar{t} \in [t_0, t]} (d_{\bar{t}}^i - b_{\bar{t}}^i) \right) + \sum_{t \in T} \rho_t^i b_t^i$$

$$\text{s.t.} \quad \sum_{\bar{t} \in [t_0, t]} b_{\bar{t}}^i \leqslant n_{t_0}^i + \sum_{\bar{t} \in [t_0, t]} d_{\bar{t}}^i, \quad \forall t \in T$$

$$b_t^i \leqslant b_{\max}^i$$

$$b_t^i \in N^+$$

每个子模型 $\phi_i(\rho)$ 均为较小规模的优化问题, 表示客流在车站 i 的分配情况, 并且可以在较短的时间内有效地求解.

对任意拉格朗日乘子, 求解松弛模型得到的目标函数值即为原问题的下界, 通过求解以下拉格朗日对偶问题即可获得原问题的紧下界:

$$\max_{\rho \geqslant 0} \Delta(\rho) := \Gamma(\rho) + \phi(\rho)$$

在求解拉格朗日对偶问题中, 一般可采用次梯度算法更新拉格朗日乘子. 此外, 在求解过程中, 可将松弛模型的解进行可行化处理, 进而更新原问题的上界. 下文中, 将通过仿真算例和基于亦庄线的实际算例来证明运行图和速度曲线一体化优化方法的可行性.

(1) 算例一: 仿真算例

给出城市轨道交通线路、站点序列、区间和变电站区域, 如图 9-7 所示. 该线路共包括上下行方向的八个车站和两个变电站, 各运行区间长度均设为 2 km. 在每个运行区间上, 考虑两个列车运行速度等级, 等级 1 对应的区间运行时间为 120 s, 等级 2 对应的区间运行时间为 150 s, 表明等级 1 下列车的运行速度要高于等级 2, 同时等级 1 下列车消耗的牵引能量也更大. 该算例中, 动态客流需求如表 9-1 所示. 可以看出, 300—600 s 和 4800—5400 s 时间段内的客流量较大, 而其他时间段内的客流量较小.

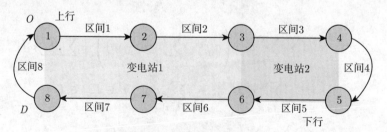

图 9-7　轨道交通线路示意图

表 9-1 动态客流量表示

时间段/s	乘客平均到达率 (人数/min)
0—300	1.50
300—600	4.50
600—1200	3.00
1200—2400	1.50
2400—3600	0.00
3600—4200	1.50
4200—4800	3.00
4800—5400	4.50
5400—6000	1.50
6000—7200	3.00
7200—8100	1.50
8100—9000	0.00

图 9-8 给出了分别考虑五列列车和七列列车的情况, 通过优化列车到发时分和区间速度曲线得到的列车运行图. 从中可以看出, 列车的发车间隔和区间运行速度均可得到适当调整, 最终根据动态客流需求和再生能量的匹配利用, 得到了更为节能的列车运行图.

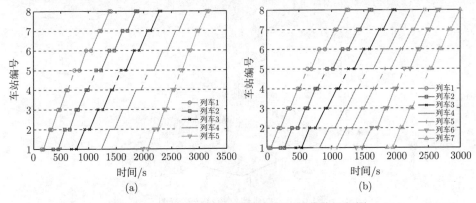

(a) (b)

图 9-8 五列列车和七列列车情况下的优化运行图

(2) 算例二: 实际算例

下面, 将利用北京地铁亦庄线的实际运营数据设计一组实际算例. 北京地铁亦庄线是北京地铁 5 号线向南的延长线, 连接北京市区与北京经济技术开发区, 由北京市地铁运营有限公司一分公司负责运营. 该线于 2010 年 12 月 30 日全线开通, 线路总长 23.3 km, 线路包括 13 个车站与 12 个列车运行区间 (图 9-9). 该算例中的一些参数设置如下: 列车数量为 10 辆; 最小运行时间间隔为 180 s; 列车在折返站和始发站的折返时间分别为 90 s 和 150 s. 该算例利用了 2014 年 10 月采集的亦庄线实际客流数据, 如图 9-10 所示. 可以明显看出, 地铁客流在早高峰和晚高峰时段较大, 而在平峰时段相对较小.

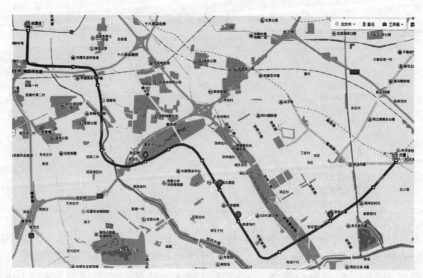

图 9-9　北京地铁亦庄线示意图

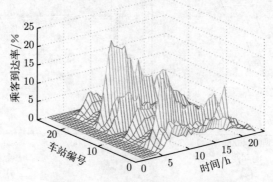

图 9-10　亦庄线客流统计示意图

　　下文中, 我们分别考虑了三个不同的时间段, 即早高峰 7:00 至 9:55, 中午 12:30 至 15:25 和下午 16:30 至 19:25, 分别用案例 1、案例 2 和案例 3 来表示. 在每个案例中, 使用 350 个离散时间段作为时空网络的表示方法, 并且考虑该段时间内共发车 16 趟. 本节采用三种方法设计列车运行图: 第一种方法考虑列车在每个区间均按照最低速度曲线运行, 即列车运行牵引能耗最小, 称为能效运行图 (E-Timetable); 第二种方法考虑列车在每个区间均按照最高速度曲线运行, 即列车运行牵引能耗最大, 称为时效运行图 (T-Timetable); 第三种方法, 我们使用本节所提出的时空网络建模和拉格朗日松弛求解方法进行优化求解, 称为 LR 运行图 (LR-Timetable). 三个案例的求解结果如表 9-2 所示.

表 9-2　实际算例中列车运行图的性能指标对比

案例索引号	方法	乘客等待时间/s	列车牵引能耗/kJ	再生能量利用/kJ	目标函数值	CPU 计算时间/h
案例 1	能效运行图	8.87×10^6	9.57×10^6	1.04×10^6	1.74×10^7	—
7:00—9:55	时效运行图	7.27×10^6	1.49×10^7	4.68×10^5	2.17×10^7	—
$K = 16$	LR 运行图	6.28×10^6	1.05×10^7	7.60×10^5	1.61×10^7	5.9
案例 2	能效运行图	5.82×10^6	9.57×10^6	1.04×10^6	1.44×10^7	—
12:30—15:25	时效运行图	3.69×10^6	1.49×10^7	4.68×10^5	1.81×10^7	—
$K = 16$	LR 运行图	3.63×10^6	9.73×10^6	8.80×10^5	1.25×10^7	5.2
案例 3	能效运行图	5.11×10^6	9.57×10^6	1.04×10^6	1.36×10^7	—
16:30—19:25	时效运行图	2.70×10^6	1.49×10^7	4.68×10^5	1.71×10^7	—
$K = 16$	LR 运行图	2.68×10^6	9.89×10^6	7.90×10^5	1.18×10^7	5.3

从表中可以看出, 能效运行图采用了最低的列车运行速度, 因此消耗的牵引能耗最低, 但乘客等待时间较长; 而时效运行图采取了最高的列车运行速度, 因此消耗最高的牵引能量, 但乘客等待时间缩短. 同时, 基于 LR 方法的列车一体化运行图能够在三个案例中实现较好的时效与能效的平衡.

下面, 考虑不同的发车数量对各目标函数值的影响. 具体来说, 分别设置 $K = 10, 11, \cdots, 18$ 的情况, 统计乘客的等待时间、列车运行总能耗、加权目标函数值和计算时间的变化情况, 计算结果如图 9-11 所示.

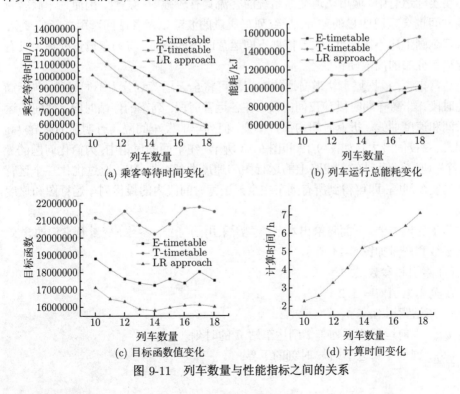

(a) 乘客等待时间变化　　(b) 列车运行总能耗变化

(c) 目标函数值变化　　(d) 计算时间变化

图 9-11　列车数量与性能指标之间的关系

　　总体来说, 在编制列车运行图的过程中, 需要考虑运营服务质量与列车运行能耗两方面因素, 结合列车运行图和列车运行速度曲线进行协同优化. 首先, 根据历史记录的线路客流到发 OD 数据, 在客流量大的时段尽量减少发车间隔, 并适当提高列车运行速度, 以减少乘客在站台的等待时间; 反之, 在客流量较小的时间段, 可以适当增大发车间隔, 降低列车运行速度, 减少列车运行过程的能量消耗与碳排放. 此外, 该运行图编制方法还进一步考虑了列车在运行过程中再生能量的优化利用, 最大限度地降低了列车运行能耗.

9.3　考虑不确定列车质量的运行图与速度曲线一体化优化方法

　　本节中, 我们将考虑由于列车载客量的变化而导致的列车质量不确定性, 进一步结合列车牵引力、制动力、基本阻力的变化, 提出列车运行图与速度曲线一体化优化模型, 并设计有效的求解算法.

9.3.1　符号表示

　　在实际运营中, 城市轨道交通系统的客流具有较强的动态性, 因而列车载客量在各站间也会呈现明显的差异, 导致列车质量的波动以及各站间牵引能耗的变化. 为合理刻画上述不确定性, 本节依据不同运营时段的特征, 将列车质量处理为具有一定概率分布的离散随机变量.

　　通常来说, 根据城市轨道交通的客流量可将全天运营划分为不同时段, 包括高峰期时段、非高峰期时段和夜间时段. 在各运营时段, 列车的停站时间、站间的运行时间和速度曲线、折返时间均保持不变, 但列车的发车间隔具有明显的差异 (高峰期最小, 夜间最大), 如图 9-12 和图 9-13 所示. 在下面的讨论中, 为简化问题的处理, 首先研究一辆列车在线路上的运行图和速度曲线. 进一步, 通过优化三个运营时段的发车间隔, 即可得到所有列车在全天运营时间段内的最优列车运行图和速度曲线.

　　为了建模方便, 下面将给出本节模型所采用的符号、参数、变量及它们的含义. 部分参数和变量如图 9-14 所示.

(1) 索引和参数

i: 列车索引, $i = 1, 2, \cdots, I$;

n: 车站索引, $n = 1, 2, \cdots, 2N$;

a_{cin}: 当前运行图下列车 i 到达车站 n 的时刻;

$\underline{a_{cin}}$: 列车 i 到达车站 n 时刻的下界;

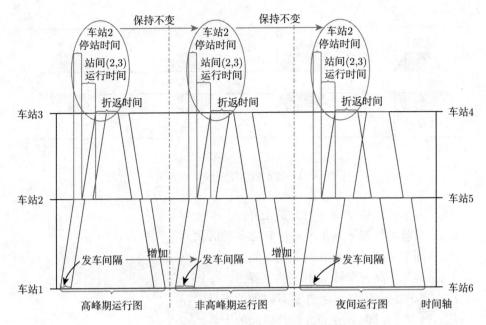

图 9-12　高峰期、非高峰期及夜间列车运行图

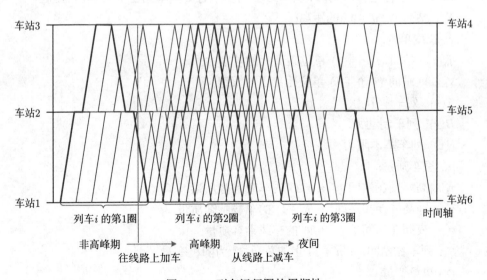

图 9-13　列车运行图的周期性

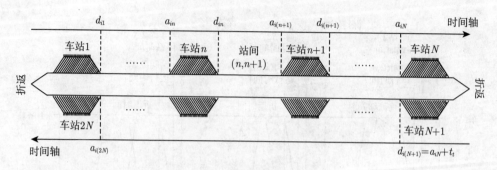

图 9-14　城市轨道交通线路示意图

$\overline{a_{cin}}$: 列车 i 到达车站 n 时刻的上界;

d_{cin}: 当前运行图下列车 i 离开车站 n 的时刻;

$\underline{d_{cin}}$: 列车 i 离开车站 n 时刻的下界;

$\overline{d_{cin}}$: 列车 i 离开车站 n 时刻的上界;

$\underline{t_{cn}}$: 列车在站间 $(n, n+1)$ 运行时间的下界;

$\overline{t_{cn}}$: 列车在站间 $(n, n+1)$ 运行时间的上界;

t_t: 列车在起始站和终点站的折返时间;

C: 列车全程运行时间, 即从车站 1 的发车时刻至车站 $2N$ 的到达时刻;

X_n: 站间 $(n, n+1)$ 的距离;

x: 长度单位;

$g_n(x)$: 站间 $(n, n+1)$ 单位距离上的坡度力;

$V_n(x)$: 站间 $(n, n+1)$ 单位距离上的限速;

$F(v)$: 列车牵引力;

$B(v)$: 列车制动力;

$r(v)$: 列车基本阻力;

m: 空车质量;

τ_{1n}: 高峰期在站间 $(n, n+1)$ 的车载乘客质量;

τ_{2n}: 非高峰期在站间 $(n, n+1)$ 的车载乘客质量;

τ_{3n}: 夜间在站间 $(n, n+1)$ 的车载乘客质量;

ξ_n: 列车在站间 $(n, n+1)$ 上的总质量, 为随机变量.

(2) 决策变量

d_{in}: 列车 i 离开车站 n 的时刻;

a_{in}: 列车 i 到达车站 n 的时刻;

$k_F(x, \xi_n)$: 每单位距离 x 上列车输出的牵引力比率, $k_F(x, \xi_n) \in [0, 1]$;

$k_B(x, \xi_n)$: 每单位距离 x 上列车输出的制动力比率, $k_B(x, \xi_n) \in [0, 1]$;

$v_n(x, \xi_n)$: 在站间 $(n, n+1)$ 每单位距离上的列车速度;

$t_n(x, \xi_n)$: 在站间 $(n, n+1)$ 每单位距离上的列车运行时间.

此外, $d_{in} - a_{in}$ 则表示列车 i 在车站 n 的停站时间; $a_{i(n+1)} - d_{in}$ 则表示列车 i 在站间 $(n, n+1)$ 上的运行时间; 变量 $k_F(x, \xi_n), k_B(x, \xi_n), v_n(x, \xi_n), t_n(x, \xi_n)$ 和 $a_{i(n+1)} - d_{in}$ 共同确定了列车在站间 $(n, n+1)$ 上的速度曲线.

列车质量包括空车质量和车载乘客质量, 空车质量通常来说是固定的, 而车载乘客质量在不同运营时段、不同站间则呈现出一定的随机性. 图 9-15 给出了在北京地铁亦庄线运营高峰期、非高峰期和夜间时段, 平均车载乘客数量在所有站间的分布情况. 可以看出, 不同运营时段客流的不确定性较为明显.

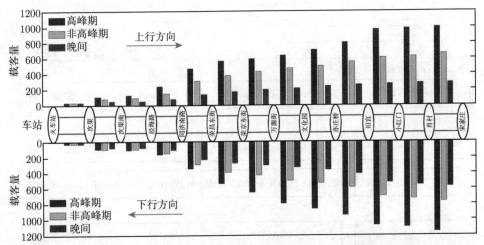

图 9-15 北京地铁亦庄线高峰期、非高峰期、夜间各站间车载的平均乘客数 (后附彩图)

在此, 我们采用 p_{1n}, p_{2n} 和 p_{3n} 分别表示列车处于高峰期、非高峰期及夜间时段的概率, 则列车在站间 $(n, n+1)$ 的总质量可定义为如下离散随机变量:

$$
\xi_n = \begin{cases} m + \tau_{1n}, & \text{概率为 } p_{1n} \\ m + \tau_{2n}, & \text{概率为 } p_{2n} \\ m + \tau_{3n}, & \text{概率为 } p_{3n} \end{cases} \tag{9-15}
$$

式中, m 表示空车质量, τ_{1n}, τ_{2n} 和 τ_{3n} 分别表示在运营高峰期、非高峰期、夜间时段, 站间 $(n, n+1)$ 上车载乘客的质量, p_{1n}, p_{2n} 和 p_{3n} 均为 $(0,1)$ 内的实数且满足 $p_{1n} + p_{2n} + p_{3n} = 1$. 由于列车在各站间的质量均为离散随机变量, 因此该模型中共有 $2N - 2$ 个离散随机变量.

　　本节中, 我们将构建列车运行图和站间速度曲线的一体化模型. 如图 9-16 所示, 建模过程分成如下两个阶段: 第一阶段是在给定速度曲线的条件下, 通过调整列车在各个车站的发车时刻和到站时刻 (这两个时刻可以和停站时间与站间运行时间相互转换) 搜索最优列车运行图; 第二阶段是在给定的列车运行图下, 确定列车的站间最优速度曲线, 并评估列车在各站间的牵引能耗和列车运行全程的总牵引能耗.

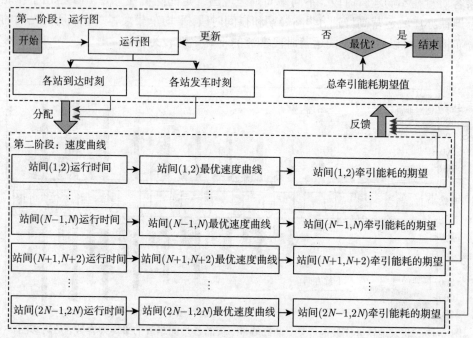

图 9-16　两阶段模型架构图

9.3.2　约束条件

(1) 运行图优化过程涉及的约束

在模型的第一阶段, 我们将以优化列车运行图为主要目的, 因而需要满足以下运行图约束条件.

1) 发车时刻约束

对所有 $n \in [1, 2N-1]$, 列车 i 在车站 n 的最优发车时刻应为整数, 且其取值处于本站发车时刻的上下界之间, 即

$$d_{in} \in \{0, 1, \cdots, C\}, \quad \underline{d_{cin}} \leqslant d_{in} \leqslant \overline{d_{cin}},$$

$$\forall n \in [1, N-1] \cup [N+1, 2N-1] \tag{9-16}$$

2) 到站时刻约束

对所有 $n \in [2, 2N]$, 列车 i 在车站 n 的最优到站时刻应为整数, 且其取值处于本站到站时刻的上下界之间, 即

$$a_{in} \in \{0, 1, \cdots, C\}, \quad \underline{a_{cin}} \leqslant a_{in} \leqslant \overline{a_{cin}}, \ \forall n \in [2, N] \cup [N+2, 2N] \tag{9-17}$$

3) 站间运行时间约束

对所有 $n \in [1, N-1] \cup [N+1, 2N-1]$, 列车 i 在站间 $(n, n+1)$ 的最优运行时间取值应处于本站间运行时间的上下界之间, 即

$$\underline{t_{cn}} \leqslant |a_{i(n+1)} - d_{in}| \leqslant \overline{t_{cn}}, \quad \forall n \in [1, N-1] \cup [N+1, 2N-1] \tag{9-18}$$

4) 停站时间约束

对所有 $n \in [1, N-1] \cup [N+1, 2N-1]$, 列车 i 在车站 n 的停站时间应与当前运行图下列车 i 在车站 n 的停站时间保持一致, 即

$$d_{in} - a_{in} = d_{cin} - a_{cin}, \quad \forall n \in [2, N-1] \cup [N+2, 2N-1] \tag{9-19}$$

5) 折返时间约束

最优运行图下的折返时间应与当前运行图下的折返时间保持一致, 即

$$d_{i(N+1)} - a_{iN} = t_t \tag{9-20}$$

其中列车在站间 $(N, N+1)$ 的停站时间包含在此折返时间内.

6) 全程运行时间

最优运行图下的全程运行时间应与当前运行图下的全程运行时间保持一致, 即以下约束成立

$$a_{i(2N)} - d_{i1} = C \tag{9-21}$$

(2) **速度曲线优化过程涉及的约束**

任给站间 $(n, n+1)$, 其站间距离为 X_n, 站间运行时间为 $T_n = a_{i(n+1)} - d_{in}$. 定义 $t_n(x, \xi_n), v_n(x, \xi_n), g_n(x)$ 和 $V_n(x)$ 分别为每单位距离 x 上的运行时间、速度、坡度力和限速值. 对所有 $n \in [1, N-1] \cup [N+1, 2N-1]$, 在第二阶段模型应该满足以下约束:

1) 速度限制约束

列车在站间每单位距离 x 上的速度应不超过对应的限速值, 且在起点和终点的速度应为零, 即

$$E[v_n(0,\xi_n)] = 0, \quad E[v_n(X_n,\xi_n)] = 0, \quad \forall\, n \in [1, N-1] \cup [N+1, 2N-1] \quad (9\text{-}22)$$

$$E[v_n(x,\xi_n)] \leqslant V_n(x), \quad \forall\, x \in (0, X_n), \quad n \in [1, N-1] \cup [N+1, 2N-1] \quad (9\text{-}23)$$

2) 累积站间运行时间约束

在站间每单位距离 x 上累积的运行时间应等于运行图分配的站间运行时间, 即

$$E\left[\int_0^{X_n} t_n(x,\xi_n)\mathrm{d}x\right] = T_n, \quad \forall\, n \in [1, N-1] \cup [N+1, 2N-1] \quad (9\text{-}24)$$

3) 状态变量约束

该模型中, 涉及的状态变量约束如下所示:

$$E\left[\frac{\mathrm{d}t_n(x,\xi_n)}{\mathrm{d}x} - \frac{1}{v_n(x,\xi_n)}\right] = 0, \quad \forall\, n \in [1, N-1] \cup [N+1, 2N-1] \quad (9\text{-}25)$$

$$E\left[\frac{\mathrm{d}v_n(x,\xi_n)}{\mathrm{d}x} - \frac{k_F(x,\xi_n)F[v_n(x,\xi_n)] + k_B(x,\xi_n)B[v_n(x,\xi_n)] + r[v_n(x,\xi_n)] + g_n(x)}{\xi_n v_n(x,\xi_n)}\right]$$
$$= 0, \quad \forall\, n \in [1, N-1] \cup [N+1, 2N-1] \quad (9\text{-}26)$$

其中, 最大牵引力 $F(v)$ 为非负, 最大制动力 $B(v)$ 为非正, 基本阻力 $r(v)$ 为负. 式 (9-25) 和 (9-26) 分别表示每单位距离 x 上的时间状态和速度状态. 由于最大牵引力、最大制动力及基本阻力均随列车的速度变化而发生改变, 因而上述约束相对复杂. 以北京地铁亦庄线上运行的列车为例, 其基本阻力、最大牵引力及最大制动力与列车速度的复杂函数关系如图 9-17 所示.

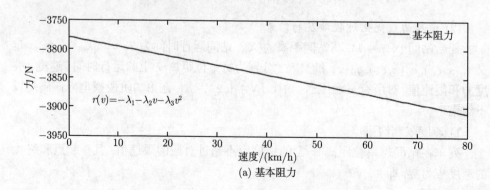

(a) 基本阻力

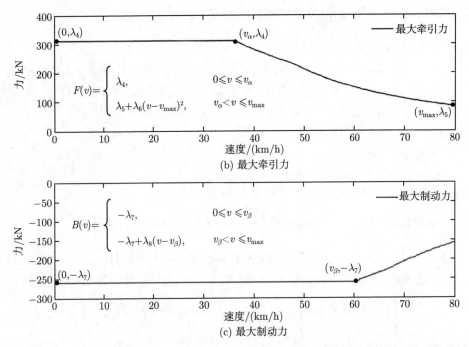

图 9-17 北京地铁亦庄线列车基本阻力、最大牵引力及最大制动力与列车速度的函数关系

9.3.3 模型构建

在该模型中, 目标函数计算过程所涉及的时间范围为一辆列车运行完全程的时间, 即从车站 1 的出发时刻算起, 至车站 $2N$ 的到站时刻. 下面, 我们首先计算列车在任一站间的牵引能耗. 实际上, 对所有 $n \in [1, N-1] \cup [N+1, 2N-1]$, 列车 i 在站间 $(n, n+1)$ 的牵引能耗可计算如下

$$J(d_{in}, a_{i(n+1)}, \xi_n) = \int_0^{X_n} k_F(x, \xi_n) F[v_n(x, \xi_n)] \mathrm{d}x \tag{9-27}$$

式中 x 表示每单位距离, X_n 表示站间 $(n, n+1)$ 的距离, $F[v_n(x, \xi_n)]$ 表示每单位距离 x 上的最大牵引力 (图 9-17(b)), $k_F(x, \xi_n)$ 表示每单位距离 x 上牵引力输出的比率, $k_F(x, \xi_n) F[v_n(x, \xi_n)]$ 则表示列车 i 在每单位距离 x 上的实际牵引力. 列车 i 在站间 $(n, n+1)$ 的牵引能耗即为实际牵引力在站间距离上的积分.

值得注意的是, 由式 (9-27) 可知, 列车 i 在各站间牵引能耗的计算均包含一个离散随机变量. 列车 i 在全线的牵引能耗即为列车 i 在各站间牵引能耗的总和. 因此, 列车 i 在全线的牵引能耗的计算过程中包含了 $2N-2$ 个独立离散随机变量.

基于上述分析, 我们可将列车运行图与速度曲线一体化优化问题构建为两阶段随机规划模型. 由于目标函数中含有随机变量, 可将列车全线牵引总能耗的期望值

作为模型的目标函数. 两阶段随机规划模型可表述为

$$
\begin{cases}
\min E[J_{\text{Total}}(\boldsymbol{d}, \boldsymbol{a}, \boldsymbol{\xi})] \\
\text{s.t.} \quad d_{in} \in \{0, 1, 2, \cdots, C\}, \ \underline{d_{cin}} \leqslant d_{in} \leqslant \overline{d_{cin}}, \ \forall \, n \in [1, N-1] \cup [N+1, 2N-1] \\
\qquad a_{in} \in \{0, 1, 2, \cdots, C\}, \ \underline{a_{cin}} \leqslant a_{in} \leqslant \overline{a_{cin}}, \ \forall \, n \in [2, N] \cup [N+2, 2N] \\
\qquad \underline{t_{cn}} \leqslant |a_{i(n+1)} - d_{in}| \leqslant \overline{t_{cn}}, \ \forall \, n \in [1, N-1] \cup [N+1, 2N-1] \\
\qquad d_{in} - a_{in} = d_{cin} - a_{cin}, \ \forall \, n \in [2, N-1] \cup [N+2, 2N-1] \\
\qquad d_{i(N+1)} - a_{iN} = t_t \\
\qquad a_{i(2N)} - d_{i1} = a_{ci(2N)} - d_{ci1} \\
\text{期望值 } E[J(d_{in}, a_{i(n+1)}, \xi_n)] \text{ 可计算如下:} \\
\qquad E[J(d_{in}, a_{i(n+1)}, \xi_n)] = \min E\left\{ \int_0^{X_n} k_F(x, \xi_n) F[v_n(x, \xi_n)] \mathrm{d}x \right\} \\
\text{s.t.} \quad E[v_n(0, \xi_n)] = 0, \ E[v_n(X_n, \xi_n)] = 0, \ \forall \, n \in [1, N-1] \cup [N+1, 2N-1] \\
\qquad E[v_n(x, \xi_n)] \leqslant V_n(x), \ \forall \, x \in (0, X_n), \ n \in [1, N-1] \cup [N+1, 2N-1] \\
\qquad E\left[\int_0^{X_n} t_n(x, \xi_n) \mathrm{d}x \right] = a_{i(n+1)} - d_{in}, \ \forall \, n \in [1, N-1] \cup [N+1, 2N-1] \\
\qquad E\left[\dfrac{\mathrm{d}t_n(x, \xi_n)}{\mathrm{d}x} - \dfrac{1}{v_n(x, \xi_n)} \right] = 0, \ \forall \, n \in [1, N-1] \cup [N+1, 2N-1] \\
\qquad E\left[\dfrac{\mathrm{d}v_n(x, \xi_n)}{\mathrm{d}x} \right. \\
\qquad \left. - \dfrac{k_F(x, \xi_n) F[v_n(x, \xi_n)] + k_B(x, \xi_n) B[v_n(x, \xi_n)] + r[v_n(x, \xi_n)] + g_n(x)}{\xi_n v_n(x, \xi_n)} \right] \\
\qquad = 0, \quad \forall \, n \in [1, N-1] \cup [N+1, 2N-1]
\end{cases}
$$

$$(9\text{-}28)$$

下面, 将着重分析该模型的复杂度. 在模型的第一阶段, 我们需要确定列车在各站的到发时刻, 进而确定相应的列车运行图. 若考虑各列车在各站的到发时刻, 则总决策变量组合数量为

$$
\Omega = [(\overline{a_{cin}} - \underline{a_{cin}} + 1)(\overline{d_{cin}} - \underline{d_{cin}} + 1)]^{2N-2} \tag{9-29}
$$

例如, 在 9.3.4 小节考虑的数值算例中, Ω 的取值非常大 (即, $\Omega = 81^{26}$), 因此在上述组合中搜索最优列车运行图异常困难. 此外, 当第一阶段确定出列车的到发时刻后, 模型的第二阶段需求解最优的速度曲线. 该过程的计算难点主要体现在: ①由于牵引力、制动力、基本阻力均随列车的速度变化而变化, 列车的牵引能耗和最优速度曲线与决策变量 (即列车在各站的到发时刻) 都呈现出非线性关系; ②由于列车质量的不确定性, 需多次随机产生不确定变量并求解模型才能获得系统能耗的最

优期望值. 鉴于上述两阶段模型的复杂性, 一些传统的优化方法, 如分支定界算法、牛顿算法等, 很难搜索其最优解.

9.3.4　求解算法与数值算例

(1) 求解算法

一些启发式算法 (如遗传算法) 在求解复杂优化问题中具有很好的性能 (Holland,1992). 由于具有很强适应性、鲁棒性和实用性, 遗传算法目前已被广泛应用于求解多类复杂交通问题, 例如道路交通网络设计问题、公交网络设计问题、人行横道设计问题、列车运行图优化问题等. 本节中, 我们将设计基于仿真的遗传算法来求解所构建的两阶段随机规划模型, 算法流程如图 9-18 所示.

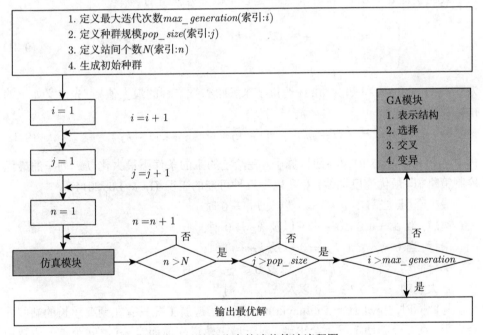

图 9-18　基于仿真的遗传算法流程图

如图所示, 算法流程主要包含两个模块, 即仿真模块和遗传算法模块. 仿真模块以列车最优控制算法为基础, 可确定最优列车速度曲线并计算各站间列车牵引能耗的期望值; 遗传算法模块 (包括染色体表示结构、选择操作、交叉操作、变异操作等) 用来确定列车在各个车站最优的发车时刻和到站时刻.

(1) 基于最优控制算法的仿真模块

对任意站间, 当给定站间距离和站间运行时间时, 仿真模块即可求得该站间的最优速度曲线.

命题 1(最优速度曲线的存在性)　令 $T_n \geqslant T_n^{\min}$, 其中 $T_n^{\min}$ 表示列车在站间 $(n, n+1)$ 上最短运行时间, 则一定存在一种控制策略 $k_F = k_F(x, \xi_n)$、$k_B = k_B(x, \xi_n)$, 相应的速度序列 $v = v_n(x, \xi_n)$, 及相应的时间序列 $t = t_n(x, \xi_n)$, 且它们满足微分约束 $vv' = k_F/v + k_B + r(v) + g$、$t' = 1/v$, 初始条件 $v(0) = 0$、$v(X_n) = 0$, 以及时间约束 $t(0) = 0$、$t(X_n) = 0$, 使得此站间的牵引能耗 $J = \int_0^{X_n} k_F/v(x) \, \mathrm{d}x$ 达到最小值.

证明　已知哈密顿方程被定义为

$$H = \frac{\beta - k_F}{v} + \frac{\alpha}{v^2}[k_F + k_B v + r(v)v + gv] \tag{9-30}$$

式中共轭变量 $\alpha = \alpha(x)$ 和 $\beta = \beta(x)$ 是以下微分方程组的解

$$\begin{cases} \alpha' = \dfrac{\beta - k_F}{v^2} + \dfrac{\alpha}{v^3}[2k_F + k_B v + r(v)v - r'(v)v^2 + gv] \\ \beta' = 0 \end{cases} \tag{9-31}$$

为了在 $k_F \in [0, 1]$ 和 $k_B \in [0, 1]$ 约束下求解哈密顿方程的最大值, 首先定义如下的拉格朗日方程

$$\mathcal{H} = H + \rho k_F + \sigma(1 - k_F) + \tau k_B + \omega(1 - k_B) \tag{9-32}$$

式中 ρ, σ, τ 以及 ω 为拉格朗日算子. 在给定约束的条件下最大化 $\mathcal{H}$. 列车的最优控制策略 (即最优速度曲线) 存在以下五种可能的工况 (Li & Lo, 2014):

最大牵引, 当 $\alpha > v, k_F = 1$ 以及 $k_B = 0$ 时;

巡航, 当 $\alpha = v, 0 \leqslant k_F \leqslant 1$ 以及 $k_B = 0$ 时;

惰行, 当 $0 < \alpha < v, k_F = 0$ 以及 $k_B = 0$ 时;

部分制动, 当 $\alpha = 0, k_F = 0$ 以及 $0 \leqslant k_B \leqslant 1$ 时;

最大制动, $\alpha < 0, k_F = 0$ 以及 $k_B = 1$ 时.

与此同时, Howlett & Pudney(1994) 证明了巡航工况只有在距离较长的站间才会出现, 且部分制动工况不会出现. 对于城市轨道交通而言, 其站间距离一般较短 (不超过 5km) 且同一个站间内坡度相对较小, 因而城市轨道交通中的列车最优控制策略仅存在三种工况, 即最大牵引、惰行以及最大制动 (Li & Lo, 2014). 证明完毕.

针对列车最优控制策略研究, Milroy(1980) 得出如下结论: 列车的节能速度曲线应由三种工况组成, 即最大牵引、惰行和最大制动. 此外, Lee 等 (1982) 证明了当站间运行时间充足时, 在最大牵引工况之后使用巡航工况, 可取得更好的节能效果. 这种由最大牵引、巡航、惰行和最大制动四种工况组成的节能速度曲线被广泛应用于干线铁路的列车上. 之后, 南澳大学 Howlett 教授的研究团队开发了 *Metromiser*

系统, 结果显示巡航工况只有在距离较长的站间 (站间距离大于 5km) 才能出现. 因而, 对于城市轨道交通系统, 当站间距离较短且同一个站间内坡度相对较小时, 列车的最优控制策略仅存在如下三种工况: 最大牵引、惰行以及最大制动.

下面, 将详细介绍站间节能速度曲线的计算步骤. 考虑站间 $(n, n+1)$, 其站间距离为 X_n, 站间运行时间为 T_n, 并将站间距离离散为多个单位距离 (本节中各单位距离定为 1m). 为简便起见, 在此定义 $\boldsymbol{v_n}(\boldsymbol{x}, \boldsymbol{\xi_n}) = \{v_n(x, \xi_n)|x = 1, 2, \cdots, X_n\}$, 并设 X_1 为最大牵引工况和惰行工况之间转换点的位置, X_2 为惰行工况和最大制动工况之间转换点的位置. 则在站间 $(n, n+1)$ 上, 计算节能速度曲线的步骤如下:

步骤 1 设置空向量 $U = 0$、实数 $W = 0$;

步骤 2 根据式 (9-15) 的概率分布生成列车质量 ξ_n;

步骤 3 令 $X_1 = 0$ 和 $X_2 = X_n$;

步骤 4 令 $X_1 = X_1 + 1, X_2 = X_2 - 1, x = 0$, 并设置一个空向量 $v_n(x, \xi_n)$;

步骤 5 对 $0 \leqslant x < X_1$, 令 $v_n^2(x + 1, \xi_n) - v_n^2(x, \xi_n) = 2(F[v_n(x, \xi_n)] + r[v_n(x, \xi_n)] + g_n(x))$. 对所有 $X_1 \leqslant x < X_2$, 令 $v_n^2(x+1, \xi_n) - v_n^2(x, \xi_n) = 2(r[v_n(x, \xi_n)] + g_n(x))$. 对所有 $X_2 \leqslant x < X_n$, 令 $v_n^2(x + 1, \xi_n) - v_n^2(x, \xi_n) = 2(B[v_n(x, \xi_n)] + r[v_n(x, \xi_n)] + g_n(x))$;

步骤 6 对所有 $0 < x \leqslant X_n$, 计算 $t_n(x, \xi_n) = 1/v_n(x, \xi_n)$;

步骤 7 如果 $v_n(X_n, \xi_n) = 0$ 且 $T_n = \sum\limits_{x=1}^{x=X_n} t_n(x, \xi_n)$, 则得到速度序列 $\boldsymbol{v_n}(\boldsymbol{x}, \boldsymbol{\xi_n})$ 以及牵引能耗 $J(d_{in}, a_{i(n+1)}, \xi_n)$; 否则返回步骤 4;

步骤 8 计算 $\boldsymbol{U} = \boldsymbol{U} + \boldsymbol{v_n}(\boldsymbol{x}, \boldsymbol{\xi_n})$ 和 $W = W + J(d_{in}, a_{i(n+1)}, \xi_n)$;

步骤 9 重复步骤 2 至步骤 8 共 Y 次, 其中 Y 是一个足够大的正整数;

步骤 10 输出平均的速度序列 $\boldsymbol{v_n}(\boldsymbol{x}, \boldsymbol{\xi_n}) = \boldsymbol{U}/\boldsymbol{Y}$ 和牵引能耗的期望值 $E[J(d_{in}, a_{i(n+1)}, \xi_n)] = W/Y$.

(2) 外层的遗传算法模块

在遗传算法模块中, 首先将一组随机产生的可行解编码 (即染色体) 作为初始种群. 如图 9-19 所示, 可将发车时刻向量 $\boldsymbol{d} = \{d_{in}|n = 1, 2, \cdots, 2N-1\}$ 和到站时刻向量 $\boldsymbol{a} = \{a_{in}|n = 2, 3, \cdots, 2N\}$ 编码为一个染色体 $\boldsymbol{C} = \{c_n|n = 1, 2, \cdots, 2N - 2\}$. 之后, 由初始种群的染色体经过选择、交叉、变异等操作生成下一代种群. 重复上面迭代过程直到循环次数满足为止, 并输出最优解. 算法流程总结如下:

步骤 1 初始化参数, 种群规模 pop_size、交叉概率 P_c、变异概率 P_m、最大迭代次数 $max\_generation$, 并令代数索引 $i = 1$;

步骤 2 初始化 pop_size 个染色体作为初始种群;

步骤 3 计算所有染色体的适应度函数值;

步骤 4 使用轮盘赌算法选择要繁殖的染色体;

步骤 5 通过交叉、变异等操作生成下一代种群;

步骤 6 若 $i = max\_generation$, 输出最优解; 否则, 令 $i = i + 1$, 返回步骤 3.

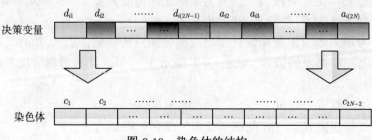

图 9-19 染色体的结构

(2) 数值算例

本节中, 我们将依据北京地铁亦庄线的实际数据 (如线路限速、线路坡度、列车实际牵引制动力、线路基本阻力、客流等) 设计两个数值算例, 以验证上述模型的有效性. 本节所有数据均来自北京地铁运营有限公司, 站间距离、实际站间运行时间、站间运行时间的上下界及各车站的停站时间如表 9-3 所示. 下行方向的线路限速和线路坡度如图 9-20 所示. 此外, 线路上的空车质量为 199000kg; 在高峰期、非高峰期、夜间三个运营时段, 各站间的平均车载总乘客质量如表 9-4 所示.

表 9-3 北京地铁亦庄线的相关数据

离开站—到达站	站间距离/m	站间运行时间/s	下界/s	上界/s	到达站停站时间/s
上行方向					
亦火 (YZ)—次渠	1334	110	106	114	45
次渠 (CQ)—次渠南	1286	100	96	104	35
次渠南 (CQN)—经海路	2086	141	137	145	30
经海路 (JH)—同济南路	2265	150	146	154	30
同济南路 (TJN)—荣昌	2338	162	158	166	30
荣昌 (RC)—荣京	1354	103	99	107	30
荣京 (RJ)—万源街	1280	101	97	105	30
万源街 (WY)—亦庄桥	1538	111	107	115	30
亦庄桥 (YZQ)—文化园	993	90	86	94	35
文化园 (WHY)—旧宫	1982	135	131	139	30
旧宫 (JG)—小红门	2366	157	153	161	30
小红门 (XHM)—肖村	1275	105	101	109	30

续表

离开站—到达站	站间距离/m	站间运行时间/s	下界/s	上界/s	到达站停站时间/s
肖村 (XC)—宋家庄	2631	195	191	199	—
下行方向					
宋家庄 (SJZ)—肖村	2631	190	186	194	30
肖村—小红门	1275	108	104	112	30
小红门—旧宫	2366	157	153	161	30
旧宫—亦庄桥	1982	135	131	139	35
亦庄桥—文化园	993	90	86	94	30
文化园—万源街	1538	114	110	118	30
万源街—荣京	1280	103	99	107	30
荣京—荣昌	1354	104	100	108	30
荣昌—同济南路	2338	164	160	168	30
同济南路—经海路	2265	150	146	154	30
经海路—次渠南	2086	140	136	144	35
次渠南—次渠	1286	102	98	106	45
次渠—亦火	1334	105	101	109	—

表 9-4　高峰期、非高峰期、夜间三个时段内各站间的平均车载总乘客质量

站间	亦火—次渠/kg	次渠—次渠南/kg	次渠南—经海路/kg	经海路—同济南/kg	同济南—荣昌/kg
高峰期	1680	6630	7620	14460	28140
非高峰期	1680	5010	5640	8820	18330
夜间	1680	2940	3000	4620	8160
站间	荣昌—荣京	荣京—万源街	万源街—亦庄桥	亦庄桥—文化园	文化园—旧宫
高峰期	33990	35550	38070	42750	47910
非高峰期	22590	25890	28590	30120	33210
夜间	10260	11880	12840	14280	15600
站间	旧宫—小红门	小红门—肖村	肖村—宋家庄	宋家庄—肖村	肖村—小红门
高峰期	57960	59100	59910	69150	65790
非高峰期	36360	37290	39810	46170	43740
夜间	16320	16800	17280	34680	33120
站间	小红门—旧宫	肖村—宋家庄	亦庄桥—文化园	文化园—万源街	万源街—荣京
高峰期	64290	56670	51900	47850	38940
非高峰期	42090	35040	31890	30120	25890
夜间	31260	24720	21540	19680	18120
站间	荣京—荣昌	荣昌—同济南	同济南—经海路	经海路—次渠南	次渠南—次渠
高峰期	32310	20640	9840	6210	5760
非高峰期	23610	17460	8790	5940	5790
夜间	16620	13680	6300	4800	4560

图 9-20 中列车的基本阻力、牵引力及制动力的系数分别为: $\lambda_1 = 3779.90$ N, $\lambda_2 = 1.57$, $\lambda_3 = 8.52 \times 10^{-4}$, $\lambda_4 = 310000$ N, $\lambda_5 = 86228$ N, $\lambda_6 = 960.00$, $\lambda_7 = 260000$ N,

$\lambda_8 = 6265.30, v_\alpha = 10.00$ m/s, $v_{\max} = 22.22$ m/s, $v_\beta = 16.67$ m/s. 其他用到的参数
包括: 车站数 $N = 14, t_t = 240$ s 以及 $C = 4572$ s.

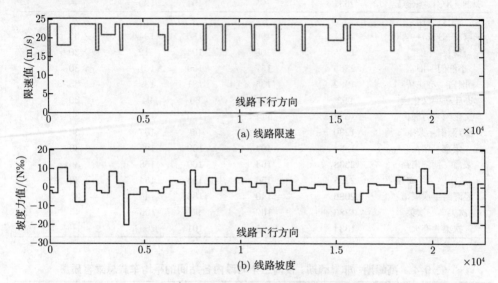

图 9-20   下行方向的线路限速和线路坡度

(1) 与当前列车运行图的对比

在遗传算法的运行过程中, 我们设定如下的相关参数: $pop\_size = 30, max\_generation = 60, P_c = 0.6, P_m = 0.15$. 算法求得的最优列车运行图如表 9-5 所示, 图 9-21 给出了最优运行图和实际运行图的对比情况, 图 9-22 给出了最优速度

表 9-5   北京地铁亦庄线优化后运行图

车站	亦火	次渠	次渠南	经海路	同济南	荣昌东街	荣京东街
到达时刻/s	—	107	250	423	600	794	926
发车时刻/s	0	152	285	453	630	824	956
车站	万源街	文化园	亦庄桥	旧宫	小红门	肖村	宋家庄
到达时刻/s	1055	1194	1316	1489	1679	1817	2046
发车时刻/s	1085	1224	1351	1519	1709	1847	—
车站	宋家庄	肖村	小红门	旧宫	亦庄桥	文化园	万源街
到达时刻/s	—	2480	2621	2811	2978	3105	3250
发车时刻/s	2286	2510	2651	2841	3013	3135	3280
车站	荣京东街	荣昌东街	同济南	经海路	次渠南	次渠	亦火
到达时刻/s	3384	3517	3709	3886	4053	4186	4332
发车时刻/s	3414	3547	3739	3916	4088	4231	4572

曲线和现行速度曲线的对比情况. 依据最优的运行图和速度曲线, 列车在高峰期、

非高峰期、夜间运行全程所消耗的牵引能量分别为 210.84 kW · h、200.28 kW · h 和 191.62 kW · h. 为证明所建模型的有效性, 表 9-6 给出了最优运行方案能耗与实际运行方案能耗的对比结果. 可以看出, 在高峰期、非高峰期和夜间运营时段, 最优运行策略与实际运行方案相比, 可分别进一步节能 10.66%、9.94% 和 9.13%.

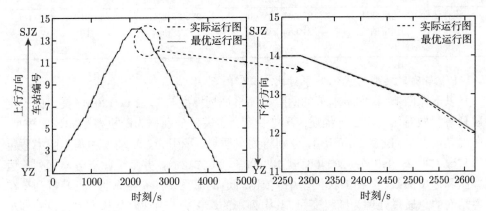

图 9-21 最优运行图和实际运行图的比较

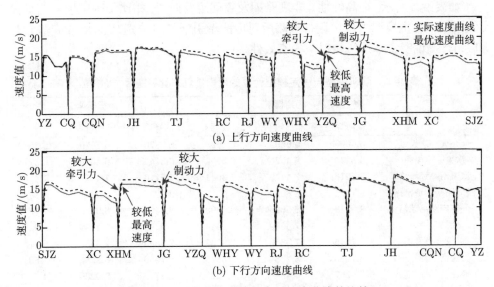

图 9-22 最优速度曲线和实际速度曲线的比较

如图 9-21 和图 9-22 所示, 与各站间实际的速度曲线相比, 最优速度曲线中列车的最大速度、牵引加速度和制动加速度均有所增大. 列车在各站间使用了最大牵引和最大制动策略, 从而导致了牵引能耗的降低. 此外, 最优运行图减少了列车载重质量较小站间 (如亦火—次渠, 次渠—次渠南, 次渠南—次渠, 次渠—亦火) 的运行时间, 同时增加了列车载重质量较大站间 (如宋家庄—肖村, 肖村—小红门, 小红门—肖村, 肖村—宋家庄) 的运行时间, 因而总的牵引能耗也得以降低.

表 9-6　列车在不同运营时间段运行一圈所消耗的牵引能量

车站	高峰期	非高峰期	夜间
现行运行图和速度曲线	236.01 kW·h	222.38 kW·h	210.87 kW·h
最优运行图和速度曲线	210.84 kW·h	200.28 kW·h	191.62 kW·h
节能效果	10.66%	9.94%	9.13%

(2) 与确定模型的优化结果对比

以下算例中, 我们将本节的两阶段随机规划模型与 Li & Lo (2014) 提出的确定规划模型做对比. 为便于描述, 下文中将上述模型分别称为随机模型和确定模型. 在确定模型中, Li & Lo (2014) 分别将列车质量、牵引力、制动力和基本阻力假定为常数 (即, 287080 kg、235406 N、109090 N 和 5742 N), 并基于此求解最优列车运行图和速度曲线. 而在随机模型中, 依据轨道交通系统的实际数据, 我们将列车在各站间的总质量处理为随机变量, 其中列车的牵引力、制动力及基本阻力也随列车速度的变化而改变.

如表 9-7 所示, 在高峰期、非高峰期及夜间运营时段, 相比于确定模型的最优运行策略, 随机模型中最优运行策略所对应的牵引能耗可分别减少 3.35%, 3.12% 和 3.04%, 说明了本节所建模型的有效性.

表 9-7　随机模型与确定模型计算的牵引能耗对比　　　　(单位: kW·h)

站间	确定模型			随机模型		
	高峰期	非高峰期	夜间	高峰期	非高峰期	夜间
亦火—次渠	6.6693	6.6693	6.6693	6.7870	6.7870	6.7870
次渠—次渠南	6.5244	6.4525	6.3775	6.5244	6.4525	6.3775
次渠南—经海路	7.5216	7.4479	7.3681	7.5216	7.4479	7.4234
经海路—同济南路	9.1275	8.8095	8.6082	9.2254	9.0057	8.8049
同济南路—荣昌	8.9313	8.5625	8.1898	8.4466	8.0780	7.7610
荣昌—荣京	8.1041	7.6059	7.0994	7.9298	7.4299	6.9219
荣京—万源街	7.7645	7.3350	6.8737	7.7645	7.3350	6.8737
万源街—亦庄桥	8.7056	8.2284	7.5815	8.7056	8.2284	7.5815
亦庄桥—文化园	5.9267	5.4590	5.1222	5.2775	5.0236	4.6136
文化园—旧宫	10.0860	9.3524	8.5850	9.2944	8.6048	7.9420
旧宫—小红门	12.0441	11.0350	10.0950	11.2526	10.2894	9.5392
小红门—肖村	7.0129	6.2434	5.6131	6.1893	5.5486	4.9826
肖村—宋家庄	8.4333	7.7468	7.0433	7.9406	7.2520	6.6742
宋家庄—肖村	10.5099	9.6850	9.2464	9.8643	9.1515	8.7129

续表

站间	确定模型			随机模型		
	高峰期	非高峰期	夜间	高峰期	非高峰期	夜间
肖村—小红门	7.3760	6.6742	6.4243	6.7029	6.1335	5.7462
小红门—旧宫	10.8283	9.8069	9.2731	10.1000	9.1236	8.6374
旧宫—亦庄桥	11.5280	10.5150	9.9442	10.7514	9.8345	9.4072
亦庄桥—文化园	6.4479	5.9549	5.6383	5.8863	5.3931	5.1455
文化园—万源街	9.1292	8.4098	8.0355	8.6220	7.9568	7.5244
万源街— 荣京	7.4857	6.9683	6.7325	6.9832	6.5895	6.3537
荣京—荣昌	8.2123	7.9090	7.6776	8.0975	7.7942	7.4472
荣昌—同济南路	8.7448	8.6575	8.4595	8.7448	8.6575	8.4595
同济南路—经海路	8.9211	9.0053	8.8755	9.1642	9.1020	8.9724
经海路—次渠南	9.7614	9.8459	9.6944	9.9821	9.9776	9.9151
次渠南—次渠	6.0210	6.0212	6.0776	6.3967	6.3969	6.3274
次渠—亦火	6.3260	6.3260	6.3260	6.6901	6.6901	6.6901
总计	218.1429	206.7265	197.6307	210.8447	200.2836	191.6212

此外, 在高峰期、非高峰期和夜间运营时段, 随机模型和确定模型对应的各站间最优牵引能耗如表 9-7 和图 9-23 所示. 显然, 相比于确定模型, 随机模型在高峰期、非高峰期、夜间运营时段对应的牵引总能耗均有所下降. 此外, 由于随机模型减少了列车载重较小站间的运行时间, 并将该部分时间移至列车载重较大的站间, 因而降低了列车总牵引能耗.

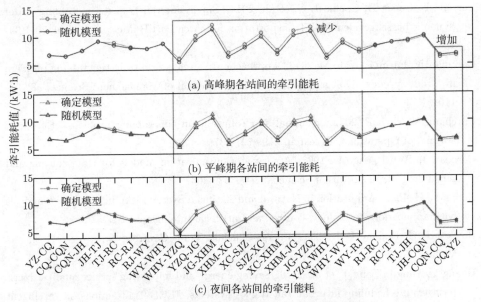

图 9-23 随机模型和确定模型所对应的牵引能耗对比

9.4 小 结

本章从一体化的层面, 综合考虑轨道交通客流的动态特性和列车运行能耗, 提出了两种轨道交通列车运行图与速度曲线的优化方法. 首先, 面向时效和能效的提升提出了列车运行图与速度曲线一体化的建模方法, 考虑乘客出行需求和系统节能之间的内在关系, 结合 ATO 速度曲线并充分利用列车运行过程中的再生制动能量, 设计了一种基于时空网络的列车运行图与速度曲线一体化方法, 以降低列车运行能耗和乘客等待时间, 提高再生制动能量的利用率; 进一步, 考虑由于列车载客量的变化而导致的列车质量不确定性, 结合列车牵引力、制动力、基本阻力的变化, 提出了列车运行图与速度曲线一体优化模型, 并设计了有效的求解算法. 此外, 本章利用北京地铁亦庄线实际客流数据验证了所提优化方法的可行性和有效性.

在未来的研究中, 可考虑从整个轨道交通网络层面, 进一步挖掘线路及网络 OD 客流的内在特征, 深入研究列车、客流和能量流的耦合关系和协同优化, 形成各线路按需发车、各线路间衔接顺畅的列车运行图与速度曲线, 为城市轨道交通安全、高效、节能运营提供科学的理论支撑.

参 考 文 献

Barrena E, Canca D, Coelho L C, et al. 2014. Single-line rail transit timetabling under dynamic passenger demand. Transportation Research Part B: Methodological, 70: 134-150.

Cacchiani V, Furini F, Kidd M. 2016. Approaches to a real-world train timetabling problem in a railway node. Omega-The International Journal of Management Science, 58: 97-110.

Cacchiani V, Toth P. 2012. Nominal and robust train timetabling problem. European Journal of Operational Research, 219: 727-737.

Cordeau J, Toth P, Vigo D. 1998. A survey of optimization models for train routing and scheduling. Transportation Science, 32(4): 380-404.

Holland J H. 1992. Adaptation in Natural and Artificial Systems: An introductory analysis with applications to biology, control, and artificial intelligence. MIT Press.

Howlett P G, Pudney P J. 1994. Energy-Efficient Train Control. New York: Springer-Verlag.

Huang Y, Yang L, Tang T, et al. 2016. Saving energy and improving service quality: bicriteria train scheduling in urban rail transit systems. IEEE Transactions on Intelligent Transportation Systems, 17(12): 3364-3379.

Kroon L G, Peeters L W P, Wagenaar J, et al. 2014. Flexible connections in PESP models for cyclic passenger railway timetabling. Transportation Science, 48(1): 136-154.

Lee D H, Milroy I P, Tyler K. 1982. Application of Pontryagin's maximum principle to the semi-automatic control of rail vehicles// Second Conference on Control Engineering 1982: Merging of Technology and Theory to Solve Industrial Automation Problems; Preprints of Papers (p. 233). Institution of Engineers, Australia.

Li X, Lo H K. 2014. An energy-efficient scheduling and speed control approach for metro rail operations. Transportation Research Part B: Methodological, 64: 73-89.

Mahmoudi M, Zhou X. 2016. Finding optimal solutions for vehicle routing problem with pickup and delivery services with time windows: a dynamic programming approach based on state-space-time network representations. Transportation Research Part B: Methodological, 89: 19-42.

Milroy Ian P. 1980. Aspects of automatic train control. ©ian peter milroy.

Niu H, Zhou X. 2013. Optimizing urban rail timetable under time-dependent demand and oversaturated conditions. Transportation Research Part C: Emerging Technologies, 36: 212-230.

Niu H, Zhou X, Gao R. 2015. Train scheduling for minimizing passenger waiting time with time-dependent demand and skip-stop patterns: nonlinear integer programming models with linear constraints. Transportation Research Part B: Methodological, 76: 117-135.

Ramos A, María T P, Antonio F, et al. 2007. Mathematical programming approach to underground timetabling problem for maximizing time synchronization. International Conference on Industrial Engineering & Industrial Management: 1395-1405.

Tong L, Zhou X, Miller H J. 2015. Transportation network design for maximizing space-time accessibility. Transportation Research Part B: Methodological, 81: 555-576.

Yang L, Zhou X. 2014. Constraint reformulation and a lagrangian relaxation-based solution algorithm for a least expected time path problem. Transportation Research Part B: Methodological, 59: 22-44.

Yang X, Chen A, Ning B, et al. 2016. A stochastic model for the integrated optimization on metro timetable and speed profile with uncertain train mass. Transportation Research Part B: Methodological, 91: 424-445.

Yin J, Yang L, Tang T, et al. 2017. Dynamic passenger demand oriented metro train scheduling with energy-efficiency and waiting time minimization: Mixed-integer linear programming approaches. Transportation Research Part B: Methodological, 97: 182-213.

索　引

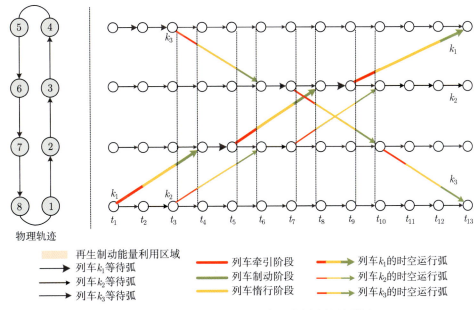

物理轨迹

再生制动能量利用区域
→ 列车 k_1 等待弧
→ 列车 k_2 等待弧
→ 列车 k_3 等待弧

列车牵引阶段 列车 k_1 的时空运行弧
列车制动阶段 列车 k_2 的时空运行弧
列车惰行阶段 列车 k_3 的时空运行弧

图 9-6 利用时空网络表示列车再生制动能量利用

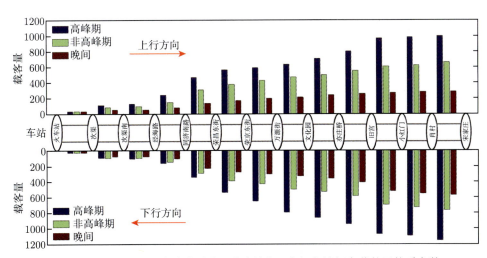

图 9-15 北京地铁亦庄线高峰期、非高峰期、夜间各站间车载的平均乘客数

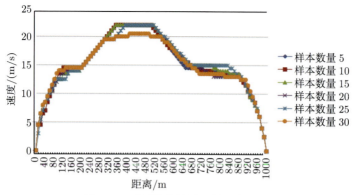

图 7-6　不同样本数量下的速度曲线

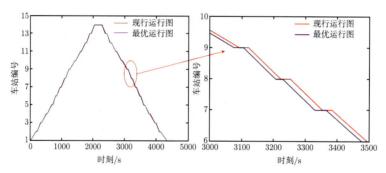

图 7-27　一个周期的最优运行图和现行运行图对比

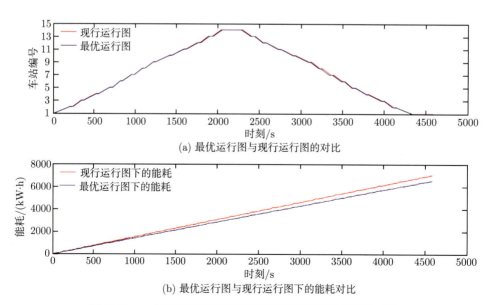

(a) 最优运行图与现行运行图的对比

(b) 最优运行图与现行运行图下的能耗对比

图 7-28　一个周期最优运行图和现行运行图对应能耗的对比

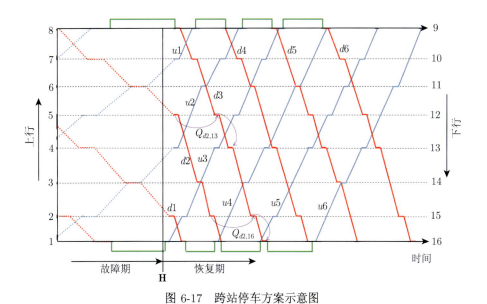

图 6-17   跨站停车方案示意图

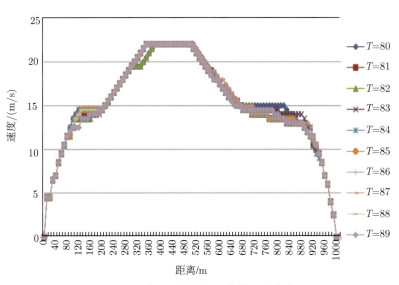

图 7-4   基于不同时间阈值的速度曲线

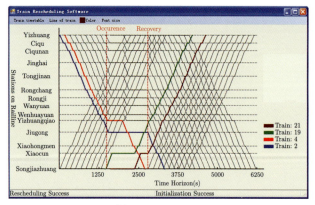

(b)t_s=1500, t_r=2800

图 6-13　不同故障时间下的应急运行图, 并且 $T_{int} = 160$ (单位: s)

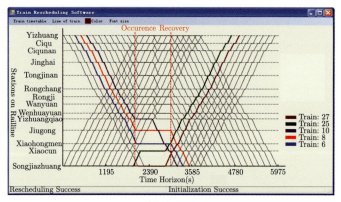

(a)T_{int}=160

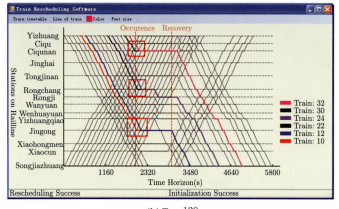

(b)T_{int}=120

图 6-14　不同发车间隔条件下的应急运行图, 且 $t_s = 2000$, $t_r = 3000$ (单位: s)

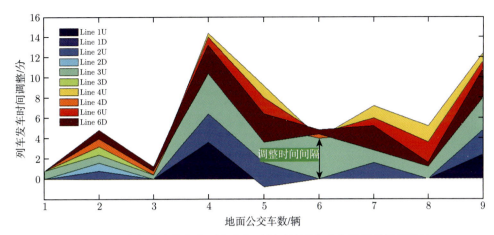

图 5-18　维也纳地铁末班列车发车时刻对地面公交车队规模的灵敏性

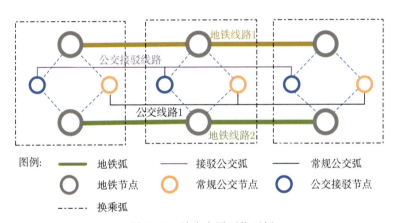

图 5-20　综合交通网络示例

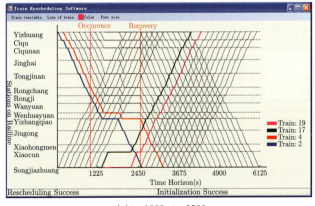

(a)t_s=1000, t_r=2500

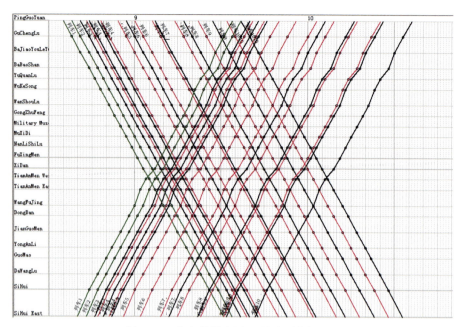

图 4-32　北京轨道交通 1 号线列车运行图

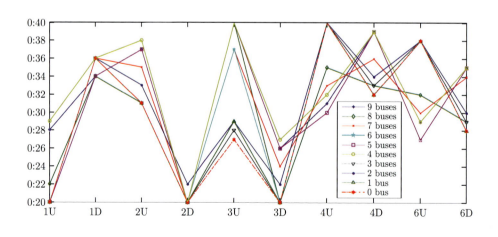

图 5-17　末班列车发车时刻与不同地面公交车辆数之间的关系

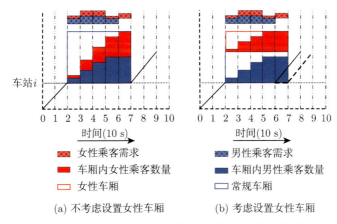

（a）不考虑设置女性车厢　　　（b）考虑设置女性车厢

图 3-27　设置女性车厢对列车运行图影响的示意图

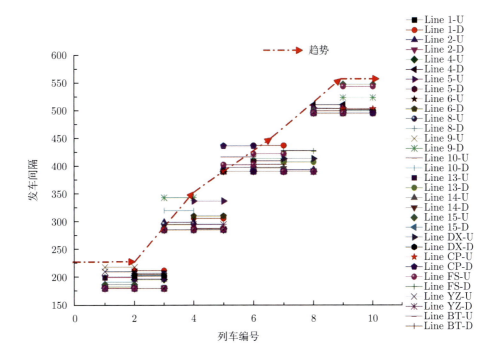

图 4-31　优化后的列车发车间隔

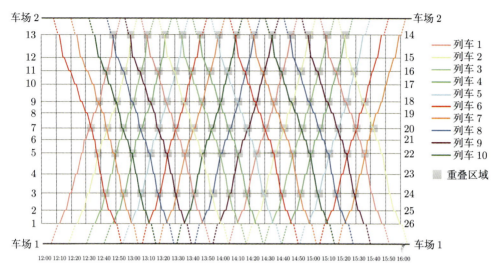

图 3-25　分步优化的计算结果

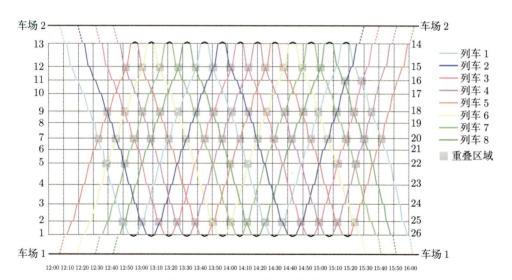

图 3-26　协同优化模型的计算结果

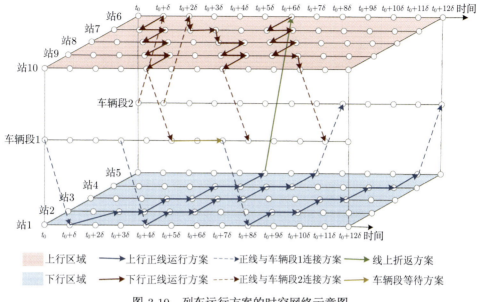

图 3-19　列车运行方案的时空网络示意图

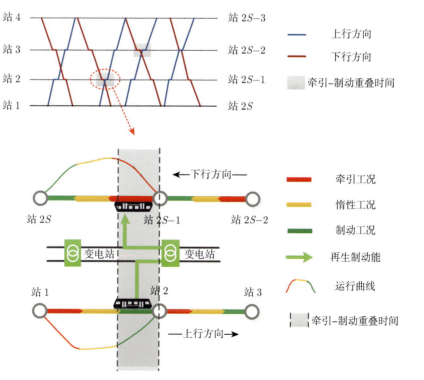

图 3-22　牵引-制动重叠时间内列车再生制动能的传输过程示意图

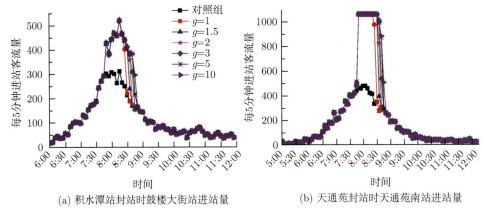

(a) 积水潭站封站时鼓楼大街站进站量   (b) 天通苑封站时天通苑南站进站量

图 2-37 不同 g 取值条件下受影响车站的进站量变化

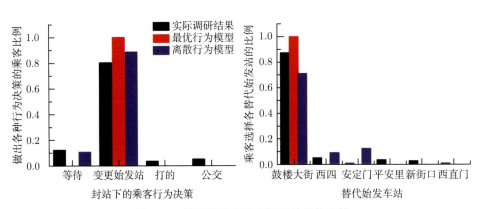

图 2-38 模型输出与问卷调研结果的比较

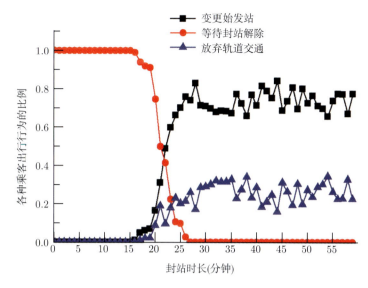

图 2-30　封站持续时间与乘客出行行为选择

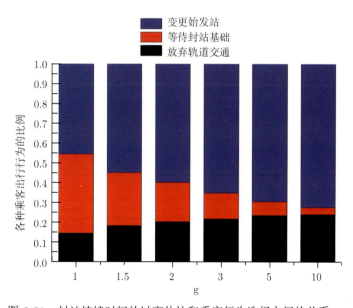

图 2-31　封站持续时间的过高估计和乘客行为选择之间的关系

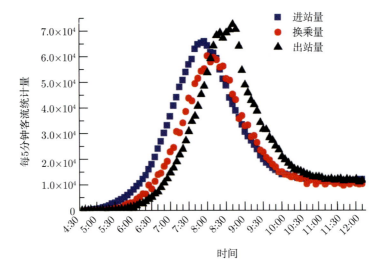

图 2-27　网络中实时在线客流

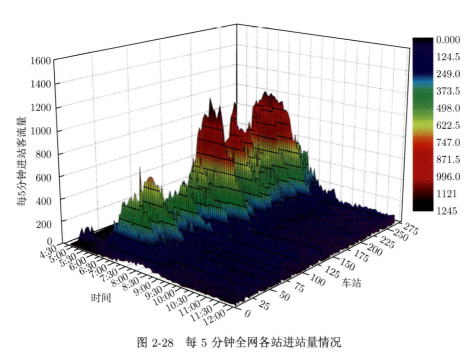

图 2-28　每 5 分钟全网各站进站量情况

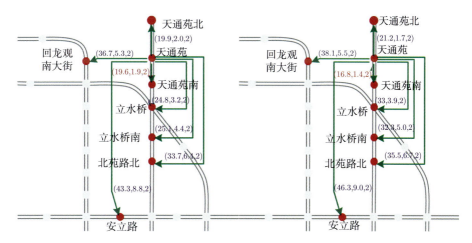

(a) 从天通苑站始发去附近车站的旅行耗费　　　(b) 从附近车站始发去积水潭的旅行耗费

图 2-25　天通苑站和附近站之间的公交耗时、站间距离和公交票价

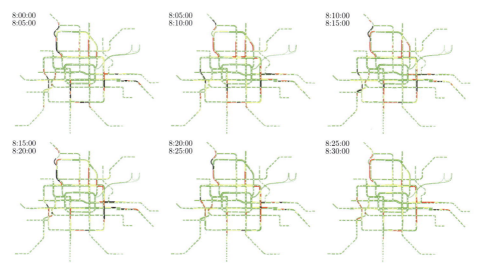

图 2-26　8:00—8:30 期间城市轨道交通网络上每 5 分钟的乘客流分布状态

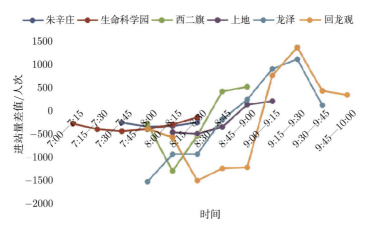

图 2-16　受影响车站进站量改变程度

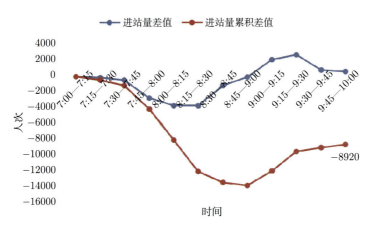

图 2-17　路网进站量受影响情况

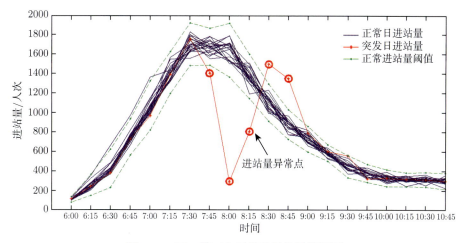

图 2-13 西二旗工作日进站量及异常识别

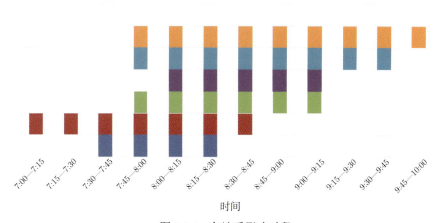

图 2-14 车站受影响时段

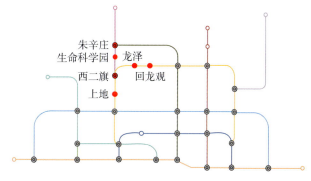

图 2-15 进站量受影响的地铁车站

彩　　图

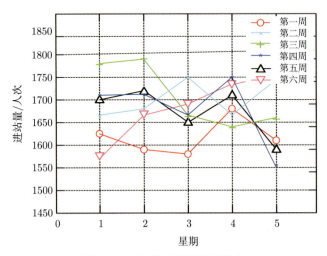

图 2-6　西二旗六周进站量分布

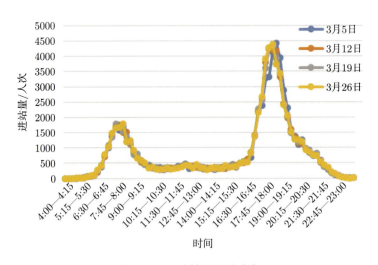

图 2-9　15 分钟进站量分布